Treasures for Scholars Worldwide

中山大学图书馆学丛书　第六种
Sun Yat-sen University Library Science Series, No.6

2016年古籍保护与修复国际学术研讨会论文海报集

Proceedings of International Conference on the Preservation and Conservation for Rare Books: 2016

程焕文　林　明　邱蔚晴　主编

广西师范大学出版社
·桂林·

图书在版编目（CIP）数据

2016年古籍保护与修复国际学术研讨会论文海报集／程焕文，林明，邱蔚晴主编． —桂林：广西师范大学出版社，2018.3
（中山大学图书馆学丛书．第六种）
ISBN 978-7-5598-0676-5

Ⅰ．①2… Ⅱ．①程…②林…③邱… Ⅲ．①古籍－图书保护－国际学术会议－文集②古籍－修复－国际学术会议－文集 Ⅳ．①G253.6-53

中国版本图书馆CIP数据核字（2018）第030908号

广西师范大学出版社出版发行
（广西桂林市五里店路9号　邮政编码：541004）
　网址：http://www.bbtpress.com
出版人：张艺兵
全国新华书店经销
广西广大印务有限责任公司印刷
（桂林市临桂区秧塘工业园西城大道北侧广西师范大学出版社集团有限公司创意产业园内　邮政编码：541100）
开本：787 mm×1 092 mm　1/16
印张：35.25　　　字数：350千字
2018年3月第1版　　2018年3月第1次印刷
定价：388.00元

如发现印装质量问题，影响阅读，请与印刷厂联系调换。

"中山大学图书馆学"丛书
总　　序

大学图书馆的使命是为教学和科研服务。在美国,大学图书馆通常称为"Academic Library"(也可译作高校图书馆),"Academic"在词义上含有"教育"与"研究"的双重意义,所以,"Academic Library"本身就具有宣明大学图书馆使命的意义。尽管如此,如同大学有三六九等一样,大学图书馆也有层次高低之分,普通大学的图书馆侧重为教学服务,而研究型大学(Research University)的图书馆则侧重为科研服务,因为研究型大学往往以培养研究生为主,为教学服务实质上也就是为科研服务。通常,研究型大学的图书馆也是研究图书馆(Research Library),但是研究图书馆不单是研究型大学的图书馆,也包括负有为科研服务使命的其他类型图书馆。例如,美国的研究图书馆协会(Association of Research Libraries,ARL)拥有126个北美研究图书馆成员馆,除了119个研究型大学的图书馆以外,还包括美国国会图书馆、国家医学图书馆、国家农业图书馆、纽约公共图书馆、波士顿公共图书馆等7个研究型的图书馆。

研究图书馆在为教学和科研服务的同时,还必须履行学术研究的职责,因为没有图书馆学术研究的支持,研究图书馆不仅自身难以发展,而且也难以满足教学和科研的需求。因此,大凡研究图书馆都比较重视图书馆学术研究,并因此推动图书馆的发展和科学研究的发展。

美国国家医学图书馆(National Library of Medicine,NLM)于1964年建立全美医学文献网络,研发了生物医学数据库(MEDLINE)等数据库,其检索语言与检索技术的研发,不仅极大地提高了全球生物医学期刊文献的利用率,有力地促进了生物医学的科学研究,而且引发了一场传统检索方法的革命,并因此极大地提高了全球研究图书馆为科学研究服务的效率。

1967年在俄亥俄大学图书馆创设的俄亥俄州大学图书馆中心(Ohio College Library Center,OCLC),建成世界上第一个联机编目图书馆系统,1977年发展成为全美图书馆联机编目中心(Online Computer Library Catalog,Inc.,OCLC),1981年进一步成为世界最大的国际性图书馆网络——联机计算机图书馆中心(Online Computer Library Center,Inc.,OCLC),研究开发了一系列的信息资源管理技术、方法和产品,目前面向全球100多个国家和地区的数万个图书馆提供服务,极大地促进了全球知识共享和科学研究的发展。

美国国会图书馆于1972年成功研发了标志全球图书馆进入自动化时代的机器可读目录(Machine Readable Catalog,MARC),不仅极大地提高了文献的利用率,而且极大地促进了全球信息资源共享。同样,20世纪90年代美国国会图书馆的数字图书馆研发项目也引领了全球数字图书馆建设和发展的潮流,把研究图书馆为教学和科研服务带入了一个新的数字化网络化时代。

进入21世纪以后,e-Science,e-Research,e-Learning的出现改变了学术交流的环境,美国麻省理工学院(MIT)图书馆与美国惠普公司实验室(Hewlett-Packard Labs)联合研发的机构知识库(Institutional Repository,IR)数字空间系统(Dspace),以及其他研究图书馆研发的机构知识库,为研究型大学提供了永久保存知识资源和知识共享的平台。

我国的研究图书馆在图书馆学术研究上远不及美国的研究图书馆,其关键不在研究人才的匮乏,而在于研究人才缺乏必要的组织和团队合作,大多一盘散沙、各自为战,难以做大做强。可喜的是,近10余年来这种状况颇有改观,呈现出一派新气象。

上海图书馆于1995年与上海科技情报研究所合并,将科学研究与图书馆服务融为一体,在图书馆学术研究和为科学研究服务上开创了一条新的路径,取得了十分丰硕的研究成果。

中国国家图书馆自2003年以后开始重视有组织的图书馆学术研究,成立了国家图书馆研究院,相继设立国家图书馆重大科研项目、国际访问学者项目,与南京大学联合培养图书馆学专业博士研究生,2008年设立博士后工作站,2010年与武汉大学签订战略合作协议,在高层次人才培养、高端培训、全国图书馆事业发展理论与应用研究、图书馆与信息领域重要工程和重大项目的建设等方面开展全方位合作。

深圳图书馆的馆藏资源尚未达到研究图书馆的规模,但是在图书馆学术研究上则处在领先水平,从深圳图书馆自动化集成系统(ILAS),到图书馆之城建设和城市街区24小时图书馆的研发应用,一直走在全国公共图书馆的前列。2009年成立了我国第一个公共图书馆研究院,以"前沿、创新、分享"为研究方针,广泛延聘海内外图书馆学专家,开展公共图书馆研究,促进公共图书馆事业的发展。

北京大学图书馆一直比较重视图书馆学术研究,又得天时地利之便,设有中国高等教育文献保障系统(CALIS)管理中心、中国高校人文社会科学文献中心(CASHL)管理中心和《大学图书馆学报》编辑部,1999年还成立了北京大学数字图书馆研究所,图书馆学术研究十分活跃,成果颇丰,为高校图书馆事业的发展做出了积极的贡献。

中山大学图书馆具有优良的图书馆学术研究传统,2002年成立了中山大学图书馆学与资讯科学研究所,加上原有的中山大学医学情报研究所(1989年成立,原属中山医科大学,2001年两校合并后并入中山大学图书馆),拥有比较健全的图书馆学术研究机构。

中山大学图书馆学与资讯科学研究所成立以后,开展了一系列的图书馆学与资讯科学研究,取得了不少重要的研究成果。为集中反映中山大学图书馆、中山大学图书馆学与资讯科学研究所的研究成果,从2004年起,中山大学图书馆开始编辑出版两套丛书。一套丛书是专门反映馆藏文献书目编撰成果的"中山大学图书馆书目"丛刊,已出版(第一种)中山大学图书馆编《中山大学图书馆古籍善本书目》(桂林:广西师范大学出版社,2004年),其他书目亦在编撰之中。另一套丛书是反映多学科研究成果的"中山大学图书馆学术"丛书,迄今已经出版7种:(第一种)戴镏龄著《外国图书馆学术研究——戴镏龄文集续编》(广州:广东人民出版社,2004年);(第二种)程焕文、张靖、周旖辑注《邹鲁未刊稿》(桂林:广西师范大学出版社,2008年);(第三种)冯双编著《邹鲁年谱》(上、下册)(广州:中山大学出版社,2010年);(第四种)冼玉清编著,陈莉、谢光辉整理《广东印谱考》(北京:文物出版社,2010年);(第五种)林明、谢光辉整理《黄士陵印存》(上、中、下册,线装)(北京:文物出版社,2010年);(第六种)邹永著《浮生点滴——邹永回忆录》(广州:中山大学出版社,2008年);(第七种)谭祥金、赵燕群著《谭祥金赵燕群文集》(上、下册)(广州:中山大学出版社,2010年)。

2010年秋,中山大学图书馆特聘专家沈津先生建议编撰一套专门反映中山大学图书馆图书馆学专业研究成果的学术丛书,与现有的"中山大学图书馆书目"丛刊和"中山大学图书馆学术"丛书共同构成一个完整的学术研究成果体系。笔者深表赞同,乃将第三套学术丛书命名为"中山大学图书馆学"丛书,专门收录图书馆学研究成果,并将"中山大学图书馆学术"丛书的收录范围从原来收录包括图书馆学在内的多学科研究成果,调整为只收录图书馆学以外其他学科的研究成果。于是,"中山大学图书馆书目"丛刊、"中山大学图书馆学术"丛书与"中山大学图书馆学"丛书,三者既相互区别,又彼此关联,共同构成了全面反映中山大学图书馆学术研究成果的体系。

"合抱之木,生于毫末;九层之台,起于累土。""不积跬步,无以至千里;不积小流,无以成江海。"只要中山大学图书馆能够始终坚持不懈地努力,并致力于上述三套丛书的编撰,假以时日,中山大学图书馆必将成为中国图书馆界的学术重镇。

广西师范大学出版社高度重视"中山大学图书馆学"丛书的编辑出版工作,以统一格式、统一开本,统一色彩、统一封面,精装出版这套学术丛书。这既体现了广西师范大学出版社与中山大学图书馆的深情厚谊,也体现了广西师范大学出版社的高雅学术品位。在此,谨向董事长何林夏教授、文献图书出版分社社长雷回兴编审及其编辑团队的大力支持表示由衷的感谢!

程焕文
2012年2月4日
于中山大学康乐园竹帛斋

目 录

论文目录

Preservation, the Key to Ensure Books a Long Lasting, and Stable Life ················· Maria Luísa Cabral 1

Rare Materials Conservation at the Library of Congress: an Overview ················· Dan Paterson 23

中国国家图书馆重大修复项目与修复原则 ········ 杜伟生 38

Disasters: Preparation and Response ··········· Karen L. Pavelka 49

古籍保护与修复的管理：古籍、文献档案保护与修复的外包服务
　　——聘用本地及国外专才为案例
　　················ 廖慧沁　崔慧珊　何绮雯 63

云南省古籍修复工作情况介绍 ················ 杨利群 82

提升基层图书馆古籍修复能力的探索 ············ 吴小兰 87

山东省图书馆古籍修复项目运作管理模式初探 ······ 杨林玫 96

新疆古籍保护略谈——以少数民族古籍保护为主
　　···························· 苗　慧　张淑平 107

国家古籍保护中心"三位一体"人才培养模式
………………………………………………………… 庄秀芬　王红蕾　114

Training for Restorers/Conservators for Documentary Heritage Worldwide: Differences-Similarities. Comparison of Educational Training, Goals and Graduations …… Robert Fuchs　119

江苏省古籍保护人才培养机制的研究
………… 葛怀东　邓抒扬　颜丽　王婷　许剑颖　125

From Canton to Europe: History and Conservation Treatment of a Historical Chinese Wallpaper … Monika Schneidereit-Gast　134

清代武英殿修书处的书籍修复与装潢——基于《清宫武英殿修书处档案》的分析 …………………………………… 王美英　162

试论影响修复方案制定的若干因素及其选择 … 张珊珊　张亮　181

不同纸张干热老化性能研究 ………………… 田周玲　闫智培　190

1966年佛罗伦萨水灾过后的文献抢救与修复活动 …… 蔡晓萍　204

新疆少数民族文献《买吉木艾依苏勒坦》修复报告
………………… 吕晓芳　袁静　王金丽　许卫红　220

从"整旧如旧"的角度浅谈新疆民文古籍文献修复用纸处理
——以《穆赫塔沙茹》修复为例 ………………… 马泳娴　237

古籍修复业务外包经验浅谈——以北京师范大学图书馆为例
………………………………………………… 葛瑞华　刘璐　250

故宫藏《昇仙太子碑》的修复 …………………………… 李英　256

藏书保存——图书馆管理员到东亚的公务之旅
………………………………………… 莱因哈德·费尔德曼　271

浅谈我国古代书院藏书的保护方法 ……………………… 梁家铭　279

古籍保护与修复技术在博物馆纸质藏品保护中的借鉴与思考
………………………………………………… 梁钰珠　马卫军　289

论基层图书馆古籍的保护和利用——以重庆市渝中区图书馆为例
………………………………………………… 马逾兰　曹茜　300

纸质文物干燥技术的东西方比较 …………… 欧 萍 宋 鑫 308
生产力在我国古代书籍制度演变中的作用 …………… 秦翠英 318
书画修缮装裱市场的需求研究——以南京古籍修复服务为例
  …………………………………………………… 秦德斌 327
中世纪册子本堵头布缝制工艺研究 ………… 邱嘉怡 张 怡 341
凝胶在书画文物水渍去除之研究 …………… 宋 鑫 陈志亮 352
试论古籍修复原则 ………………………………………… 宋 玥 361
微阅读环境对古籍保护与修复社会氛围构建的影响分析
  ………………………………………………………… 唐 艳 370
"金玉其相"——宋元散叶装帧新议 …………………… 万 群 382
谈试修本制度在珍贵古籍修复项目中的应用——以《文选》、新疆
  珍贵民文文献修复项目为例 ……………………… 杨 洁 403
谈谈藏文古籍的修复——以纳格拉藏经的修复为例
  ………………………………………………… 杨利群 杨敏仙 412
从拓片修复实践兼谈文献保护理念 ……………………… 杨 涛 435
《赵城金藏》修复研究拾遗 ……………………………… 臧春华 455
论古籍修复新理念 ………………………………………… 曾少文 468
古代古籍保护方法在现代的沿用以及启示 ……………… 张 霓 478
浅谈东莞对木鱼书的滋养与保护 ………………………… 张笑艳 485
论古籍保护的几种方式 …………………………………… 张 玥 494
"互联网+"教学模式在古籍修复人才培养中的辅助性教学探究
  ……………………………………………………… 朱亚芳 503
硕士教育中的古籍保护与修复课程安排 ………………… 赵晨浩 514

海报目录

澳门文物保存修复学会简介 …………… 澳门文物保存修复学会 521

条目	单位	页码
翰墨新生　衣钵相传	重庆图书馆	522
"广东省基层图书馆古籍修复能力提升计划"纪略	广东省立中山图书馆　广东省古籍保护中心	523
"书香古韵——中华古籍之魅力"宣传推广活动	广东省立中山图书馆　广东省古籍保护中心	524
广西壮族自治区古籍保护中心	广西壮族自治区古籍保护中心	525
国家图书馆古籍修复工作简介	国家图书馆	526
金陵科技学院古籍保护专业成长与发展	金陵科技学院	527
纸浆补书机：日本刻本相遇在景堂	景堂图书馆	528
神功妙手医古籍	南京市莫愁中等专业学校	529
南京艺术学院文物鉴赏与修复专业介绍	南京艺术学院人文学院	530
文献修复工作坊	厦门大学图书馆	531
上海图书馆——修复人才培训基地	上海图书馆	532
武汉图书馆古籍修复	武汉图书馆	533
东华三院历史文化的保育与传承	香港东华三院	534
文献保存的推广教育——珍藏上医馆	香港康乐及文化事务署文物修复办事处	535
云南省图书馆云南传习所	云南省图书馆	536
中国社会科学院研究生院文物与博物馆硕士教育中心	中国社会科学院研究生院	537
中西理路兼容——文献保护与修复专业介绍	中山大学资讯管理学院	538
欧洲传统书口镶金工艺	胡泊	539
古籍修复中的书页干燥清洁及其使用工具	林佳萍	540
中西方纸浆修复技术比较	邱晓刚　陈婧　张百慧	541
不同纸张干热老化性能研究	田周玲	542

破茧成蝶——以《唐诗拾遗》为例看古籍修复中"度"的把握
.... 汪　帆　543
西方传统大理石纹纸与修复 .... 杨利丽　陈斯洁　544
从拓片修复实践兼谈文献保护理念 .... 杨　涛　545
纸浆修复应用实践 .... 张黎俐　546
竹纸的耐久性研究 .... 钟佳荣　547

Preservation, the Key to Ensure Books a Long Lasting, and Stable Life

Maria Luísa Cabral[*]

Imagine a book, imagine you are holding a book. How do you feel it? What do you feel? Books are made of organic matter, therefore, books are confined to a life cycle, they were born sometime, somewhere; they have lived, we ignore the conditions but we know one day they will die. It is then up to us professionals, librarians and conservators, to grant books a long lasting and stable life. More recently as electronic books became also available, computer people joined the librarians, and conservators squad, and they are most welcome. Together we have a mission to accomplish, a magnificent one.

1. In a Library Environment, Documents are All Equally Important

To accept that all existing books in a given library are indispensable is a wise management guideline. There are no documents disposable. All documents in a library, regardless the media, are essential elements to build a good service for users, and to guarantee the success of that library, and this is out of question. Furthermore, the prestige of the library will rely also very

---

[*] Maria Luísa Cabral, University Nova Lisbon.

much on this wise policy. Documents convey information, and to make the most of information available is the librarians business. Documents do not come to a library at random. The general rule in a library, any library, is that documents put in order one after the other on the shelves were submitted to an evaluation when they first came to the library. They were selected whether in the acquisitions department, in the gifts one, or in the exchanges department. Bought in auctions, or donated thanks to the good will of some citizen. Collections development is based upon the definition of subject guidelines which must be very clear in the library's mission statement. Should these principles be well embodied in any library practice then, documents are all equally important, they all demand similar attention, time and care. One after the other, they were once considered useful for that library, and so they must continue to be.

This assumption is not just the librarians' business, it cannot be taken as a librarians' privilege. It is a concern affecting conservators as well, and it defines the work to be performed by both. A work to be carried out, coordinated and understood as team work. Librarians are neither conservators nor restorators. Conversely, conservators and restorators have to accept librarians' concerns which are focused on readers. Despite this difficult equation, there is no cause for a conflict. Their concerns eventually do not coincide dot by dot but, at the end of the day, their joining efforts will guarantee the best possible available service to readers. And truly this is indeed what matters. Librarians and conservators want satisfied readers whom contribute to increase the prestige of the library becoming the best marketing people the library could expect.

Librarians and conservators have the same goal in what concerns readers. To make available all, and the best information, at the best physical conditions, as quickly as possible. This is a huge responsibility regardless the department where the work takes place. Conservators never meet readers; librarians seldom do. Quite recently, due to the increasing presence, and use of electronic documents, computer staff is becoming more and more involved to satisfy readers. Computer staff is the newest member of this club.

I have been a librarian all my professional life, and quite often I witnessed some friction between librarians, and conservators. This conflict was obvious when together they had to mount exhibitions. Many years later when I became Head of the Preservation and Conservation Department I have fought fiercely for a clear definition of their respective areas of responsibility. Within an institution it is always useful to separate waters; there is no need for people to feel affected, and everybody is entitled to their own professional opportunity contributing with their knowledge, skillfulness, and experience; everybody should make an effort to understand others' contribution because at the end of the day documents and readers profit deeply. There is no reason for jealousy. An unfriendly working enviroment wears out one energy, and intellectual capabilities while documents keep on suffering from inadequate environmental conditions, or inappropriate handling, or poor exhibition conditions, being affected and hurt. To overcome these potential conflicts is a major concern; it is time to understand that collections, the institution, and readers deserve more, and better.

2. Collection Building is a Hard Task, and a Time Consuming One

Being such a promising task, it should not be so hard. Therefore, what sort of difficulties does collection development imply? There are difficulties, of course, because collection building is not putting books together; lots of books is in itself a good thing but it is not enough to make a library. To gather information is a hard task, it is time consuming, it demands qualified human resources. Altogether, it means money. Despite the quantity of books (and/or other documents), a library is a very different place from a bookstore, or from a bookshop. How, and why are they so different? There are several reasons but, in current circumstances, is enough to mention but one: documents in a library are thoroughly classified, and the structure of the library relies on this classification scheme whichever it may be. The classification scheme is the library's framework as it is the soul of the library.

Libraries have to ensure their collections building, and development; it is their initiative, and responsibility being also the path to reach coherent, and consistent collections. If a library chooses to be dependent from donations and gifts according to personal criteria, eventually the library will have many books but it is difficult to believe it will have a consistent, and coherent subject policy. And really this leads us to the core of the problem: quality is much more relevant than quantity. Quality and accuracy come first. Is it easy to achieve this goal? No, it is not, and many librarians complain. Why is it so difficult? First of all, the library needs to have a budget. When documents are ordered from a bookshop, they have to be paid. Most likely, payments are done in advance, credit is not acceptable. If purchases take place at an auction, a budget is a must otherwise the library will risk to miss the goal. Before attending the auction, the library staff has marked the interesting items in the auction catalogue, therefore the initial cost is known but the final price is still to be revealed. This procedure requires the library to have some financial looseness otherwise the auction may turn to be a fiasco. After all the hard work applied to scrutinise the catalogue, it would be a waste. Budgets have to be regularly allocated; libraries have to ensure year after year a budget to buy information whichever the media. Should this routine fail, and the coherent development of collections will be at risk.

The second difficulty relates to human resources. If by any chance one may think that documents acquisition is a straightforward task to accomplish, forget it. And what is more, it will never be performed at random. Qualified librarians are involved but also managers, and the financial department cannot be forgotten. Managers and financial staff need to understand clearly which is the library mission; it is not expected to have them involved in technical aspects but they have to be willing, and agile in order to keep up with any emergency, an unattended opportunity.

On the whole, a task requiring time, training, knowledge and individual ductility. All in all, a very expensive task, therefore if the library was willing to pay that price, documents acquired after such a big effort are to be kept in the best possible physical conditions. Never consider documents as disposable. Information provision is a library ongoing process, improving everyday. A remote, and forgotten document may hide the piece of informationthat a reader is looking for.

Acquisition of documents is based upon a wise choice following a predefined subject orientation. To be able to keep this orientation that is what I call coherence. This same coherence brings credit to the library as the library becomes recognized as a reliable resource on that same subject area. Even a small local library may have the chance to become strong in a particular aspect of local history. It does not mean that the library is not prepared to answer to other subjects but a researcher interested in a specific issue of that particular local history knows well in advance which library is the key for his interests. The prestige of that library tends to get bigger, readers become more confident, and the library staff feel rewarded. That is, both collections, and staff are enhanced.

3. To Build a Collection Requires Technical Expertise

To buy books, or any other sort of documents, is always a slow process because it requires bibliographic search on traditional catalogues but also on internet in order to compare the items being offered by the market, and the existing items in the library or the information gaps to cover. It really does not matter whether the documents are new printed, or antique ones. To make the bibliographic checking is always mandatory if the library is indeed committed to build a proper collection. This work requires subject, and bibliographic knowledge, and usually it is not a task allocated to junior staff. Subjects specialists may perform a core role in the acquisitions department something of course to be adapted to the library's type, and size. A search done by a subject specialist tends to be more effective, and efficient, meaning added value to the library as the collection turns to be sharper. Regardless this approach, when the item to be bought is not a new printed one, the conservators experienced eye cannot be dismissed. Why this extra care? Because a document in a poor physical condition can cause a lot of trouble since it will be a focus to spend money, the last thing a library is looking for. Very much on the contrary, the library's concern is to ensure that is not bringing in more problems to the stacks. A rare book with a broken binding, or very brittled paper, or severely attacked by insects will require heavy, and expensive conservation treatment. Was it worth while? The perfect moment to reflect putting librarians and conservators working together.

Since the search on internet became a routine, including databases searches, and all sort of bibliographies, then the profile of the acquisitions staff has to be broader and flexible. Bibliographic search can develop somehow as a treasure hunt, going for something always escaping. This of course is particularly true for rare books.

4. Diversity is the Trademark for Libraries, and a Motive to Rejoice

I have been referring to books, and documents, new printed ones, or old ones. What an amazing world this is! All together, they materialize the library. The readers need this diversity; it would be very tiring, and it would make their lives very difficult running from one library to another whenever they are studying, or making a research. There are exceptions, but let us focus on the general situation, a library hosting all kinds of media. For the conservator this variety is a challenge, a wonderful opportunity to practice all the processes, and solutions. And how about the documents themselves, how are they? How do they react? As far as we can observe, they have no problem to live together surrounded by such a diversity. Although under the same roof, they are entitled to specific and adequate stores and/or stacks. Generally speaking books are neither kept with prints nor with newspapers. Drawings will be somewhere else, as it happens to journals or newspapers, and so forth. This broad physical separation makes the conservator life so much easier. What pulls together this variety is their content. Documents, whichever their age, origin or format, are information conveyors. Having them all under the same roof, at hand, adds value to the library; somehow, diversity becomes the library trademark no matter the extra work both for librarians and conservators.

Among this multiplicity, the library may also hold old and rare books. Regardless the number, they will require to be stored on separate stacks as they will require special attention either from the librarian side (cataloguing) or from the conservator one (conservation). If these books were printed before 1801 they have acquired a special status, and then, they certainly are Rare Books, the jewel of the crown wherever.

5. Rare Books are Always the Jewel of the Crown

Regardless this unique status, energy and resources have to be equally allocated through out the library. Many libraries hold rare books, they are not exclusive to any particular library although cultural heritage libraries are expected to have large quantities of rare books. Books printed before 1801 are generally known as rare books but books with original prints or drawings, or books with very limited editions, or books with special formats are just as well considered in this group. There is a set of characteristics which may determine that a book is a rare book. Whichever the reason, books printed before 1801 cannot be dealt the same way contemporary books are. They deserve special attention because, first and foremost, they are old, and fragile; the older they are, and the number of copies available tends to be more reduced. Going backwards in time, it may happen that one copy is all that can be found. Rare books are the best witness to understand how paper spread from East to West; how printing techniques have evolved; how the book market appeared, and bloomed. And what is more, how human thinking developed; how East and West established links. Some rare books became antiquary objects, and as objects they are themselves history. It is not difficult then to accept why rare books are kept aside in the library. No matter where on earth.

Sometimes rare books are identified in small, local libraries or in larger libraries which main subject is related to pure sciences. How does this happen? Should we be surprised? As a matter of fact, small and local libraries may have organized a set dedicated to local history receiving rare books as a gift, or donation. On the other hand, a scientific library may find interesting to have a historical set of rare books concerning the history and development of that same scientific subject.

To buy new printed books or electronic ones is a difficult task, as referred earlier. Just imagine how difficult it becomes when rare books are the target. Expertise to accomplish this task is not obtained from one day to the following one. It is a long, and sophisticated cumulative process, slowly, and carefully pursued. Therefore, libraries are not in the position to minimize care, and attention rare books require.

6. Rare Books are Full Members of the Library Family

Libraries cannot afford to wear out all their resources, whether human, technical and financial, on the treatment and conservation of rare books. Despite their status, rare books cannot claim all the available resources.

Within the frame of priorities for the treatment, and conservation of books elaborated by the library, resources allocation has to be carefully balanced bearing always in mind that problems to be sorted out are just too many, and there is no way to look after them all at the same time. Somehow, there is here a relation between different generations which enhances the library's value, and it is up to librarians to encourage these developments. We are all women and men worried about our future, yes, but also interested and curious to find out where did we come from, and to discover our common past. It is never useless, or out of context, to fight for the existence of rare books in our libraries.

There is an urgent need to plan, to share resources according to priorities defined, and to make sure that the work is an ongoing process, without interruptions. To suspend the preservation process means to retrocede, which is unacceptable. This is not a minor battle, and to win the war will only happen at a more or less distant future.

7. Preservation Can Become Very Expensive

It has been referred often how useful, and decisive a priority list can be to start conservation projects of graphic documents in a library. This priority list is established focused on the existing collection; once finished the collection evaluation, the list has to be prepared according to the librarians, and conservators principles. The list goal is to make very clear which are the sets requiring very urgent intervention, and what sort of intervention is required. This evaluation has to be done together by the librarian (whom will consider the reading data), and the conservator (to whom the physical condition of the item matters more than anything else). The list will guarantee a consistent work, it will contribute to install confidence, and it will be a powerful tool to ensure quality.

I mentioned sets, never items. Leave individual items to a later stage. To apply all resources to treat one item is not a good idea; eventually, this option will satisfy one reader but the majority of readers will feel forgotten, and they will not understand the library's policy. It is more relevant to apply resources to rescue hundreds of items than apply those same resources to rescue one, or two items. Imagine spending all available resources on one, or two items and finding out at a later stage that the budget for the collection is over.

Knowing exactly what sort of intervention should be applied, the library then will be in the position to enumerate the projects to be carried out. Once done this previous work, the library will be able to discuss budgets, and their allocation. Whichever the institution, the management board is never willing to allocate money without a sound basis. To have in hands a priority list, consistent and based on firm ground, making a link to the correspondant projects, means to hold an indispensable tool for the good performance of the library itself.

A priority list can be changed, and adapted but it should not be changed before evaluating the results of work carried out. Allow some time to put this priority list into practice; results may take sometime to come out, librarians, and conservators together need to understand weaknesses, and strenghts of the priority list for which they assume responsibility.

8. Preservation Covers a Wide Spectrum of Needs

Between the priority list, and the projects to be carried out there is a close connection. While they are articulated, they cover a wide spectrum of needs, all urgent. With the priority list on hands, the next step will be to allocate the existing human resources, and to establish the length of time each project will be entitled to. All these projects are considered preservation, but there are diferences among them which must be understood. Some projects fall within the conservation field, a few others will be restoration. Why the difference?

The best answer is perhaps to say that restoration is just a component of the wider Programme on Preservation. Not a minor component, and for sure the most appealing one. Library benefactors love restoration, they are very sensitive to the restoration work. Generally speaking an item having been to the restoration laboratory comes out shinning, and bright as new. For someone ignoring what is going on behind the curtain, the transformation accomplished is a wonderful thing, and worthy of the money donated. But this is not always our main goal. To achieve such a wonderful result, highly qualified staff has dedicated endless hours to the task; very sophisticated equipment was allocated to rescue one item; money, and more money was needed. Should we consider these as major constraints, and give up restoration work? There are not straightforward answers. Yes, those are major constraints; no, we cannot give up, our past would not forgive us. But the cost, and the benefits for the library have to be evaluated. A beautiful leafy tree should not hide the forest. And the forest ahead is dense: is not regulated; is not prepared to accept readers. Librarians, and conservators are in libraries to protect readers eager to have access to hundreds of documents among which the fragile ones may need repairs, or new bindings, or boxing. Small, or in depth, but repairs.

In the past, restoration became very popular when individual work was highly valued. Restoration meant a practice when a single document was picked up from the anonymous volume of documents offering it a longer life expectation. In those days the notion of collection, or collection management was still very tenuous, and restoration was the best solution for problems affecting graphic documents. Nowadays, this approach has deeply changed. Should the conclusion be that we are then against restoration? That is not the question because restoration has its own goals; the question relates to the prohibitive costs of restoration, and to the urgency to look after the collections as a whole. Let us keep restoration to very special items (under obvious risk of disappearing), and occasions (such as an exhibition), and focus our energy, time, knowledge and resources on the anonymous documents getting desperate in the storing areas. The qualified conservator will find good reasons to feel rewarded as the work progresses over the collection. Moving from the item approach to the collection approach, everybody profits from this management option, which brings benefits both inside the library involving its professionals, and outside the library affecting the readers' community. The last thing we want is to waste resources available in a time when cuts, and financial constraints seem to impregnate everything. If libraries are to make their option for restoration, putting their resources on a drop-by-drop kind of work, institutions, and general public will witness the deterioration of huge volumes of documents at a gallop rhythm without turning back. Documents deterioration does not stop, and documents require a permanent evaluation on their health condition in order to guarantee a continuous care, preferably a preventive one. Wherever documents may be stored, there is deterioration going on. Intensity may vary but deterioration is present. Deterioration is silent, and insidious. It has been called "slow fire". Different causes can be named: the paper quality; the acidic ink; inadequate environmental conditions; pests; careless handling; poor quality bindings; mercyless reproduction. Sometimes all together, sometimes just one of them but always demanding for a strategic, and comprehensive intervention over the paper heritage without forgetting costs, and benefits. We can now conclude, and agree, that restoration is not intended to the whole, it varies according to each item needs, therefore restoration cannot be the option for the massive amount of waiting documents. In restoration, copy paste does not apply. Whenever an item comes to the hands of a conservator over the benche, the analysis starts from scratch. Situations seldom are the same, therefore restoration relies on individual observation. Should this be forgotten, and most likely a lot of damage will be caused.

  It is then the right moment to introduce technology. Within preservation, there is plenty of room for technology as long as it is not forgotten that technology does not replace humans' sensitivity, intelligence, and skillful hands. We can apply technology, yes but it will not solve all the problems. When we have very brittled books (witnessing the so called "yellow snow"), or paper highly damaged by corrosive ink (when gaps are larger than the bits of remaining paper and engraving), the solution remains in our skillfulness, and machines are hopeless. If problems have not reached such a deterioration level, then yes, technology can be used, and with success. Nevertheless, conservators tend to be always very suspicious. How many would dare to throw into a closed chamber fragile books to be deacidified? That is why conservators prefer to choose less technological solutions avoiding to put documents at risk. The main thing is to ensure documents a lasting life far beyond our own. Librarians, and conservators find here common ground which we may call professional responsibility, respect for history, and memory. It is nothing but good to stimulate these principles among the junior staff. We will be in a very peaceful state of mind knowing we have handed on the message correctly.

9. Not Many Libraries are Prepared to Launch Restoration Projects

To proceed with a restoration policy as the main key for documents physical problems makes institutions weaker, and fragile to the eyes of their readers. Readers will be prevented to access loads of documents, and this is hard to explain, and even harder to accept. Indeed, the library's mission is to serve the readers community, not one reader, not a particular purpose. If libraries choose this individual path, their credibility is at risk meaning that their capacity to negotiate budgets, to look for donators, to suggest institutional changes, will become more, and more scarce. Instead of being at the core of the institution, having a say about the future, libraries (or conservation departments), and their staff become a burden. Restoration must be looked at as a last option, a very last frontier. When everything seems lost, then restoration can operate miracles. Librarians, and conservators need courage to express their viewpoint announcing sound, and clear that the number of wonderful things to be done applying restoration will be reduced, and that restoration cannot be transformed into a rescue board for libraries. Alternatively, librarians and conservators will come forward offering much more because the number of interventions over the collection as a whole will increase preventing the progression of those problems affecting documents so seriously. By doing this, librarians, and conservators will be putting their finger over the wound. Librarians, and conservators have learnt a lot listening to the collection needs. These collection needs stand for very insignificant things, not at all appealing. Cleaning is it appealing? No, it is not; to launch a pest control management programme is even less appealing but for the sake of collections it must be carried out. Teach the staff how to handle fragile items; how to protect items; or to understand whether there is a pest threat. Small but effective steps that will make everybody accept that small is feasible, and can be beautiful.

On behalf of collections, professionals do recognize the excellent quality of restoration which not many libraries are ready to adopt. And libraries able to afford restoration as a routine also know that they cannot dismiss preventive conservation if they want to reach every single corner of the library. Restoration work is an individual, and solitary work. What libraries should envisage is team work, more and more interactive work everyday, showing a joint responsibility to preserve collections.

10. Be Cautious When Embracing a Restoration Programme

Hopefully, it is now quite clear that restoration is very demanding, and very expensive. Restoration is an option to be seriously balanced both by professionals, and by the library board. Under a strict technical viewpoint some solutions applied when restoring books and documents (such as full paper reconstitution) can be considered very intrusive affecting the character of the book. This, of course, has to be highly taken in account, and that is why no intervention is done without considering several viewpoints.

There is no restoration without qualified human resources; without sophisticated equipment; without adequate premises; without money. Restoration does not succeed without scientific research or experimenting. How many libraries can afford these requirements? Restoration can generate big enthusiasm, and high expectations but it will rely on practice and daily difficulties to decide its destiny.

So, the big question remains, if we do not restore, what are we supposed to do? What will be the future of our collections? There are no magic solutions but we need to overcome the problems, to make up our minds. If the library really thinks restoration is not the perfect way; if the library does not have enough qualified conservators to ensure restoration interventions; if the library does not have enough financial resources, is the library doomed to witness deterioration invading its premises? No, absolutely not. Time has come then to underline the library's responsibility to make a choice for less expensive, and less technical demanding solutions.

Should the option have been for restoration, then heavily used documents (because they have torn pages, because the back of books are broken, or because the covers need glue) would never have the chance to be treated, causing huge problems in reading rooms. In a library, what matters are collections and readers. It is just not acceptable to prevent access to documents due to their poor physical condition.

Therefore, the answer is very much towards the adoption of preventive conservation, and the key word is preventive. It could not be otherwise. Whichever the situation, all libraries have to include in their activity plan a heading for preventive conservation. To accept its inclusion is like to overcome a barrier. Once this is done, then the library is ready to start changing the negative physical situation that is disturbing the collections. The door has been opened, let us walk across it.

Whether just a threat or, on the contrary, a real risk situation, documents as a whole will be grateful for having been chosen as a target to launch preventive conservation projects. And this is the path to follow. To invest largely on preventive conservation, to make the bet on primary care not very glamorous but always very effective. A rule to be applied over either old, or contemporary books. Coming out from the restoration quarter, the conservator starts moving around the library premises, whether reading rooms, storing areas or others. This tour around the library will be a rewarding surprise. So much to learn from this "grand tour"! The impact of this new world will be tremendous.

Eventually restoration is considered as the supreme intervention, but how much does it cost? When embracing restoration, what is left behind? It is absolutely essential to proceed with a cost-benefit evaluation so that it becomes clear how much a library is losing while it is saving one or two items. To launch a restoration program cannot be an impulse.

11. Preservation: the Beauty, and the Drawbacks

Luckily from the viewpoint of their life expectation, the treatment of documents can happen beyond restoration. Preventive conservation is there, and it is within our reach. It is feasible for every library no matter the size. There are no more excuses. Waiting for professionals there are huge quantities of heritage gathered along years, or decades, most of the times in very poor conditions. Even contemporary items require preventive conservation.

Preventive conservation brings in itself the beauty because preventive conservation reflects the library mission, and that is for sure, the highest reward for professionals assuming the responsibility for preventive conservation projects.

Preventive conservation stands on the front line to fight back the physical deterioration of graphic documents. Together with a big advantage: preventive conservation is mainly a team work. While more experienced conservators are to coordinate several teams, junior conservators are accomplishing several tasks, according to a consistent, and coherent approach. This is a team work going on under the librarians view, therefore, preventive conservation never takes place hidden away as it was alchemy. Librarians tend to become very nervous when storing areas are invaded by conservators touching the books; moving items along; carrying items from one shelf to another; preparing boxing for the documents which will change somehow their outlook.

This metamorphosis going on is painful for librarians to watch; neither is it easy for conservators that have to explain often that work being done is really the best for documents. Once the task is over; when documents are clean, safe, and well kept in enclosures, then both librarians and conservators are satisfied, and misunderstandings disappear. What could have been a big conflict, and adversity is overcome.

If direct contact with documents, and with different areas where they are kept would not have taken place, then, it would not be possible to elaborate a priority list. Depending on the kind of library, documents will be found either in reading rooms, or storing areas. Frequent visits to these spaces help to make problems visible, and illuminate why problems happen. Diagnostics are not possible without observing the patient; no theory survives to a diagnostic at distance.

So, librarians and conservators have to become familiar with their patients. Get close to them; look at them carefully; pick them up from the shelves, and suddenly unsuspected details come reality. A notepad, and a pencil may prove very useful. Even a powerful memory does not replace a handwritten note. Once at the desk, list down the problems. Have you thought about them before? Do you know the best solution for each problem? Do you know any solution at all? Have you talked with your colleagues? Have you confronted anyone with your doubts?

Books are made of organic matter, and they are harmless. Touching them, opening, or browsing them, and eventual problems will be identified; only then one can tell how heavily a particular book has been used, or has not been used at all. Perhaps the binding is in good condition but the block, paper made, may be brittled, or torn, or pages may be missing. A quick look at the document without touching it, and most problems will not be identified. All these situations are as true for old, and rare books as they are for new printed items. Only after this work, a fair idea about the situation will be built but quantification will be still needed: how many spines are broken; how many books will need to be submitted to deacidification; how many others are in need of new callnumber labels, and so on.

All this work takes place behind the curtain. Librarians, and conservators seldom cross the public spaces, readers have no idea whatsoever about the dimension, and complexity of the work. But it would be very good if readers had a glimpse of the work so that it could be valued. So, it seems, the time to make some publicity has come. Publicity or promotion of awareness can be achieved with leaflets, or organizing a small exhibition showing the most frequent problems preventing access, and reading. Should a short note be included in the leaflet explaining the complexity of each repair, time and cost and the exhibition will enhance communication. Both the leaflet, and the exhibition are small initiatives requiring very little money but largely improving the relationship between professionals themselves, and between professionals and the readers. Well informed readers are likely to be more cooperative.

Preservation requires a strong management component. While work is carried on in workshops, or in storing areas, readers need to have the perception that something is being done on their behalf. Librarians and conservators know too well that tomorrow will be too late. Sharing this concept with readers, let the message get through.

12. To Launch a Programme on Preservation and Conservation

Time has come to move into practice. Options available have been listed, as well as advantages and disadvantages of each option. We even have a fair idea about costs. It does not seem difficult to accept that a punctual option out of context cannot be the best option in what concerns dealing with deteriorated documents. Sets and collections require much more attention, and they have to be tackled following a comprehensive, and strategic plan. Other major concerns have to do with planning. If there is no planning, it looks like as orientation has been lost. Not knowing which is the target, simply means it will ever be met. Since we have in hands documents which are facing deterioration everyday, our responsibility is bigger, and we want to be on time. Professionals must take this deterioration chart very seriously.

Collections deserve our attention, and commitment. Let us mobilise our strength because we are always running against clockwise. There are professionals not willing to face this equation. They fear they are missing a good opportunity to show all their manual capabilities, and skillfulness. The library needs these professionals but the conservation laboratory cannot transform itself to an *art atelier*. We have to find out the balance, and in case of doubt, to orientate our thinking towards the collection. Keep focused on collections, and make sure the appropriate thing is being implemented to save them.

All in all, is preventive conservation exempt of problems, and doubts? Not at all, but it still remains the strongest choice. And one thing we know for sure: it will not be possible to put into practice all the projects we would like to, projects that are feasible. Despite these contradictions, we cannot lose our hope because we cannot do everything. Some libraries have implemented the whole bunch of projects, we know where they are but we ignore how they have started, or difficulties they have faced. Focus on our own capabilities seem much more promising.

First things first. And in the context of preventive conservation the very first thing is environmental conditions. If environmental conditions, such as temperature and relative humidity, are out of control, stable conditions for documents will fail, and our work will be jeopardized. In case of doubt, get the help of an engineer. More often than not, your team will need to be enriched with other expertises. Explain the engineer the values being seeked underlining though that those values have to be constant along the whole year. The secret relies more on the regularity of values, than on high or low values.

The following task is cleaning. Clean the documents, the shelves, the storing areas. Make it a routine, the whole year round, over and over again. It seems endless, yes it does, but it has to be launched. Books and documents are cleant according to careful procedures. Learn and teach how to do it, and start.

Associated with cleaning, comes pest control management. To find out if there are pests: which ones, insects? rodents? termites? where are they? are they very frequent? Books, and documents are only ready for readers when have no dust, no pests, and no pest signs. These projects bring along other advantages: during the cleaning process, or when observing for pests, it is easy to identify small problems which can be immediately solved. For instance, a book with loose pages can be immediately put between cardboard, and hold with a ribbon. Conversely, these problems can be listed, and at a later stage handled.

While a team is doing this work, some other teams may be carrying on other projects, such as small repairs, or making enclosures, or boxing. A good solution for fragile documents, saving them from dust, light and poor handling. Something done very quickly, immediately visibe, and highly appreciated by professionals, and readers.

Once these projects are flowing, and become routine, then it is the right time to give another step forward, thinking for instance about bindings, library binding. The bindery is not a minor workshop, it requires a structure that will be as complex as far as we want to go. Human resources, adequate premises, machinery, raw materials. The library preservation programme is now achieving a higher level but there is no reason no to consider the opportunity.

At last, a brief mention to surrogating. Photocopying is not a surrogate, because photocopying does not contribute to preserve documents. Very much on the contrary, as everybody knows. Readers love photocopying because is very handy but photocopying is a major enemy of preservation, therefore it should not be encouraged. Microfilming and digitization are better options and digitization has won over microfilming. Whichever the option, we keep in mind all documents suffering from deterioration, and the big issue is to transfer information to an alternative media giving the original document a chance to survive.

This paper intened to be an overview on preservation problems collections raise never forgetting that, in libraries, collections represent the core of the library, and their life expectancy depends upon the joint effort of librarians and conservators. If rare books are a significative share of the library, then, attention and care double but intervention strategy follows always the same path: prefer the set over the item; choose prevention instead of desperate action promote teamwork instead of individual one. These are the right options; applying them will bring benefits to all, professionals and readers.

Thank you.

Bibliography:

[1] CABRAL, Maria Luísa. "Conservação preventiva, porquê?" (Preventive conservation, why?). *Páginas a&b*. Lisboa. 15 (2005): 7-27.

[2] CABRAL, Maria Luísa. "Uma escala de valores do restauro à conservação." (A range of values from restoration to conservation). *Páginas a&b*. Lisboa. 17 (2006): 43-54.

[3] CABRAL, Maria Luísa. "A reformatação numa encruzilhada de alternativas." (Reformatting on a crossroad of alternatives). *Páginas a&b*. Lisboa. 14 (2004): 77-93.

[4] *The evidence in hand: report of the task force on the artifact in library collections*. Washington D.C.: Council on Library and Information Resources, Nov. 2001. 114 p.

[5] LANÇA, Teresa. "Processos de conservação preventiva." (Preventive conservation processes). *Páginas a&b*. Lisboa. 19 (2007): 91-124.

[6] LUSENET, Yola de, ed., *Preservation Management: between policy and practice. Papers of the European Conference...* Amsterdam: ECPA, 2000. 116p.

[7] PINNIGER, David. *Pest management in museums, archives and historic houses*. London: Archetype Publications, 2004. 115 p.

Rare Materials Conservation at the Library of Congress: an Overview

Dan Paterson [*]

Introduction

November 4, 2016, is the 50th anniversary of the Florence flood of 1966. On that date the Arno River rose eleven meters, leading to disastrous conditions that severely impacted the libraries, museums, and cultural institutions of Florence, Italy[①]. This date is significant for the field of rare books conservation in general since this catastrophic episode is now widely considered to be the beginning of modern Western library and archives conservation. The recovery from the flood also holds significance for the Library of Congress (LOC) and provides an interesting introduction to the development and evolution of LOC's current preservation department.

The Library of Congress is the oldest federal cultural institution in the United States and the largest library in the world. It was established in 1800 by an act of Congress with an initial budget of five thousand dollars. Since that time the collections have grown to 162 million physical items on nearly 1400 km of shelves[②]. However, before the 1960s it did not have a dedicated preservation office. The work of restoration at that time was carried out by the

---

[*] Dan Paterson, Library of Congress.
[①] http://www.aboutflorence.com/florence-flood.html
[②] https://www.loc.gov/about/fascinating-facts/

Government Printing Office, a separate entity from the library①. In 1965 a joint conference was held between the Library of Congress and the Association of American Research Libraries and, as a result of this conference, the Library of Congress began to revise its approach to preservation.

The establishment of the conservation department was a direct result of this revised approach. The Library of Congress hired Peter Waters in 1969 to develop the preservation program and LOC became the first library in America to establish a conservation office with Waters as the head of the department②. In addition, two other conservators, Don Etherington and Christopher Clarkson, were hired to serve as training officer and head of rare books conservation respectively.

All three men were heavily involved in the response to the Florence flood. Indeed, it was partially due to their experiences in the recovery that they were hired to join the Library of Congress preservation office③. Thus while the flood event is widely recognized as being a catalyst for the development of cultural heritage disaster preparation and planning the disaster also played a significant role in launching the beginnings of the Library of Congress preservation program.

The Preservation Directorate, as the department is now known, has grown significantly since its inception. Today it consists of four separate service units: Bindings and Collections Care, Conservation, Preservation Reformatting, and Preservation Research and Testing (figure 1). Each division does essential work but this paper will focus on the activities of the Conservation Division.

---

①Kenneth Harris and Susan Schur, *Caring for America's Library: A Brief History of Preservation and Conservation at the Library of Congress* (Washington D.C. 2000), p. 7.
②Harris and Schur, *Caring*, p. 16.
③Harris and Schur, *Caring*, p. 16.

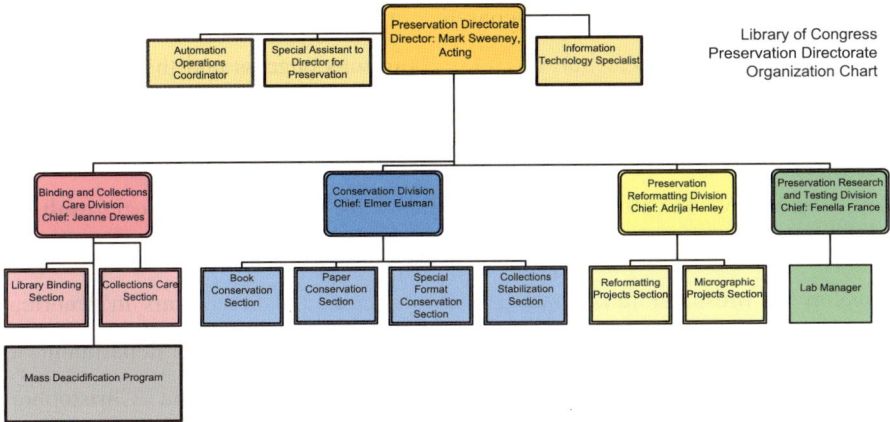

Fig. 1　Preservation Directorate Organizational Chart

Conservation Division

The staff members of the Conservation Division are responsible for preservation and conservation of the rare materials at the Library of Congress. This task is enormous, given the size and diversity of the collection materials. The division is separated into four sections to better facilitate the preservation of collection materials. The sections are: book conservation, paper conservation, special format conservation (which includes photography, recorded sound, and three dimensional objects) and collections stabilization. In addition to these sections, we have staff assigned to work exclusively on exhibitions and digital projects. I will briefly discuss the work of each section.

Book Conservation Section

Conservators in the book conservation section are responsible for the conservation treatment and housing of rare materials from throughout the library. While we routinely work with materials from the Americas and Europe the Library of Congress has significant collections of rare books from Asia, the Middle East, and Africa. Our approach to book conservation is the process of preserving an object as it exists now. We are concerned with the whole book, not just the text, and try to maintain a book as a functional, usable object while retaining as much of the original as possible. We do not try to restore objects to original appearance or perceived original appearance.

Because of our concerns about understanding and preserving the entirety of the object, books conservators at the Library of Congress have training and familiarity with the wide variety of materials involved in bookbinding traditions, such as paper, vellum, leather, cloth, and inks. Additionally the conservators understand how these different materials interact. A book is a complex object made from disparate materials, and we are cognizant of those materials and how they were made, as well as the importance of the whole object, including its non-textual elements.

As part of the treatment process, each item receives thorough written and photographic documentation. This important step ensures we will have a record of the actions performed to a volume as well as information on its condition prior to treatment. The accompanying photo documentation is done in-house, by the conservator assigned to treatment. In addition to storing an archived electronic copy of each treatment report, hard copies are printed out on high quality paper and stored in acid-free folders.

The treatment process also involves close examination and, in many cases, testing, of the object prior to physical intervention. It is important and necessary to know how and why aspects of bookbinding have failed and what parts may be vulnerable during treatment, in order to create a treatment plan specific to the needs of the object.

The Lisbon Pentateuch from 1491 is a good example of the examination, testing, and decision making that required prior to intervention. Hebraic books from this time period are quite rare in general and we are proceeding cautiously with a treatment plan. The volume was originally selected for treatment due to heavy paper mends on each leaf that prevent the pages from flexing (figure 2). The mends are so detrimental the pages cannot bend without causing further damage. As a result, we need to remove the previous repairs and treat the losses in a more sympathetic manner. Afterwards we will re-bind it in a style compatible with a book from this geographic place of origin, cultural tradition, and date.

Fig. 2　Showing damaging mends

The treatment process has been slowed due to the complicated presence of manuscript inks on every leaf. Some of the manuscript ink is in the form of marginal notations. A different ink, which is difficult to distinguish without magnification, was used to fill out characters that were poorly printed. The treatment will have to take these inks into account so that they are minimally impacted. Both inks show some solubility in water. While scholarly research indicates the marginal notations are not significant to the text (they were made by someone using the book to learn Hebrew) we are still trying to understand the significance of the ink used on the printed characters. We think it may be unique to the LOC copy and was possibly added at the time of printing. Until we learn more about it, we are proceeding cautiously with our treatment plan. The research and investigation process has been time consuming and to date four conservators have been involved with the project. We feel, however, that this level of testing, research and caution is warranted given the nature of the object and its unique characteristics.

Paper Conservation and Special Materials Format Sections

The principles of examination, documentation, and deliberate planning that I described for books conservation are equally true of paper conservation projects at the Library of Congress. Paper conservators at LOC are responsible for the treatment of flat paper objects, including archival materials and works of art on paper. Each paper conservator is trained to work with an incredible variety of support papers, understand a diverse array of media, and an equally diverse array of printing techniques, and be knowledgeable about the history of and trends in paper conservation.

The special materials format section encompasses photographs, audio-visual formats, and other objects. There are three photo conservators as well as one specialist in recorded sound and motion picture formats. We do not have an objects conservator but have in the past hired objects conservation consultants to advising on the care and handling of some of our materials. In particular, the Library of Congress has a large collection of pre-Columbian ceramics and a vast collection of musical instruments, including the largest collection of flutes in the world[①].

Stabilization Section

The Stabilization Section is devoted to a variety of projects, typically focusing on treatment or rehousing on a large scale. The team is led by conservators and preservation specialists and assisted by technicians. An example of the type of work performed in the Stabilization Section is the treatment of Brasher's *Birds and Trees of North America*, published in 1932. The stabilization team, working under the direction of a book conservator, has been treating this set of twelve rare books. Each of the original bindings has the same condition problem (failing leather due to poor quality materials, as seen in figure 3) and as a result one treatment protocol was devised for the whole set. The desiccated leather is removed, the book block is dry cleaned, and replacement cloth is added to replace the leather (figure 4). The removal of the original leather is difficult and requires dexterity and training; however, it can be accomplished by our conservation technicians who work under close supervision. The treatment protocol was developed in consultation with the curator and the same process will be applied to all the volumes in the set so that they will maintain their uniform appearance. By creating a protocol that can be executed by technicians using materials that are easy to work with, the project can be completed in a faster time frame than would be possible with a single conservator working on more traditional repairs.

[①] https://blogs.loc.gov/loc/2014/09/anatomy-of-the-flute/

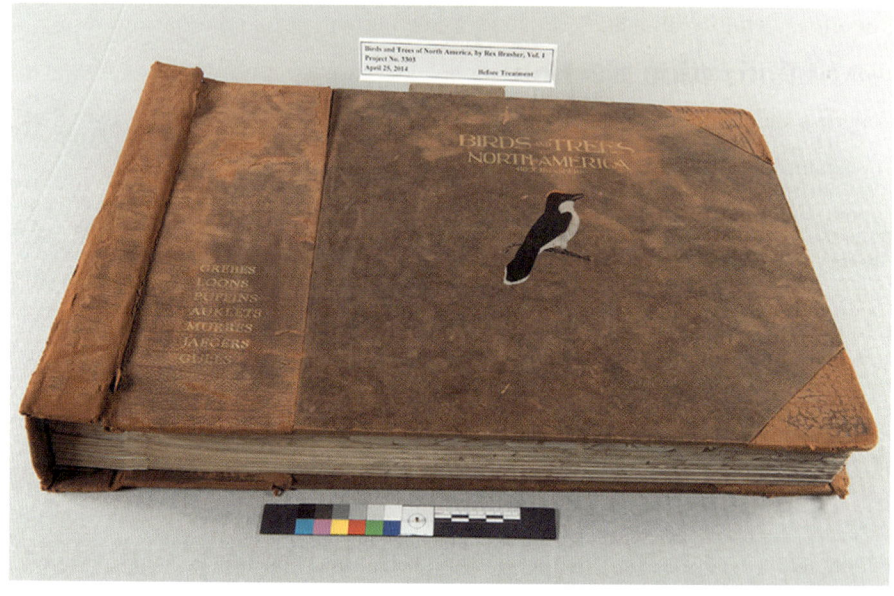

Fig. 3 *Birds and Trees* before treatment. Photo courtesy of Jim Thurn

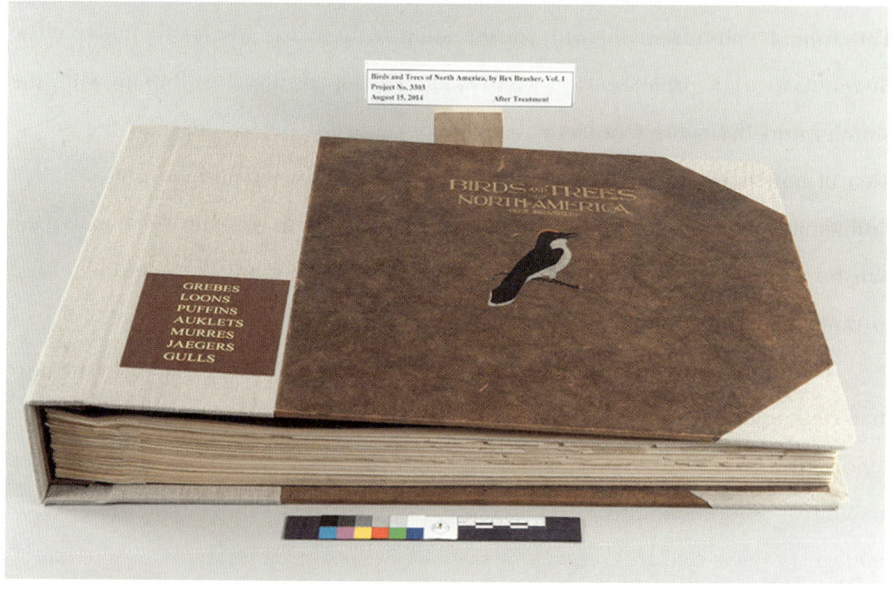

Fig. 4 *Birds and Trees* aftertreatment. Photo courtesy of Jim Thurn

The work that is done in each of the four sections follows the same guidelines. Our treatments are done following the principles of reversibility allowing for repairs to be undone if necessary. Additionally, the Library of Congress independently tests materials used for conservation prior to treatment. For example, all of the paper we use in treatment (such as western handmade paper, machine made paper, and long fibered Asian papers) is tested by the Preservation Research and Testing Division to ensure that it meets specifications. By doing this step we can be confident in the quality of the new materials that are being introduced to collection items and incorporated into historic objects.

Selection for Treatment

We select items for treatment through three different processes. At the beginning of each fiscal year, members of the Conservation Division meet with curators to discuss projects. This process is referred to as the "Annual Call". The annual call is an opportunity for curators and conservators to meet and review potential projects. Curators select items in need of treatment and conservators assess the objects, explain what work is possible, and give an idea of how many projects might be completed in a year. This process can be problematic because invariably there are more items in need of treatment than can be addressed. One way we mitigate this difficulty is by asking the curators to rank items in terms of their priority.

There are thirteen custodial divisions at the Library of Congress with rare materials and each one has an annual call list of projects. Thus the lists represent a wide variety of materials and project types. It is a significant amount of information to keep track of but doing so allows conservators to manage projects and track items in need of conservation treatment from year to year.

The second method for selecting items for treatment is through our exhibitions program. Every item that is chosen to be part of an exhibition, whether it will be included in an in-house exhibit at the Library of Congress or be loaned to another institution, receives a full exhibition review. During 2016, 2,638 objects were assessed as part of the exhibition review process.

The course of action for items that are selected to be in an exhibition is similar to the annual call but with a few exceptions. The review process is used to detect condition issues that require treatment prior to display. The exhibitions conservator identifies problems and the treatment of the object is then assigned to a book, paper, or photo conservator depending on the format. In this way, each exhibited item is stabilized. Prior to installation, a final condition report is prepared to record the condition of the object. Once the exhibition is complete, the object receives a final review and is compared to the condition report to note any changes that may have occurred during the course of being on display.

Digitization is the final method for selecting items for treatment. As with exhibits, all items selected for digitization receive a review prior to scanning. Any items that are identified as having condition issues requiring stabilization are treated in the Conservation Division. They are subject to the same protocols as discussed earlier, receiving full written and photo documentation as part of the treatment process. The major difference with the scanning process is that bound items undergoing full treatment (items that will be disbound as part of the treatment process) are usually sent for scanning after the textblock pages have been repaired but before they are rebound. Doing so enables them to be scanned flat and allows for capture with less stress to the object. Once the scanning process is complete the loose leaves are returned to the Conservation Division for rebinding.

Recent Initiatives at the Library of Congress

In addition to treatment activities, Library of Congress conservators are involved in research and the development of new or revised treatment strategies. One area of research that is probably known to many in the audience is the work that has been done for developing iron gall ink protocols. Iron gall ink, for those less familiar, was widely used in the West for centuries as a manuscript ink. The Library of Congress, along with most other large research libraries in the West has tens of thousands of documents written in this form of ink. The ink, however, is often unstable depending on a number of factors including how it was manufactured and the environmental conditions to which it has been subjected over time. The result is a reaction between iron ions and cellulose that often leads to damage of the support material. This damage is exacerbated by improper conservation treatment or environments with high humidity.

Library of Congress conservators, in conjunction with Preservation Research and Testing at the Library of Congress and colleagues from other institutions, have refined a protocol for treatment of iron gall ink. The result of this work is published in the AIC *Book and Paper Annual* from 2008, and provides " treatment trees " to help guide conservators through the identification and characterization of documents with iron gall media.

An example of a new treatment strategy that is being experimented with is the use of polyesters as repair materials. Polyesters have been widely used in book and paper conservation as support materials, particularly during wet treatment processes. In recent years, LOC conservators have also used them successfully as repair materials in limited applications. In some circumstances, "limp" vellum bindings were repaired with polyester (figures 5 and 6). This material has an elasticity that makes it work well to repair tears and losses, yet it is also extremely thin. It works particularly well in limp bindings to repair or reinforce the holes used for lacing sewing supports since the elasticity allows it to conform to the supports. Another example is the recent repair of two stiff board vellum bindings. In this case, a laminate of polyester and kozo fiber paper was inserted to repair a break in the joint (figure 7). As I mentioned earlier, the materials we use are routinely tested independently by the Preservation Research and Testing Division at the Library of Congress. In this instance, the polyester was tested for purity before being used in contact with an object as a repair material. Additionally, the adhesives used to hold it in place are completely reversible. This technique is very specific and probably will not have wide spread applications, but in these circumstances it worked well as a physically sympathetic and structurally sound mend.

Fig. 5　Limp vellum before fills

Fig. 6 Polyester repairs to limp vellum binding

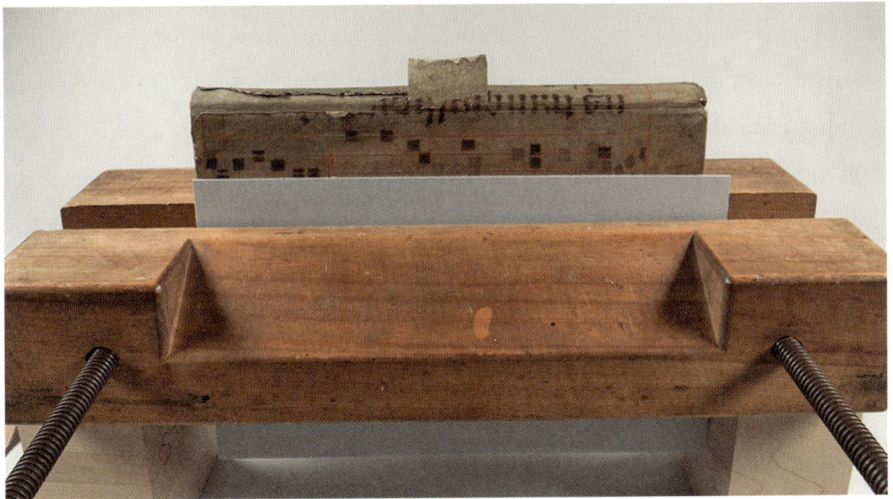

Fig. 7 Polyester repair of vellum binding

Training Programs

One of the first initiatives established in the Conservation Division was a program to train new conservators entering the field. It has evolved into the current program of internships and fellowships. Each year the Conservation Division accepts applications for book, paper, photo, and stabilization internship positions. These positions are highly competitive and typically only one position is offered for each specialization. To be considered qualified for the positions, an applicant must be a student or recent graduate of a training program and have both extensive knowledge of the ethics and practice of conservation as well as demonstrated hand skills. Applicants must be able to provide a portfolio of their work for review by coordinators of the internship as part of the application process.

The Library of Congress has hosted interns from North and South America, Europe, Africa, Asia, and Australia. Internships last one year and begin in September. The intern works with each conservator in their given specialization. It is a demanding year for the student conservators. They receive close supervision and mentoring, but they are also challenged by being assigned complex treatments in order to build their skill level. They are asked to think critically and propose treatment plans. They are also asked to meet with curators to obtain approval for proposed work. They will also have an introduction to our digital workflow, our exhibition work, and other divisions within the Preservation Directorate. The program has been extremely successful and many former interns are now heading conservation departments at other institutions both in and outside the United States.

Emergency Response Program

One other activity in the Library of Congress Conservation Division that should be highlighted is the emergency response team. The emergency response team has existed at LOC since the 1990s. It is a voluntary team open to staff members from the Preservation Directorate. Team members are assigned a rotation during which they carry an "emergency" phone. In the event of an emergency that impacts collection materials (usually a water leak) the Capitol Police, who are present in the library 24 hours a day, call the phone number. The team member carrying the phone responds by going to the affected area and investigating the incident. Depending on the size of the incident and number of objects involved other team members may be contacted and asked to assist. A coordinated response is initiated to remove the objects from the area and transfer them to the Conservation Division for drying.

Due to our experience with recovering materials we have developed many techniques that have wide spread application. For additional information regarding these techniques I refer you to the following address: http://www.loc.gov/preservation/emergprep/dry.html. This page contains a short video demonstration of many LOC emergency response procedures.

Future and Conclusions

The timeline from the beginnings of the conservation program at the Library of Congress in 1969 to its present state reflects our continual growth. Preservation is now considered a core unit within the framework of LOC and is involved in programs throughout the organization. We are integral to the care of the collections, the success of the exhibits program, and in reformatting through digitization. In early 2016 we began plans for the construction of a new conservation lab. This project, which is dependent on receiving full funding, will involve completely gutting the current space, reconfiguring and changing the layout. The new lab will allow us to continue to grow and serve library wide by caring for collections and shaping preservation strategies. It will be an exciting transition and one that will help us to provide excellent service and growth as we embark on the next 50 years of conservation at the Library of Congress.

中国国家图书馆重大修复项目与修复原则

杜伟生*

Major Conservation Projects and Restoration Principles of National Library of China

Du Weisheng

1. 赵城金藏的修复与"整旧如旧"原则

赵城藏是金代佛教信女崔法珍断臂募捐集资刻印的一部"大藏经"。金皇统八年(1148)始刻,金大定十三年(1173)刻印完毕。因收藏在山西赵城县广胜寺,所以被称为"赵城藏"或"赵城金藏"。

1949年,在抗日战争期间被八路军太岳支队从广胜寺转移到棉上县废弃的煤矿矿井之中的赵城藏,又重见了天日。1949年4月23日,华北政府批准并电令太行行署将赵城金藏送到北平,移交给当时的国立北平图书馆保管。在国家图书馆档案室053号档案赵城藏专卷中,还保存着详细记载这段历史的档案材料:

三十八年(1949)4月23日 太行行政公署 秘字第八号 护照
此有太原市政府张文教因运文物藏经赴华府,由太行涉县经河北石

---

* 杜伟生,国家图书馆。

门保定前往北平,携带藏经四十三箱,希沿途军政民机关岗哨验照放行。此证

  右信 张文教收执

  主任 吕鸿安

  副主任 吴作民

  文件上还有墨迹:实有四十二箱送北平图书馆 一九四九、四、三十日 张文教

  档案记载表明,经过7天的运输,赵城金藏平安运到北平图书馆,并顺利完成了交接。

  由于"赵城金藏"曾经存放在非常恶劣的环境里,有不少经卷受潮并长满黑霉,整个经卷粘连在一起,从外观上看就像一根木炭,硬得就像一根木棍,亟待整理修复。入藏北平图书馆以后,馆领导对此非常重视,马上着手修复、整理这部珍贵的佛教经典。

  1949年5月11日,当时的北平图书馆发送请柬邀请薄一波、周扬、范文澜、韩寿定、周叔迦、董必武、王冶秋、马叔平、汤用彤、楚图南、于力、尹达、向达、周一良、晁哲甫等人出席赵城藏经专场展览会,征询对赵城藏修复的意见:

  谨定于五月十四日(星期六)下午三时半在本馆会议室展览赵城藏经并希提供修裱与保藏意见 邀请莅临为荷

  耑此 顺致 敬礼   启 五月十一日

  很明显,这次展览是在为修复赵城金藏做准备工作,向各位领导和专家、学者征咨如何修复和保存赵城金藏的意见。这次展览以后马上召开了专家座谈会,根据座谈会会议纪要,座谈会由王重民先生主持,北京图书馆著名版本学家赵万里、运送赵城金藏的张文教、巨赞法师和范文澜、晁哲甫、于力、马叔平、韩寿萱、周叔迦、向达等专家学者参加了会议。

  在此次座谈会上,赵万里先生发言:"……过去本馆装修的观点是将每一书完全改为新装。此办法始而觉得很好,其后则发现它不对。一本

书有它的时代背景,所以自(民国)廿三年后决定不再改装,以保存原样,所以装修一书有时用不上太多材料。馆藏《赵城藏》即保持其原来面目。今天成问题的是人力而不是财力,因所费恐不太多。……""……《赵城藏》所具特点尤为南系大藏所未有,而且《赵城藏》是代表金时平水文化最标准的刻本,在版本学及雕版史上尤有价值。所以无论在佛学和版本学上看来,都是一种极好的资料。此次开箱共得4330卷又9大包,多数潮烂断缺,或丢失签题。不过我们应尽力保存,不使损坏。十之三四可以打开,十之五六不敢打开。现在是整理的问题,即是如何打开、如何编目的问题。本馆有技术人孙长振先生专门能装修旧书,他领导技人一定能胜任这一工作。不过仍感人手不敷,因本馆各部分应装之书太多,绝非三四人可以办理,所以这一工作还值得考虑。假如能找四位专家整理,据孙先生估计,每人每月可整理10卷,四人为40卷,一年为480卷,须十年可完成……"(见《赵城金藏》展览座谈会纪要)。会议通过了赵万里先生提出的"保持其原来面目"的修复原则。

赵城藏修复工艺:(1)蒸:将因霉变粘在一起的经卷包上毛巾,外面再裹上纸,放在特制的笼屉里用蒸。(2)揭:将蒸过的经卷外面的纸轻轻揭开,直到揭不开为止。然后再蒸,再揭,直到书叶全部揭开为止。(3)托:在揭开的书叶背面粘贴一层纸,上墙绷平。(4)裁方:将托好的书叶裁成四方形。(5)接纸:将书叶按顺序粘连在一起。(6)上褙:在书叶背面粘上褙纸,上墙绷平。(7)砑光:在褙纸上打蜡,用石头砑光。(8)裁齐:裁齐经卷的上下两边。(9)装天地杆:在经卷首尾两端加装天地杆。

赵成藏的修复工作从1949年起至1965年,一共用了16年才完成。这个修复项目对于当时的北京图书馆即后来的国家图书馆的古籍修复工作来说,意义非常重大。

第一,重大修复项目启动之前,先征求专家的意见。确定修复原则和修复计划,这在国家图书馆建馆以来尚属首次。当然,赵城金藏的文物价值高、卷帙数量大,修复的任务繁重,客观上也需要相关领导和各方面人员慎重。

第二,确立了"保持其原来面目"的修复原则。"保持其原来面目",就是古籍经过修复后,要保持未修前的面貌,这实际上就是业内常说的

"整旧如旧"古籍修复原则的核心内容。

2.敦煌遗书修复

敦煌遗书是1900年在敦煌莫高窟中发现的一批4世纪至10世纪的珍贵文献。中国国家图书馆收藏16,000件,装帧多为卷装。中国国家图书馆敦煌遗书的修复工作始于1987年,当时由一位老师傅在和英国国家图书馆修复人员进行技术交流时,修复了3件。这3件都在遗书的背面整幅托纸,有一件遗书用纸较厚,还被搓薄,再另托纸。由于这种做法对遗书有伤害,修复工作被果断喊停。

1991年,敦煌遗书的修复再次提上日程。启动之初,针对第一次修复时出现的问题,由当时的善本特藏部组织修复负责人与版本专家一起讨论敦煌遗书修复方案。会议上通过了敦煌遗书修复工作的4项原则:在指导思想上,严格贯彻"整旧如旧"的原则,尽可能保持遗书原貌。在修复方法上,坚决摈弃传统的通卷托裱方式。在外观效果上,要求修复时附加的修补纸与原卷必须有明显的区别。在保留处理上,要求修复工作本身是可逆的。

修复方案主要内容:按长度分为长卷、残卷和残片三类,分别处理。

(1)长卷的修复

①补破口。常见的破口多为撕裂或长期折叠而形成。在修复时,修补纸一般宽3毫米左右。修补纸一般粘在背面,两面有字时,应补在无字处。尽量不压字迹或笔划。

纸面上有些残缺部分可以不修补。这主要是指因外力或鼠害等所造成的残缺。因其边缘一般比较结实、一般不会再造成新的损坏。保留残缺还有一个好处:可能给今后缀合工作带来一定的便利。若残缺处形状比较复杂的,则必须补齐。

②压平。将补好的敦煌遗书稍微喷水润湿,上下都用吸水纸夹住,压上木板及重物,压实。

③裁、剪整齐。被裁剪的部分只能是原件四周粘贴的补纸,原件不可裁剪。

④前后加旧皮纸保护。卷首前端、卷尾后部各添加一张旧皮纸。一张卷在敦煌遗书尾部以加大卷子的直径,另一张将敦煌遗书包住。两张纸都不与经卷粘接。这样可最大限度地保护原件的原貌,同时对以后敦煌遗书缀合工作有很大好处。

(2)残卷的修复。

修补破损的方法同长卷的修复。与长卷修复不同的是:用旧皮纸作为底纸,将经卷放在底纸上,用底纸夹住经卷卷起收藏。

(3)残片的修复。

修补破损方法同长卷修复。在测量纸张厚度以后,用洁白皮纸夹住包好,放入用宣纸制成的袋中,外加函套保存。

在修复工作开始时,为提高速度和数量,组内所有人员都参与了敦煌遗书的修复。但很快就发现,修复质量良莠不齐。为此,逐渐缩减修复人员,最后只剩下两人坚持敦煌遗书的修复工作。

纵观敦煌遗书的修复工作,对古籍修复原则的发展贡献是非常大的。

第一,明确了"坚决摒弃传统的通卷托裱方式",保证了敦煌遗书用纸、文字图像的安全。第二,首次用"真实性"贯彻"拯救如旧"的原则。这里所谓的"真实性",不是敦煌遗书没有损坏以前的原貌,只是敦煌遗书在修复前呈现的面貌。修复工作中仅修复敦煌遗书的残破部分,其他部分不作任何形态上的改变。例如敦煌遗书中还有少量在书叶上有用针扎出来花纹,以及卷子上的折痕。这些应完完整整的保留下来,不能把针眼草率地用纸补上或将折痕压平,以完整保留敦煌遗书所有的信息。就是通过修复,尽量恢复敦煌遗书在修复前的面貌,也就是在国家图书馆在修复赵城藏时所执行的"保持其原来面目"的原则再现。第三,修复原则中规定的"可识别性","要求修复时附加的修补纸与原卷必须有明显的区别"。还有前人修复痕迹的保留,也是在敦煌遗书修复时提出的。例如敦煌遗书中有个别卷子的缺损地方原是用细麻绳缝起来的,纸面蜷缩在一起。如果随手将麻线拆掉,就改变了卷子的原貌。在保留麻绳的前提下,把破损处修补好即可。第四,修复方案规定"修补纸一般宽3毫米左右。修补纸一般粘在背面,两面有字时,应补在无字处",尽量不压字迹或笔画。"纸面上有些残缺部分可以不修补。"其实就是"最少干预"。第五,"在保留处理上,要求修复工作本身是可逆的",就是要求包括修复材料和修复方法都要有"可逆性"。第六,修复方案规定,长卷修复后要压平,不上墙绷平。为什么?敦煌遗书中不少卷子打开以后并不是直的,而是呈弧形或S形,说明在当时敦煌遗书在制作过程中是没有"上墙绷平"这道工序的。敦煌遗书中没有使用过的技术,在修复的时候,就不要用。这就是修复技术要和当时采用的技术有"相似性"的原则。第七,修复过程中,人员不在多,而在精。人员的专业素质非常重要,否则的话,欲速则不达。因此,要有一个"适应性"的原则。

3.《永乐大典》的修复

中国国家图书馆共收藏《永乐大典》221册,其中有60册的原件保存在台北"故宫博物院"。2001年,《永乐大典》的仿真复制工作开始。在扫描过程中,发现馆藏的不少《永乐大典》有破损情况。加之2003年4月国家图书馆善本特藏部准备召开"《永乐大典》编纂600周年国际研讨会"并向社会各界展示馆藏《永乐大典》保存保护状况。这样,《永乐大典》的修复工作就凸显出来。为此,善本特藏部特地就此事向国家图书馆有关领导同志呈递了专门的报告,并获得批准。

国家图书馆善本库现藏《永乐大典》161册。其中前人修复过的有40册,在这40册中间,有8册已经改变了装帧形式,订上了线,成了线装。这8册之中还有3册改装了蓝色的书皮。其余的经过修复以后,添换了书皮,由于修复材料的原因,书皮颜色改变成暗红色的有19册,换成了纸书皮的有3册,另外还有3册被全书托裱。

未经修复的《永乐大典》里面,没有书皮的3册;原有书皮但书皮已经脱落的有61册,书皮残缺一半的有5册,书皮纸板由于浆糊失效已经完全软化的有5册。另外书口开裂的共有15册,天头部分整册缺损近5厘米的1册,有人为损坏破洞的1册。为取得经验,《永乐大典》修复全面开始之前,决定先试修1册。

2002年4月,《永乐大典》编纂600周年国际研讨会在北京召开。来自6个国家、80多位代表参加了会议。会议上发表论文30多篇,论文内容涉及《永乐大典》研究的各方面内容。《永乐大典》的修复和保存保护也是其中重要的内容之一。会议期间,国家图书馆善本特藏部邀请国内外的一些专家座谈,讨论《永乐大典》的修复问题。在座谈会上,绝大多数代表都认为无论从保存保护的角度还是从加强文献利用的角度来说,《永乐大典》的修复工作还是非常必要的。至于如何修复的问题,国家图书馆试修的《永乐大典》的修复效果还是令人满意的。座谈会以后,善本特藏部邀请主管馆长、相关业务部门的领导一起对试修的《永乐大典》修复效果再次进行评议。最后,对《永乐大典》工作的原则等进行了讨论,并一致认为《永乐大典》的修复工作可以并应该尽快开始。

《永乐大典》的修复原则:"整旧如旧"是《永乐大典》修复工作最基本的原则。《永乐大典》的修复工作坚持"整旧如旧"的原则有特殊的意义。一部书在流传几百年以后,不是改变了装帧,就是改换了书皮,还有的改变了书品规格,很少有保持原样的。国家图书馆馆藏的《永乐大典》还有相当一部分保存了明代成书时的原貌。因此,在修复《永乐大典》时坚持"整旧如旧"就有了新的意义:参照原物进行修复,在修复《永乐大典》时非常重要。

根据《永乐大典》的具体破损情况,还制定了《永乐大典》修复工作细则:

第一,尽量在完整保留原始装帧特点的情况下完成修复工作,如能在不拆下原有的装帧材料的情况下完成修复工作的坚决不拆。这一条适用于修复那些从来没有修复过的《永乐大典》。馆藏《永乐大典》有些是前人修复过的,应该是当时破损比较严重的,所以才修复。而现在这些没有修复过的,在当时肯定是保存情况比较好的。因此,这些以前没有修复过的《永乐大典》,基本完整地保留了《永乐大典》成书时的原始风貌和特点,这些在修复时必须刻意保留。

第二,为保持书籍原貌,能不拆掉纸捻修复的,尽量在不拆掉纸捻的情况下完成修复工作。这一原则适用于仅书皮有破损或脱离书芯的《永乐大典》。这样的书虽书皮破了,但书芯基本完好。在这种情况下,只对书皮进行修复,能够保留书芯的原始状态是最佳选择。

第三,需要拆掉纸捻才能修复的,原来使用的材料能够再利用的,一定要保留下来，继续使用。书皮纸板确实不能再使用的，一定要经过测试纸张的酸碱度，选择 pH 值为中性的手工纸加工配制、替换。在这里要特别指出的是，凡是书叶上烧过的痕迹一定要尽可能的多保留一些。因为这是《永乐大典》这部书经历浩劫的一个标志，应该保留下来。

第四，修复过程中要严格控制水的使用，以防书叶吸水过多造成板框和栏线洇染。

第五，补纸应和书叶保持一定的色差。修复后的《永乐大典》要让人看得出原来的面貌，不描栏、不补字。

第六，对于前人修复过的《永乐大典》，凡是已经改变了《永乐大典》的原始装帧的，改回原来的包背装形式。

对修复效果虽然不理想，例如书皮颜色已经成为暗红色的 19 册，虽然在一定程度上影响了《永乐大典》的外观，但由于这部分《永乐大典》都是当年苏联归还的，它的修复也是在当时的苏联进行的，这本身也是历史。为尊重这段历史，我们决定保持原状不再拆改。但其中如果有影响《永乐大典》长久保存的问题出现，则一定拆去原来修复的材料重修。

关于《永乐大典》修复方案和技法：

书皮的修复，如果书皮的强度很好，一般不把用作书皮的丝织品从纸板上揭下来，只把破损处周围掀起 1 厘米左右，然后用颜色近似的丝织品修补。用作书皮的纸板修复时，要把纸板分层揭开 1 厘米左右，把补纸插进，然后在补纸上再粘纸，直至补纸和纸板厚度相同为止。

书叶的修复，以"掏补"为主，即在不拆掉书皮和纸捻的情况下，把毛笔、补纸伸进书叶中间修补书叶上的破洞。选用的补纸要比书叶薄一点，四周用手撕出纸毛纤维，补纸与书叶相搭的碰接，然后按平时补书的方法用薄纸在补纸上再补一层，以降低补纸和书叶互相搭接处的厚度。

由于书叶的修复方法和以往不同，压平的方法也要随之改变。每次修补 8—10 叶的书叶，就要用宣纸夹进书叶之间，用压书板把书夹住，再加重物压平。待补过的书叶压平、压干以后，再补其余的书叶。

锤书也不能和平时一样。要把书打开，用压书板托住以后再锤。每次只能锤几张书叶，没有补过的地方不要锤。当然最好是把补书用纸选择好，这样补好的书叶就可以不用锤或少锤了。

2002年9月,修复《永乐大典》的工作正式开始。由于各级领导比较重视,大家工作认真,经过9个多月的努力,我馆现藏161册《永乐大典》除了3册曾经整册托裱的以外,其余的158册全都经过修复,恢复了成书时的原貌。

《永乐大典》修复工作对修复原则的贡献,就在于建立了修复细则,针对不同情况,制定控制修复工艺的细微的原则,以更好地贯彻"整旧如旧"的精神。

4.西夏文献的修复

2003年,西夏文献的修复提到工作日程上来。馆藏西夏文献共计123册。西夏是我国中古时期西北地区的一个王朝,历时190年(1038—1227)。但有关西夏的史料传世不多。国家图书馆是中国境内收藏西夏文献数量最多的单位。2003年,国家图书馆对馆藏西夏文献也进行了全面修复。2004年初,西夏文献修复工作结束并通过验收。

回顾西夏文献的修复过程,有以下几个特点:

(1)修复前先对馆藏西夏文献破损情况进行了调查。馆藏西夏文献装帧均为经折装形式,绝大多数折口已经断裂。许多经卷上留有水渍、霉斑,有些还粘有厚厚的污垢。由于过度磨损,有的书叶纸张已呈棉絮状,急需进行抢救性修复。由于修复人员都不认识西夏文,且破损散开的西夏文献为数不少,不认识其中的文字,以致难以确定文字的顺序,修复工作难以起步。为此,国家图书馆召开了西夏文献修复工作预备会议,特邀西夏学者史金波先生对西夏文献先进行整理,然后再进行修复。

(2)西夏文献修复原则:①"整旧如旧"是西夏文献修复工作的指导原则。尽可能保持西夏文献原貌。②"最少干预"的原则。尽量少地在西夏文献上添加修补材料,避免过度修复造成的保护性破坏。③"可逆性"原则。要求修复措施是可逆的,可重复的。如有必要,随时可以更换修复材料。④"最大限度保留历史信息"的原则,即修复材料的颜色与原始文件必须有一定的色差,以避免因修复而干扰原始文件固有的信息。

(3)西夏文献修复方案:①所有西夏文献的修复均采用局部修补法

进行修补,不采取通卷托裱的方法。②对于前人通卷托裱的、背面托纸里面书写有文字的书册采取在原位揭开的方法。这样做的好处是既保持了原状又可以使人看到托裱纸张里面的文字内容。③针对西夏文献封面中带有文字的裱纸和书叶背面的写有文字的补纸采取不同的处理方法。此方法既要达到揭示隐藏文字资料的目的,又不能改变文献的原貌。首先,将书皮纸板揭开,分别修补好后,按残片编号、装订成册。其次,将书皮纸板中的写有文字的纸张揭开扫描,然后将其复位。再者,对于书皮用料不强求用料的统一。以册为单位,先对原有材料进行分析检测,确定材料的成分后再配制。封面所用的颜色应最大限度地接近原色。最后,对于抄写的书册,应以保护文字为准则,书叶在左右折叠时避开文字,这样虽然书册的外观不够美观,但保护了文字。

（4）西夏文献修复细则:①所有需修复的西夏文献均采用局部修补法进行修补,坚决摒弃传统通卷托裱的方法。②前人用有文字的纸作为托纸托裱过的西夏文献,托纸在原位揭开,拍照之后归位。这样做既保持了原状,又可以向专家学者提供托裱纸张里面的文献内容。③对封皮纸板中写有文字的裱糊纸,则采取了两种处理方法。第一是将部分的书册封皮纸板揭开,修补好后分别编号,按残片装订成册。第二是将纸板中的有文字的纸张揭开扫描,然后将其复位。④封面用料的选用以每种经书大多数书册的封面用料为准,不强求封面用料的统一。封面所用的颜色应最大限度地接近原色。⑤对于部分从卷装改为经折装的西夏文献,其书叶折叠不整齐。此次仍保持原样不动。

西夏文献的修复和以往的修复项目不同之处有两点:①专家参与整个修复过程,这在国家图书馆善本特藏修复历史上是无前例的。在西夏文献修复工作前,我们先将西夏文献逐叶、逐册扫描,然后请史金波先生按类整理。整理好几册,就修复几册。从修复方案的制定,到修复用纸的选择以及残片的处理方式,史先生都提出了非常好的意见。西夏文献修复工作实践证明,专家参与文献修复的这种形式非常值得推广,这对于保证修复质量,帮助修复人员认识文物价值,理解文物内涵,具有重要意义。②建立了比较完备的修复档案。2003年,国家图书馆文献修复组建立起"古籍修复档案管理系统",修复过程中产生的各种数据都输入该系统之中。其中包括书目数据;文献外观描述;破损位置、破损原因;修复历史、修复方式的选择;修复责任与管理等方面的内容,输入系统的所有数据,都可作为检索点进行检索,在"古籍修复档案管理系统"中已经设有100多个检索点,可以查询文献修复的所有细节。其中,文献修复前外观、破损的特征和位置、破损程度等均制作有影像数据,可以从数据库调出查阅,绝大多数西夏文献都有了纸张纤维图片。为今后的修复工作留下了宝贵的参考资料和研究信息。

Disasters: Preparation and Response

Karen L. Pavelka*

First, thank you for inviting me to speak at your conference; I am honored to participate in this event. I was in Guangzhou 12 years ago when I took part in a meeting where many of the conservators across China met for the first time. At that meeting I saw a sense of excitement and sharing, the formation of a strong network of professionals. There was an enthusiastic exchange of ideas and experiences that I hope has continued. Having access to a network like that that will be very useful for disaster response and recovery.

I've responded to major disasters in New Orleans, Haiti, Galveston, and several other venues in Texas. Rather than give you anecdotal information about each instance, first I will try to give you some overarching, philosophical observations and then some practical advice.

As I began writing this talk on October 7, 2016 the news was chronicling the progress of Hurricane Mathew.[①] It had passed the Caribbean where Haiti, a small country in south east of the United States was particularly hard hit. We knew almost 850 Haitians were confirmed dead, but that number would probably rise; tens of thousands were homeless in Haiti, the food supply was very low and there were signs of cholera. The storm had moved on to the state

---

* Karen L. Pavelka, School of Information, The University of Texas at Austin.

①http://www.wacotrib.com/news/ap_nation/the-latest-hurricane-matthew-damage-could-reach-billion/article_e008bd85-f3a2-5e0e-a522-a6596f26772d.html of Florida in the United States where more than a million people were without power. We didn't yet know how many people were injured or dead. The hurricane was moving up the Atlantic coast, flooding coastal towns. The governors of each state were asking for food, bottled water, generators, bedding and clothing. People along the coast were told to evacuate. In Florida 180 shelters were housing about 23,000 people. The roads were not passible and it was not safe to be in the storm affected areas.

We assumed there were libraries, archives and museums that had been affected by the storm and there might be significant damage to collections, but assessing that damage would have to wait until people had been rescued. In the best case it would only be days before people could get back into the area to assess the damage. The collections that would fare the best would be those that had the best disaster plan in place before the storm hit.

There are many types of disasters, some natural and some man-made. There are fires, floods, hurricanes, typhoons, tornados, mechanical failures, earthquakes, neglect and others. They come in all sizes, they can be national, regional, institutional or personal. Each event brings new problems and we learn from each one.

The Florence flood on November 4, 1966 is generally considered a turning point in modern conservation in the Western world and much has been written about how conservators and library and museum professionals came from across Europe and the United States to respond. One important after-effect of the Florence flood was that disaster planning became an important component of conservation. By the 1990s it was included in conservation education curricula; there were conferences devoted to disaster planning and response; there were many articles written describing experiences; and people shared templates for disaster plans. There is a strong body of literature devoted to disaster planning and most major institutions have some level of disaster plan in place, even if it is not perfect. We thought the lessons of the Florence flood had been learned and that we were generally well prepared.

In 2005 we realized how unprepared we were. In late August, Hurricane Katrina hit the southern coast of the United States. 1245 people died and property damage was said to be $108 billion by one estimate. Less than a month later Hurricane Rita hit the same area. Katrina and Rita are two of the six strongest hurricanes ever to hit the United States. The southern coast is a beloved part of the United States, especially New Orleans, and people from all over the county came together to help. We discovered that we had not been prepared for anything of that scale. This was the impetus to form the National Heritage Responders, (NHR), originally titled AIC-CERT.

NHR was created to respond to the needs of cultural institutions during emergencies and disasters. While conservators possessed the much-needed expertise to save collections, the administrative structure to coordinate the distribution of those skills was lacking. In 2007, less than two years after Katrina and Rita created such devastation, the Foundation of the American Institute for Conservation received funding from the Institute for Museum and Library Services, a national funding organization, to develop a series of advanced workshops to train conservators and other library and museum professionals. These dynamic and highly successful workshops produced a group of "rapid responders" who are trained to react to disasters. In 2011 AIC offered a second training session. The volunteers were selected for training according to level of skills, specialties and geographic region. We now have a network of 107 people with a wide range of skills and a broad geographic distribution.

Figure 1: Screen shot of NHR home page on the American Institute for Conservation website.

 The group provides assistance by phone and email to collecting institutions affected by everything from leaking pipes to roof damage. We have a hot line and each month a team member takes responsibility for responding to the calls. If the person answering the call does not have an immediate answer, then they use the expertise of the group at large.

 In some cases we send teams to the disaster site. In 2008 NHR deployed our first teams of experts to assist after there were major floods in the Midwest in the spring, and later, after Hurricane Ike struck the Texas coast. Since then we have sent teams to North Dakota, New York and other sites. Our primary focus is collections in the United States, but we consider work outside the country when it makes sense. In 2010 Haiti was hit by a 7.2 magnitude earthquake and because that country is so close and has so few resources, we wanted to help. We partnered with the Smithsonian, a large, national group of libraries and museums, and sent 21 conservators to work in Haiti for a total of 233 days.

The NHR volunteers work well together and after each event, we share information and evaluate and refine techniques. We are a cohesive group of strongly committed conservators and other collections care professionals. We monitor disasters as they occur across the nation and respond accordingly. Our assistance is offered free of charge to collecting institutions. Most major institutions have their own disaster plan and resources, but NHR has been extremely valuable for smaller, less well funded organizations. It has been a very successful endeavor.

I am one of the volunteer responders and my area of expertise is books and manuscripts, and if a photograph conservator is not available I've given advice about photographs. Most of the questions we get are about how to dry wet books and how to remove mold from materials. That is because the most common disasters are flooding and fire. If there was a flood obviously things are wet, and if there is a fire, they used water to put the fire out.

There are many techniques for drying books, and the one you select depends on how wet the books are, how many books you have, what kind of books they are, and what resources are available to you. I will begin with some of the most simple cases.

This may sound odd, but the first step is always to do nothing. It is natural to want to rush in and save everything you can when you find your collection is wet. But stand back, assess the situation, and formulate a plan before you dive in. That plan may change as you go along, but understand what you are trying to do before you begin.

Figure 2: Local archive after a severe flood. It was not immediately evident that the building struts were rotted making the building unsafe.

Before you begin any salvage, be sure the area is safe and people will not be injured. Check for live electrical wires, assess the structural integrity of the building, and look for contamination in the water and anything that might be a hazard. Once it is safe to enter, you can begin sorting and drying books. Your collection is important, but human life and safety takes precedence.

The techniques for salvaging materials are well-documented. I will leave a list of websites and resources with practical information, but I will illustrate a few of the common techniques.

Damp books

- If books are only damp and you have only a few of them, you can gently fan them open and insert paper towels or another absorbent material about every 10 to 20 pages to help wick the moisture from the book.

- Stand the book on edge if possible, or on its side. Change the paper towels periodically. Place the books in a dry area with good air circulation.
- The dried book will be very curled at first, but it will flatten out when it is pressed.
- If they are only damp but you have dozens or hundreds, the technique will be the same, but how much you can save will depend on how many people and how much space you have.

Figure 3: Wet books with paper towels interleaving.

Wet books
- If the books are very wet drain the water first by gently squeezing the book, or by blotting with towels, sponges or blotter.
- When the books are damp, proceed with interleaving

Shaping books

- It is important to shape the books carefully. Whatever shape they assume when wet, they will retain when they are dry.

Both of the books in Figure 4 are dry. When they were wet one was distorted and the other was dried properly. This is what the books looked like when they dried. You can see how they have retained the shape they had when wet.

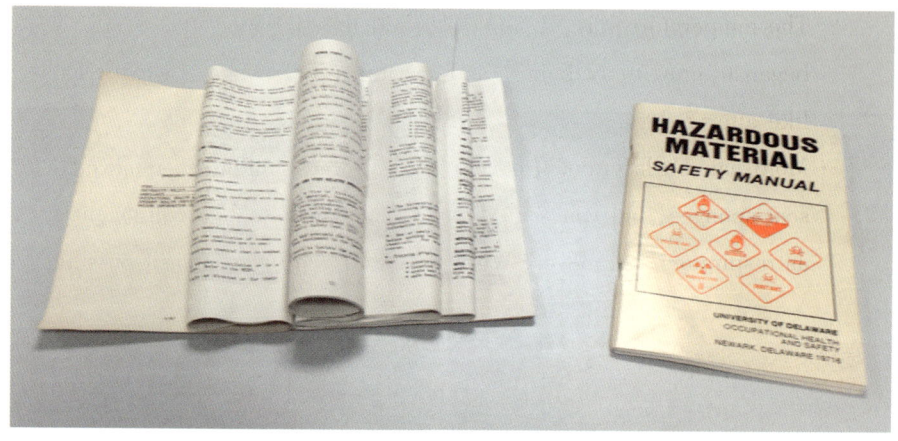

Figure 4: The book on left was dried curled; the book on the right was dried flat.

Freezing
- If you need to delay the drying process you can freeze the books
- Gently shape the books and wrap them in waxed paper, freezer paper, or another slick paper that will not stick to the book. Book cloth can have starch which becomes sticky when it gets wet. Wrapping in waxed paper will prevent the books from sticking together.
- Stack the books flat on one side, or spine down, and freeze.
- Later, when you have time to deal with the books, thaw them a few at a time to be dried as described above.

Glossy paper
- Glossy paper is often a complete loss.

- Sometimes freeze-drying is effective but do not expect the recovery rate to be high.

Avoiding mold
- It is important to dry or freeze books quickly. Mold is unpredictable but often starts to grow after about 72 hours, more quickly in warm climates.
- The wet book pictured below was kept in an air conditioned building. The temperature was 21 C +/−1, and the RH was 50% +/−5. Mold began to grow in 72 hours, and the image below shows what it looked like after 7 days.
- Mold can be hazardous to your health. It can often be removed with soot sponges, but you should wear personal protective equipment such as respirators and gloves. Work in a well ventilated area if possible.

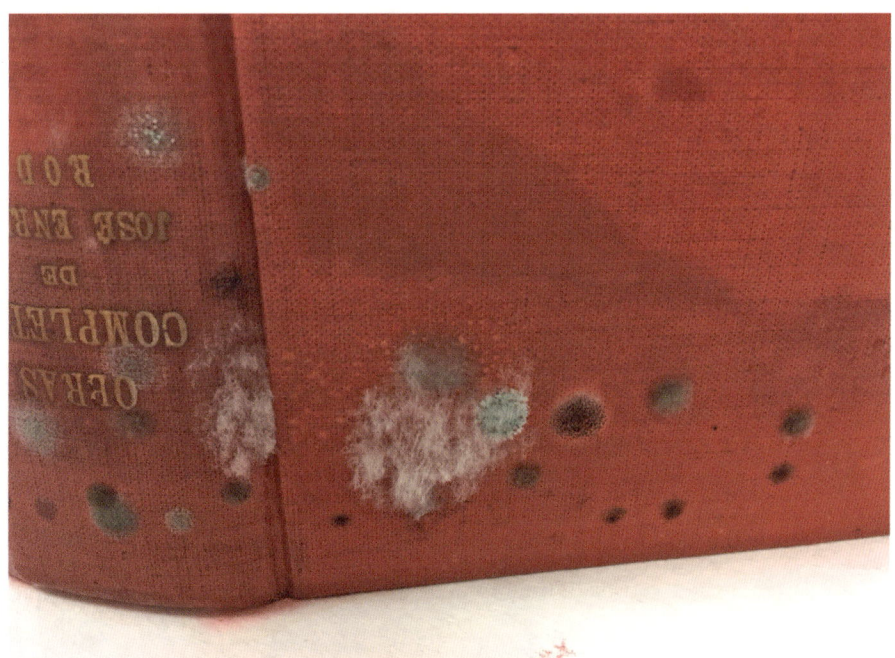

Figure 5: Mold growing after 7 days in climate controlled conditions.

Tutorials available

- There are many useful tutorials on-line. A list is at the end of this document. The techniques for drying books are not complicated or technical, but having a little practice before the disaster occurs is a good idea. Set up mock salvage situations. At the School of Information, periodically we gather discarded books, manuscripts, photographs and other materials and create a mock disaster. Sometimes we burn the materials and then extinguish the fire with water. Sometimes we simply leave the materials in a sink of water for a day or two. Sometimes we try to simulate earthquake damage, so we stand on tables to drop books, and then get them wet. After the materials are damaged we have students practice salvaging them. These exercises are a good time to try new techniques. Be creative, but sensible. Every disaster situation will be a little bit different and you need to learn to respond to what is in front of you.

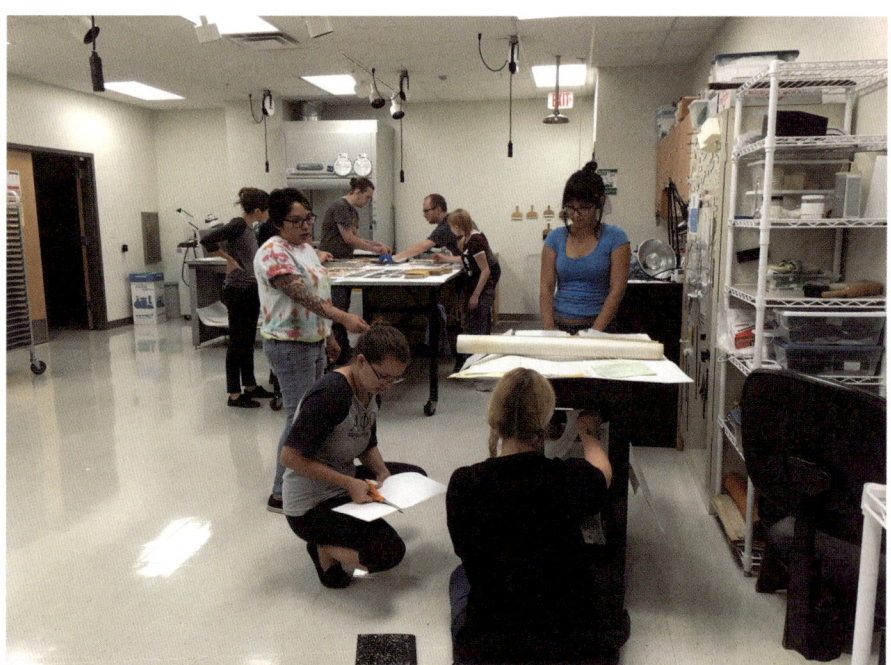

Figure 6: Students practicing salvaging materials.

And remember to take care of the responders as well as the materials. Disaster salvage is a hard work and takes an emotional toll. Very often the people who are salvaging collections go home at the end of the day and salvage their own personal possessions. Be sure to take breaks, provide food and water for the responders if possible, and talk to each other.

As I finished writing this talk on October 18 we knew a little more about Hurricane Matthew. Human life must always be given a higher priority than collection materials and we get the news about people and personal possessions first.

- At least 26 people died in the US and almost 1,000 in Haiti.
- 2100 people in North Carolina were still in temporary shelters, there were many more homeless in Haiti.
- Early estimates said the damage from the storm in the US alone would cost billions of dollars.
- We still did not know what happened with libraries, archives and museums. We did not think any major collections were affected, but there was probably damage in smaller institutions. The volunteers from NHR were actively trying to contact small libraries, archives and museums. We always try to contact organizations as soon as possible after a disaster. First we want to tell them not to throw things away, that sometimes things look like a complete loss, but a conservator can guide you through salvage procedures. Second we want to warn them about mold and give guidelines for how to remove it. The sooner we can offer help, the higher the recovery rate.

We know there will be more disasters and we do what we can to respond. Training, coordination, and communication help us respond to disasters efficiently and effectively. If you have not already, I hope each of your institutions will develop a disaster plan, share those plans with other institutions, work together and learn from each other. Every disaster is different but they are always easier to face if you are not alone.

I'm grateful to all the people here in Guangzhou who invited me to speak and made the visit possible. It is remarkable to see all the advances that have been made since my last visit here. I wish to thank my friends and colleagues at the School of Information, The University of Texas at Austin for all the help and support they have given me each time I needed to respond to a disaster. And finally, I want to thank my students, who are always eager to jump in when needed. They have slogged through mud and water to offer assistance to people in needed.

Resources
Templates for disaster plans
California Preservation Program Emergency Preparedness and Response
http://calpreservation.org/information_resources/emergency-prep-and-response/
CalPres has an excellent simple template for a disaster plan, plus links to other resources.

CoStep MA
http://mblc.state.ma.us/costepma/resources/links.html
Excellent overall view of all aspects of disaster planning and preparation
Council of State Archivists Pocket Response Plan
https://www.statearchivists.org/files/1714/4985/8581/Creating_Pocket_Response_Plans_for_State_ARMs_-_PReP.pdf
This template can be folded to credit card size so that you can carry the important parts of your disaster plan in your wallet.

Getty guide
https://www.getty.edu/conservation/publications_resources/pdf_publications/

pdf/emergency_plan.pdf
Solid information. Written in 1999 but still relevant.

Harvard Libraries
http://library.harvard.edu/preservation/emergency-preparedness

NEDCC Planning guide (dPlan)
http://www.dplan.org/default.asp
Guides you through step by step plan for your institution. Lets you tailor the information to specific needs.

University of Delaware
http://www2.lib.udel.edu/Preservation/disaster_plan/disasterplan.htm
Very good information about salvage procedures that are applicable to most situations.

Organizations

National Heritage Responders
http://www.conservation-us.org/publications-resources/disaster-response-recovery/national-heritage-responders
The NHR is a team of conservation professionals who can provide free advice and assistance during a disaster. While we probably cannot offer much assistance, the group might form a model for what can be done in China.

Guidelines for drying books and objects

AIC's Health and Safety in Emergency Response wiki
http://www.conservationwiki.com/wiki/Health_%26_Safety:_Health_and_Safety_in_Emergency_Response
Guidelines for keeping the responders safe and healthy.

National Park Service Conserve-o-Grams
https://www.nps.gov/museum/publications/conserveogram/cons_toc.html
Section 21 has guidelines for salvage procedures. The rest of the site has excellent information about all aspects of preservation.

Disaster Response Class, School of Information, The University of Texas at Austin
http://solstice.ischool.utexas.edu/projects/index.php/Wet_materials_tutorial
Instructions on handling and drying wet materials.

University of Michigan
http://www.lib.umich.edu/files/files/wetbooks-1.pdf
Step by step instructions for books.

WAAC Salvage at a Glance Chart
http://cool.conservation-us.org/waac/wn/wn19/wn19-2/wn19-207.html

古籍保护与修复的管理

古籍、文献档案保护与修复的外包服务
——聘用本地及国外专才为案例

廖慧沁 崔慧珊 何绮雯[*]

摘要：文献修复外包服务，在国外已推行已久，并因服务供应质量高，市场竞争激烈，推动了这一行业的发展，在国外已有一套规范及守则，以下的报告均引用本地七年前的成功例子，当中也不乏最新案例，介绍如何厘定外包服务的标准、范围、要求及监管。在策划当中，有很多值得考虑及注意之处，也有为人忽略的地方。外包服务确实有不少好处，能大大提升效率，但要管理完善，方向及标准订定明确，最终才能避免对文物不必要的破坏和损伤。

关键词：外包服务；文献档案保护；标准化；服务监管；科学分析；能量色散 X 射线光谱仪；曙红 Y

1. 华南地区修复古籍、档案及文献的困难与特点

古籍、档案及文献成书和存档数量繁多，故需很长的时间进行修复，技术的支援和修复问题也相对复杂。特别在华南地区，气候的变化不稳定，相对湿度高达百分之八十，虫蚁林林总总，滋长繁多，对纸本文献的收

---

[*] 廖慧沁，康乐及文化事务署文物修复办事处；崔慧珊，康乐及文化事务署文物修复办事处；何绮雯，康乐及文化事务署文物修复办事处。

藏带来很大的破坏及挑战。

在过往十年间,香港康乐及文化事务署文物修复办事处替东华三院及广华医院典藏古籍文献进行修复先导计划,检视和处理许多破烂不堪的历史档案,包括161套线装出入院总册和101项义庄文献档案。它们破损程度各异,数量繁多,书叶的糟朽,皆须周详的审视和事前工作妥善安排,非一般独立的修复个案可相比。

如广华医院册籍部的医疗档案,由1917年开始到1945年止,估计是香港目前最具系统、连贯性的医疗文化遗产。这批总册曾经历两次世界大战的战火洗礼,并存放在不理想的环境,总册封面封底被虫蚁蛀食和虫粪污染。尤为严重的是其曾遭受严重虫蛀,内页残破不全,破烂不堪,再加上水患的破坏,使纸本粘连,极需要进行及时加固与修复。报表间红颜色表格遇水发晕,影响古籍文献的可阅性,加上钉线不齐,令修复过程更为复杂。康文署首次与东华三院利用先导计划形式,检视这批历史档案及订立修复方案,并为最早的医院出入院册籍展开修复计划,提供修复专家和义工协助恢复总册光彩。然后透过这些修复的经验,设计外包修复项目,处理余下共160套线装出入院总册(1917年至1945年),为往后提供外包修复工作奠定了良好的基石及示范。

另外,东华三院101项义庄文献档案记录了两次世界大战前后至1970年代初义庄的运作,即从1915年到1973年的文献资料。义庄文献共131个专项资料,当中30项为线装本册籍,其余为散张文件,包括大量出入庄纸,还有本港外埠棺骨出入庄单据、取葬纸、房口出庄簿、本港及外埠先友骨殖棺木寄庄簿以及总理签名簿等。由于义庄建筑物异常破落,大部分文件的贮存状况未如理想,当中101项档案,文件部分共3029份,已严重退化。衬纸变酸(pH值=4.5)进一步加速文档的劣化。衬纸中的酸性物质令纸本变得非常脆弱,不能为文献提供足够的承托和保护。另外,文献本身非常脆弱,在没有保护的情况下,容易受到外来的破坏。此外,虫患问题是另一个值得关注的课题。毛衣鱼、甲虫和蟑螂喜欢吃粘贴书背页衬纸上的浆糊,在相对湿度高的华南地区,害虫生长速度快,令文献保存有更高的风险。加上人为错误操作,破坏文献原有的装订保护。这批档案不断饱受内在固有问题的影响,如衬纸的严重脆化,纸张的变色和纤维的不断降解,最终纸页变成碎片,其中所存的历史意义,随着时间流逝而会徐徐地失去。

2.资源缺乏及问题的解决

为解决上述复杂的问题,有需要寻找富有相关经验的修复人员来处理,往往以个人的力量难以应付这大量古籍文献的修复需要。总括而言,古籍的修复与保护极需要一群专业的修复人员进行操作及指导。往往人才多是从各方各面的专业进行培训,如造纸技术与发展历史,印刷技术发展,颜料及染料的传入的历史,传统书法的技巧与种类区别,古代汉语和古文献的认识,古代物料分析与现代发展的范畴,传统装裱书籍文献的方法及进程,掌握其他修复专业的最新动向与发展等,都对文献修复人员有很高的参考价值。比方这101项目的文献大多被纸包裹并叠放在一起,对它日后的使用、保存、梳理及收藏造成很大的不便及挑战,这亟需要一支专业团队的帮助,提供相关的技术建议及支援。

3.外包服务的考量

事实上,不是每一所资料馆、图书馆或文献藏库都有专业的技术支援,他们大多要寻找外包服务。有鉴于拥有一队专业修复团队的开支非常庞大,技术的承传与革新是需要不断的开创与追求,要付上相当的资源与努力,唯以寻求外包服务才可解决以上所提及的问题。有些机构更为了善用资源,与其他机构合作,相互透过各方所长,谋求合作空间与共同开发互保项目,从而达到双赢目的,这现象在欧美非常普遍。

而东华三院及广华医院正缺乏这方面的服务,故此,他们与康乐及文化事务署文物修复办事处合作,借助康文署的经验寻找国内外合适的专业人士提供这些服务。然而寻求外包服务又有哪些要留意的地方?文献拥有者往往对外包服务都存有一定的疑问,如要实行,有什么考虑?服务提供者又是否可靠?怎样找合适的人选?如何厘定这些修复标准和要求,如何执行和管理整个外包项目,让古籍文件恢复有期,将会是下文讨论的重点。

4.修复步骤、标准与要求

修复最主要依照四个标准及要求:"整旧如旧","抢救为主,治病为辅","最少干预"和"修复可逆"。

以广华医院161套入院总册为例,此类文献印有红色的栏线,这类型的账簿档案文献在珠三角地区极为普遍。修复历史手稿及这些容易发晕的墨水或红栏线是最富挑战的,困难重重。在潮湿和无人看守的密室长期存储,布满霉菌并有严重的昆虫损害,导致纸基极为脆弱,容易崩解。如要整旧如旧,保留总册的资料形式和装潢,那便要小心处理红栏线发晕的问题。在整个修复过程中,要同时清除霉菌污迹,还要控制水分的运用,以最少干预为原则,避免红颜料遇水转瞬流失,影响文献的完整性。

而义庄文献档案的修复殊不简单,其义庄书信文件都收集在精装书内,页纸装裱非常脆弱易碎。叠合起来却无法保护贴在其上的文件;继而,当文档被翻阅时,容易摔成碎片。以往所使用的胶水开始起变化,变成褐色,容易把文件劣化。有些油墨的腐蚀性更破坏文献的其他化学物质,侵蚀文献纸本,有的则引致文献缺失、折皱等。那么以抢救为主,治病为辅,便要除掉原有补纸。继而修复破碎纸叶,运用可逆性稳定的物料,修补纸叶。如:使用小麦粉浆糊及海藻胶等。

5.服务的进行,监管及质量的保证

5.1 广华医院古籍文献修复进行先导计划——聘用本地人才例子

纵观161套入院总册存在的问题,千篇一律,故要议定整体修复范围及方向,需先把广华医院1917年出入院总册先行修复完好,为文献档案进行物料及技术分析,进行先导计划,然后制定目标及修复效果,并详细列明修复步骤及用料,使整套修复方案标准化和系统化。这便可制定文献文件恢复外包项目的各项要求,包括估算所需修复工序、时间和资源,选定合适的修复人员,执行和管理整个修复外包项目。

5.1.1 修复前的准备——物料科学化分析

透过能量色散X射线光谱仪(EDS)及液相色谱——四极杆飞行时间

质谱 PDA（LC/QTOF-MS-PDA）质谱检查，能成功地为百年老染料的神秘成分解码。红色染料的样品是从 1911 年代第一批手稿至 1945 年的文献中萃取，每隔五年进行调查及样本提取。所有的红色着色剂被鉴定为曙红 Y（$C_{20}H_6O_5Br_4$）·2Na 盐与溴原子的存在和羧基基团的分子中，有极高亲水性。还有其他颜料如直接大红、酸性大红、酸性红、碱性玫瑰精、碱性桃红、碱性品红等都非常普遍。

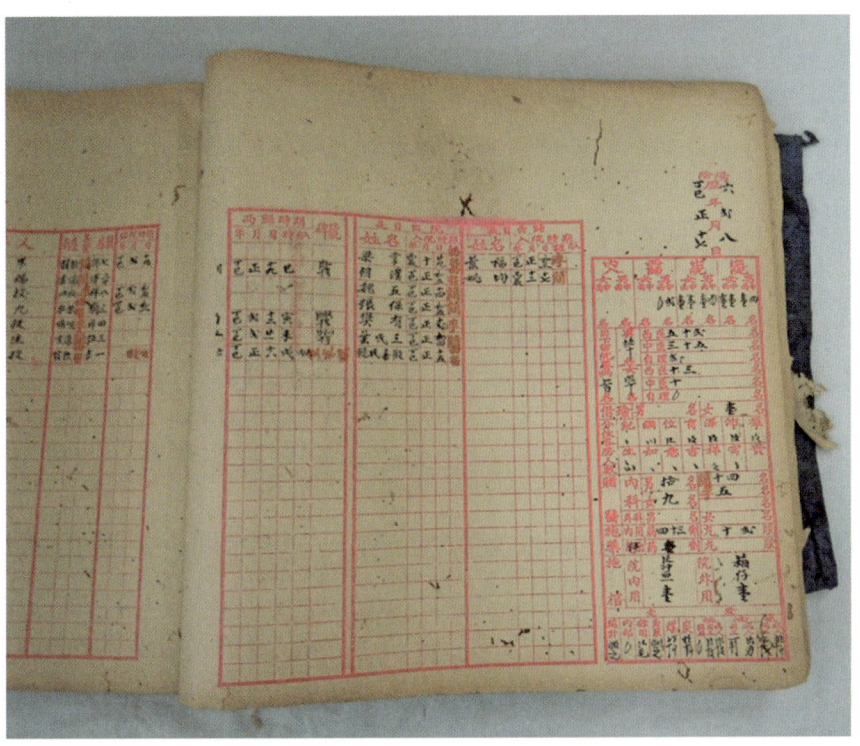

图 1　广华医院 1917 年出入院总册

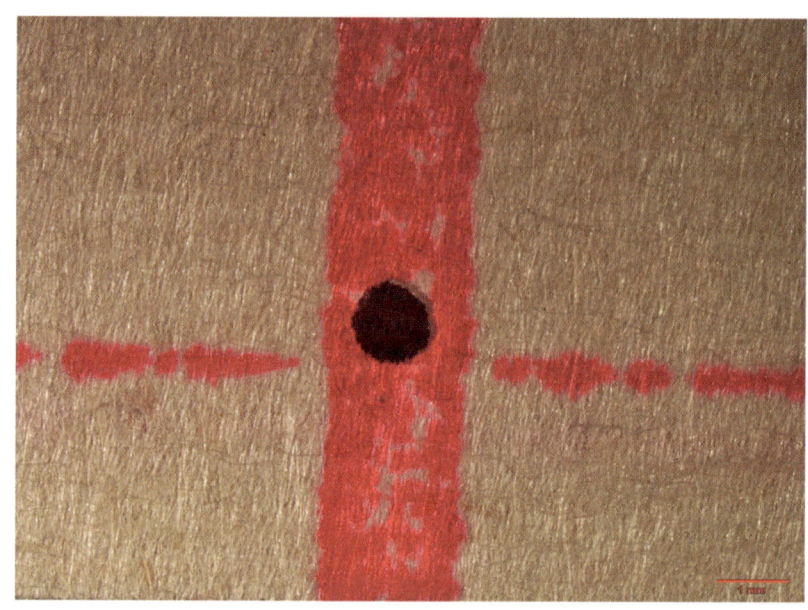

图 2　在 55 倍率显微镜放大下的红栏线

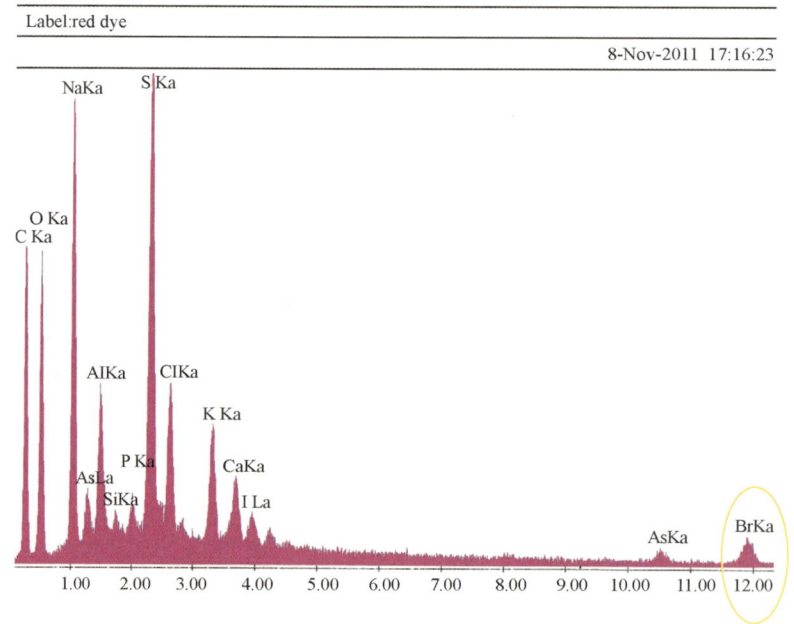

图 3　能量色散 X 射线光谱仪（EDS）显示溴的 K 峰值

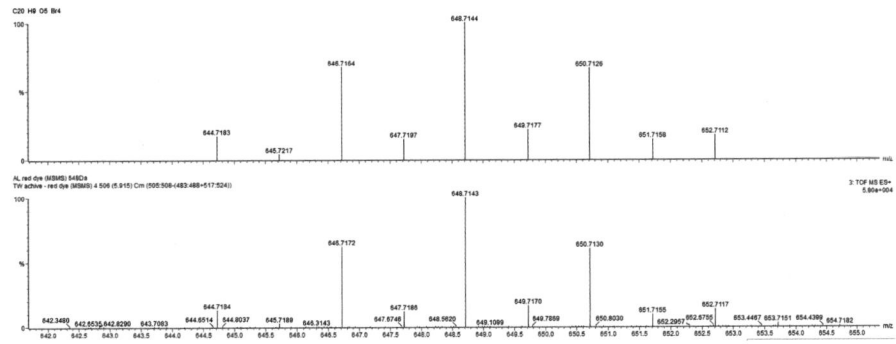

图4 飞行液相色谱/四极杆时间PDA(LC/QTOF-MS-PDA)质谱检查,红色着色剂被鉴定为曙红Y($C_{20}H_6O_5Br_4$)

5.1.2 拟定修复建议书

有鉴于该红色染料对水极为敏感,中国传统飞托是唯一的可行装裱方案,能把档案加固梳理。它的衬纸是使用手抄扎花纸。扎花纸被选定为底纸是因为它是目前最薄的中国宣纸,故浆糊消耗极少,薄糊能减低整个修复红栏线遇水即晕的风险,它可以减低及防止修复过程中红墨水发晕的机会。同时,还需要一双巧妙的灵手。除此以外,玉扣纸有助拭干新裱托纸上的水分,能减低曙红Y的溢散,加强对破烂脆弱的纸叶的保护及承托。

5.1.3 人才的要求及外包修护项目的成效

整项修复工作包括拆线,托纸补洞,拆书皮及装线等,糅合了修补古籍的技巧和熟练的中国书画装裱工艺。因书尾均写有毛笔字,过程要计算得非常精准,如托纸太厚,字体多会变形,钉装难以准确。每一叶都要用薄的浆糊与手抄扎花纸来处理。故懂得书画与修书技巧是完成这项任务的首要条件。先导计划的完满结束即标志着新项目的开始,承接着本地有经验的老师傅鼎力相助,他从事修复古籍文献有四十多年经验,按照规范按时完成目标,在两年多内已完成了160套中的七十多本总册,成绩斐然。而完成后的总册也会个别以坚固的防潮盒好好地保存。

5.2 义庄文献档案的修复项目——聘用国外专家例子

101项义庄文献档案中,有册籍86本,书信及文件11项,单据文件1

项,杂项数据 1 项,通告 1 项及出庄担保纸文件 1 项,涉及纸叶约 19317 张。要全面修复整项文献档案,须要先进行一个有系统的状况调查,了解整项文献档案的状况、组成种类和储存方法等数据,利用得出的数据结果再制定实际的工作计划。在为整个义庄文献档案进行状况调查之前,我们先抽样检视 92 号档的状况,以便更容易估量其他义庄文献档案的破损状况。

5.2.1 义庄文献档案的具体状况

92 号档的状况,如图 5,共 312 叶。档案粘附在老化的衬纸上、虫蛀、表面污垢和污渍、糟朽、纸页断裂和缺失、变色、折痕、油墨污迹和纸张变酸。

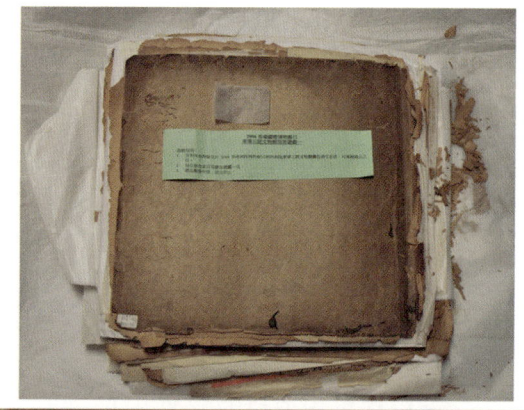

图 5　92 号档的状况

5.2.2 记录媒介

义庄文献档案的状况非常恶劣,除了表面覆盖着污垢和灰尘外,还有不同程度的开裂和缺失、虫蛀、变色、折痕、水墨晕染和褪色。几乎所有文献档案的衬纸都是严重破碎,纸质酸性高且脆弱。酸性高的衬纸严重加速整份文献档案的劣化过程。因此,拆除衬纸是唯一有效控制文献档案继续恶化的修复方法。义庄文献档案92号文件的记录媒介是中国墨,能接受潮的处理方法。然而橙色或深褐色的墨水却遇水即晕开。因此,为文献档案托背时必须使用干的处理方法,以防止颜料因遇水而晕开。例如使用聚酯合成材料BEVA371薄膜或可重复湿润的薄纸。

5.2.3 状况调查

根据抽样检视得出的破损状况而总结出一些容易出现的物理性和化学性破损的种类,再以我们修复文献档案的专业经验,估计出所需的修复时间,区分为表1中的1—4种级别:

表1　修复用时1-4种级别

破损程度	级别	文献档案状况	估计修复时间
级别1	*	表面污垢,污渍	每张5分钟
级别2	* *	表面污垢,污渍;锈渍	每张10分钟
级别3	* * *	裂开;缺失;褪色;有皱和折;胶纸和黏附物	每张30分钟
级别4	* * * *	裂开;缺失;褪色;有皱和折;纸张脆化和老化;纸张现酸性	每张2.6小时

破损程度	级别	义庄文献档案	估计修复时间	估计修复总日数
级别1	*	72项(12785页)	每张5分钟	142日
级别2	* *	8项(2925页)	每张10分钟	65日
级别3	* * *	15项(2404页)	每张30分钟	160日
级别4	* * * *	6项(1203页)	每张2.6小时	360日

注:估计修复级别4的总日数为360日(2693小时÷每天7.5小时)

调查结果显示,101项义庄文献档案中,有6%的文献档案破损程度达到级别4,它们分别有很大程度的虫蛀,或因处理失误、使用不合适衬底材料引致的严重破损。

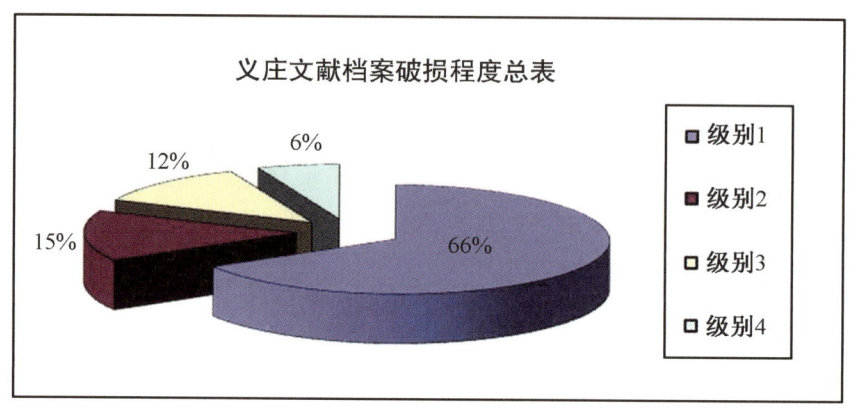

图6 状况调查结果

因此,估计破损程度级别4的文献恢复处理时间为2.6小时,处理过程如下:

表2 级别4处理过程

级别4修复工序	内容	需用时间
1	文档记录和摄影	每张15分钟
2	表面清洁	每张5分钟
3	拆背:2点	每张60分钟
或4	拆背:4-6点	每张120分钟
5	修补	每张15分钟
6	装背	每张30分钟
7	平整	每张15分钟
8	重装	每张5分钟
	总计:2.6小时	

由此估算,处理破损程度级别4的文献档案需约1年的时间。此外,修护工作还要为义庄文献制定内部管理计划,如防灾规划、风险管理规划

和长期的保存方案等工作。修护义庄文献工作任重而道远,鉴于破损程度级别4的文献档案劣化状况严重,须要专业的修复专家专注处理,根据状况调查报告估计出,仅处理级别4的文献档案便需要约1年的时间。1年的工作日数是232日,计算如下:

232工作日 = 365日 – 52周×2日周末 – 17日的香港法定假期 – 12日有薪假期

外包服务若以1年工作日数作整个修复项目的时间框架,假若有两位修复人员主力修复级别4的文献档案,处理级别4的文献档案的工作日数将提升至:

232工作日×2名修复人员 = 464工作日

两名国外修护专家每天工作时间为7.5小时,除要在指定的360工作日内完成修复级别4的文献档案外,剩余的104工作日,他们便处理级别3的文献档案,以及为义庄文献制定内部管理计划:如防灾规划、风险管理规划和发展长期的保存方案等工作。修复员助理则在两位修复专家的指导下,进行级别1和级别2的文献档案修复。康文署文物修复办则负责项目的总体规划和协调,监督项目的进度,让项目如期完成。

故此,我们在设计和编制职级上,提出了以下的人事架构和各职级工作范围的建议:

表3　人事架构和各职级工作范围的建议

人事架构	学历与修复经验	职能
项目经理1名（康文署文物修复办兼任）	具有至少十年的纸本修复经验	·负责项目的总体规划,协调和监督 ·确定档案的保护需求,治疗优先性和方法 ·分配人力和资源,制定工作方案 ·监测恢复工作的标准和进度 ·制定档案的长期保存方法和风险缓解计划

续表

人事架构	学历与修复经验	职能
助理项目经理1名（康文署文物修复办兼任）	具有纸本或书籍修复的学历	・对档案进行状况调查 ・协助项目经理制定修复工作优先次序和时间表 ・协调修护专家和助理的日常修护工作 ・协助项目经理监测修复工作和进度 ・安排文献档案的运送 ・安排采购修复材料、修复工具
国外修护专家2名	具有纸本修复的学历及至少五年的纸本修复经验	・进行状况检查，评估档案的修护需要 ・必要时对修护材料进行科学分析 ・制定并实施修复、保护计划 ・执行已订定的修复工作，修复以级别4为主控文件 ・制作保存匣以保存文献档案 ・执行预防性保护工作 ・妥善记录修复工作过程
修护员助理1名	具有文物修复见习或技术员的修复技艺，及有档案管理和文字处理的工作经验	・协助修护专家修复档案 ・协助简单修复1及2级别的档案 ・协助修护专家进行文档工作 ・协助对修护材料进行试验 ・协助准备制作保存匣的材料 ・协助执行预防性保护措施

5.2.4 义庄文献外包修复项目的详细工作范围

（1）修复文献档案致其原始格式，如拆除旧有衬纸并用稳定的物料重新托背，重新为典藏古籍订装成蝴蝶装格式，及作保护性的修复如表面清洁、去污、洗清和脱酸等。

（2）对文物馆进行修护计划：为文物馆档案室的文献档案选用合适的储存物料，并为展览厅制订有效的展示方法及环境，如维持恒温恒湿的良好环境（19±2℃；55±5%R.H）；维持光照强度和UV合适水平；为文献档案定期进行状况调查,评估修复的优先次序,修护有需要的档案;执行虫害综合管理计划;提出修护方针,指导使用档案室的学者或研究人员正确处理文献档案和修护方法;指导如何使用简单修复工具、制作保护套或保护匣以保存文献档案;指导购置合适的修护材料,如档案盒,无酸胶片,无酸信封套,修护手套等。

(3)工作报告撰写和处理修复记录:两名修复专家在每月底必须提交进度报告予康文署文物修复办和东华三院文物馆,报告工作进度及修复的进程,整项文献文件恢复前的状况、修复建议、修复过程和使用修复物料等数据,以供往后参考,此举有助项目管理人员有效跟进项目的最新进度。

6.外包修护项目的成效及长远的保存方案

整项修复的外包服务是由 2009 年 10 月开始至 2010 年 12 月止,为期 1 年 2 个月。在这段时间内,两名修复专家用了 6 个月的时间将级别 4 的文献档案修复完好和进行保护。在 1 年多时间之内完成修复和保护所有文献档案,成绩令人鼓舞。

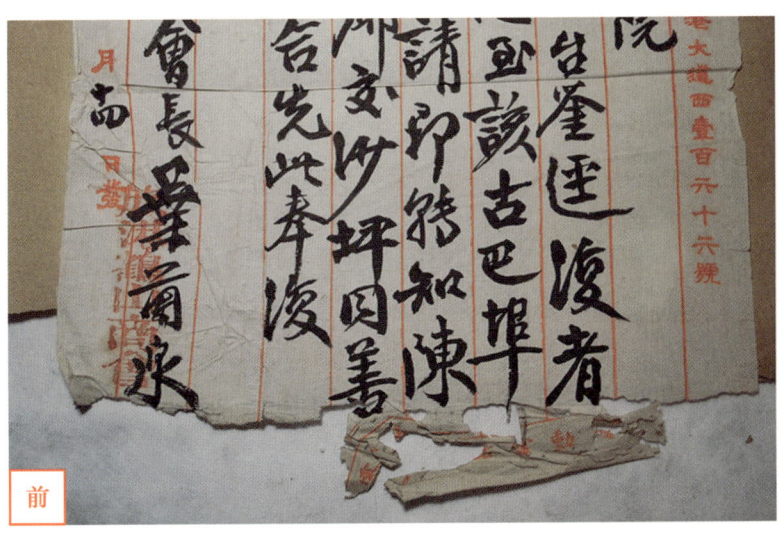

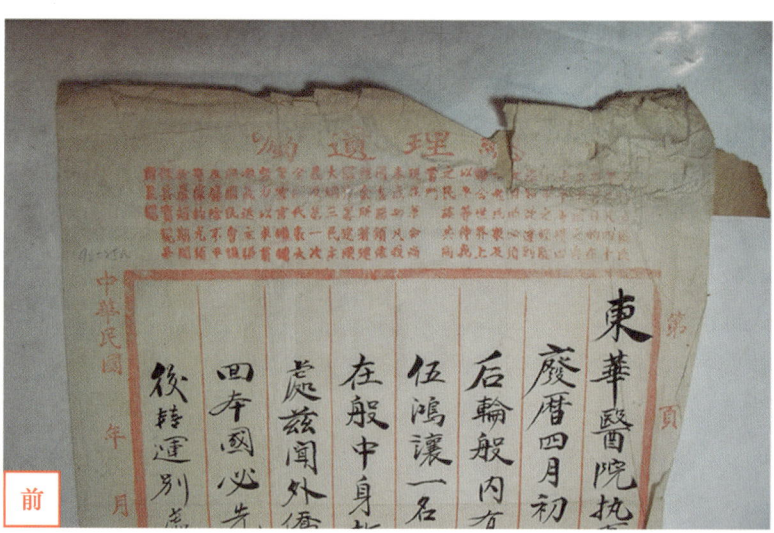

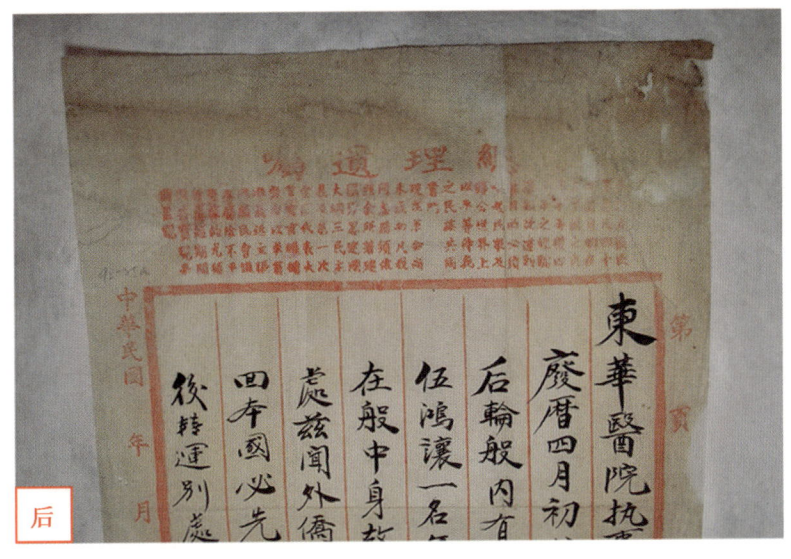

图 7 级别 4 文献文件修复前后对比

6.1 长远的保存计划——预防性保护制定

两名修复专家也为已修复的文献档案制定了合适的储存方法,避免文献档案在翻阅时再受到任何损害,例如每份单页文献档案都用无酸的聚酯胶套保护,并订购了坚固的碱性板制成的保护匣以储存档案文件,保护匣内有环型夹,方便串连起多份胶套,方便日后翻阅。坚固的碱性板匣一方面可以作为一个屏障阻隔水和湿气,也可以分隔与周围还未修复而发出酸性的文献档案;更方便叠起储存,亦防止叠起时对文献档案造成不必要的破坏。另外聚酯胶套和碱性板制成的保护匣都是单一尺寸,使储存方式标准化。所以在状况调查时,已将文献档案的尺寸和储存架的空间一并调查,以便估量日后的保存方式和物料的大小。

图 8 坚固的碱性板制成的保护匣涂有防潮性涂料

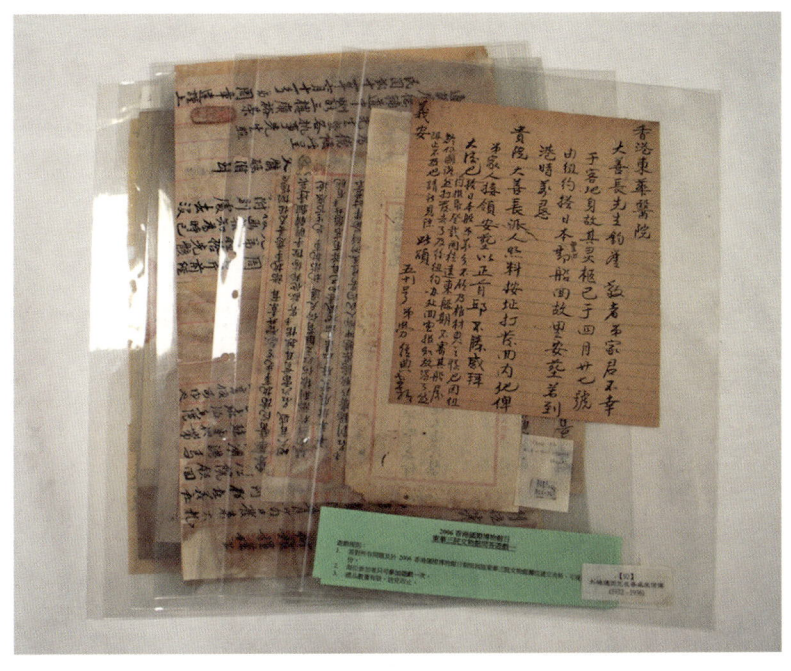

图 9　无酸聚酯胶套防止酸性迁移损坏纸质文档

此外,两名修复专家和一名修复员助理也在此期间为东华三院文物馆提供多个工作坊,包括预防性保存的执行方法,处理文物的正确方法,虫害管理,检查新收纳文献档案的方法等,对象都是东华文物馆的管理人员、负责策展的员工及文物馆的管理人员。馆方更为文献档案实施风险评估和制定缓解方案,拟订应急计划,开展数字化存盘,选择存储介质和数据转换;制定全面的编目系统,建立收纳规则和准则,为文档保护奠定了一个很好的基础,为往后修复储存文档开拓新的领域。

7. 结论

如何为拥有大量的文献档案,却缺乏专业的文物修护人员协助的文博机构制订有效的修护文献档案的方法,以康文署文物修复办事处为东华三院文献档案修护的外包项目为例,需配合有策略性的方针,配合彻底的状况调查方向和估量,以便推断日后所需的人、力、物、法、环等资源和工作范围,再加上良好的项目管理和执行,把文物修护外包统一和标准化是可行的及有规范的。

　　修护的工作是十分昂贵的,外包服务是一种有效地运用资源的方法。作为修护人员审慎地提出建议是责无旁贷的,设计和制定工作项目的细则和目标,在执行和管理上更需要有效设立一些标准以规范整个项目的进行。

参考文献：

[1] 伊红-Y-维基百科,自由的百科全书[EB/OL].https://zh.wikipedia.org/wiki/%E4%BC%8A%E7%BA%A2-Y,2016-10-25.

[2] Keijzer M, Maarten R van Bommel, Geldof M. "Early synthetic organic lake pigments used by Vincent van Gogh at the end of his lifetime"[J]. Netherlands Institute for Cultural Heritage (ICN), Research Department, The Netherlands.

[3] 杜伟生著.中国古籍修复与装裱技术图解[M].北京:北京图书馆出版社,2003.

[4] 陈子达主编.古籍修复[M].杭州:中国美术学院出版社,2015.

　　鸣谢:笔者们衷心感谢东华三院文物馆及广华医院的答允,准许在这次会议上分享他们的重要文献项目的修复资料与成果。

The Outsourcing Services of Preservation and Conservation of Rare Books, Documents and Archives: Engagement of the Local and Overseas Private Conservators

Wai-sum LIU, Wai-shan TSUI, Yee-man HO

Abstract: It is not uncommon to acquire the conservation service from private sectors to treat rare bound books, documents and archives in the West for the benefit of work and convenience. Rather, it is a well-accepted practice given that there is a clear goal and recognized standard of work in course of planning. If not, it may lead to irrecoverable loss of objects and an unexpected outcome. Let explore the essence and insights through studying of two successful examples while acquiring the services from local and abroad seven years ago.

Keywords: outsourcing service; protection of document archives; standardization; supervising service; scientific analysis; energy dispersive X-ray spectrometer; Eosin Y water soluble

云南省古籍修复工作情况介绍

杨利群[*]

An Introduction of Conservation for Rare Books in Yunnan Province

Yang Liqun

  2007年以来,在文化部、国家古籍保护中心的帮助、指导和支持下,在云南省文化厅的正确领导下,云南省图书馆暨云南省古籍保护中心认真贯彻落实国务院、云南省政府有关意见精神,充分发挥省级古籍保护中心的作用,指导全省积极开展古籍保护工作。在古籍修复方面做了大量工作,取得了优异成绩。2009年被国家古籍保护中心命名为"国家级古籍修复中心",2014年被命名为"国家级古籍修复技艺传习中心云南传习所"。在此,要感谢国家古籍保护中心一直以来对云南省图书馆、云南省古籍保护中心的大力支持和帮助。
  下面,我从几个方面来向各位同仁汇报云南省古籍修复中心的工作情况。

---

[*] 杨利群,云南省图书馆。

1.加强领导，提高认识，为古籍修复工作创造良好的条件

云南省图书馆领导班子高度重视古籍保护工作，由馆长直接分管古籍修复工作。馆领导班子结合我省实际，制定了一系列目标、任务和方法，从而形成了我省古籍修复工作的长效机制。

同时，积极争取云南省财政建立了古籍保护专项资金，自2008年起云南省财政每年下拨50万古籍保护经费，馆内其他相关经费也给予支持。在这里要特别感谢国家古籍保护中心，我们得到了该中心在培训经费方面和修复设备上的支持。有了这些支持，云南省古籍修复中心设立了专门的字画装裱室和古籍修复室，购买了一批古籍修复的相关设备。这些设施设备为云南省古籍修复工作创造了良好的条件。

2.加强古籍修复队伍建设，重点培养少数民族古籍修复人才

云南省图书馆从开展古籍保护工作以来就组建了修复组，现修复组共有8名专职人员，经过不断地学习和实践，现已能从事不同方向，不同难度的修复工作。有几位徒弟修复技艺已比较突出，具备独立修复重度破损古籍文献的能力，并在多期古籍修复培训中协助开展教学工作。

为加强古籍修复人才培养，形成云南省古籍修复人才梯队。云南省古籍修复中心积极协助国家古籍保护中心，在我省举办古籍修复培训班，2013年至2016年，国家古籍保护中心主办，我馆承办了全国第一期、第三期、第四期少数民族古籍修复技术培训班。同时还自办了5期古籍修复技术培训班，在办的培训班中，我们针对云南省少数民族众多，民文古籍藏存量大，民文古籍因保管不善，破损较为严重的实际，把培训的重点放在少数民族古籍的修复上。还有一个特点是，在我们的培训班中，各地州、县、市馆的部分馆长和副馆长作为学员参加了培训，这些馆长非常重视古籍修复工作，他们利用空余时间进行古籍修复，如：云南省红河州锡都图书馆馆长胡浩宇通过参加多次古籍修复培训班后，回馆独立修复汉

文古籍《续修建水县志》、彝文古籍《新注道德经白话解说》、《慈航普度》等多部古籍文献。我们通过举办多期古籍修复技术培训班既培养了一批古籍修复人才,又形成了一批保护成果,受到国家古籍保护中心相关领导的高度重视。2014年至2016年以师带徒的形式举办了6期古籍修复技术培训班和1期拓片修复技术培训班,累计502个学时。

通过培训和大量的实践,全省参加培训的有300余人次,培养出了30名汉文初级修复人员、20名汉文中级修复人员、8名汉文高级修复人员,形成全省古籍修复人才梯队。目前我们正努力在全省乃至全国培养15名彝文古籍修复人员、15名藏文古籍修复人员。同时希望能在国家古籍保护中心的帮助和支持下,把我们修复中心打造成国家级的少数民族古籍修复中心。

3.以汉文古籍修复为基础,加强少数民族古籍文献修复

2013年至今云南省古籍修复中心共修复古籍文献4万余页,装裱字画300多幅,其中修复了入选"国家珍贵古籍名录"的十多部古籍文献。

在修复汉文古籍的同时,不断探索和推进我省少数民族古籍的修复工作,对省内收藏较多的彝文、藏文、东巴文等民语古籍文献从装帧形式、纸张等方面进行研究,并进行试验修复,形成可行性修复研究报告。通过举办彝文、藏文古籍修复培训班的形式,集中全省古籍修复中技艺较为突出的古籍修复人员,在培训的过程中对民文古籍进行修复。

云南省古籍保护中心积极开展少数民族古籍的抢救性修复工作,研究并开展了彝文古籍、藏文古籍的修复工作,在全国开创了先河。2013年首次成功修复云南省图书馆的两部彝文古籍。国家古籍保护中心得知此事后,专门要求送至国家图书馆举办的"古籍普查重要发现暨第四批国家珍贵古籍特展——中华古籍保护计划成果展"上展出。同样,通过举办彝文修复培训班的形式,集中全省古籍修复中技艺较为突出的古籍修复人员参与培训,修复了一批彝文古籍。到目前为止,修复彝文古籍共250册(14000余页)。2014年云南省古籍保护中心工作人员在调研过程中,

了解到迪庆州图书馆从纳格拉崖洞发掘出藏经 12 种 7000 余张,入藏于州图书馆。修复中心的工作人员得知这个情况,立即前往迪庆州图书馆进行实地调研,发现这批藏文古籍破损极为严重,就这一批藏文古籍的破损情况、纸质特性进行了深入的分析研究,同时邀请了国图古籍修复专家杜伟生及西藏自治区图书馆古籍保护中心藏文专家前来指导,在国家古籍保护中心的支持下,研究出一套可行的修复方案,在修复过程中采用挖衬、夹接、人工纸浆修补等方法进行修复。尤其对人工纸浆补书进行了试验,利用狼毒草根肉熬制的汁与纸浆混合后对这批藏文古籍进行修补,国家古籍保护中心专家到现场进行了考察,给予了充分的肯定。2014 年云南省图书馆通过举办多期藏文古籍修复技术培训班,通过边学习边修复的形式抢救性修复了藏文古籍近 1200 片。2016 年 6 月,云南省古籍保护中心为迪庆州图书馆抢救修复的部分藏文古籍和云南民族古籍整理办公室抢救修复的部分彝文古籍参加了国家文化部、国家文物局、国家图书馆联合举办的"民族记忆·精神家园——国家珍贵古籍特展"的展出,受到了广泛关注。

4.加强古籍修复理论研究

云南省馆古籍修复人员经过多年的实践,与理论相结合,形成了一批古籍修复的理论研究成果,在省级以上刊物公开发表论文数十篇。如《彝文古籍与汉文古籍修复的异同》《谈谈古籍修复中的浆糊》《谈谈藏文古籍的修复》《话说古籍防虫》《云南省图书馆〈周义本义〉的修复》《彝文古籍修复实践案例——以修复云南省图书馆馆藏彝文古籍〈猜考书〉为例》《藏文古籍修复刍议》《浅析少数民族古籍文献的修复》《简述隐性知识在古籍修复工作中的作用》等。

5.加强云南省古籍保护工作宣传力度

利用互联网宣传古籍保护工作,建立云南省古籍保护中心网站,网站信息更新及时,点击率较高,被多家省级中心网站链接,网站全面介绍我省古籍保护工作的进展。

利用自办纸媒宣传古籍保护工作,编辑《云南古籍》简讯,扩大云南省古籍保护工作宣传力度。

通过报纸、电视、电台、网络等新闻媒体宣传全省古籍保护工作。在每年的"全民阅读推广月""世界读书日""世界文化遗产日"都现场展示古籍修复技艺活动,让大众观摩、亲自体验古籍修复这门古老的技艺。同时,通过举办古籍修复成果展览、古籍保护微论坛等活动宣传古籍工作,使古籍保护成果为社会所共享。

6.目前存在的主要问题

6.1 人才紧缺

云南省古籍修复中心现虽有古籍修复专业人员8名,我在全省还带了10个徒弟,但是破损古籍数量太多,修复人才仍然紧缺。为了解决这个问题,今后我们仍将采取培训班的形式,加大古籍修复人才培养;也可以培养社会上一些对古籍修复工作感兴趣的人以临时工的身份加入到古籍修复工作中,以壮大修复队伍。

6.2 古籍保护经费不足

自2010年开始财政每年拨款50万用于古籍保护,但这些经费主要用于古籍数字化、古籍开发利用、古籍保护人才培养、古籍修复材料的购买。由于经费不足,古籍修复相关的实验设备无法购买,导致古籍修复缺乏科学性和安全性。

6.3 古籍修复理论研究有待加强

现云南省古籍修复中心已拥有一支技艺娴熟的古籍修复队伍,但古籍修复理论研究不够深入,今后要进一步加强古籍修复相关理论研究。

以上是云南省古籍修复中心近年来的工作情况。

提升基层图书馆古籍修复能力的探索

吴小兰*

摘要：本文以广东省古籍保护中心策划实施的"广东省基层图书馆古籍修复能力提升计划"为例，论述该计划实施的背景、内容和效果，对基层图书馆古籍修复人才队伍建设、古籍修复室建设和古籍修复能力的提升方法，进行初步的探索。

关键词：广东省古籍保护中心；人才培养；古籍修复；广东省基层图书馆古籍修复能力提升计划

为贯彻落实《国务院办公厅关于进一步加强古籍保护工作的意见》（国办发〔2007〕6号）和《广东省人民政府办公厅关于进一步做好全省古籍保护工作的通知》（粤府办〔2008〕66号）的文件精神，进一步推进广东省古籍保护工作科学、有序地开展，提高全省古籍修复的整体能力，2013年7月，广东省古籍保护中心在全国图书馆界率先启动"广东省基层图书馆古籍修复能力提升计划"，计划用4年时间，通过广东省古籍保护中心组织的专业培训和现场指导，建立一支以基层图书馆为主体的古籍修复专业人才队伍，并在全省建立约20家专业古籍修复室。截至2016年11月，广东省古籍保护中心已先后在全省基层图书馆培训组建了24人的专业修复队伍，建立了16家古籍修复室，初步形成以省馆为中心，覆盖全省的古籍修复网络，有效地提升全省基层图书馆古籍修复的整体水平。

---

* 吴小兰，广东省立中山图书馆。

1. "广东省基层图书馆古籍修复能力提升计划"实施背景

1.1 国家古籍保护宏观战略的要求

2007年国务院颁布《国务院办公厅关于进一步加强古籍保护工作的意见》(国办发〔2007〕6号),指出:"我国古代文献典籍是中华民族在数千年历史发展过程中创造的重要文明成果,蕴含着中华民族特有的精神价值、思维方式和想象力、创造力,是中华文明绵延数千年,一脉相承的历史见证,也是人类文明的瑰宝。古籍具有不可再生性,保护好这些古籍,对促进文化传承、联结民族情感、弘扬民族精神、维护国家统一及社会稳定具有重要作用。同时,加强古籍保护工作,也是建设社会主义先进文化,贯彻落实科学发展观和构建社会主义和谐社会的客观要求。"要求:"地方各级人民政府和有关部门要从对国家和历史负责的高度,充分认识保护古籍的重要性,进一步增强责任感和紧迫感,切实做好古籍保护工作。"2008年,广东省人民政府也颁布《广东省人民政府办公厅关于进一步做好全省古籍保护工作的通知》(粤府办〔2008〕66号),强调"各古籍收藏单位要建立古籍修复档案,借鉴国内外先进的修复技术和经验,按照有关技术标准和规范,有计划地对破损古籍进行修复。"古籍修复是对中华传统文献实施原生性保护的重要手段,是古籍保护工作最基础和最重要的环节,也是新时期政府对图书馆古籍保护工作的重要要求之一。

1.2 基层图书馆古籍存藏状况

据目前普查统计,广东全省收藏古籍约140万册,其中广东省立中山图书馆、中山大学图书馆、华南师范大学图书馆和暨南大学图书馆四家国家级古籍重点保护单位共藏有约100万册;基层图书馆共藏有古籍约40万册,其中不乏珍贵善本。据统计,来自基层图书馆入选第一至第五批《国家珍贵古籍名录》的有22种,入选第一至第二批《广东省珍贵古籍名录》的有398种。但由于主客观的原因,基层图书馆存藏的古籍存在比较严重的破损情况。其一,气候因素。广东地处亚热带,常年高温高湿,为书虫和霉菌等提供了良好的滋生环境。其二,存藏环境。长期缺乏恒温恒湿的古籍库房、规范的古籍装具和专业的灭虫措施。尽管近年来随着许多新馆的落成,古籍库房多有改善,但库房达到恒温恒湿要求的,仅汕头图书馆一家。一些图书馆连基本的空调设备都没有,处于非常原始的存藏状况。

1.3 基层图书馆古籍破损调查

由于气候、历史和存藏环境等原因,广东省古籍破损主要类型为虫蛀、霉变、鼠噬、水浸、酸化和火烬。根据我们对全省16家基层图书馆古籍破损情况的初步调查,各馆破损比例都占馆藏量的一半以上,严重的甚至高达8成至9成,古籍保护形势不容乐观(见表1)。

表1

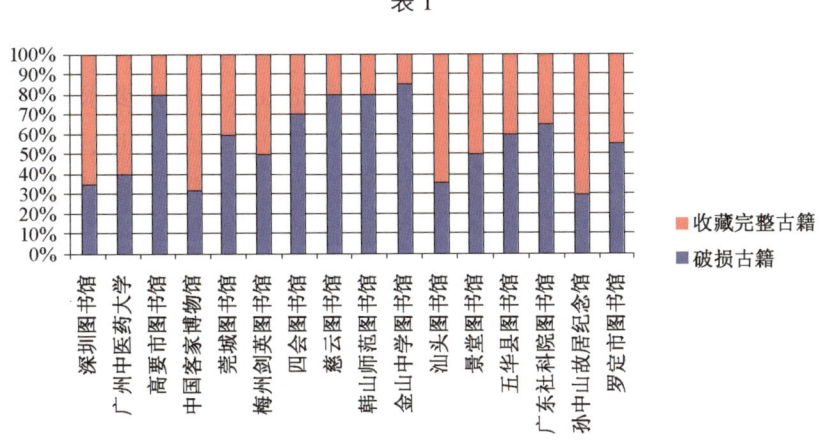

1.4 基层图书馆古籍修复人员及培训

近年来,国家古籍保护中心积极面向全国,为地方馆培养古籍修复保护人员。每年举办多场次古籍修复技术培训初级、高级、研修班,收到了良好的培训效果,培养了一大批古籍修复人才。但是培训名额有限,并不能保证需古籍保护专业培训的地方市县馆都能够争取到培训名额。即使个别基层图书馆获得难得的培训学习的机会,但其缺乏相应的修复场所、设备、工具和材料,培训人员学习回来后,也难以开展相关工作,达不到学以致用的目的。此外,基层图书馆普遍存在常规业务量大,工作人员少,一人身兼多职的问题。在应付常规业务尚且捉襟见肘的情况下,专业小众的古籍修复岗位几乎全部空缺。

2. "广东省基层图书馆古籍修复能力提升计划"的实施内容

2.1 总体规划

针对广东全省基层图书馆古籍藏量大、破损严重、修复人员和设备缺乏的问题,2013年7月,广东省古籍保护中心正式启动了"广东省基层图书馆古籍修复能力提升计划"。本着"保护为主、抢救第一、合理利用、加强管理"的基本方针,计划用4年时间,通过广东省古籍保护中心组织的专业培训和现场指导,建立一支以基层图书馆为主,包含博物馆、档案馆等的古籍文献修复专业人才队伍;根据各基层单位实际情况,以每年建立4至5家修复室的速度,在全省建立16至20家专业古籍文献修复室。同时,以基层图书馆古籍修复室为辐射点,以点带面,带动周边其他市县图书馆的古籍保护工作。

2.2 实施流程

面向全省基层图书馆接受报名—对提交申请的基层馆进行人员资质和馆藏资源的审核—广东省古籍保护中心考察小组实地调研,确定修复室场地—签订合作协议—由省中心配发修复设备、工具和材料,指导建立相关规章制度和修复档案—省中心考察小组实地验收修复室建立情况—对地方馆修复人员培训—验收修复成果。

2.3 人员培训

针对基层图书馆的具体实际,广东省古籍保护中心设计了多元化的人员培训形式。

其一,集中培训。自2014年至2016年,广东省古籍保护中心每年均举办两期面向全省基层古籍收藏单位的古籍文献修复培训班,每期人数约20名,共培训120多人次。由提升计划对口单位委派专职修复人员前往省中心进行古籍文献修复技术的集中培训,传授基础的古籍修复知识和技术。培训结束后学员能够独立解决一般的古籍破损问题,回到岗位上能够胜任古籍保护工作。同时,推荐优秀学员参加国家古籍保护中心和国家级古籍修复技艺传习所广东传习中心举办的古籍修复、碑帖传拓和修复、西文文献修复等各种类型的培训班,进一步提高古籍修复工作能力。

其二,基层实地辅导。在集中培训的基础上,省中心积极跟进学员回到岗位后的工作情况,建立反馈机制,及时了解学员修复的进展和操作中碰到的难题。针对有修复难题的基层馆,采取"问题集中汇总,专人现场指导"的方法,由基层馆选取代表性问题,集中提交给省中心,省中心再选派专业人员下基层,进行"手把手"式的修复辅导和示范,帮助基层馆解决"不敢动手"的难题。仅2016年,省中心就先后派出专业人员赴深圳、惠州、梅州、湛江、汕头等图书馆进行实地指导,帮助当地修复人员自己动手解决相关修复问题。

其三,"一对一"培训。针对省内古籍藏量大、破损情况复杂、修复需求强烈,且负责修复的人员时间比较充裕的基层图书馆,省中心则实行"专人专管,长期学习"的"一对一"培训模式,由省中心提供场地、设备、工具、材料和专门指导老师,辅导学员在2至6个月中掌握修复技术,逐步提高动手能力。目前,辛亥革命纪念馆、广东省博物馆、广东省社会科学院图书馆、广东方志馆的学员已通过这一模式,熟练掌握了日常修复技能,修复了一批文献,取得了初步的成效。

其四,网络在线咨询培训。省中心建立了24小时网络在线咨询平台,利用网络通讯工具,为基层馆答疑解惑,提供即时咨询服务。学员在修复实践中碰到问题,可上传图片或文字资料,由省中心专业人员及时研究讨论并回复解决问题的方法,避免因为距离远、时间长等因素造成的对古籍保护的疏漏或不必要的损坏。

2.4 建立古籍文献修复室

按照基层图书馆申请,省中心专家现场考察审核的方式,对拥有一定古籍藏量和专门修复工作人员,能提供一间不低于10平方米的工作空间的单位,由省中心资助建立专门的古籍文献修复室,除配备专业设备、工具和材料外(表2),还指导制定古籍修复档案、规章制度和工作计划。

表 2　设备及材料清单

名称	数量
杀虫冰柜	1 台
压书机	1 台
展柜	2 个
古籍修复工作台	1 张
修复板墙	2 面
测厚仪	1 台
测酸仪	1 台
电解水生成器	1 台
拷贝灯箱	1 台
裁板	1 张
锥板	1 块
修复用纸(白竹纸、黄竹纸、牛皮纸、棉纸、高丽纸、磁青色封面纸、古铜色封面纸)	各 1 刀(共 700 张)
大理石	2 块
压书板(大中小)	12 块
修复工具箱	1 个
修复工具(镊子、裁纸刀、毛笔、锥子、木槌、铁锤、针线、喷壶、直尺、剪刀、棕刷、排笔、牙医刀、普洱刀、油画笔、竹启子)	1 套

2.5 联络机制

为加强省古籍保护中心与各基层古籍文献修复室的紧密联系,及时了解相关信息,省中心设立专门联络员制度,专门负责与基层单位的沟通联系,并利用 QQ 群、微信等,建立专门的群体沟通平台,实现全天候的业务联系和指导。

2.6 宣传推广

为向广大社会公众宣传和普及古籍修复保护知识,营造全社会关注和重视古籍保护工作的良好氛围,省古籍保护中心联合各基层图书馆的古籍文献修复室,在全省范围策划组织了"书香古韵——中华古籍之魅力"古籍修复技艺演示和读者体验项目,内容包括古籍修复技艺展示,碑刻传拓、雕版印刷和线装书装订演示与体验,以及古籍珍本展览、古籍鉴定、古籍知识讲座和古籍知识有奖问答等。自2013年至2016年10月,累计在全省公共图书馆、高校图书馆和中小学,共举办活动近30场次,参加对象有图书馆读者、大中小学生、外国留学生等,多达2万多人次,对宣传古籍保护的重要意义,对弘扬中华优秀传统文化,起到积极的作用。

2.7 检查监督

为确保各基层图书馆古籍文献修复室的顺利运作,省古籍中心不定期检查已经设立的基层古籍文献修复室的工作情况,对运作正常,工作效果显著者,则继续提供专业指导,以及设备、材料等方面的支持;对运作不正常,未能开展基本的修复工作者,将进行督促整改;对未能如期进行整改者,将停止相关设备、材料等的支持,并取消广东省古籍保护中心"古籍文献修复室"的挂牌资格。

3. "广东省基层图书馆古籍修复能力提升计划"的实施效果

3.1 基本构建覆盖全省的古籍修复网络

截止2016年11月,省古籍保护中心已先后在汕头图书馆、韩山师范学院图书馆、深圳图书馆、新会景堂图书馆、四会图书馆、惠州慈云图书馆、广州中医药大学图书馆、中国客家博物馆、梅州剑英图书馆、高要市图书馆、金山中学图书馆、莞城图书馆、罗定市图书馆、五华县图书馆、广东省社会科学院图书馆、孙中山故居纪念馆建立了16家基层古籍修复室,初步形成以省馆为中心,包括公共图书馆、高校图书馆、中学图书馆和博物馆在内的,覆盖全省的古籍修复网络,有效地提升全省基层图书馆古籍修复的整体水平。

3.2 初步建立一支略具规模的基层古籍修复专业人才队伍

三年来，经过国家古籍保护中心、广东省古籍保护中心和国家级古籍修复技艺传习所广东传习中心各种形式的培训，各基层图书馆古籍修复专业人员边学习边实践，逐步掌握了多种古籍修复技术，不断提高古籍修复能力。其中有的学员已胜任中高难度古籍的修复工作，成为基层古籍修复工作的骨干力量。目前16家基层古籍修复室，共拥有24名专业古籍修复人员。

3.3 完成一批古籍修复任务

提升计划实施以来，各基层古籍文献修复室共修复《明诗综》《伊洛渊源录》《惠州府志》《长乐县志》《醉经楼集》等古籍355册26277页，上传修复档案252份，取得古籍修复保护的可喜成效。

3.4 推动地方政府对古籍保护工作的重视

提升计划实施三年多来，各基层图书馆抓住机遇，积极主动做好宣传推广工作，在赢得社会公众关注的同时，推动地方政府对古籍保护工作的重视，设立古籍专项经费用于古籍保护。汕头、新会、罗定和深圳当地政府，先后分别划拨给汕头市图书馆（30万）、新会景堂图书馆（49万）、罗定市图书馆（50万）、深圳图书馆（20万）专项古籍保护经费，用于古籍库房的整改以及修复室的改造，大大改善馆藏古籍的存藏环境和古籍保护的工作环境。

4. 小结

古籍是中华文明的重要载体，做好古籍保护工作是各省古籍保护中心的重要职责。经过三年多的实践，广东省古籍保护中心策划实施的"广东省基层图书馆古籍修复能力提升计划"，以人才培训，资助建立修复室，提供修复设备、工具和材料，跟踪指导和检查相结合的模式，探索出一条提升基层图书馆古籍修复能力的有效途径。

参考文献:

[1] 国务院,办公厅.关于进一步加强古籍保护工作的意见[EB/OL]. http://www.gov.cn/zwgk/2007-01/29/content-511825.htm. 2015-08-20.

[2] 杜伟生.中国古籍修复与装帧技术图解[M].北京:北京图书馆出版社,2003.

[3] 潘美娣.古籍修复与装帧[M].上海:上海人民出版社,2013.

[4] 林明,周旖,张靖.文献保护与修复[M].广州:中山大学出版社,2012.

An Exploration of the Promotion for Basic-level Library's Ancient Books Conservation Skills

Wu Xiaolan

Abstract: This paper takes the Promoting Plan for Basic-level Library's Ancient Books Conservation Skills of Guangdong Province which planned and implemented by Preservation and Conservation Centre for Ancient Books of Guangdong Province. The author makes an exploration of the construction of the basic-level library's talent team for ancient books conservation, the construction of the ancient books conservation rooms and the promotion methods for ancient books conservation skills.

Keywords: Preservation and Conservation Centre for Ancient Books of Guangdong Province; talent training, conservation for ancient books; The Promoting Plan for Basic-level Library's Ancient Books Conservation Skills of Guangdong Province

山东省图书馆古籍修复项目运作管理模式初探

杨林玫*

摘要：山东省图书馆在近年的修复项目实践中探索出一套"自主型""合作型"修复项目运作管理模式，本文就这两种模式的特点、优缺点、先决条件进行阐述。对修复项目运行管理中的重要环节和项目开展所带来的深远意义和影响进行说明。

关键词：山东省图书馆；古籍修复项目；运作管理模式

自2007年"中华古籍保护计划"实施以来，国家在政策和资金上对古籍保护修复事业给予了大力支持。2009年，文化部公布了全国首批12家"国家级古籍修复中心"；2012年起，文化部在全国范围内陆续授予12家"国家级古籍保护人才培训基地"称号；2014年起，文化部开始在全国范围内建立"国家级古籍修复技艺传习中心"。截至目前，已经建立22家传习所，收徒140多人。这些举措的实施和机构的建立，大大促进了古籍修复事业的发展和古籍修复人才的培养。

在此基础上，许多公共图书馆、博物馆等古籍收藏单位开始具备修复自身或其他馆馆藏特色古籍、珍善本古籍的综合实力，加上修复需求不断凸显，使得古籍修复项目的开展和实施成为必然，也成为未来古籍修复事业发展的趋势。

---

* 杨林玫，山东省图书馆。

2007年以来,山东省图书馆在国家古籍保护中心的关怀下,在省财政厅等厅局的大力支持下,软、硬件设施得到了很大改善,修复技艺显著提高,古籍保护成果显著,先后被文化部授予"国家级古籍修复中心""国家级古籍修复技艺传习中心山东传习所""国家古籍保护人才培训基地""中华优秀传统文化实践基地试点单位"称号。自2009年至今,我馆一共运作了5项修复项目,在这些修复项目的实施过程中,探索出一套"自主型""合作型"修复项目运作管理的独特模式。

1. "自主型""合作型"运作模式在山东省馆修复项目中的运用

近年来我馆开展的修复项目,有我馆馆藏珍贵文献宋刻本《文选》的修复、山东大学数字化后善本古籍的修复、周晶先生捐赠古籍的修复、枣庄市图书馆馆藏古籍的修复、中共山东省委党校馆藏古籍的修复项目。这些修复项目中,有我馆自主修复馆藏珍贵文献的修复项目,也有接收外馆馆藏古籍的修复项目,还有我馆提供人员技术、其他馆提供场地设备的修复项目。根据修复项目的实施运行特点,笔者将这些项目分为"自主型""合作型"两类。

1.1 "自主型"修复项目

所谓"自主型"修复项目,是以自身馆藏的特色、珍贵古籍为主,以自身修复专家、人员、设备、场地、资金为主开展的修复项目。

近几年来,在全国范围内,修复馆藏特色、珍贵古籍的"自主型"修复项目陆续开展。2009年起,我馆开始实施馆藏珍贵古籍——宋刻本《文选》的修复项目,在这个项目实施过程中,我馆提出项目管理理念、引入专家论证会制度、提出科学检测制度、首创珍贵文献试修本制度、完成装帧形式打样、自主进行内容研究、制定修复方案、留存完备修复档案、撰写科学修复报告。这次修复实践历时两年,成为国家一级古籍的科学修复典范,也是山东省图书馆完成珍贵古籍"自主型"修复项目的范例,产生了良好的行业交流效应。2009年至2013年,天津图书馆开展了"天津图书馆藏珍贵古籍整理、保护与研究"项目,对敦煌文献《唐人写经残卷》3册

140件及周叔弢先生捐赠宋元残叶58幅进行了修复①。2013年起,国家图书馆开展了清代皇室藏书精华"天禄琳琅"的修复,预计5年之内,完成第一期的修复任务。2015年,陕西省图书馆开展了《古今图书集成》的修复项目,预计4年内完成馆藏4000多册的修复目标。2016年,山西省图书馆开展了"宋元金辽佛经"的修复项目,目前已修复完成12件。这些修复项目的实施,都是各馆"自主型"珍贵古籍修复项目实施的范例。自主开展馆藏文献修复项目,是古籍修复事业发展到一定阶段的需求,是各馆修复综合实力的体现,也是修复工作未来发展的趋势和方向。

并不是所有古籍收藏单位都有实力开展实施古籍修复项目,"自主型"修复项目的实施需要具备一定先决条件:

第一,修复项目的实施单位需要具备一定的古籍藏量,具备一定的修复设备、场地。这些是古籍修复项目开展必备的软、硬件设施。我馆馆藏古籍75万册,善本古籍25万册,其中待修复古籍约占古籍总量的1/3。我馆修复室面积约300平方米,拥有良好的修复设备、设施。

第二,修复项目运行需要一定的项目资金支持。项目准备阶段,资金主要用于购买修复所用设备、工具、材料,聘请专家,召开专家论证会等;项目实施阶段,资金主要用于支付修复专家劳务费用等;项目完成阶段,资金主要用于修复专家验收、宣传支出、项目成果结集出版等。项目资金来源可以是财政拨款,可以是古籍保护专项经费或传习所费用,也可以是申请立项之后的项目专用经费。

第三,修复项目需要修复专家、修复人员、修复技术的支持。一个大型修复项目,往往需要一个修复团队进行长时间的合作和努力才能完成。我馆有古籍保护、版本专家3人,外聘修复专家2人,专职修复人员8人。宋刻本《文选》修复项目准备阶段,召开了专家论证会,在领导、专家的指导下,修复人员进行了规章制度建立、配纸、染纸、纸张性能赴京检测、内容研究、装帧形式打样等近十项准备工作,历时一年多。项目实施阶段,修复人员配合,由修复专家根据修复方案进行试修本和宋本的修复,历时

---

① 万群:《本无畛域——谈"天津图书馆藏珍贵古籍保护与研究项目"》,《文津学志》(第五辑),北京:国家图书馆出版社,2012,第395—399页。

一个多月。修复验收阶段,修复专家和工作人员对修复成果进行验收和跟踪检测。

国家级古籍修复中心和传习所在成立之前,国家古籍保护中心都要对其古籍藏量、古籍修复工作开展必备的软、硬件设施、修复人员数量及素质等因素进行综合考量,达到要求者才予以批准。成立之后,对于这些"中心"和"基地",文化部每年都会给予一些资金和技术支持。从这个角度来说,这些机构在成立之初就基本满足了开展"自主型"古籍修复项目所需具备的修复专家、修复人员、修复技术、修复设备、资金、藏有特色或珍贵古籍等条件。

1.2 "合作型"修复项目

所谓"合作型"修复项目,是古籍收藏单位具有修复其自身馆藏特色古籍或珍贵古籍的需求,但在某些方面不具备修复条件,与具备开展修复项目条件的单位进行合作开展的修复项目。

"合作型"修复项目的实施需要具备的先决条件是:

第一,古籍收藏单位对其自身馆藏特色古籍或珍贵古籍有修复需求,但在修复人员、场地、设备、工具、材料等修复条件中,有一项或多项不具备,有意与其他单位合作完成修复项目,具备修复条件的单位也具有合作意向。2013年,我馆开展的枣庄市图书馆馆藏古籍修复项目、山东大学数字化后善本古籍修复项目,以及2016年开展的中共山东省委党校馆藏古籍的修复项目,都是因为对方不具备修复人员等条件而开展的合作项目。

第二,修复项目具有一定的资金支持。不管是购买修复项目中所需设备、工具、材料,还是支付修复人员劳务费用等,都需要一定的资金支持。

双方都有意向合作,就可以通过协商,选择双方都能接受的、最适宜的合作方式。合作方式有很多种,较为常见的有三种:

第一,"委托"和"接收"的合作方式。即具有修复需求的古籍收藏单位将一批待修古籍委托给修复项目实施单位,项目实施单位接收古籍,并在自己的场地,由自己的修复专家、修复人员进行修复,由委托单位支付修复费用的一种合作方式。2013年,我馆开展的枣庄市图书馆馆藏古籍修复项目,就是枣庄市图书馆将一批亟待修复之后进行展览的古籍委托给我馆,在我馆进行修复的一个修复项目。

第二,"输出"的合作方式。即由古籍收藏单位提供修复场地、设备、材料、资金,由具备修复条件的单位"输出"修复专家、人员、技术,双方共同完成修复项目的合作方式。2013年,我馆开展的山东大学数字化后善本古籍的修复项目和2016年开展的中共山东省委党校馆藏古籍的修复项目,都是以输出修复专家、修复人员的方式开展的修复项目。

第三,打破场地、人员、资金、设备等局限,实现全方位合作的合作方式①。2013年天津图书馆的"馆藏珍贵古籍整理、保护与研究"项目,就是与国家图书馆、国家古籍保护中心合作完成的一个修复项目。双方在修复技术、纸张研究技术和设备、资金等方面都展开了深度合作。

有时,"自主型"和"合作型"古籍修复项目的界限并不明显。"自主型"修复项目在实施过程中的某个阶段,由于设备、技术条件的不足而产生困难,有向相关单位寻求帮助或合作的做法。如我馆在宋刻本《文选》修复准备阶段,就有携《文选》书叶样本赴京,在国家古籍保护中心实验室进行纸张性能检测的做法。在内容和装帧形式研究阶段,也有寻求辽宁省图书馆帮助的做法。2016年,陕西省馆所做的《古今图书集成》修复项目,也采取了赴国家古籍保护中心实验室进行纸张性能检测的做法。而且,由于陕西省馆馆藏《古今图书集成》四千多册仍不是全本,在修复完成后要进行补配,届时将由国家图书馆提供母本进行扫描后仿真复制,将整套古籍补配完整。

各种类型的修复项目运作都各有优、缺点和局限性,如"自主型"修复项目以自身修复专家、人员、设备、场地、资金为主开展修复项目,具有自主性,但其技术、资金运用等方面容易受到局限;"合作型"修复项目中,在合作的深度、广度上分寸的拿捏,双方如何配合,都需要在长期实践中不断总结经验。但不可否认,这些修复项目的开展,在达成修复目标、

---

① 臧春华:《第一期全国古籍修复技术与工作管理研修班论文集》,北京:国家古籍保护中心,2013,第103—107页。

培养修复人才、加强馆际联系、促进修复事业整体发展等方面做出了重大的努力,提供了宝贵的经验。

2.修复项目运行管理中的重要环节

无论是在"自主型"还是"合作型"修复项目中,都有一些项目运作管理的重要环节。这些重要环节的运作和管理,使修复专家、人员、设备、场地、资金等这些项目运行管理中的关键因素相互配合、充分发挥作用,达到修复目标。这些重要环节的运作和管理,决定着整个修复项目的成败。修复项目运行管理中的几大重要环节有:

2.1 修复对象的选取

对于"自主型"修复项目,一般是在馆藏中选取较为珍贵的、具有代表性的、其修复具有典型意义的、亟待修复的古籍作为修复对象。不具典型性及修复项目实施价值的古籍,可以作为日常修复工作的修复对象。

对于"合作型"修复项目,一般是由双方商议选取他馆馆藏中较为珍贵的、具有文献价值的、亟待修复的古籍进行修复。选取的修复对象的破损程度,还要考虑到修复项目工期的长短。

2.2 项目运作管理制度建设

制度建设是贯穿修复项目始终的一项工作,也是修复项目运行管理的"灵魂"。它的所有理念、制度的草拟、撰写需要在修复项目实施之前就形成并基本完成,并在修复项目实施中和实施后不断补充、修改和完善。不同类型的修复项目,在运作管理制度上会有一定的差别。只有建立了各种完善的制度,修复项目的运行管理才有了真实的依据和方向。

(1)立项、结项制度

要将修书作为项目来做,作为项目来管理。在项目开始之前,要根据项目内容撰写项目申请书,申请立项,在项目结束后撰写项目报告,申请结项。馆藏宋刻本《文选》修复项目,运用了项目管理的理念,获得2011年度山东省艺术科学重点课题立项。

（2）修复项目专项管理制度

在馆藏宋刻本《文选》修复项目实施之前，我馆就制定了《馆藏珍贵古籍修复管理制度》，其中规定了馆藏珍贵古籍修复中对于修复方案制定、科学检测、内容研究、过程实施、安全保证、成果验收等方面的要求。除此之外，根据具体工作流程，又制定了《工作流程及分工》《出入库登记表》《安全细则》《出入修复场所登记表》《修复记录表》等细则。这是我馆最初的修复项目专项管理制度。

后来，虽然其他修复项目形式较前有所差别，但只是在之前管理制度的基础上稍加修改就可应用。这些修复项目专项管理制度，对于修复项目的各个环节都做了详细的规定和要求，使修复工作的科学性、合理性、安全性有了真实的保证。

（3）专家论证会制度

专家论证会制度，即规定在修复项目实施前期、中期或后期，邀请相关领域专家到场，根据所需修复古籍的具体情况，进行专题讨论的制度。2010年9月和2011年8月，我馆先后召开"修复宋刻本《文选》专家论证会""宋刻本《文选》装帧形式专家论证会"。专家论证会制度的引入和确立，使我馆修复工作向标准化、科学化迈出了重要的一步。继我馆之后，全国自主修复馆藏珍贵古籍的专家论证会纷纷召开。2016年1月，山西省图书馆召开了"宋元金辽佛经"修复专家论证会，对于佛经的情况进行介绍、修复方案进行制定。2016年5月，陕西省图书馆召开了"《古今图书集成》修复专家论证会"，邀请了全国范围内收藏《古今图书集成》的十三家收藏单位的领导及修复专家参会，对于草拟的修复方案进行讨论。2016年10月14日，四川省图书馆召开了馆藏"《洪武南藏佛经》修复专家论证会"，就其修复必要性、可行性进行了论证。

后来，在其他修复项目的实施中，我馆也在贯彻执行专家论证会制度。如在和山东大学及省委党校的合作项目中，项目实施前，我馆组织专家实地考察修复地点、预选待修复古籍、粗定修复方案。在修复工作开展之前，再由专家具体讨论、制定修复方案。

（4）科学检测制度

在修复工作中，配纸是很重要的一个环节，而纸张性能检测是配纸工作科学化、精确化的保证。在我馆开展的各项修复项目中,都坚持以科学检测为依据,运用高科技的检测仪器对纸张进行初步检测和跟踪检测,为修复工作提供了科学的依据。

除了上述四项在每个修复项目中都需要建立的基本制度以外,在馆藏珍贵文献的修复中,我馆还建立了试修本制度,即选择破损程度、纸张与待修古籍类似的古籍作为试修本,按照珍贵文献的修复流程进行模拟修复,以保证珍贵文献修复过程的安全性、预定修复方案的可行性。在未来的修复项目中,也可能建立其他制度,但这些制度不一定对每个修复项目都适宜,要根据修复项目中的修复对象进行具体分析,选择适宜的修复管理制度。

2.3 修复方案的制定和实施

修复方案的制定是建立在对古籍破损情况、古籍其他情况的科学研究及对古籍纸张科学检测的基础上的一项重要的工作。修复方案正确与否,决定着古籍修复项目目标能否实现。修复方案主要是解决选用什么修复材料、选取什么修复方法、最后做成什么装帧形式、修复中会出现什么问题、出现了怎么改进等问题,其实也就是解决"怎么修"的问题。修复方案直接决定了修复实际操作阶段的做法,影响着修复进度和方向。

一般来说,修复方案要在修复项目准备阶段,在对古籍破损及其他情况进行研究之后,以及在对古籍纸张性能进行科学检测之后再由专家讨论决定。但有时古籍修复操作在没有进行之前,专家对于一些古籍的破损情况不能做到全面了解,难免会做出错误的判断。在修复操作过程中,根据古籍的具体情况,可以由专家讨论,对之前判断有误或出现偏差的修复方案进行修改或修正。修复方案一旦确定,就要严格按照修复方案来进行修复实际操作,以保证在最小干预的前提下达到最好的修复效果。

2.4 完备修复档案的留存

对于一般古籍的日常修复工作,只留存纸质和电子的修复档案即可。但对于修复项目来说,最好能尽可能完备地留存修复档案,保留影像、照片、文字三种资料。这些修复档案,对于未来修复技术的研究和修复成果的出版都是很好的资料准备。

2.5 项目总结和修复科研成果的产生

修复项目结束之后,要认真总结经验和不足,并在结项时提交修复报告。修复报告可以是论文的形式,也可以是专著的形式。

我馆宋刻本《文选》修复项目,就形成了《山东省图书馆珍贵古籍保护与修复研究报告——山东省图书馆藏宋赣州州学刻本〈文选〉保护与修复研究报告》,详细介绍了修复项目实施的全过程,2017年将由文物出版社出版发行。2013年天津市图书馆开始开展的古籍修复项目也计划出版《中国早期纸张纤维图谱》《中国早期文献修复与保护》《中国珍本古籍鉴赏》三部专著①。修复项目的实施,修复科研成果的产生,会给古籍修复这个不太注重科学研究和成果汇集的领域带来革命性影响②。

3.山东省图书馆古籍修复项目开展所带来的深远意义和影响

3.1 山东省馆"自主型"珍贵古籍修复项目管理模式在全国的可推广性

馆藏宋刻本《文选》修复项目结束之后,2012年4月5日,国家古籍保护中心专程派人员来山东省图书馆考察该项工作,表示要认真总结山东经验,在全国推广。

2016年年底,沿用我馆珍贵文献自主型修复项目运作管理模式,山东省图书馆将再次启动一项馆藏珍贵文献的修复项目——"天禄琳琅装具修复暨瓷青、羊脑笺纸张修复与研究项目"。目前在专家的参与下,已初步选定了馆藏宋本《万卷菁华》天禄琳琅装具、明泥金经《大方广佛华严经》、元刻本《周易会通》作为修复对象。我馆已于2016年12月16日召开专家论证会,邀请古籍版本、保护专家们共同讨论修复方案。

---

① 万群:《本无畛域——谈"天津图书馆藏珍贵古籍保护与研究项目"》,《文津学志》(第五辑),北京:国家图书馆出版社,2012,第395—399页。
② 臧春华:《第一期全国古籍修复技术与工作管理研修班论文集》,北京:国家古籍保护中心,2013,第103—107页。

3.2 山东省馆"合作型"修复项目对于全省古籍修复工作的带动性

2013年,在我馆成功和山东大学图书馆合作开展了山东大学数字化后善本古籍的修复项目之后,借鉴其"合作型"修复项目运作管理模式,2016年9月12日至10月22日,我馆又成功和中共山东省委党校进行合作,修复其馆藏古籍,目前已完成第一期,预计此项目分几年完成。我馆合作型修复项目的运作,不仅达到了帮助修复其他古籍收藏单位馆藏古籍的修复目标,也在一定程度上,达到了督促和帮助其他古籍收藏单位建立修复场所、购买修复工具设备、培养该单位修复人员的目的。配合我馆2016年开始启动的全省"修复站点"的建设,"初级导师、初级学员"培养计划的实施,以及合作型修复项目的运作对于全省古籍修复工作起到了带动作用。这在我省古籍保护修复工作的普及、修复人员培训、扩大行业影响、加强馆际交流等方面意义深远。

近年,山东省图书馆在古籍修复项目运作方面不断探索,不管是在馆藏珍贵古籍的自主修复上,还是在跨单位的合作修复上,都给行业的发展带来了有利的影响,值得被众多古籍修复单位效仿。

A Preliminary Discussion on Operation Management Mode of Ancient Books Conservation Project in Library of Shandong Province

Yang Linmei

Abstract: In recent years, library of Shandong Province has explored a set of independent and cooperative operation management mode for ancient books conservation project in practice. In this paper, the characteristics, advantages and disadvantages, and prerequisites are expounded. This paper illustrates the important links in operation management of conservation project and the far-reaching significance and influence of the project.

Keywords: Library of Shandong Province; ancient books conservation project; operation management mode

新疆古籍保护略谈

——以少数民族古籍保护为主

苗 慧 张淑平[*]

摘要：本文介绍了自2008年以来，新疆古籍保护中心的工作，尤其侧重中山大学举办的修复研修班对少数民族古籍修复工作的推动。

关键词：新疆；少数民族；古籍；修复

2008年"新疆古籍保护中心"成立，挂靠在新疆维吾尔自治区图书馆古籍部。在国家图书馆、国家古籍保护中心的关怀与帮助下，在自治区文化厅的领导下，我区各古籍收藏单位共同努力，古籍保护工作稳步推进，下面先做简要介绍。

1.培训、展览工作、普查、数字化

1.1 培训

在国家古籍保护中心的领导下，新疆古籍保护中心先后派出近60余人参加国家古籍保护中心举办的古籍培训班。并针对地方举办古籍保护技术、古籍普查、数字化培训班。通过培训，将古籍保护的种子播撒于天山南北，培养出一批专业性强的基层古籍工作人员，为我区古籍保护工作的扎实推进奠定了良好的基础。

---

[*] 苗慧，新疆维吾尔自治区图书馆；张淑平，新疆维吾尔自治区图书馆。

1.2 古籍展览与宣传工作

举办"新疆历史文献暨古籍保护成果展";参加由文化部举办的新疆地区古籍参展第三批珍贵古籍特展;参加由文化部、国家中医药管理局主办、国家图书馆(国家古籍保护中心)承办的"中华珍贵医药典籍展";参加国家图书馆展览中心举办的"西域遗珍——新疆历史文献暨古籍保护成果展";参加陕甘宁青海新五省文化厅主办,五省区图书馆承办的"丝绸之路西北地区珍贵典籍展",使新疆古籍重放光彩,为大家熟知。

1.3 古籍普查与名录

目前,已完成全区三分之二(35万册)的普查工作,并在国家古籍保护中心的帮助和支持下,出版了《新疆维吾尔自治区图书馆古籍普查登记目录》《新疆珍贵古籍图录》。

1.4 古籍数字化

完成珍贵古籍数字化后,对馆藏新疆地方古籍、新疆民国时期文献、新疆少数民族古籍进行了数字化。

2.探索中的少数民族古籍保护工作

2.1 存藏情况:

据不完全统计,新疆少数民族古籍有近5万册(包括察合台文、波斯文、阿拉伯文、焉耆文、于田文等20余个文种)。除了少量在公共收藏机构(主要是图书馆、博物馆、档案馆及维吾尔医药研究所、少数民族古籍搜集整理办公室)收藏外,广泛存于清真寺及私人手中。目前,各公藏单位保存数量差异大、保护条件均难以达到标准书库的要求,存在较大损毁危险。

此类书在收藏入官方机构之前,多处于长期使用状态,磨损严重,保存不当而造成的问题,远远超出目前所见的中西文古籍。版本多为抄本,无法进行比对。而且,为了能继续使用,大多经过不断的修复,这些修复多采用手边现有的纸盒、皮衣、废纸等材料,不仅原装帧形式已不可见,而且耐久性较差。另外,目前可见的藏本还存在用胶带粘合,将卷轴装文书全部托表、裁切,改装成册页装的现象,这些都使修复工作的开展变得困难重重。

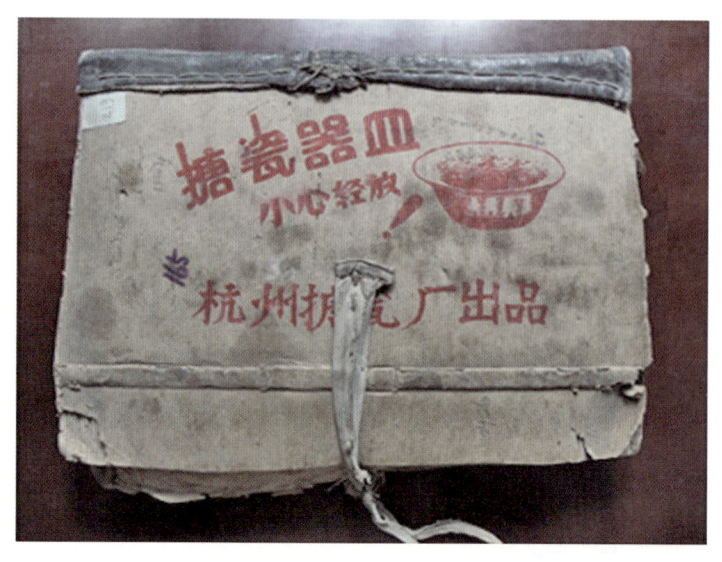

以上图片,展示了我们新疆民文古籍的保存现状,惊叹之余,倍感任重道远。如何解决保护与利用的关系,做到在利用的基础上,最大限度的保护,值得我们深思:

(1)加大古籍保护宣传、培训力度是首要的。通过宣传与培训,一方面,可以使广大用户树立科学的古籍保护意识,并得知有提供修复的专门机构,可以提供帮助;另一方面,让更多的从业者、爱好者掌握古籍保护的常识、规范,从源头上做好古籍保护。

（2）建立普遍联系的"内容沟通"网络。新疆的少数民族古籍,有相当一部分为写本或抄本。由于这种"唯一性",造成无法和别的藏书单位进行"版本比对"。所以,所见的书籍是否为原始装帧形式,散乱的书叶是否为一部书,需要更加深入的找资料确定。甚至当书壳上没有书名、作者等信息时,书壳和书芯是否为一部书也需要进一步确定。

另外,页码也成为一个需要解决的问题。新疆少数民族古籍,印本以阿拉伯符号作为编号形式(此为今年6月,国家图书馆黄润华老师来我馆做讲座,在参观我们古籍修复室时发现的规律),但抄本和写本,仅在前一页末尾标上后一页的首字,以示"连接",这就需要古籍整理人员掌握大量的古籍内容信息,建立普遍联系的"内容沟通"网络。

2.2 西文研修班极大的推动了新疆古籍修复工作

在国家古籍保护中心的大力支持下,今年8月新疆古籍保护中心派出四名学员参加了由国家图书馆举办,中山大学承办,旨在探讨新疆少数民族古籍修复的"全国第一期西文古籍修复研修班"。在林明副馆长援引海外修复案例的文献支持下,在极富修复经验的肖晓梅老师带领下,学员们反复探讨修复方案,不断解决遇到的问题,积累了不少经验:

第一,多种修复样书的制作非常必要,通过最终的效果比对,总结经验,不断修正修复方案,最终确定较优方案。

第二,书壳断角的修复方法。部分新疆少数民族古籍一直处在利用状态,而且保护不到位,书壳断角(多为3—5cm)的现象十分常见。我们按杜老师的插入竹质支撑物,层层厚皮纸的方法做了实验。结果证明:要达到新疆少数民族古籍常见的封面板的厚度(0.5cm),会使此厚皮纸板(大小为"缺的一角")难以压干,极易发霉;而且刷浆糊一层层托时产生的潮气,会渗入原封面板部分,使之受潮变形。

了解了牙签、皮纸托补、灰板搭接等方法各自的优缺点后,各组最终找到了可行的"书壳修复方法"。有的组利用灰纸板薄片中间加薄皮料,接口处以灰纸板屑封口,外层用厚皮纸包衬的方法,完美地补上了封面版的缺角。有的组以灰纸板屑和浆糊精准地粘合了封面版的纵横交错的断纹。

第三，书叶修补。新疆少数民族古籍的私家保存并长期处于利用状态，造成的另一个常见的现象就是纸张受潮变形、变硬，多呈明显的"波浪"状，喷潮后也无法完全展平。

针对这种情况，肖晓梅老师提出以下三点：

（1）鉴于书叶靠近书口位置受潮变硬现象明显，考虑不进行放压书机压平、锤书的步骤，要求搭口尽量细小而且有过渡坡度。这条在修复实践中表现为：每次补之前，让补纸的毛边尽量舒展，最好是用纤维搭在原书叶上。

（2）补时先喷水，压在吸水纸中待其稍平整后再开始修补，而且补时尽量将褶皱往中间赶。因为中间溜口部分用的是新的皮纸，韧性和柔软度要远远好过原来的受潮变硬部分，这样经过后续折中缝步骤，会对大片皱折有所缓解。

（3）对书叶修补搭口进行砑光，这个步骤实际上是取代"放压书机压平、锤书"的步骤。它既可以避免对纸质变硬书叶造成过大的压力，又可以起到使补纸与书叶搭口处紧实、平整的好处。另外，我们还惊喜的发现，经过砑光处理的书口变"柔软"许多，在很大程度上缓解了"波浪"效果。

这次研修班，一共探讨并实践了5部新疆少数民族古籍的修复，有断角、纵横断裂封面的修补；有"对鱼尾小麻花、经纬交织"的搭头布的缝制；有印本焦脆书叶的"折磨"；也有抄本"整本大波浪书叶的考验"。这些典型的案例，不仅为我们提供了许多可资借鉴的技法，更让我们深刻地认识到寻找国外同类古籍装帧形式的重要性。因为只有尽可能多地了解、掌握藏量丰富，并且开展修复较早，经验较丰富的国外同类古籍的收藏与修复情况，才能使我们的保护、修复工作更加客观、科学，避免因盲目、臆断而造成的错误和损失。

以上就是新疆古籍保护中心近年来取得的阶段性成果和存在的不足。今后，我们将继续在国家古籍保护中心的指导下，在中山大学图书馆的大力支持下，不断地学习、进步，努力将新疆古籍保护事业越做越好。

Ancient Books Preservation in Xinjiang

Miao Hui, Zhang Shuping

Abstract: This paper introduced the ancient books preservation in Xinjiang since 2008, focusing on the training program hosted by Sun Yat-sen University which has a big promotion to the conservation of Minority Rare Books.

Keywords: Xinjiang; minority; ancient books; conservation

国家古籍保护中心"三位一体"人才培养模式

庄秀芬　王红蕾*

Preservation Training Program of China National Center for Preservation & Conservation of Ancient Books

Zhuang Xiufen, Wang Honglei

　　古籍保护人才培养是"中华古籍保护计划"的重要内容。自 2007 年以来,在各地区、各有关部门和全社会的共同努力下,古籍保护人才培养工作取得了显著成绩。2009 年国家古籍保护中心培训工作获得国家图书馆"馆长特别奖";2014 年国家古籍保护中心"三位一体"人才培养模式获得国家图书馆"创新奖"。

　　2007 年 1 月 19 日,国务院办公厅发布《关于进一步加强古籍保护工作的意见》,标志着"中华古籍保护计划"正式启动。同年 5 月 15 日中央机构编制委员会办公室批准国家图书馆加挂"国家古籍保护中心"牌子,5 月 25 日国家古籍保护中心正式挂牌成立。国家古籍保护中心的建立,标志着我国古籍保护工作在政府的领导下全面展开。国家古籍保护中心重点开展全国古籍普查登记工作,全国古籍保护人才培养工作,推动全国古籍保护研究工作。

---

* 庄秀芬,国家古籍保护中心;王红蕾,国家古籍保护中心。

1. 大力开展在职人员培训工作

2007年至今，国家古籍保护中心举办古籍鉴定、普查、修复、保护等各类培训班129期，培训8000余人次，涵盖1700多家古籍收藏单位，全国200余位古籍保护专家参与教学，培训班多是采取集中授课的方式。举办的各类培训班有如下特点和局限：

1.1 培训班种类多

涵盖古籍鉴定、普查、编目、修复等各方面，而且还有专项培训，如民族文字古籍鉴定、中医古籍普查、碑帖鉴定、传拓技术等。古籍修复技术培训有初级班、提高班、研修班，并专门开设西文古籍修复技术培训的初级班和提高班、碑帖修复技术培训班。这种大规模的培训在国内是首次，具有开创意义。

1.2 培训内容涉及面广、容量大

培训既有古籍基本知识的普及，也有古籍保护的深度挖掘，涉及版本学、目录学、纸张分析、实践操作等各方面，特别是修复技术培训注重由初级入门到后期提高的阶梯培训。配合当期重点工作，开展有针对性的培训，如分省卷编纂研修班、古籍数字化培训班等。

1.3 培训时间短

古籍保护人才需要在实践过程中逐步积累，短期内大容量知识的灌输，对刚入门的学员来讲消化吸收起来有难度，因而出现了一些人参加了多次培训仍然无法胜任工作的现象。

1.4 培训人员数量少

培训班招收的都是古籍公藏单位的在编人员，而且由于经费、场地的限制，每一期的招收人数也有一定的控制，因此不能满足所有公藏单位的培训需求。

1.5 授课专家都是长期从事古籍研究工作的顶级专家

专家们长期实践、研究中得来的经验对初入门者来说确有一定的理解难度，参加过培训的人员都有切身体会，必须要经过数年的实践论证才能真正变为自己的知识。

国家古籍保护中心组织的培训班虽然在一定程度上解决了古籍保护人才匮乏的问题,但是,随着古籍保护工作的深入开展,对古籍保护各类人才的需求越来越多,对人才素质的要求越来越高,仅凭国家古籍保护中心的培训力量已经很难满足全国古籍保护工作的需求。

2.积极探索古籍保护人才培养新模式

2014年国家古籍保护中心为贯彻落实《文化部关于进一步加强古籍保护工作的通知》(文社文发〔2011〕12号)"多途径开展古籍专业人才队伍建设,提高工作队伍的整体素质"的精神,在总结经验的基础上,积极探索以国家古籍保护人才培训基地、国家级古籍修复技艺传习中心为依托,加大与高校合作力度,建立古籍保护学科体系,培养古籍保护专业人才。

2.1 创建培训基地,建立人才培养长效机制

为满足古籍保护工作的长远需求,变人才培养短期机制为长效机制,国家古籍保护中心从2012年开始广泛征求古籍保护专家、全国各古籍收藏单位以及馆内各部处领导的意见,经多次修改,最终确定了在全国建立古籍保护人才培训基地的工作方案。经文化部同意,2014年4月向全国下发了申报通知,经过申报、考察、评审,2014年6月,文化部正式公布12家申报单位为"国家古籍保护人才培训基地"。这些基地将主要承担起全国古籍保护人才培养的任务,短期培训与长期培养相结合,按照古籍保护工作的实际需要设置课程,主要满足公藏单位在编人员的培训需求。培训基地利用图书馆的古籍资源优势,使学员在课堂教学与实践中成长,不仅培养普通的古籍工作人员,还将有重点地培养骨干人才和高精尖缺人才。如国家图书馆古籍馆重点培养古籍鉴定人才,浙江图书馆重点培养古籍普查、编目人才,天津图书馆重点培养古籍修复骨干人才,中山大学图书馆重点培养西文古籍修复人才,贵州省图书馆重点培养少数民族文字古籍鉴定与编目人才。每一家培训基地结合自身优势,有重点地开展工作。

2.2 以师带徒形式,培养古籍保护修复骨干人才

古籍修复行业的老专家是古籍修复事业的至宝,在老专家指导下学习,就会少走许多弯路,加快成长的脚步。

2013年6月8日,国家级古籍修复技艺传习中心在国家图书馆成立,国家图书馆8位修复人员正式拜国家级非物质文化遗产项目古籍修复技艺代表性传承人杜伟生先生为师。经过一年的技艺传习,8位徒弟的修复技艺获得很大提高,承担的天禄琳琅修复项目已取得阶段性成果。为进一步推广古籍修复技艺传承工作,国家古籍保护中心在全国建立23家传习所,聘请导师19位,收徒166人,重点传授古籍修复技艺,同时每个传习所将授课过程摄制下来制作光盘,作为学习数据永久使用。

传习所通过开展修复项目以带动修复人才实践。三年来,古籍修复技艺传习所工作取得了良好效果,如国家图书馆开展了天禄琳琅修复项目、陕西图书馆《古今图书集成》修复项目、山西省图书馆宋辽金元珍籍修复项目、山东图书馆《文选》蝶变修复项目、重庆市图书馆金石拓本修复项目、中山大学对口支援新疆维吾尔自治区察哈台文修复项目、云南省彝文藏文文献修复项目等,培养了一批修复骨干。

2.3 与高等院校合作办学,建立古籍保护学科体系

高等院校优质的师资和成熟的专业人才培养模式是古籍人才培养最好的依靠和借鉴,加强与高等院校的合作,共同构建科学的古籍保护人才培养学科体系,使高等院校成为培养古籍保护高级人才的摇篮。

2014年国家古籍保护中心成功与中山大学、复旦大学、天津师范大学、中国社会科学院研究生院签署了合作培养古籍保护硕士学历教育协议。四所院校于2015年正式招收古籍保护专业硕士,目前已经有68名在校学生(2015年33人,2016年35人),2017年第一届学生毕业。为配合这项工作,复旦大学于2014年11月正式成立中华古籍保护研究院,专门致力于在数学、物理、化学、生物学等学科强项方面找到进一步拓展和交叉的领域。2015年国家古籍保护中心与高等院校合作开展课程嵌入式的培养模式,使古籍保护人才培养模式更加多样化,增加受益学生的规模。目前已与南京艺术学院、辽宁省图书馆(辽宁大学和辽宁师范大学两

家)签署了合作协议。

今后国家古籍保护中心还将继续加大与高等院校的合作,加强学科专业、师资队伍、教材课程等基础建设,逐步形成科学的古籍保护学科体系。

3.创新意义

培训基地、传习所、高等院校"三位一体"的人才培养模式是对现有人才培养模式的继承、融合与突破。它既继承了传统模式的优点,又与现代教育方式相结合,同时融合收藏单位的资源,将理论与实践紧密结合起来,真正做到学有所需、学有所用。当然,这种模式不是一成不变的,它还需要不同培养方式互相配合,不断完善,最终形成科学的古籍保护人才培养机制,使古籍保护人才培养形成良性循环,从根本上解决我们古籍保护人才短缺的局面

古籍本身的特殊性决定了古籍保护工作的特殊要求,从而对古籍保护人才也就有特殊的专业要求。因此,培养合格的古籍保护人才,就必须有一套适合古籍保护工作需要的人才培养模式。在当前古籍保护人才需求不断增长的形势下,建立科学的古籍保护人才培养模式,培养出优秀的古籍保护人才,是解决人才缺乏的最有效途径。

Training for Restorers/Conservators for Documentary Heritage Worldwide: Differences-Similarities. Comparison of Educational Training, Goals and Graduations

Robert Fuchs *

The conservation of works of Art includes three main fields: preservation, conservation and restoration. The safeguarding of documentary heritage lies in the hands of people with different professional training: librarians, archivists, restorers or bookbinders. But for collection management of prints, drawings or other paper objects in museums also other professionals are employed, mainly art historians, but also historians, chemists, architects or engineers. This broad professional spectrum is reflected also in the different meanings of the English term "conservator". Whereas in England and America this term today usually designates the person who is responsible for and has expertise in the preservation, conservation and restoration, and often in the digitization the term formerly designated - and in other countries still designates any person who takes care of the collection, that means the "curator or custodian" who is usually not able to restore or conserve any object.

Before discussing the different training systems a short definition of the

---

* Robert Fuchs, University of Applied Sciences Cologne.

three fields of conservation is necessary:

The preservation of documentary heritage comprises the safekeeping of the objects in an appropriate building with climate control, fire prevention and security system. The cultural manager has to organize not only the disaster management in case of fire, flood, earthquake, tsunami, but also the monitoring of pests like rodents, insects or mould. This care comprises also the lending procedure of the objects: safe transport, guarding any use in exhibitions or reading.

The conservation of objects means grosso modo the safeguarding of objects by means of storages under appropriate conditions, i.e. the planning and control of the appropriate climate and security. It should control the lending management and the digitization. With a good data management the durability of digital data and but also of the originals during the process have to be controlled.

The restoration comprises the practical restoration of objects if it is necessary. A boxing of the materials can be the lowest level of restoration or conservation. A permanent control of storage the documentations and monitoring of damages helps to judge on the necessity of restoration measures. The documentations of the condition and existing damages of the single object are a precondition to decide whether an object can be digitized without harm or not.

Institutions housing documentary heritage have to comply with a number of different tasks like collecting, indexing, use as well as conservation and restoration. This certainly needs a very good educated staff. According to the diversity of tasks usually people trained in different specializations may be employed: librarians, archivists, conservators / restorers, but also conservation scientists, cultural managers or IT-specialists. Apart from their specialist academic training librarians have often graduated in art history, history, philology or sciences, archivists mostly in history but usually not in restoration / conservation. These different trainings determine also different viewpoints regarding the safeguard of documentary heritage and thus also decisions on the conservation and restoration.

Each of these different professions focuses on different aspects for caring for books, archival materials, management structures or objects.

Archivists focus mainly on the determination of the intrinsic value of the archival material and the segregation of material which cannot or needs not be archived (the so-called cassation). They catalogue the material mostly in a relational database. They digitize important materials in National Digital Initiatives. They look for the sustainability of the digital data. Concerning the original documents they give instructions and plan restoration tasks and fulfill the quality control of the restorations.

The Librarians focus first on the acquisition of books complementing the library collections. They make a catalogue on the base of a relational database. They digitize important books in National Digital Initiatives. They do the decision, what can be digitized and what not - dependent on the condition (or state of preservation) of the individual object. They look for the sustainability of these data, by e.g. the NESTOR Program etc. Concerning the care for the original books they give instructions and plan restoration tasks and control the quality of the restorations.

The persons responsible for the cultural management in museums and collections are focused on the acquisition of new materials (prints, books, graphics), which they inventory also in the catalogue. They do the research concerning dating, localisation, attribution and provenance of recently acquired as well as old objects and publish the results. They take care of the documentation and digitization in National Museum Digital Initiatives. They organize exhibitions or the loan of other materials. Concerning the care for the material they give instructions and plan restoration tasks and control the quality of the restorations.

Many institutions employ also conservation scientists for the research. They can be chemists, architects, physicists or historians. They organize the cultural management in exhibitions and for tourism. They do the analysis of materials (painting, support, work of art) mostly with taking samples. They research the dating and history or provenance of materials for which they include also historical sources. They do the documentation of materials and sometimes of the alterations of the materials. They publish the research. Not seldom they give the instructions and the plan of conservation tasks.

The mentioned professions organize many conservation tasks which should normally be done by restorers.

The good (academic) training of a restorer should include not only a comprehensive theoretical but also practical knowledge of archival and book material acquired by working with these materials in real restorations. Well trained restorers know how humidity, dryness or other environmental influences can harm the objects or not. They have learned to register and document damages within the stock irrespective of the value of the single objects. They can classify and rank damage types according to severity and prioritize on this basis in a master plan for restoration measures which objects and damages should be restored first. And they plan the execution of restorations and do the control. They are able to determine the causes for damages and do the monitoring of risks like inappropriate building conditions, pests or poor materials of books and archival materials. They learn to decide which objects can be digitized and which not - according to the damages of the individual object. They also learn to define conditions for transportation and exhibitions and to design the proper contingency plans for all sorts of disasters.

The next slides show how different the focus of the other professionals and the restores are and where they show overlaps.

I start with the librarians. The overlap shows the same approach concerning the decision of digitization and restoration control. They have to cooperate in this field. The same is true for the archivists who have a similar overlap. The museum or cultural heritage organization has the overlapping with restorers in the loan system and the conservation planning. The Conservation

Scientists have the overlap in the area of material science and research on the alterations of materials.

The conclusion from this comparison of the different professions is that all profession should work together as a team and cooperate to do the best conservation in the safeguarding the documentary heritage.

The focus of the different professionals mentioned is also reflects in the role and design of conservation training in the different education structures. Some trainings offer only a theoretical education, others include some or even much practical work on objects besides theoretical teaching. The next slide show that the training made for librarians, archivists, art historians and conservation scientists focus on their typical profession. The conservation part will be carved out but the practice part will be added in form of small additional workshops. The training is focused on theory.

I will now compare the principles in the structure and goals of different conservation trainings in different countries. The next slides show, that the eldest training system in restoration and conservation was developed by the artists in academies of Fine Arts. The artists learned to paint in the technique of old masters and could copy them. Therefore they could retouch and clean old paintings. They learned to work with the old materials and therefore they knew how to use them and how they can alter by age or environmental influences. Even until today the academies of Fine Art dominate the education system for restorers in all countries. In a first step the academies with painting restoration expanded with new departments like graphic art and conservation of paper. Until today Academies offer mostly the training of paper conservation as a specialization of the painting restoration only one separately. Simultaneously in the 20th cent, bookbinders repaired bindings and books in libraries and some of them self-taught themselves to do the paper restoration of books or archival materials too. In more recent times it was realized that the material knowledge of bookbinders is not enough for a proper restoration and conservation of the variety of paper material from ancient and modern times.

Therefore one planned mainly in Germany a complete paper restoration education program, which enables to restore ancient papyrus and parchment as well as modern paper and graphic art as well as 3-dimensional paper objects.

In comparison of the different training programs for book and paper conservators which exist worldwide it is obvious that only the full programs of paper restorations offer enough practice to do appropriate and sustainable restorations on a high level.

In the moment the training programs offer undergraduate programs with a final degree as Bachelor and graduate programs for the Master's or diploma degrees but also PhD programs. All these students will find their appropriate work and will hopeful do their best for the safeguarding of documentary heritage in libraries, archives and collections.

江苏省古籍保护人才培养机制的研究

葛怀东 邓抒扬 颜 丽 王 婷 许剑颖*

摘要：古籍保护计划实施至今已有八年时间，期间对古籍保护专业人才的培养工作一直持续进行，其重要性日显突出。而古籍保护人才的培养不仅需要长期的专业学习，更需要实践经验的积累，还需要相关的培养机制。江苏历史悠久，古籍总藏量近四百万册，收藏单位逾百家，古籍保护工作也取得了显著成果。同时，江苏也是全国唯一设立有大专、本科、研究生层次古籍保护专业的地区，形成较为完整的学历教育人才培养体系。本论文是基于江苏省古籍保护人才培养的阶段成果，探讨当前创新型古籍保护人才的培养机制，为古籍保护与修复人才的培养提供理论支撑，并针对新时期古籍保护人才队伍的持续建设提出对策。

关键词：古籍保护；古籍保护人才；培养机制

我国是历史悠久的文明古国，拥有卷帙浩繁的古代文献典籍。这些古籍是中华民族的宝贵精神财富。为抢救、保护我国珍贵古籍，继承和弘扬优秀传统文化，2007 年 1 月国务院办公厅下发了《关于进一步加强古籍保护工作的意见》(国办发〔2007〕6 号)，明确了当前和今后一段时期古籍保护工作的指导思想、基本方针和主要目标，古籍保护工作由此全面展开。

---

* 葛怀东，金陵科技学院；邓抒扬，金陵科技学院；颜丽，金陵科技学院；王婷，金陵科技学院；许剑颖，金陵科技学院。

1.古籍保护工作概况

古籍保护是为了使馆藏古典文献免遭自然和人为的损毁,延长古典文献保存期限和使用寿命,尽可能保持其原来形态的技术和措施。当前的"古籍保护"主要包括两个方面:一是原生性保护;二是再生性保护。

为加大古籍保护工作力度,建立科学有效的古籍保护制度,国务院办公厅发布《关于进一步加强古籍保护工作的意见》,并于同年开始实施"中华古籍保护计划"。保护计划实施的八年来,取得了丰硕成果。国务院公布了四批《国家珍贵古籍名录》,入选古籍11375部,古籍分级保护制度逐步建立。古籍普查登记工作全面开展,全国共有166家古籍收藏机构被命名为"全国古籍重点保护单位",古籍收藏保管条件显著改善。同时,还着重推进中华珍贵古籍数字资源库建设。

2.国内古籍保护人才的培养

古籍保护工作的正常开展,很大程度上取决于人力的投入。2007年古籍保护工作启动时,国内存世古籍近5000万册,其中有50%需要修补。而全国从事古籍修复的专业人员却不到100人,一半以上的省市图书馆根本没有专门的修复人员。"中华古籍保护计划"启动八年来,国家古籍保护中心已举办古籍普查、鉴定、编目、修复等培训班121期,共计培训学员6867余人,覆盖全国1622家古籍收藏单位,培养了一批具有较高水平的古籍保护专业人员,各省级古籍保护分中心对古籍人员的培训工作亦持续进行,这些人员基本能够胜任古籍普查与古籍保护工作,有效缓解了古籍保护工作人员匮乏的问题。

2014年6月,国家古籍保护中心还确定12家申报单位为古籍保护人才培训基地,这些基地将主要承担起全国古籍保护人才培养的任务。同时还在有条件的高等院校设置古籍保护和修复专业,培养一批技术精湛、素质较高的古籍修复人才。江苏是最早启动古籍修复人才培养工程的省份,省内已有数家教育机构通过学历教育为古籍保护工作培养人才。2014年复旦大学图书馆、中山大学资讯管理学院申请设立了古籍保护方向专业硕士。国内已形成了从中专、大专、本科到硕士的学历教育体系,进一步完善和创新古籍保护人才的培养机制。

3.江苏古籍保护人才的培养

3.1 江苏古籍保护工作的开展

在国家古籍保护中心的领导下,江苏省古籍保护中心在基础设施建设、古籍普查、人才培养、古籍修复与数字化、古籍整理与研究、古籍保护与宣传等各个方面都取得了较大的成就,共评选出 21 家"江苏省古籍保护单位",构建了江苏省古籍保护的分层工作机制。同时,江苏省古籍普查登记工作也正在稳步推进,17 家单位完成古籍普查登记工作。南京图书馆还与金陵科技学院、南京艺术学院、南京市莫愁中等专业学校等三家单位联合申报"国家古籍保护中心人才培养基地",创新了江苏古籍保护人才培养模式。做好古籍文献资源的开发利用,着手建立馆藏古籍书目数据库,坚持对古籍文献进行整理出版,积极参与大型资源开发项目。

3.2 江苏古籍保护人才的培养

江苏古籍藏量丰富,收藏单位众多。长期以来,在古籍保护人才培养方面形成了江苏特色,成为全国唯一设立有从大专、本科到研究生学历的古籍保护专业的省份。从 2001 年开始,南京市莫愁中等专业学校、南京艺术学院与金陵科技学院先后设置了古籍保护专业,对古籍保护人才培养的良性循环会起到非常重要的作用。同时,2007 年中华古籍保护计划实施以来,江苏省古籍保护中心受省文化厅委托,已承办 16 期省古籍保护工作培训班,培训内容涵盖古籍普查、古籍修复、古籍管理等。2014 年江苏省古籍保护中心在与相关学校多年合作的基础上,联合南京艺术学院、金陵科技学院以及南京市莫愁中等专业学校,积极申报并成功入选"国家古籍保护中心人才培训基地",认真开展古籍保护培训、实践、科研等多项工作。

2010 年 3 月,国家古籍保护中心在江苏省古籍保护中心(南京图书馆)举办了古籍修复人才培养座谈会。国家图书馆张志清副馆长就曾指出,江苏的古籍总藏量在国内位居前列,收藏单位众多,民间古籍修复机构也已开始运营,同时,南京是全国唯一在职高、大专、大学中都设立古籍修复专业的地方,这在全国恐怕是绝无仅有的,对国家古籍修复人才培养的良性循环会起到非常重要的作用。

4.江苏古籍保护人才的培养机制

古籍保护工作的良性发展关键在于高素质的人才队伍建设。因此,无论是在《关于进一步加强古籍保护工作的意见》中,还是"中华古籍保护计划"的实施过程中,都将古籍保护人才的培养作为重要的工作内容来先进行。在现有工作的基础上,完善和创新古籍保护人才培养机制,是推进古籍保护人才培养工作逐步走上专业化轨道的重要举措。

4.1 古籍保护人才的培养需突出"应用型"

党的十七大报告中就提出要"做好文化典籍整理工作","弘扬中华文化,建设中华民族共有精神家园"的要求。古籍的一切价值属性都是由其实体延伸出来的,其文物属性更是直接附载于古籍实体之上。古籍实体具有不可再生性,一旦损毁就无可挽回。保护了古籍实体,也就保护了古籍的文物价值。因此,当前古籍保护的根本要求,很大程度是在对古籍载体的原生态的保护上。

针对古籍保护事业的特殊性,通过专业办学以及在职培训培养出来的古籍保护人才,其最大的特点也在于保护技能的掌握,这也为从业人员进入古籍保护行业提供了职业准备。这类人才的核心能力不仅能够传承传统的修复工艺中的精髓,而且能够借助现代技术及新兴工艺处理在古籍保护过程中出现的相关问题,并针对特定的古籍保护设计出特定的修护方案。

无论是专业办学,还是在职培训,其特色在于应用,而其应用的生命力又着眼修复技艺的传承与保护实践的创新。古籍保护人才的培养,应在三个方面凸现其应用型价值。

(1)目标定位:培养古籍保护人才是以面向古籍保护行业第一线的高级技术应用型专业人才为主要目标,以古籍修复技术能力的培养为主导,并与南京图书馆等古籍馆藏单位"联合办学",资源共享,实行"产、学、研"紧密结合的教育模式,为新时期的古籍保护事业提供人力保障。

（2）专业定位：我们在关注古籍保护行业对一线修复人才知识、能力需求的基础上，形成以修复技能习得为中心的专业结构。古籍保护人才的培养始终凸显应用性、实践性，把从业技能的传承放在第一位，注重学校、企业合力打造"古籍保护教学基地"，实现了专业核心技能与从业实践的紧密结合，培养学生的应用技术、综合素质和职业素质。

（3）服务定位：古籍保护人才是以各图书馆、博物馆（院）的历史典籍保护与修复的需求为服务对象，加快传统修复工艺与现代技术的融合，加强学校与文化事业单位的合作，培养应用型、创新性的高级古籍修复专门人才。

4.2 古籍保护的人才培养模式应强调"应用性"

古籍保护人才不仅要有精湛娴熟的手艺，还要熟稔历代书籍的纸张、装帧、版本等相关知识，在继承传统、博采众长的基础上，采用现代科学技术，使这门古老的技艺保持着与时俱进的生命力。为此，我们树立"学以致用"的人才培养理念，将传统古籍修复技艺的传承与专业办学及培训的教学体系相结合，构建一个以区域文化与行业需求为培养目标、强化文献修复能力训练的应用型人才培养体系，并形成了"一条主线、两个面向、三项原则、四个突出"的应用型人才培养模式。

"一条主线"是指坚持"以文化素质与古籍修复技艺的培养"为主线。"两个面向"是指"面向原生性保护的古籍修复行业、面向再生性保护的古籍数字化领域"的需求，服务于我国的古籍保护事业。"三项原则"是指"传承、实践、拓展"的原则，力争办出应用型特色。"四个突出"是指：突出保护技能本位的教育思想；突出"专业知识和实务技能并重"的教学过程；突出"产、学、研"结合的育人特色；突出职业操守的培育。这种应用型的人才培养模式是充分考虑了古籍保护行业和区域文化对修复人才的规格需求，是充分考虑了该专业应用型、实践性的特殊要求。

4.3 古籍保护人才培养的教学体系建设应凸现"应用性"

应用型古籍保护人才的培养是以区域文化建设和古籍保护的需求为导向的专业教育。针对古籍保护人才在知识、能力、素质结构上的特殊要求，制定古籍保护人才培养方案，以古典文献理论和修复实践教育为课程体系核心,形成注重行业特色的古籍保护专业人才教学(培训)体系,以培养保护人才的应用能力、知识功底和职业素质。

以学历教育为例,设置古籍保护专业的省内高校,多按照"平台+模块"的课程模式来构建课程体系,即由公共课平台、学科专业课平台、专业方向模块组成。其中学科专业课平台均设有实训或实验环节,为培养学生的修复能力提供支撑。而专业方向模块主要由面向原生性及再生性保护方向、体现学科交叉的特色课程和反映学科前沿的系列选修课组成。

为更好凸现古籍保护专业课程体系建设的"应用性",还需把握以下课程设置原则:

(1)行业及岗位的适用性是课程设置的基础

在遵循学科和知识内在联系的基础上,强调从实际出发,根据古籍保护行业所需的技术和岗位需求,突出职业技能课程的开展,从而提高学生解决问题的能力。

(2)现实针对性是课程设置的导向

根据古籍保护和科技引入的需求,及时增设了保护领域急需的应用型课程模块,以更好的服务社会发展和文化建设。同时,密切关注学科发展的前沿,以适应知识经济时代背景下的高素质技术应用型人才培养的需要。

(3)职业资质性是课程设置的外延

古籍保护专业建设过程中,注重与"文献修复师"的标准相结合。通过相关课程的实践环节以及专业实习使学生在校期间即能达到"文献修复师"资质所需要的知识及技能的贮备,实现"学习——上岗"的无缝对接,从而让学生就业有优势、继续教育有基础、发展有后劲的专业培养模式。

4.4 服务地方、贴近行业,走产、学、研合作之路

"产、学、研"合作教育是古籍保护专业的人才培养、科学研究和社会服务职能实现的重要途径和平台。根据社会需求,古籍保护专业以提高学生的全面素质、修复技能和就业竞争力为出发点,与南京图书馆、南京博物院、第二历史档案馆等文化、馆藏机构合作,充分利用高校和社会两

种教育环境和资源,将专业教学中古籍保护知识的传授,与古籍修复一线的实务操作及体验有机地结合起来,走"产、学、研"合作之路。其培训合作机制主要体现在以下几方面:

(1) 合作办学

南京图书馆、南京大学图书馆从2001年开始就积极与南京市莫愁中等专业学校合作,联合开设了三年制中专图书文献修复专业。2006年底,南京图书馆又与金陵科技学院合作,共同创办古典文献(古籍修复)本科专业,成为当时被批准的全国唯一专门培养古籍修复本科人才的专业。借助南京图书馆丰富的古籍文献馆藏和技术资源,优势互补,经过多年来的密切合作,江苏省已经走出了一条行之有效的应用型人才培养之路。通过合作办学,南京图书馆不仅提供主干课程(如古籍修复课程等)的任课教师与古籍修复的实践实习场所(南京图书馆历史文献部),而且积极参与古籍保护人才培养方案的制订及理论、实践教学的具体实施,使专业教学有序而深入的展开。2014年南京图书馆与金陵科技学院、南京艺术学院和南京市莫愁中等专业学校等三家单位联合申报"国家古籍保护中心人才培养基地",创新了江苏古籍保护人才培养模式。

(2) 校内实训基地和校外实习基地的建设

古籍保护实训基地是培养古籍保护实践能力的关键,也是培养学生的综合职业技能的平台。学员通过实训,达到专业知识向专业技能转化,提高学员职业素养,培养学员的创新意识等目的。另外,实训基地还可开展社会培训和文献修复师职业技能鉴定。实训基地可分校内基地和校外基地:校内实训基地设在校内,以训练学生技能为主,一些专用的设备、修复工具、修复纸张材料等可由图书馆古籍保护中心或办学双方专供;基地场地和必要的水电等基础设施可由院校提供。校外基地可设在图书馆古籍保护中心内,定期组织学生到图书馆古籍保护中心参观,直接参与古籍修复实际工作培训,零距离感受工作现场的氛围。校外实训基地可作为校内实训基地的补充。另外,为了配合实训基地的教学,图书馆古籍保护中心还可以提供各种文献和各类型破损文献供教学及实训使用;院校通过日常的科学管理,确保实训基地安全正常运转。

(3) 成立科研实体

成立古文献保护研究机构,与江苏省深厚的文化积淀相契合,其目的在于促进"产、学、研"的密切结合,以抢救、保护我国珍贵古籍文献,继承和弘扬优秀的传统文化,推动社会主义先进文化与和谐社会建设。文献保护研究机构一方面可以承接文博单位的古籍修复业务,同时还可以服务社会,锻炼古籍修复专业人才,推进专业教学改革,使"产、学、研"平台建设更具体深化,如金陵科技学院的文献保护研究所、南京艺术学院的文化遗产保护与管理研究所等。

参考文献:

[1] 周蓉.古籍保护工作人才培养的现状及思考[J].新世纪图书馆,2014(02):64-67.

[2] 葛怀东.古籍数字化人才培养研究[J].兰州教育学院学报,2014(06):98-100.

[3] 庄秀芬.古籍保护人才培养模式研究[J].国家图书馆学刊,2014(05):18-24.

[4] 李青枝.古籍保护人才的培养及其相关问题[J].高校图书馆工作,2011(01):28-30.

[5] 汤印华.从古籍保护视角谈古籍修复人才培养[J].图书情报论坛,2011(05):66-69.

[6] 胡万德,孙鹏.古籍修复人才培养现状调研报告[J].图书馆论坛,2012(02):175-178.

[7] 葛怀东.古籍修复人才的培养[J].图书馆论坛,2007(01):146-148.

[8] 葛怀东.新时期古籍修复专业的办学定位与人才培养方案[J].新世纪图书馆,2007(06):69-70.

Research on Talent-training Mechanism of Ancient Books Protection in Jiangsu Province

Ge Huaidong, Deng Shuyang, Yan Li, Wang Ting, Xu Jianying

Abstract: The national ancient books protection plan has been conducted for eight years, during which the training of talents in this field has also been continued and gained increasing importance. The training of ancient books protection talents requires not only long-term learning, but also an accumulation of practical experience, and all the more, the relevant training mechanism. Jiangsu Province, with a long history, nearly four million ancient books collection, and over a hundred collection units, has obtained remarkable achievements in ancient books protection. What's more, Jiangsu is the only area nationwide that has set up ancient books protection major in junior college for undergraduates and postgraduates, which forms a relatively complete talent-training system with degree education. This paper, based on the primary achievements of ancient books protection talent-training, discussed the current innovative training mechanism for such talents, to provide theory support for protection and renovation talent-training, and proposed solutions to continuously building up talents in the new era.

Keywords: ancient books protection; ancient books protection talents; training mechanism

From Canton to Europe: History and Conservation Treatment of a Historical Chinese Wallpaper

Monika Schneidereit-Gast[*]

From 2010 to 2012 a conservation project was carried out by a team of German paper conservators on a large scale Chinese wallpaper (Fig. 1). It was mounted in the last 150 years in the "New Palais" of Potsdam, a Baroque castle near Berlin. Chinese wallpapers were fashionable room decors in stately homes all over Europe at the time from 1700

Fig.1 Potsdam Chinese Wallpaper, part of large panel

---

[*] Monika Schneidereit-Gast, Solingen Workshop.

to about 1850. The interior wall designs with floral and figurative paintings led into an exotic world where phantasies could travel and they have not lost their fascination until today.

Chinese Wallpaper Fashion and Chinoiseries

"⋯ most enticing is the paintings of the Chinese and above all the pictures on rice paper are the most common and attractive. With the same patience as the Chinese craftsman carves artificial spheres out of ivory one inside the other, he is sitting at his painting and applies the pigments onto the delicate material of rice paper with apprehensive precision and devotion: finely coloured butterflies, birds and flowers glare in unattainable perfection, also costumes and processions. Various boats and similar are looking good, less the landscapes. The expression of the human figure is often admirable. On the wallpapers the Chinese artists show the ability to leave aside the usual stiffness and paint freely designed gouache paintings, their colour and design are without criticism ⋯ " in this way Graf Carl von Schlitz, a German nobleman describes in "Travels around the world", his stay in Canton in 1854. There he bought 50 boxes of "souvenirs" to ship them back to his home country.

By the late 17th Century the so called "Chinoiserie" style became fashion in Europe (Fig.2). It was sparked off by the newly opened up trade with Asia. Merchants and traders not only brought back spices and tea from the East, but also porcelain, silk, pearls, lacquer products and paintings. The products from an exotic and far away world were transported back to Europe mainly by ships of the East India Companies. These powerful organizations had ports for trading in India, Indonesia and some parts of China. The countries China and Japan were very mistrustful of the Western merchants intruding into their countries and only permitted limited or controlled access for trading.

Fig.2 Chinoiserie style building: Chinese Teahouse in Sansouci Gardens, Potsdam, mid 18th C.

In China the main trading post for Westerners was the city of Canton, now known as Guangzhou. The European ships sailed to the Far East, once a year, round Africa via India to Southern China to an island in the Pearl River up from Hong Kong, named Shamian Island. In this very restricted area, all the trading nations had ware houses (Fig.3). They imported to China wool, Indian cotton, and silver and filled up their ships with trading goods for Europe. There were craft and trading shops established on Shamian Island where the merchants bought the products or picked up orders they had made the previous year (Fig.4).

Fig.3　Hongs of Canton, gouache painting, 1805

Fig.4　View of Old Street, Shamian Island, Canton, watercolour, 1856

The Dutch and the English were dominating the trade with Asia. In old descriptions, the decorated Chinese wallpapers were confusingly referred to as "Indian" paper hangings.

There were several reasons for this. The Far East war a mysterious entity for most Europeans at the time and all cultures from Turkey to Japan (with India on its route) were named "the Orient". The word "Indian" might also derive from the importing East Indian Companies. Businessmen, diplomats and missionaries repeatedly introduced Chinese culture back in Europe. The exotic refreshed the European design and the Asian products and the art objects became part of the life style of the royal and upper class.

Wallpaper-a Definition

Wallpaper is defined as a material used to cover and decorate the interior walls of buildings. The English word "wallpaper" implies the material itself. The German word "Tapete" origins from the Latin name for "cover, carpet", an expression which points towards to the origin. Up to 15th C. only precious woven tapestries were used for interior wall decoration of the rich and wealthy part of society. Wall hangings made of elaborate gilded leather, woven cotton and luxuriant silks evolved from there and for the first time these decorative elements were stretched over whole wall areas and fixed solidly to the masonry.

By the 16th C. the desire to replace the costly furnishings and the availability of paper in Europe at that time brought the development to use paper as wall cover material.

Sheets of wood block printed patterns and stenciling was used and so called flocked wallpapers which imitated a velvet surface came into vogue. The following centuries produced wonderful and divers wallpaper designs, be them a regular repeating pattern of all sorts and colors with borders and dados or fascinating panoramic wallpapers fashionable at the beginning of the 19th C. (Fig.5 to 7). They were usually sold in rolls and the strips hung vertically and they gave an impression of an all-over design of whole walls.

Fig.5   Flock Wallpaper, Temple Newsham, England

Fig.6 Wallpaper room, Schloß Paretz, near Berlin

Fig.7 Panoramic Wallpaper, Wallpaper Museum Kassel

Chinese Wallpapers

The Chinese wallpapers were a novelty in many respects, they were supplied in sets of 25 or 40 drops, each different in design. They were hung to form a continuous decoration around the room, and could be adapted to the size of the walls. They pictured exotic subject matter- flowering trees populated with birds and butterflies or scenes of Chinese life, festivities and landscape (Fig 8 to 10). They were rich in color and fine in detail and they were quite unlike the wallpapers then available in Europe. No doubt their rarity and also the long wait for orders to be fulfilled fueled the fashion and made them even more desirable. As they were costly they were purchased by the rich and royal. The Chinese themselves did not use painted papers of this kind at that time. Their traditional decorations for walls were plain colored papers in white, crimson or gold or hanging scrolls. The painted Chinese panoramic wallpapers were solely produced for the Western market and often depicted the Chinese world like the Europeans expected the Far East to look like. They were expensive, however they also were a mass product, if we want to use a term of today.

Fig.8　Chinese Wallpaper, Schloß Hellbrunn, Salzburg, Austria

Fig.9　Chinese Wallpaper, Temple Newsham, England

Fig.10　Chinese Wallpaper, Wallpaper Museum Kassel

The outlines of Chinese wallpapers were sometimes printed in woodcut, but mostly drawn with ink and then hand painted with gouache and water colors. At the Potsdam paper there were areas with the Chinese character "water", indicating a painting instruction by the designer. The objects were obviously a product of labor division.

The painting workshops in Canton, like "Tinqua" produced paintings for the merchants to take back to Europe. They certainly made the same design for several papers and also seem to have used certain figurative groups in different wallpaper schemes.

During research it was found that the Potsdam wallpaper design had a very similar figure groups with a wallpaper now at the V&A in London, (a paper only surviving in parts), to another at the Philadelphia Museum of Art in America and to a whole wallpaper set in a country house in Southern England. However they were all executed in different colors and with slight variations. The Potsdam paper was dated by pigment analysis to 1830, half a century later as the other wallpapers. One can suggest that it origins either from a later edition or it was a copy of the old design.

Research in this field is not easy as Chinese wallpapers over the centuries often met the same fate as other historical wallpapers. Together with the walls of a building they often got badly damaged over the years, they were discarded during renovation, their design went out of fashion or they were stored in an attic and got destroyed.

Traditional Mounting Types of Wallpaper

Over the centuries wallpapers were mounted in different ways. They were either pasted onto the walls directly, usually with one or two layers waste paper underneath to even out irregularities of the wall surface. When in direct contact with the wall, the papers often suffered the same damages as the masonry over the years, they got cracks and tears and they were affected by water, humidity and mold. Releasing them off the walls resulted in severe damages.

Another common way of mounting, like in Potsdam, was to stretch canvas across the whole wall area and fix the textile onto wooden battens anchored to the wall corners. The wallpaper then was pasted on the prepared textile surface either with wastepaper lining underneath or without. This method has several advantages: a small distance between wall and paper hanging enables an air flow, humidity of the walls does not go directly into the object. The canvas can resist some movement of the building construction and the object can be removed without too much difficulty. However textile and paper show different aging characteristics and different behavior towards humidity changes. This causes problems like delamination of the mounted layers over the years and subsequent damage symptoms.

Potsdam Wallpaper

The "New Palais", a Baroque building in Potsdam, was erected by Frederic the Great around 1760 (Fig.11). The Chinese wallpaper decorating one of the rooms in a side wing of the castle depicts the Chinese New Year, the so called Lantern Festival. Two large and two small panels of wallpaper cover an area of about 58 square meters. Figurative groups are arranged in a landscape with rocks, trees, houses and lakes. Women, men and children are watching acrobats and artists or a theatre performance, they are walking in groups, meeting friends and seeking advice of fortune tellers (Fig.12).

Fig.11　New Palais, Potsdam

Fig.12 Potsdam Wallpaper, detail

Condition

The room of the wallpaper has wooden paneling in parts. Around the edges of the wallpaper areas wooden battens were secured deep into the brick walls. On top of the wooden frame a piece of canvas was nailed down at the edges and stretched tightly (Fig.13). A layer of waste paper was then pasted onto the canvas. A printed newspaper from 1850 was found in the lining. So the mounting can be dated to mid of 19th C.

Onto the prepared surface the single drops of the wallpaper were pasted down. The Chinese wallpaper consists of 3 layers of bamboo paper. The smoothened and very thin top layer is the surface of the painting. The hand molded sheets were mounted together as strips, the usual width was 120 cm and the height around 350 cm. The wallpaper sections defined by the room design at the "New Palais" were extremely large, the biggest measuring approximately 6×5 meters. As the Chinese paper drops had smaller dimension in height, the sky area was extended with European paper and the color matched with gouache paint. The edges of each separate panel were covered with decorated wooden moldings.

Fig.13　Wallpaper panel with sections removed, revealing the mounting construction

　　The whole object was in an extremely damaged state. The surface had severe deposits of dust and dirt; there were water tidelines, bad distortions, damage by silverfish and numerous tears in the objects (Fig. 14). Furthermore, the wallpaper had missing areas presumably by vandalism, parts were cut out or torn off (Fig. 15). There also were old repairs and overpainting, some at the time of the mounting and some from a later restoration treatment. The added hand painted sky area had lost its binding media and the pigments were flaking. The lining canvas showed severe degradation and weakness; there were broken areas at the nails and the bonding of canvas and paper had become loose (Fig. 16). A preservation treatment had been carried out in 1999. Strips of facing paper were attached to secure loose areas and parts at risk of further damage.

Fig.14　Condition before conservation: tears

Fig.15　Condition before conservation: missing areas, revealing the newspaper lining

Fig.16　Condition before conservation: weakened canvas lining

Conservation Treatment

As the mounting of the wallpaper showed such considerable damage which could not be treated in situ, the decision was made to take the wallpaper off the stretchers and carry out the conservation treatment in the workshop. The surface of the object was dry cleaned with latex sponges and micro vacuum cleaners (Fig.17). The fragile pigment area (in the sky) was consolidated by a 1% gelatin solution. The wallpaper drops were separated at the overlapping joints and the paper around all edges were lifted off the canvas to enable cutting the underlying textile. The separate parts were taken down, safely packed and transported on flat supports into the workshop (Fig.18). The canvas on the reverse side of the wallpaper strips could be pulled away dry. The adhesive layer was softened by a poultice of methylcellulose and then removed (Fig.19). The lining of old newspaper on the verso side was left, as it was considered to be an integral part of the object. Solely hollow areas in the sandwich between the original paper and the newspaper were opened up and pasted down. All the old retouching and repair papers were taken off and the facing tissues were released (Fig.20). Tears were closed and supported with strips of thin Japanese papers and wheat starch paste (Fig.21). Missing areas of the image paper were filled with inlays of a suitable repair paper, similar in thickness and character. They were toned in with water colors according to the surrounding area in air brush technique (Fig.22). The wallpaper then was lined with Japanese paper (Kozo fiber, 17g/sqm) of approximately 25×30 cm size, overlapping and with feathered edges (Fig.23). The adhesive was wheat starch paste mixed with Methylcellulose and additional Calcium Carbonated solution to buffer the acidic components in the newspaper. The lined object was dried by being stretched under slight tension (Fig.24). The missing areas in the image were retouched by "trateggio" technique. In our restoration work a pointillism style was used, - small dots recreate in color intensity and density the original painting. From a distance the eye cannot discern the retouched areas however when looking closely the added retouching is clearly discernable. On the basis of two surviving wallpaper pieces at the V&A and America, one large missing area in the painting could be reconstructed accordingly (Fig.25 and26).

Fig.17　Conservation treatment in situ: Dry cleaning

Fig.18　Demounting the wallpaper in sections

Fig.19　Conservation treatment: removing the old adhesive layer verso

Fig.20 Conservation treatment: removing the facing tissues

Fig.21 Conservation treatment: closing tears

Fig.22　Conservation treatment: filling in missing areas

Fig.23　Conservation treatment: lining with Japanese paper

Fig.24　Conservation treatment: drying under tension on tables

Fig.25　Wallpaper section with missing area before retouching

Fig.26　Wallpaper section with missing area after retouching

Remounting

The curators in Potsdam decided that the original mounting should be reconstructed. So a method was developed to keep the traditional method with modifications to improve its aging stabilities. The old wooden battens around the edges of the wall areas were restored and fixed again tightly to the walls. New canvas, a jute textile material, was stretched over the area and secured with stainless steel staples onto the battens. By pasting the surface and subsequent drying, the canvas tightened (Fig.27). Several layers of acid free papers were applied onto the canvas, some were pasted all over, and some were worked with air pockets (Fig.28). The thus prepared base created a taut surface and minimized the different properties of textile and paper. The conserved Chinese wallpaper was then pasted completely down on the prepared mounting panel (Fig. 29 and 30). The mounted wallpaper has a distance to the wall, possible for an air flow. There is enough mounting material by the layers of paper to level changes in humidity and a solid surface to resist punctures.

Fig.27 Treatment of the mounting canvas

Fig.28 Lining the mounting canvas

Fig.29 Mounting the wallpaper drops onto the panels

Fig.30 Mounting the wallpaper drops onto the panels

After the conservation work which took nearly two years, the Chinese wallpaper can now be admired in its full splendor in Potsdam (Fig.31 and 32). There is a fair amount of surviving Chinese wallpapers in Europe, mainly in England, some in Holland, Austria and Germany. A lot of these wonderful wall decors however have been destroyed. Hardly any historical Chinese wallpapers are kept in the country of its original making, only a small sample can be seen in the exhibition of the Guangdong Museum. Chinese wallpapers were objects of Asian handicraft work originally solely designed to please the European taste. They have a fascinating combined history of East and West which should be valued as part of the cultural heritage on both continents.

Fig.31　Chinese wallpaper after conservation

Fig.32　Chinese wallpaper after conservation

Acknowledgements

At last I would like to thank the owner of the paper, the "Stiftung der Preussischen Schlösser und Gärten", Potsdam, above all the conservator Irene Hesselbarth for her support. My thanks go to Lars Herzog-Wodtke, my partner in the conservation project and to our hard working conservation team on site and in the workshop. I am also very grateful to Sun Yat-sen University Library for inviting me to teach several workshops over the last years and thus hosting me at the origin of the Chinese Wallpapers production, Canton, now Guangzhou.

Literature

[1] Wappenschmidt, Friederike: Chinesische Tapeten für Europa, Berlin, 1989

[2] Thümmler, Sabine: Die Geschichte der Tapete, Eurasburg, 1998

[3] Museumsguide: Hohlhaus-Museum Lauterbach, Chinesische Sammlung (Photocopied handout)

[4] Conner, Patrick: The Hongs of Canton, Western merchants in south China 1700–1900, as seen in Chinese export paintings, London, 2009

清代武英殿修书处的书籍修复与装潢

——基于《清宫武英殿修书处档案》的分析

王美英[*]

摘要：清代武英殿修书处的一个重要职责就是装潢各种新书、修补破损书籍。修书处任用的修复工匠按来源分为旗匠与招募匠，按职责分为齐栏匠、托裱匠、平书匠、补书匠、界划匠、摺配匠等，他们分工协作，各司其职。这些技艺优良的工匠采用了粘补、托裱、界画、缮写与补写、包角、穿线、换书皮、换套等修复方法，使用了蓝纺丝、连四纸、宣纸、白面、珠线等多种修复材料，为毓庆宫、昭仁殿、懋勤殿、钦天监、军机处、翰林院等修复与装潢了1468部8886套书籍，挽救了很多濒临毁灭的稀世善本，具有重要的历史意义。

关键词：清代；武英殿修书处；书籍修复；书籍装潢

清代武英殿修书处的职能有二：一是负责刊刻古籍，在纸墨的遴选、刊刻的精工、校勘的审慎等方面都大大地超过了历朝历代；二是负责修复与装潢书籍，在装订的秀雅与装潢的考究上面颇为突出。关于武英殿的刻书与校勘等，学界关注较多，而关于武英殿修复与装潢书籍的情况，如修复工匠、修复材料以及装潢修复了哪些书籍等则研究较少。本文就利

---

[*] 王美英，武汉大学图书馆。

用《清宫武英殿修书处档案》①探讨武英殿修书处的书籍修复与装潢,以就教于方家学者。

1.工匠管理与工食开支

武英殿始建于明代永乐年间。明初帝王在武英殿斋居、召见大臣,后移至文华殿。清初武英殿用作皇帝便殿,举行小型朝贺、赏赐、祭祀等仪典。康熙八年(1669)因太和殿、乾清宫等维修,康熙皇帝一度移居武英殿。康熙初年,内三院撤消,成立由上三旗包衣组成的总管内务府,刻书任务便由内务府属下的武英殿造办处承担,"武英殿东庑曰凝道殿,西庑曰焕章殿,左右廊房六十三楹,凡钦定刊布诸书,俱于此校刊、装潢。"②康熙十九年(1680)十一月,奉旨设立修书处。③康熙四十三年(1704)武英殿修书处开馆校刻《佩文韵府》,于是武英殿修书处便承担内务府的刻书、修书任务。为了完成日益增多的修书任务,修书处所属机构不断扩大完善。雍正七年(1729),武英殿修书处正式独立,准予铸给满汉文合璧的方形阳文印钤"武英殿修书处图记",遂正式成为内府刊刻、装潢书籍的专门机构,统管刊印、装潢书籍之事,"武英殿修书处管理事务王大臣一人、监造二人、库掌四人、署库掌六人、笔帖式四人,掌缮刻装潢各馆书籍及宫殿陈设书籍之事。"④修书处的修复任务主要是装潢各种新书、修补破损书籍。

1.1 工匠管理

修书处下设监造处等。监造处专管刊刷、装潢书籍和支领钱粮、采买、给发物料等事,下设书作、刷印作、折配作等。书作又称"做书作""装

---

①该书由故宫博物院和中国第一历史档案馆合作整理出版,收录武英殿修书处、御书处、内务府、内阁等机构的专题档案共616册(件),包括武英殿官员匠役等门照册、发放各作的腰牌账、各作匠役名册、考勤及值宿档、传办书籍专款银两档、传办各种书籍所需料工饭食银两册、钱粮册底、书籍册底等,立档时间上起嘉庆元年(1796),下迄1912年。
②章乃炜:《清宫述闻初续编合编》,北京:紫禁城出版社,2009,第271页。
③故宫博物院编《钦定总管内务府现行则例二种》(第4册),《故宫珍本丛刊》(第309册),海口:海南出版社,2000,第308页。
④[清]官修《清通志》,卷66"职官略",清文渊阁《四库全书》本。

潢作",位于武英殿的东南廊房,时称"东作房""南作房"。书作设有库掌1员、拜唐阿6名、委署司匠1员、委署领催2名,"专司内庭交出及进呈陈设各种新旧书籍,并托裱、界画等事。"①书作的装潢匠役有常英、广立、德山、祥德、文瑞、世奎、连顺、文寿、文桂、文奎、恒普、常安、文昭等人。除了修补书籍之外,书作的工匠还有外驻听差之责,"派出界画等工匠五名,分别常驻懋勤殿、方略馆等处听差,传办各类应急活计。每年八月,派员赴文渊阁、文源阁,打扫并晾晒《四库全书》及修整书籍一次。"②刷印作位于武英殿群房,设库掌1员、拜唐阿8名、委署司匠1员、委署领催2名,"专司钩摹御书、刊刻书籍、写样刷印、折配齐订等事。"③刷印匠有常荣、全寅、常有、德恩、连陞、德山、宝庆、全斌、全保、祥保、全秀、常兴、翟常海、吴禄格等人。④折配作位于武英殿群房,设有库掌、拜唐阿、司匠、领催,专管折配书页、经页等事,折印匠有恒善、松林、常盛、福长、庆绪、福兴等人。监造处下面还设有档案房、钱粮房、办事值房、值宿房、材料房、通行书籍售卖处、督催房、查核房等办事机构,分别负责收发书籍、办理文稿、记录谕旨、编造奏销档册及有关修书事项的督催、夜间值班、物料的采买、工价与饭银的发放以及对各项开支的查核、奏销。⑤

  修书处设立书匠44名、刷印匠40名,遇有缺出,在各佐领、管领下的闲散人员中挑选补充。⑥如刷印匠张广成原为正黄旗官铭佐领下,咸丰六年(1856)三月十六日病故,遗缺补放给吉仲,吉仲原为正黄旗祥麟佐领下;刷印匠李双龄原为正黄旗全盛管领下,咸丰八年(1858)七月十五日

---

① [清]托津等奉敕纂《钦定大清会典事例》(嘉庆朝)卷906,《近代中国史料丛刊三编》(第70辑),台北:文海出版社,1989,第7423—7424页。
② 杨玉良:《武英殿修书处及内府修书各馆》,《故宫博物院院刊》1990年01期,第28—40页。
③ [清]托津等奉敕纂《钦定大清会典事例》(嘉庆朝)卷906,《近代中国史料丛刊三编》(第70辑),台北:文海出版社,1989,第7424页。
④ 中国第一历史档案馆、故宫博物院编《清宫武英殿修书处档案》(第9册),北京:故宫出版社,2014,第669—670页。
⑤ 杨玉良:《武英殿修书处及内府修书各馆》,《故宫博物院院刊》1990年01期,第28—40页。
⑥ 故宫博物院编《钦定总管内务府现行则例二种》(第4册),《故宫珍本丛刊》(第309册),海口:海南出版社,2000,第308—309页。

病故后,其遗缺补放给周七黑,周七黑原为镶黄旗长埏管领下。① 乾隆四十三年(1778)、四十七年(1782)两次奏准,赏给恩甲22名,遇有缺出,以匠役苏拉挑补。修书处还占用了营造司的裱匠10名、画匠2名与木匠16名(旗匠与招募匠各8名)。嘉庆十六年(1811)六月呈明:本处占用营造司招募匠八名,遇有缺出,仍向该司咨取,其旗缺二十名,遇有缺出,由本处以效力匠役自行挑补,其应行钱粮米石仍咨行营造司办理。"② 御书处设有刻字作、墨作、裱作、墨刻作,其中墨作设委署库掌1员、拜唐阿2名、领催1名、造墨人4名、学手造墨人6名,专司成造硃墨等事,裱作设库掌1员、拜唐阿3名、领催2名、裱匠21名、染纸匠3名,专司托裱、墨刻、染造各色笺纸等事。道光二十三年(1843),裁撤御书处,将其墨作、裱作等四个作房的官员、工匠等118人全部归并到武英殿修书处,就增强了修书处的人力,扩大和加强了修书处的修复业务。

按照来源,修书处的匠役分为旗匠与招募匠两种,其中旗匠104名,招募匠8名。③ 旗匠又分为恩甲、领催、匠役等,他们都是从内务府上三旗佐领、管领下的闲散幼丁中挑选的,如刷印作的恩甲闫永喜原属正黄旗维翰佐领下、费来福原属正黄旗金刚保管领下、李得立则为正白旗长年管领下,领催刘吉存原为正黄旗瑞溥管领下、杨金桂则为镶黄旗长埏管领下,匠役吴禄格原为正白旗松寿管领下、刘延赏则为正黄旗英年管领下。依照旧例,修书处每隔数年在三旗苏拉或包衣中挑选数十名,作为"学手匠"。旗匠选拔时,以幼童为首选,送至各作坊受训,艺成后成为正式工匠,具有拜唐阿的身份。不过,有些具有修复技艺的成年旗匠被临时征调,在修复书籍的任务完成之后退回本旗,待有活计时再行传唤。旗匠多数充任书匠和刷印匠等,终身当差,且有官员具保。除了原有的满人、蒙古人、汉人之外,部分旗匠还来自当时中国的西部,旗匠的来源、族籍反映了清朝完成大一统局面之后的文化、民族交融情况④。在所有工匠中旗

---

① 中国第一历史档案馆,故宫博物院编《清宫武英殿修书处档案》(第9册),北京:故宫出版社,2014,第683—685页。

② 故宫博物院编《钦定总管内务府现行则例二种》(第4册),《故宫珍本丛刊》(第309册),海口:海南出版社,2000,第309页。

③ 故宫博物院编《钦定总管内务府现行则例二种》(第4册),《故宫珍本丛刊》(第309册),海口:海南出版社,2000,第309页。

④ 林欢,黄英:《清宫造办处工匠生存状态初探》,《明清论丛》2011年,第439—450页。

匠人数最多,称为"家内匠役"。招募匠一般由工部负责招募,有时也交内务府三处织造代办或由工匠头目保举,大都来自京师、宛平和江南地区,他们都是民间修复高手。乾隆时,修书处招募民间匠人进宫当差已成惯例,其原因在于活计甚多,且"家内裱匠并外雇裱匠不足使用"。① 新来的工匠一般要经过试用,试用期间只有饭食银而没有公费银,试用合格就会转为正式匠役,其待遇也会相应的增加。当然,也有些工匠不必试用,原因在于其先前已经在修书处当过学徒或者做工多年。由于年老、生病、死亡等原因,工匠中有相当一部分是依靠父子、兄弟、师徒的关系进入修书处,主管官员对他们都比较了解,也省略了试用过程。外雇工匠虽属于随时征调,但他们熟谙差务,较少涉及日常管理和后勤负担,因而雇佣他们修复成为修书处在缺少人手时采取的较好措施。招募匠入宫后主要分布在书作、刷印作、折配作和裱作等作房。修复工匠纳入了皇室作坊的管理体系,日常管理较为严格,每名工匠进内当差需佩戴"腰牌",腰牌上注明某作某匠、姓名、年龄以及"烙内务府颁发火印字样"②。如果遗失腰牌,则要受到处罚:"遗失腰牌者,俱应送慎刑司责处,以防私给他人混入禁城之弊。"③新招工匠入职继续使用原有工匠的腰牌,只须更改个人信息。

1.2 工食开支

顺治二年(1645)废除了匠籍制度:"除豁直省匠籍,免征京班匠价","照民一例当差。"④理论上说,没有了匠籍,工匠就没有义务承担无偿的封建徭役,但是在实际执行过程中打了折扣,内府以改头换面的形式在役使和利用工匠。康雍年间,匠班银摊入地亩,工匠摆脱了匠籍制度的束缚,彻底结束了无端服徭役的时代⑤,官营生产采取雇募劳动,费用在正式钱粮内报销,以市价支付工值,不会晚发或少发,工匠被雇募做工就能获得劳动报酬,领取工食和口粮,就有了一定的劳动积极性。修复工匠分

---

①中国第一历史档案馆,香港中文大学文物馆编《清宫内务府造办处档案总汇》(第12册),北京:人民出版社,2005,第306页。
②中国第一历史档案馆,香港中文大学文物馆编《清宫内务府造办处档案总汇》(第41册),北京:人民出版社,2005,第135页。
③同上,第130页。
④[清]官修《清文献通考》,卷21"职役一",清文渊阁《四库全书》本。
⑤范金民:《清代废除匠籍的历史意义》,《社会科学辑刊》,1995年第01期,第108—115页。

为书匠、画匠、托裱匠、粘补书匠、补写工等,他们的工价于康熙初年已有原则规定,其中,书匠的工食为一两钱粮。乾隆以后陆续有补充,大都是按工论价。嘉庆十五年(1810),粮价昂贵,修复工匠收入微薄,有时任务又少,多以借贷为生。咸丰四年(1854),由于京师银贱钱贵,工匠所得收入不能维持最低生活,若按原价外雇工人很难雇到,遂于五月决定:工匠应发银两比照部库新章,改为每银1两发给当十制钱1串500文。咸丰六年(1856),物价飞涨,以原定工价招募工人甚难,遂于十月奏定:办买纸张、板片、招募民匠,均照时价办理,据实开销。细分起来,修复工匠的工食的支付方法有以下几种:

一是按人给食。康熙初年,书作有食钱粮书匠14名、齐栏匠4名、托裱匠4名、平书匠7名、补书匠4名、合背匠5名、界划匠6名,专用营造司锉书木匠5名,食钱粮刷印匠40名。① 各匠役俱行官饭。康熙二十九年(1690)规定:成造活计,俱照例行取匠役饭食,每分羊肉2两,向饭房领取,老米9合,酱1两,清酱5钱,豆腐4两,豆芽菜2两,向内管领处领取,木柴1斤,炭1两,向营造司领取。② 乾隆五年(1740)又规定:每名匠役每日给予羊肉10两、老米9合、豆腐8两、豆芽菜4两、鲜菜4两、咸菜2两、面酱1两、清酱5钱、柴、煤各1斤、炭1两。乾隆三十三年(1768)奏准:修书处除了青菜、咸菜停止支领外,其应领豆腐、豆芽菜等,每名每日各折给银5厘3毫5丝,每月底向广储司领取,老米则照旧领用。③ 同治十三年(1874)五月二十五日至光绪元年(1875)正月二十八日,修书处装潢修补昭仁殿、毓庆宫的各种书籍用了240天,其中粘补虫吃书身每天用匠役20人,每人发给工饭钱1串200文。④ 因为修书较多,修书处按人支付的工食亦多,如光绪元年(1875)五月至十二月,官员、匠役薪水共发放3640串文,光绪二年(1876)正月至五月官员、匠役薪水共发放2275串文,光绪二年(1876)六月至八月官员、匠役薪水共发放1820串文。

---

① [清]托津等奉敕纂《钦定大清会典事例》(嘉庆朝)卷906,《近代中国史料丛刊三编》(第70辑),台北:文海出版社,1989,第7424页。
② 同上,第7440页。
③ 同上,第7435—7436页。
④ 中国第一历史档案馆、故宫博物院编《清宫武英殿修书处档案》(第5册),北京:故宫出版社,2014,第649页。

二是按量给食。康熙四十四年(1705)十二月,旗匠做活停止分例官饭,根据工作量发给饭钱:"拟定刷印匠刷书一千篇,给饭食银一钱;书匠做书一套,给饭食银一钱,做小套一个,给饭食银五分;界划匠界书一百六十篇,给饭食银一钱。"①对于外雇匠役也同样是按量给食:"折配、齐订书籍,每一千篇工价银一钱三分;外雇刷印匠刷连四纸书,一千篇工价银一钱六分,竹纸书一千篇工价银一钱二分;裁书匠每裁书一千篇,工价银三分。"②咸丰四年(1854)规定:刷印每千页工银1钱,折配每千页工银1钱3分。③ 道光二十九年(1849)、咸丰元年(1850)、咸丰五年(1855)、咸丰八年(1858)分别给前往圆明园抖晾文渊阁四库全书的匠役支付饭食银15两。咸丰元年(1850),修书处为内奏事处、懋勤殿等装潢《宝筏精华》《佩文韵府》等55套,每套工银1钱。此外,做了8个四里如意套,每套工银5分。

三是按工给食。武英殿修书处为懋勤殿等处装潢修补书籍主要是按工支付匠人饭食钱,支付的标准大致如下:

表1 工食标准④

时间 工匠	咸丰四年	咸丰八年	同治七年	光绪二年	光绪十年	光绪十七年	光绪二十一年	光绪二十八年	光绪二十九年	光绪三十一年	光绪三十二年	宣统元年
书匠		每工工银1钱5分4厘	每工饭400文		每工饭1串文	每工饭2串文			每工饭2串400文			

---

① 故宫博物院编《钦定总管内务府现行则例二种》(第4册),《故宫珍本丛刊》(第309册),海口:海南出版社,2000,第312页。

② 同上,第313—314页。

③ 中国第一历史档案馆,故宫博物院编《清宫武英殿修书处档案》(第3册),北京:故宫出版社,2014,第645页。

④ 清代银钱比价变动较大。乾隆中期以前,一两银子换七百文至九百文,乾隆后期开始银贵钱贱,一两银子换一千两、三百文至一千五、六百文。参见黄冕堂《中国历代物价问题考述》中"清代历年银钱比价表",第10—13页。《清宫武英殿修书处档案》中多处说明一两银子换一千五百文。

续表

时间\工匠	咸丰四年	咸丰八年	同治七年	光绪二年	光绪十年	光绪十七年	光绪二十一年	光绪二十八年	光绪二十九年	光绪三十一年	光绪三十二年	宣统元年
画匠	每工工银2钱1分4厘				每工工饭1串文	每工工饭2串文				每工工饭4串文		
托裱匠	每工工银2钱8分			每工工饭1串500文			每工工饭2串文		每工工饭2串400文	每工工饭4串文		
粘补匠								每工工饭2串400文	每工工饭2串400文	每工工饭4串文		
补写工								每工工饭2串文				每工工饭8串文
缮写书签工									每工工饭4串文	每工工饭4串文		

(资料来源：中国第一历史档案馆、故宫博物院合编《清宫武英殿修书处档案》，故宫出版社，2014年版第3册至第9册)

从上表来看，同一时期不同的工匠有着不同的工食，如咸丰四年（1854），画匠每工工饭银2钱1分4厘，托裱匠每工工饭银2钱8分；光绪三十一年（1905）粘补匠每工工饭制钱2串400文，缮写书签工每工工饭制钱4串文。随着时间的推移，相同工匠的工食在不断地增长，就托裱匠来说，咸丰四年（1854）每工工饭银是2钱8分，光绪二年（1876）每工工饭制钱是1串500文，光绪二十一年（1895）每工工饭制钱则为2串文，光绪二十九年（1903）每工工饭制钱涨至2串400文，光绪三十二年（1906）每工工饭制钱则涨至4串文；就粘补匠而言，光绪二十九年

(1903)每工工饭制钱 2 串 400 文,光绪三十二年(1906)每工工饭制钱则涨至 4 串文。

2.修复材料,品种繁多

在修复书籍的过程中,武英殿修书处使用的修复材料,品种繁多,一是纺织品,如黄布、蓝洋布、纺丝、蓝纺丝、黄纺丝、石青纺丝、月白纺丝、黄龙绫、鱼白绫、黄地时花锦、四合彩锦、锦缎、花锦缎,用于修复与装潢函套、匣盒等;二是纸张、纸板,如各色笺纸、连四纸①、清水连四纸、夹披连四纸、棉连纸、加连纸与古色加连纸、裱料纸、白裱纸、高丽纸、染黄高丽纸、东昌纸、宣纸、洒金宣笺纸、白宣纸、榜纸、黄榜纸、白榜纸、泾县榜纸、罗纹纸、黄笺纸、黄软笺纸、洒金笺纸、矾料纸、六十层合背、四十层合背,用于糊饰套里、粘补书身托裱材料、衬页、平书、挂签等;三是胶粘品、调和剂,如白面、淀粉、鱼鳔;四是颜料如石绿、银碌、洋青、胭脂、红花水等;五是辅助用品,如珠线(含白珠线、白三珠线、白大珠线、黄珠线)、牙弳(包括各色花弳子、铜弳子)、徽墨、挫草、樟木夹板、枣木板、梨木板、杉木板、备刻书签板、旧纺丝杉木板套、旧杭细合背套等;六是常用工具,如南糊刷、大小裁刀、剧刀、锥剪、烙铁、案桌、垫板、凳机、水桶、缸盆、乳钵、铁盆、铁杓、柳罐、井绳、簸箕、苫帚、毛担、铁螺蛳、木锉等;七是配套用品,如煤炉、煤炭等,如书作烧烙铁、打面糊需煤炉 1 座,刷印作用煤炉 2 座;八是防虫物品,如雄黄、白芨、广花末。这些修复材料的价格都不便宜,如:光绪二年(1876),白面每斤 220 文,各色笺纸每张 240 文,白裱纸每张 60 文,各色花弳子每对 1 串 200 文,普通高丽纸每张 240 文,染黄高丽纸每张 440 文,东昌纸每张 40 文,挫草每斤 2 串 400 文,黄蜡每斤 4 串 800 文,鱼鳔每斤 4 串 800 文。在所有的修复材料的当中,较为便宜的是东昌纸,每张 40 文,最贵的是四合彩锦,每尺 124 串文。当然,用料的价格随着时

---

① 又叫连史纸、连泗纸,纸质较厚者又称为"海月纸"。原产于福建省邵武以及闽北地区和江西省铅山县一带。采用嫩竹做原料,碱法蒸煮,漂白纸浆,手工竹帘抄造。纸质薄而均匀,洁白如羊脂玉,书写图画均宜,多用来制作高级手工印刷品,如碑帖、信笺、扇面原纸等。相传是福建邵武连姓兄弟二人经过多年研制、精工抄造而成,因他们排行"老三""老四"而得名。

间的变化也在上涨,就蓝纺丝来说,光绪三年(1877)至光绪二十年(1894)每尺 2 串文,光绪二十九年(1903)每尺 2 串文,光绪三十年(1904)至三十四年(1908)每尺 4 串文;就连四纸来看,光绪三年(1877)每张 60 文,光绪十九年(1893)每张 80 文,光绪二十年(1894)每张 100 文,光绪二十二年(1896)每张 120 文,光绪二十九年(1903)每张 160 文,光绪三十年(1904)每张 240 文。在修复过程中,蓝纺丝和连四纸的用量都很多,其价格的不断上涨就大大地增加了修复成本。

3. 修复书籍很多,持续时间较长

自从康熙十九年(1680)设立武英殿修书处,到宣统三年(1911)装潢修复内府书籍,修复活动几乎贯穿整个清朝,期间进行了数次大规模的书籍修复,其修复书籍之多、修复规模之大、持续时间之久,为其他各朝所不及。分述如下:

3.1 道光年间装潢修复天禄琳琅的书籍

清朝内务府极为重视重新装帧宋金元明等稀世善本。经懋勤殿传旨,由武英殿修书处派匠役装潢修复,凡经重新装潢修复的书籍,大都规格统一、古朴庄重,既具皇家藏书特点,又便于保存典藏。乾嘉年间,天禄琳琅所藏宋元珍本皆改装为线装形制。为了收藏方便和美观,每部卷帙都配制了精致考究的函套和书匣。这种函匣不仅选料讲究,而且制法更为精致,所用材料均为绸、缎、锦等丝织品,函套通常以厚纸板为里,外以各色锦布裱褙而成,纸板多为六十层合背纸。有折叠四边而露其上下两端的"四合套",还有折叠六面而四周和上下都不露出的"六合套"。道光皇帝即位之初,便命廷臣对天禄琳琅藏书进行清点,凡属破损、虫蛀之书交给武英殿修书处修补装潢。武英殿修书处先后两次修复、装潢天禄琳琅的书籍:第一次是装潢修补《六家文选》等书籍共 55 部 152 套 851 本,全部改做杉木板,石青杭细套,石青杭细面,包角穿线,安上挂签。第二次是装潢《唐类函》等书籍共 132 部 383 套 2690 本,全部改做杉木板,其中,除了宋版《礼记》等 6 套书籍仍然沿用原锦套面糊饰,没有更换杭细套,其余都改用了石青杭细套、各色笺纸面页、包角穿线、安装挂签。① 所有书内虫蛀之处，均视其情形轻重，详细查数补衬。两次修补装潢的书籍共计 187 部 535 套 3541 本，约占《天禄琳琅书目续编》著录总数的三分之一。

3.2 咸丰年间装潢修复的书籍

自咸丰元年（1850）至咸丰十年（1860），武英殿修书处按照要求装潢与修复了懋勤殿、军机处、提调处、行在总谙处、国史馆、孚郡王②、钟郡王③等交出的书籍共计 550 部 1994 套。其中，咸丰三年（1853）为懋勤殿装潢《骈字类编》1 部 34 套 240 本，做杉木板、锦套、黄软笺纸面页、包角、穿线。每套工银 1 钱，合计工银 3 两 4 钱；用了杉木板、锦 10 丈 5 尺 4 寸、绢 2 丈 3 尺 6 寸、黄软笺纸 48 张、洒金笺纸 9 张、连四纸 431 张、南砂纸 68 张、鱼鳔 8 两 5 钱、白面 10 斤 4 两，合计用银 48 两 8 钱 1 分 1 厘。将《妙法莲华经》由手卷改装册页，揭裱折叠，做杉木板黄绫套、杉木板黄绫壳面、素绫套签、洒金笺纸付页，外雇裱匠，每份工银 6 两，折经匠每份工银 4 两，共计用银 40 两；用了黄绫 8 丈 8 尺 7 寸 2 分、洒金笺纸 28 张、连四纸 18 张、杉木板套 8 套、杉木板壳面 56 块，合计用银 18 两 7 钱 2 分 8 厘。咸丰四年（1854），装潢修复懋勤殿交出的书籍：《朱批谕旨》1 部 18 套，换带子，糊饰套里；《昭明文选》1 部 6 套，做杉木板锦套；《康熙字典》1 部 4 套，做杉木板蓝纺丝套；《读画斋丛书目录》3 页，订成 1 本，入衬纸，做蓝纺丝面页；《全唐诗录》1 部 4 套改 2 套，做杉木板锦套。每套工银 5 分，合银 1 两 5 钱 5 分；用了杉木板 12 套，长方签带子，里缝共用绫绢 8 尺 6 寸 1 分、蓝纺丝 6 尺 5 寸、锦套 8 套、应用锦 8 尺 4 寸、清水连四纸 36 张，合计 6 两 4 钱 9 分 6 厘。《檀几丛书》1 部 12 本，换成古色纸面页、包角、穿线、不做套、书篇破坏修饰托补，共用 18 工，每工工饭银 1 钱 5 分 4 厘，共计花费银 2 两 7 钱 7 分 2 厘。装潢修复孚郡王专用的《诗经》1 部 1 套，做蓝布套、古色纸面页。装潢修复军机处专用的《合璧四书》《诗经》

---

① 杨玉良：《清宫保护善本古籍小考》，《故宫博物院院刊》1991 年 02 期，第 83—90 页。
② 奕譓（1845—1877），道光帝第九子。道光三十年（1850）封孚郡王。
③ 奕詥（1844—1868），道光帝第八子。道光三十年（1850）封钟郡王。

《书经》《易经》《礼记》《春秋》各 1 部，做蓝布套、古色纸面页。咸丰八年（1858），修书处按照要求装潢了醇郡王①、孚郡王、钟郡王等专用的书籍，如醇郡王专用的《清汉文圣谕广训》各 1 部 1 套 1 本、《孝经》1 部 1 套 1 本、《康熙字典》1 部 6 套 40 本、《分类字锦》1 部 8 套 40 本，钟郡王专用的《清汉文圣谕广训》各 1 部 1 套 1 本、《书经》1 部 1 套 4 本、《孝经》1 部 1 套 1 本、《康熙字典》1 部 6 套 40 本、《分类字锦》1 部 8 套 40 本，孚郡王专用的《易经》1 部 1 套 2 本、《孝经》1 部 1 套 1 本、《左传读本》1 部 2 套 16 本，俱做蓝布套、古色纸面页。做本不做套 4 套，做套做本 9 套，虫吃托补用书匠 32 工，合计用银 6 两 2 分 8 厘；用了纺丝、绢 10 丈 1 寸 6 分、蓝布 3 丈 6 寸、宣纸 64 张、连四纸 5.5 块、古色纸 8 张、白大珠线 2 两 2 钱 2 分，合计用银 2 两。

3.3 同治年间装潢修复的书籍

同治年间，内府书籍管理不善，虫蛀线断、函套破损、面页糟朽等现象触目皆是，"以至曩时遗籍，任其散佚。"②武英殿修书处遂着力修复装潢书籍，自同治元年（1861）至同治八年（1869），武英殿修书处为军机处、翰林院、礼部、提调处、方略馆装潢修复了 246 部 1406 套书籍，如同治七年（1868），装潢《增订清文鉴》1 部 8 套 42 本，做蓝纺丝套蓝纺丝面页、黄绢签、包角穿线。用了书匠 8 工，合计工钱 3 串 200 文；用了蓝纺丝 84 尺 4 寸、绢 11 尺 9 寸 6 分、加连纸 70 张、珠线 6 钱 3 分、白面 2 斤 8 两、弊子 8 对，合计制钱 147 串 500 文。装潢军机处专用的《准噶尔方略》等 6 部 120 套 1160 本、翰林院行取《增订清文鉴》1 部 8 套 32 本，做蓝布套、古色纸面页、黄绢签包角穿线。用了书匠 128 工，合计工钱 51 串 200 文；用了蓝布 460 尺 8 寸、绢 104 尺 8 寸 4 分、古色纸 580.5 张、珠线 17 两 2 钱 2 分、加连纸 350 张、白面 40 斤、弊子 128 对，合计制钱 542 串 366 文。此外，武英殿修书处为毓庆宫、昭仁殿装潢修复了 2277 套书籍，如同治十三年（1874）正月初三日，奏事处总管太监孟忠吉传令将天禄琳琅的 1407 套

---

①奕誴（1840—1891），道光帝第七子。道光三十年（1850）封醇郡王。
②朱赛虹：《武英殿修书处藏书考略——兼探四库"存目"等书的存放地点》，《文献》，2000 年 02 期，第 165—177、263 页。

书籍交给武英殿修书处重新装订,要求更换杉木板锦套与纺丝皮,修书处的工匠们圆满地完成了这些书籍的修复装潢任务。同治十三年(1874)二月初十日同治皇帝传旨:"毓庆宫所有书籍共计四百五匣又三百九十七套又七十三本、格架图一册,俱著武英殿从新装订,有虫吃之处,找补齐整,匣子有破坏之处,从新收什。所有书格子,著造办处找补齐整,出土见新。"①不久,太监孟忠吉又将内府其他各处旧存不全、虫蛀的宋版《朱子语类》等 17 种、元版《前汉书》等 6 种、明版《白孔六帖》等 31 种、清版《唐文粹》等 9 种共计 63 种书籍交给武英殿修书处修补装订。"为由懋勤殿交出昭仁殿、毓庆宫各种书籍赶紧装潢,各色锦纺丝套□□页虫吃破碎之处粘补整齐等因,自同治十三年五月起至光绪元年正月止,计二百四十日,粘补虫吃书身,每日用匠役二十工,每工工饭制钱一串二百文,共合当十制钱 5760 串文。"②

3.4 光绪年间装潢修复的书籍

光绪二年(1876)三月二十七日、十月初六日武英殿修书处分别开始对毓庆宫、昭仁殿的藏书进行了两次大规模的修复装潢。"为由懋勤殿陆续交出装潢昭仁殿、毓庆宫各种书籍系内庭陈设之书,非寻常活计,可□□,宜多觅精细匠役随同该作迅速赶办,至清顺书籍检查□□,□一校阅,□有各员每日进署,敬谨恭办,并派出各□,各房匠役等所需薪水饭食等项每月用制钱 455 串文。"③修书处首先将应修的书籍全部登记成册,编制目录,注明各书的破损情况和应修的内容、要求,然后组织人力,每日调用工匠 20 人、抬运夫役 225 人、监修笔帖式 6 人、作房 5 处,并设值宿工匠 1 人、官员 2 人,日夜轮流监守。其间所调用修复人员有书匠、装裱匠、画匠、界画匠、缮写匠、木匠等,所支取买办的修复物料有白面、淀粉、各类纸品、弩子、挫草、黄蜡、鱼鳔等 22 种。这两次修复书籍的规模较前几次都要全面彻底,修复装潢的书籍较多,仅光绪二年(1876)就为昭仁殿装潢书籍 987 套,花费工食、物料制钱共 10410 串 180 文。光绪年间,

---

①杨玉良:《清宫保护善本古籍小考》,《故宫博物院院刊》1991 年 02 期,第 83—90 页。
②中国第一历史档案馆,故宫博物院编《清宫武英殿修书处档案》(第 5 册),北京:故宫出版社,2014,第 649 页。
③同上,第 658 页。

修复装潢最多的还是懋勤殿交出的书籍。如：光绪二十八年（1902），懋勤殿将《养正图解》等11种39套书籍交给武英殿修书处，要求照原样做成蓝纺丝书皮、纺丝套面、黄绫包角、穿珠线、面签界画、大栏小线，将洋布套换成古色纸皮，修书处按照要求进行包角、穿线、粘签、虫吃、入衬等，用书匠128工、画匠40工、托裱匠64工，共计232工，每工工饭制钱2串文，合制钱464串文①。用了蓝纺丝64尺，黄绫58尺，珠线42两，入衬连四纸960张，糊饰套里、托裱材料用连四纸8765张，厚合背39块，蓝洋布200尺，古色纸400张，牙弮39对，缮写染黄高丽纸挂签39条，黄盘2块，盖袱2块，合计制钱5443串500文。光绪二十九年（1903），懋勤殿将《恭修防海纪略》等书交给武英殿修书处，修书处将其更换套面、书页托裱、粘补书身、包角、穿线、书签、挂签、托裱等，共用界画匠12工，粘补书匠164工，托裱76工，成做54工，每工工饭制钱2串400文，合计制钱734串400文；用了蓝纺丝84尺，黄绫、鱼白绫48尺，珠线3两，高丽纸80张，连四纸320张，裱料纸480张，厚合背16块，书弮4对，合计制钱875串200文。②光绪三十三年（1907），修书处为懋勤殿装潢《十朝圣训》116本，更换古色纸皮、包鱼白绫角、穿白珠线、缮写书签、用本色樟木夹板、挖槽、画签、穿黄线带、随楠木插盖匣、安提环、铜活刻隶字、填绿等，共用书匠88工、画匠6工、托裱匠64工，每工工饭制钱4串文，合计制钱632串文；用了古色纸360张，鱼白绫58尺，黄绫12尺，棉线带128尺，白珠线8两，樟木夹板16分，楠木插盖匣连铜活工料，刻字填绿工料，裱料纸800张，合计制钱3773串800文。③光绪三十四年（1908），修书处为懋勤殿修复《御纂朱子全书》等15种30套192本，换套里、包绫角、穿线、添换签支、缮写、界画、粘补虫蛀等，共用粘补240工、托裱160工、界画32工、缮写书签21工，合计工钱1772串文；用了黄素绫568尺，珠线9两6钱、裱料

---

① 中国第一历史档案馆、故宫博物院编《清宫武英殿修书处档案》（第8册），北京：故宫出版社，2014，第85页。
② 同上，第165页。
③ 中国第一历史档案馆、故宫博物院编《清宫武英殿修书处档案》（第9册），北京：故宫出版社，2014，第119页。

纸3200张、加连纸820张、东昌呈文纸800张,合计制钱3917串760文。① 据统计,自光绪元年(1875)至光绪三十四年(1908)修书处的修复工匠采用了粘补、托裱、界画、缮写与补写等修复方法,为懋勤殿等装潢修复了406部2610套书籍(其中指明了书籍名称的达406部617套,书籍不明的有1993套),共用18186.7工,花费工钱46491串900文。

3.5 宣统年间装潢修复的书籍

宣统元年(1909),修书处为懋勤殿等装潢修复了4部55套书籍,其中,《钦定平定陕甘新疆回匪方略》等41套413本,更换书皮、换套、包角、穿线、界画、书签缮写、所有虫蛀托裱粘补添写齐全,粘补用240工、托裱84工、界画220工、补写226工,共用770工,支出工钱3984串文;用了黄龙绫662尺4寸、珠线82两6钱、书挣16对、托裱材料用裱料纸4200张、合背45块、粘补托裱用加连纸2100张、挂签黄高丽纸4张,合计制钱7356串160文。《康熙字典》1部,换成蓝纺丝套、黄绫书皮、黄绫签、包角、穿线、缮写书签、套签、挂签等,共用书匠28工、托裱36工、粘补60工、界画7工、缮写6工,支出工钱548串文;用了蓝纺丝24尺、黄龙绫87尺、珠线40两、糊饰套里托裱材料用裱料纸860张、黄高丽纸2张,合计制钱1066串400文。宣统三年(1911),修书处为懋勤殿等装潢修复的书籍共计7部9套,其中,《孝经大全》1部,托裱整齐、更换书皮、包角、穿线、界画、缮写书签套签、换成蓝纺丝套、黄绫签,托裱用46工,每工工饭银4钱,合银18两4钱,补写整半字70工,合银70两,成做8工,合银3两2钱,共计支出工银91两6钱;用了蓝纺丝16尺,每尺时价银4钱,黄绫2尺,珠线6钱,托裱用古色夹连纸300张,每张时价银6钱,合银180两。② 宣统元年(1909)至宣统三年(1911),修书处为懋勤殿等装潢修复书籍11部64套,共用1405工,花费工钱5340串文、银150两8钱8分。

---

①中国第一历史档案馆、故宫博物编《清宫武英殿修书处档案》(第9册),北京:故宫出版社,2014,第194页。

②同上,第553—554页。

4.书籍修复与装潢的特色

武英殿修书处的书籍修复与装潢具有较为鲜明的特色,阐述如次。

4.1 皇家风范明显

武英殿修书处修复与装潢书籍的突出之处就是皇家特色明显。首先,修书处的服务主体是皇室、内务府,主要是为内奏事处、翻书房、钦天监、毓庆宫、昭仁殿、懋勤殿、军机处、提调处、行在总谙处、国史馆、翰林院、礼部、方略馆、孚郡王、钟郡王、醇郡王等装潢修复书籍。其次,装潢修复书籍时用的修复材料较好,如多处提及换成蓝纺丝套、蓝纺丝面页或黄花绫套、黄花绫面页;有着森严的等级标准、华丽的装帧形式,以便展示皇家风范。就颜色来说,明黄色最为尊贵,呈鉴本多用此色装潢书衣,如咸丰五年(1855)为内殿装潢《黄册》2部2本时使用黄纺丝套、黄纺丝面页。镶黄、红色次之,大多用于陈设本的装潢,咸丰六年(1856)装潢《钦定合璧孝经》样本书1部、陈设书15部,俱做黄绫套、黄绫面页。磁青色、湖蓝色、古铜色则多用于文集、杂著等的装帧。《四库全书》之经、史、子、集的装潢仿照隋唐旧制,经部用绿绫,史部用红绫,子部用蓝绫,集部用灰绫,象征一年四季之色。《四库全书总目提要》及《简明目录》为《四库全书》的纲领,不便以四色装潢,因此"用黄绢面页以符中央土色,俾卷轴森严,益昭美备"①。"天禄琳琅"所藏善本古籍在进行修复重装后几乎全部改为线装,规格统一,并且配置了华丽精致的书函,以书函的材质和颜色的不同来区别各书的版本时代:宋、金版书及影宋钞本皆函以锦,元版以蓝色绨,明版以褐色绨,以示差等。② 就装帧形式而言,武英殿修书处的书籍装帧以四眼和六眼包角线装为主,也兼有包背装、蝴蝶装、经折装、梵夹装、手卷、推蓬装③等装帧形式。如《四库全书》的装帧形式为包背装,全书封皮用厚纸外裱绫衣,每册前置一、二张副叶,其后是封面叶,著有书

---

① 中国第一历史档案馆编,《清代档案史料·纂修四库全书档案》,上海:上海古籍出版社,1997,第1603页。

② [清]于敏中等撰:《天禄琳琅书目、天禄琳琅书目后编》,上海:上海古籍出版社,2007,第11页。

③ 推蓬装多用于书画作品的装潢,在写本、刻本书中非常稀见,其装帧形式为前后上下翻页,书名横书。

名、作者、版本等项。最后分别用木函装书,函套多用半包式,书根写有书名、卷次等。从装具来看,书册配有各式制作精美堂皇的书套、夹板、盒匣、箱柜等,制作原料有紫檀木、楠木、金、银、铜等,做工、配料都极其考究,充分展示了武英殿修书处书籍修复与装潢锦绣富丽的皇家特点。

4.2 北方特色浓郁

武英殿修书处的书籍修复与装潢具有浓郁的北方特色,在书籍的修复方法中往往都要提到做套与包角,如咸丰十年(1860)为钟郡王装潢《增订清文鉴》1部8套47本,修复方法为"做蓝布套、古色纸面页、包角穿线"。由于北方风沙大,灰尘多,武英殿修书处修复书籍时多半要做函套,如做蓝纺丝套、蓝布套、石青纺丝套、黄绫套,做出的函套多为六合套,四周和上下包裹严密,以便防尘。"包角"即在书籍的书脊两角处包上绫锦,包角的使用是为了保护书角不受磨损,以便坚固耐用。叶德辉称:"北方书喜包角,南方殊不相宜。包角不透风,则生虫;糊气三五年尚在,则引鼠。余北来之书,悉受其害。"①北方天气干燥,使用包角更利于储藏。

4.3 修复档案较为完备

武英殿修书处不只是尽心尽力地修复与装潢书籍,而且进行了详细的记录,如光绪三十四年(1908)武英殿修书处装潢修复《御纂朱子全书》的记载:"懋勤殿片传奉旨装潢《御纂朱子全书》等十五种三十套一百九十二本,著换套里、包绫角、穿线、添换签支、缮写、界画、粘补虫蛀等因,用黄素绫五百六十八尺,每尺时价制钱四串文,合制钱二千二百七十二串文;珠线九两六钱,每两时价制钱五串六百文,合制钱五十三串七百六十文;裱料纸三千二百张,每张时价制钱一百六十文,合制钱五百十二串文;加连纸八百二十张,每张时价制钱一串二百文,合制钱九百八十四串文。粘补二百四十工,合制钱九百六十串文,托裱一百六十工,界画三十二工,合制钱七百六十八串文,缮写书签二十一工,合制钱四十四串文。东昌呈文纸八百张,每张时价制钱一百二十文,合制钱九十六串文。共合制钱五

---

① 叶德辉:《藏书十约》,[明]祁承爜:《澹生堂藏书约:外八种》,上海:上海古籍出版社,2005,第46页。

千六百八十九串七百六十文。"①文中记录了书籍修复的信息：书籍名称、部数、套数、册数，修复方法如换套里、包绫角、穿线、添换签支、缮写、界画、粘补虫蛀等，修复用工与工钱、修复材料与价格，修复书籍所花的总成本，这些信息构成了较为完备的修复档案。虽然清代以前也有修复活动，但是少有修复记载，应该说这些修复档案颇有价值，它们是清代的书籍修复史料，为后人修复书籍提供了方法上的借鉴，也为后人研究清代官府的修复活动提供了第一手资料。

总之，武英殿修书处拥有装潢技艺优良的工匠，他们采用粘补、托裱、界画、缮写与补写、包角、穿线、换书皮、换套等修复方法，使用了蓝纺丝、连四纸、宣纸、裱料纸、高丽纸、东昌纸、洒金宣笺纸、黄榜纸、白榜纸、罗纹纸、黄笺纸、矾料纸、白面、珠线等多种修复材料，自道光年间至宣统三年为毓庆宫、昭仁殿、懋勤殿、钦天监、军机处、翰林院等修复与装潢了1468部8886套书籍②，挽救了很多濒临毁灭的稀世善本，具有重要的历史意义。

The Research on Repairing and Decorating Books of Xiushuchu of Wuyingdian in Qing Dynasty: Based on the Analysis of the Archives of Xiushuchu of Wuyingdian

Wang Meiying

Abstract: An important duty of Xiushuchu of Wuyingdian was decorating

---

① 中国第一历史档案馆、故宫博物院编《清宫武英殿修书处档案》(第9册)，北京：故宫出版社，2014，第194页。

② 这个数据是根据《清宫武英殿修书处档案》统计的，虽然不一定能反映实际修复书籍的总数，因为有些记载没有指明书籍的部数或套数，但是毕竟也能反映大部分书籍修复的实况。

various new books and repairing damaged books. The repairing craftsmen of Xiushuchu were divided into banner craftsmen and recruited craftsmen by their different source and divided into Qi bar craftsmen, mounting craftsmen, flattening book craftsmen, repairing book craftsmen, demarcating craftsmen and folding craftsmen by their responsibilities. These excellent craftsmen used the methods of pasting, mounting, demarcating, supplementary writing, wrapping angle, stitching the thread, changing the cover page, changing the book covers, and used various kinds of repairing materials of blue spinning, Liansi paper, Xuan paper, flour, pearl line etc. to repair and decorate 1468 and 8886 set of books for Yu Qing palace, Zhao Ren temple, Mao Qin temple, Bureau of Astronomy, military department and Imperial Academy. They saved many endangered rare books and had important historical significance.

Keywords: Qing dynasty; Xiushuchu of Wuyingdian; repairing books; decorating books

试论影响修复方案制定的若干因素及其选择

张珊珊 张 亮*

摘要：制定正确且行之有效的修复方案，是保证文献保护和修复质量的关键。影响修复方案制定的因素，不仅包括文献破损的原因、程度，还包括文献所有者的主观意愿和客观保存条件、修复师个人素质、修复机构的能力及工作要求、修复成本、修复中不可控因素的影响等。本文在综合分析这些影响因素的基础上，就修复方案制定时应做出的取舍，提出了自己的观点。

关键词：修复方案；制定；文献破损；修复成本

文献修复是对破损文献的原生性、抢救性保护措施。修复的结果是否能达到文献保护的要求，不仅取决于修复师的修复能力。修复师只是修复方案的具体执行者，熟练掌握各种技法，意味着可以更好地"完成"修复任务。一个正确并行之有效的修复方案，才是保证文献保护和修复质量的关键。"修复方案是指针对文献遗产破损情况而制订的修复计划和措施。"①在实施具体修复步骤前，制定详尽的修复方案，"不仅体现了保护文献遗产的高度责任感，也更有利于明确修复的目的，选择最佳的方

---

* 张珊珊，中山大学图书馆；张亮，中山大学图书馆。
① 张美芳，张松道主编：《文献遗产保护技术管理理论与实践》，长春：吉林文史出版社，2009年，第93页。

法进行有效的处理,从而达到保证修复质量的最终目标"①。

修复方案一般由修复人员制定,通过分析文献的破损现状及其成因,拟定具体的修复方法和步骤,并选择相应的材料和设备。目前,文献修复应遵循"整旧如旧""安全可逆""最小干预"等原则,但在实际工作中,大原则下的具体操作细节是灵活多变的。修复从其提出到具体执行,这个过程所涉及的方方面面,都影响着方案的制定。最终确定的具体技术路线、操作步骤及方法材料实际上是在综合分析、权衡各种利弊后做出的取舍。

1.修复行为的提出及修复所要达到的目的

1.1 文献本身的破损情况

修复行为的提出,首先是修复主体有修复的需求。文献在使用和保存过程中,受自然灾害、生物因素、人为因素等影响,出现撕裂、粘连、缺损、纸张酸化等破损症状。为了让文献更好地保存下去,文献需要通过修复手段,清除或降低历史遗留的损害,延长文献的寿命。针对不同的纸张、不同的装帧结构、不同的破损原因、不同的破损位置、不同的破损程度,"对症下药"地制定修复方案,尽可能详尽细节。包括通过科学检测,确定纸张的种类、厚薄、颜色,选取与纸张种类相同、厚薄颜色相似的补纸,使修复后的纸张质感、外观、强度和谐统一;判断纸张质量,选择适当的加固技术,能不托即不托;确定文献的装帧方式、缝缀技法、缝缀材料,最大程度复原文献的结构与外貌特征;测试字迹牢固度,对油墨字迹易洇染的文献,尽可能减少其与水的接触时间及面积……不同破损都有相应的修复技术,受文献客观状况的限制,其选择是比较单一的。但破损的程度不同,破损的修复迫切度就不相同。是否干预和修复,修复处理的深入、细致程度,就是可变的。再加上文献的珍贵程度、艺术价值各异,修复会有"轻重缓急"和不同的处理重点。

---

①张美芳,张松道主编:《文献遗产保护技术管理理论与实践》,长春:吉林文史出版社,2009,第93页。

1.2 文献所有者的主观意愿及客观保存条件

文献所有者可以是个人,也可以是机构(负责馆藏保存管理的部门)。理论上,文献所有者对文献修复的目的和所要达到的效果具有决定权。其对文献修复后的外观、功能、持久性等的具体要求,都将影响修复方案的制定。

当文献所有者是个人时,其对文献保护和修复的要求,与专业机构相比,会有所不同。通常来说,整饰外观、使文献在外貌上焕然一新是他们的首要追求,也是最能带给他们直观印象的评价标准。而且,这种判断标准会受情感等非理性因素左右,将文献的纪念价值放在首位,不仅忽略文献的历史性、功能性,甚至会对修复提出一些违背修复原则的要求。例如,日本电视节目 Fascinating Craftsman(迷人的工匠)曾制作一期节目,讲述日本旧书修复师冈野畅夫(Nobuo Okano)为客户修复图书的故事。旧书的主人打算把自己从学生时代用到现在的日英词典送给女儿,但词典的保存状况不佳,封面严重磨损、书皮与书芯分离并几近剥落、书页褶皱破损、书口不仅染紫色还留有学生时代交往的女友名字的缩写。因此,委托方要求修复师既要恢复字典的原有功能,又要在保留使用痕迹的同时改善书籍外观,并去除一些不必要的信息(书口留下的名字)。文献所有者的这些诉求,使修复师不得不打破"整旧如旧""最小干预"的原则局限,选择更"大刀阔斧"的修复方案,更换书籍封面、切除三边。尽管这种因委托方缺少专业知识而提出与修复理念相矛盾的修复要求的例子只是少数,大部分文献所有者对修复工作并没有一个明确的要求,也更尊重修复者的专业意见,但他们实施修复的出发点及对修复效果的评价往往停留在最表面、最直观的方面,修复方案在制定时,要充分考虑文献所有者的满意度。

当文献所有者是机构时,机构的专业性会高于个人,但机构的整体馆藏发展政策、文献的使用频率及使用方法、读者使用情况及服务人群等,依然会对修复的结果提出具体的要求。例如,有的文献修复是配合数字化工作开展的,这对文献修复的时间有具体的限制;又如,有的文献已经有电子版、影印版等替代品,原件只需要保存现状不继续恶化,对修复的迫切程度和深入程度要求不高。修复方案在制定时,要根据文献存藏机构的具体情况,控制、调整修复实施的深入程度,满足机构不同的修复要求。

除了主观意愿,文献所有者的客观保存条件,也是制定修复方案时需考量的因素。文献修复后的存藏环境,将直接影响修复结果的持久性。例如南方气候潮湿,制作函套不仅不能起到保护的作用,还可能因此招虫招霉,危害文献的长久保存。修复方案因此要做出必要的调整。

2.修复师及修复机构的自身情况

现行美国历史与艺术作品修复委员会(AIC)颁布的修复准则提到,修复实践工作受制于个人能力、教育背景和可获得的配套设施。作为修复方案的具体执行人,修复师和修复机构的自身情况也会制约修复方案的选择。

"整旧如旧""安全可逆""最小干预"等修复原则,是对修复工作的宏观指导,但对原则的理解和执行能力、大原则下的具体细节处理,不同的角度会有不同的做法。相同的技术,不同的人实施的效果也不一样。这取决于修复师的职业素养,即其道德、认知、技术水平的高低。修复方案的各要素之间,有时是对立的,简单、便利的方法可能对文献产生破坏,复杂且可逆的方法消耗时间精力、增加修复成本。在衡量付出与回报的过程中,不是所有人在任何情况下都能站在道德制高点进行选择,这需要修复师依靠职业素养做出正确的选择。专业的修复人才培养实际上是职业教育的一种。作为职业教育的必修课程,修复职业伦理教育越来越受到各方面的重视。

修复机构自身情况对修复方案制定的影响也不容忽视。这种影响主要体现在配套设施的提供、对成员工作效率的要求这两方面。修复工作不仅仅是手艺活,从前期科学检测到修复用纸、用水,再到"揭、补、托、连"等具体修复手法,都依赖于所掌握的修复设备、修复材料、修复工具。缺乏专业检测设备,修复师就只能依靠经验判断;材料受限,修复方案就只能退而求其次;工具不配套,特殊修复工序就无法施展开来。这些都是制约修复技术的客观因素,在制定修复方案时都要纳入考虑的范畴。同时,作为用人单位,对修复师个人价值的衡量,除了修复技艺精湛与否,往往还要考量其工作效率及其为机构带来的具体效益。身负文献保护的重责,一方面,机构希望通过提高修复量缓解文献破损的现状,修得越多越好;另一方面,机构也需要通过合理的绩效评估加强人员管理,充分有效调动员工积极性。因此,机构无论是感情上还是评估体系的要求上,都希望修复能进行得既快又好。但是,总的来说,修复的精细及深入程度和时间的投入是成正比的。这对矛盾是修复方案制定过程中最常见的矛盾之一。在实际工作中,修复师不得不在投入与产出之间寻找平衡点。

3.修复成本

杜伟生老师在《中国古籍修复与装裱技术图解》一书中提到,"修复普通线装书时,应一丝不苟、严格遵守操作规程,确实保证修复质量"[①]。像对待善本一样对待每一本普通古籍,这是文献保护和修复工作者的良好愿望,但在实际工作中,这更多的只是强调修复态度的精神情怀,普通古籍和善本古籍的修复还是存在区别的。从方案论证到修复材料的选择,珍贵古籍所占用的资源都比普通古籍多得多。修复成本是制定修复方案不得不考虑的因素,不管是时间成本还是经费投入,即使修复个人及机构拥有充足的技术与设备,文献自身的修复需求、文献所有者的主观意愿是否能完全满足,还取决于修复成本投入的多寡。修复工作越精细,修复成本就越高。为了有效控制成本,根据文献的珍贵程度选择修复方法和材料,是客观存在的。

在国外,根据预算经费制定修复方案的现象更普遍。国外的收藏单位往往没有建立独立的修复工作室,而是采取委托修复的方式,依靠区域性修复机构满足各自的修复需求。合作方制定不同修复成本的修复方案供委托方选择,委托方则根据自身的经费情况选择合作单位及相应的修复方案。这种"量体裁衣"的方式会随着委托修复的普及,成为修复方案制定的常态。

---

①杜伟生:《中国古籍修复与装裱技术图解》,北京:中华书局,2013,第5页。

4. 预判的局限性

修复方案在制定之初,都有相应的"风险评估",预测修复过程中可能出现的技术难题和应对措施。专业的修复师恰恰是需要了解各种材料,可预见不同修复方案所产生的结果,对各种材料及方式的选择都有预判性。但这种预判受修复师的技术与经验限制,是有局限的。在修复过程中会出现一些"意想不到"的状况。同时,修复的实施过程中还会遇到一些不可控的因素,例如染色的稳定性不同,经过染色的纸张随着时间的推移发生了颜色变化;在使用纸浆补书机时,突如其来的一个气泡使纸张发生了位移……设备故障、设备误差、原材料的质量问题等,这些因素是不受修复师主观意志控制的,也是修复师无法通过提高自身技术来解决的。因此,在对修复方法进行取舍时,不可预测的要放宽,不熟悉的要留有余地。

5. 诸因素的取舍

从上文的论述中,我们不难发现,影响修复方案制定的因素有很多,有些是可以调和的,有些是对立的。修复方案所选择的"最佳"修复方法、"最合适"修复材料,是在综合考虑各因素后,做出的一种取舍。合理取舍与遵循修复原则并不矛盾。我们之所以谈"整旧如旧",是因为在修复的过程中,我们不能抹除、损害或掩盖文献作为证据的价值,不得干扰未来对修复的任何处理,所以追求修复的真实性、历史性和还原性。同时,在修复过程中,尽管技术设施是安全可逆的,但每一个措施对文献产生的影响都是"不可逆"的。修复过程中也不可能把一切都保存下来。所以我们还强调"最小干预",以减少对未来检验、科学分析、修复处理的影响。当工作条件受到特殊限制时,有的放矢比喊口号更实际,不能盲目的"守旧"和"不干预"。

笔者认为,在权衡取舍的过程中,修复师要有坚守,有侧重。首先,文献自身对持久性、功能性的要求是需要得到优先保障的。修复是为了"保护",延长文献的寿命是修复首要完成的目标。任何修复手段都应以不使文献损坏或加速文献材料的劣化为前提。人们常把文献修复工作者比作

"书医生",修复师对书的修复确实好比医生治病救人。治病是通过清理病灶、消灭或抑制病菌,使病人继续存活下去,存活是治病的第一要义。因此,不管采取简单还是深入的修复措施,清除或遏抑文献的历史损害残留,降低损害的影响,是修复方案必须达到的成果之一,不应受个人意愿、成本多寡的影响。同时,治病救人还讲究治愈后的生存质量,就文献修复而言,就是要在延长文献寿命的同时,让文献继续发挥其功用价值。因此,保障文献的功能性,也是修复的基本要求。在满足这两个保障的基础上,其他因素在力所不逮或冲突的时候是可以牺牲舍弃的。我们可以因为节约时间,留下不影响翻阅不会继续扩散的虫洞;可以为了让书籍更好的展开,把平订式改成订背式,把紧背书脊改成腔背书脊;可以将书脑太窄、订线压框压字的书接背,将天头地脚太小易伤字"出血"的书接天地或加衬纸做成金镶玉,而不考虑"整旧如旧"……这些取舍,就是建立在护书基础上的。需要指出的是,一些形质特殊、具有标本性意义的文献,其外貌要求往往高于功能要求,在制定修复方案的时候应尽可能保障其原貌特点。

其次,作为文献修复的具体实施主体,修复师应在充分理解文献的个性和重要性,充分尊重其创造者的基础上,在有限的条件下实现工作效果的最大化。对待修复的文献心存敬畏之心,不断提高自身道德素养、技术水平,是修复师整个职业生涯的必修课。为避免因自身技术经验不足造成误判,修复师应尽可能多的通过先行实验获得科学依据。修复方案要充分论证,每一个处理皆有理有据,多听取专家意见,并通过审查制度加强监督。修复方案在制定后也不是一成不变的,受制定预判性的局限及实施过程中不可控因素的影响,修复方案要在实际修复过程中不断修正,重新面临取舍。

文献修复者不仅要在有限条件下实现工作效果的最大化,还要保证不以牺牲工作质量作为妥协。正如前文提到的,作为文献所有者的个人,往往对文献修复有一些非理性的要求。对文献所有者的主观意愿,修复者应予以尊重。但这种尊重更多的体现在方案制定前及方案实施过程中的有效沟通上。作为修复方,有义务向世人传达正确的修复理念,并在修复前尽可能地向文献所有者阐述各种修复方案的利弊,让所有者参与取舍。在修复过程中,对需要作出的调整及已发生的有别于预期效果的修复结果,也应及时告知文献所有者。这也可以使所有者的期待值更符合实际情况,增加修复效果的满意度。当两者无法达成共识时,修复师必须有自己的职业判断和职业底线。

在修复方案制定的博弈过程中,修复效率、修复成本是最可舍弃却又不得不面对的因素。无论是文献所有者还是修复机构,对修复成本的衡量都是客观存在的。修复机构对效益的追求也是无可厚非的。但修复的深入程度、精细程度,都与时间、人力、金钱投入成正比,这是一个无法解决的矛盾。在现代科学技术的支持下,会有更多"多快好省"的新技术提高修复师的生产力,但新技术需要时间检验,文献修复多谨慎选用"古方"。总的来说,收藏机构和修复机构还将长期面临投入大于产出的压力。笔者认为,为了缓解修复成本的压力,可引入项目管理的方式,为修复提供更多的经费支持。同时,设立快速修复岗位,以普通加固为主,并发动义工力量(如经过简单修复培训的馆内其他部门员工、其他社会人士)完成一些简单的修复工作,以此降低修复的总体成本。拥有文献的个人、收藏机构以及文献修复机构,也应更新观念,充分认识到文献保护及修复工作的意义并不是用金钱来简单衡量的。

6. 结语

修复方案的制定,是一个复杂多变的过程。在整个文献修复过程中,我们必须"具体情况具体分析"。根据文献的实际破损情况,结合工作实际,采取适当的修复手段,恰恰也是一个修复人员技术成熟的标志。

Discussion on Several Influential Factors and the Choices of the Treatment Proposal

Zhang Shanshan, Zhang Liang

Abstract: The key to guaranteeing the quality of preservation and conservation of literature is to formulate an appropriate and effective treatment proposal. Apart from the cause and level of damage to literature, other factors also have an influence on the formulation of treatment proposal, including owners' subjective wishes, objective condition of storage, conservators' individual qualities, capability and requirements of the conservation organizations, the cost of repairing and some uncontrollable factors during the conservation. Based on the analysis of these factors, this paper is going to raise a point of how to make choices when formulating a treatment proposal.

Keywords: treatment proposal; formulation; damage to literature; the cost of repairing

不同纸张干热老化性能研究

田周玲　闫智培[*]

摘要：为了研究不同纸张的预期寿命及其耐老化性能的差异性,对竹纸、宣纸、新闻纸、字典纸和构皮纸等五种不同纸张进行了模拟干热老化实验。并对老化过程中纸张的白度和机械强度(抗张强度、撕裂度、耐折度)进行了分析检测,并通过检测纸张的化学性能(黏度、铜价、pH值)分析了纸张老化的内在原因。结果表明,不同纸张白度和机械强度的大小及老化稳定性不同;初始机械强度对纸张的耐用性影响很大;纤维素的水解、氧化与纸张机械强度下降关系密切;竹纸pH值稳定性较差,长期保存时需防止其酸化加速文献老化。

关键词：干热老化；老化性能；纸

纸质文献的保存与保护是图书馆、档案馆和博物馆等纸质文献收藏单位的一项重要工作[①]。纸张素有纸寿千年之说,但是仅目前来看,国家图书馆现存最早有确切纪年的纸质文献是公元417年的《律藏初分》,距今已有约1600年的历史,纸张的寿命已远超1000年。但是也有很多珍贵文献随着保存时间的延长,出现了纸张泛黄、易折断或裂为碎片等机械强度下降的现象。为了研究不同纸张寿命各异的原因,需要采用模拟老化方法来对纸张的老化特性进行研究。目前常用的聚合物模拟老化方法

---

[*] 田周玲,国家图书馆;闫智培,国家图书馆。
[①] 田周玲,龙堃,易晓辉等：《保存环境对纸张性能的影响研究》,《中华纸业》2016年第14期。

有:紫外光加速老化[1-4]、热老化[2,5]、水解老化[2,6]等。目前,纸质文献收藏单位为了延长文献寿命,对珍贵文献已经实施了减少光老化和避免水解老化的措施,为了更好的模拟在良好保存状态下纸张的老化情况,本研究采用干热老化的方式进行研究。为了研究不同纸张的寿命及其在老化过程中光学、机械、化学性能的差异性,本文进行了一系列的纸张老化实验,并对老化过程中纸张的白度和机械强度(抗张强度、撕裂度、耐折度)进行了检测和分析。为了进一步探究老化过程中纸张白度和机械性能变化的内在原因,分析了不同老化时间纸张的化学性能(冷抽提 pH 值即冷水抽提液 pH 值、黏度和铜价)。

1.研究方法

1.1 纸样及处理

实验采用 5 种类型的纸张,详细信息见表 1。

根据老化箱的横截面面积,将纸张裁成约 30cm×25cm 的长方形,裁纸的过程中保持纸张的正反面和纵横向一致,并进行标记。将上述五种纸样分别平均分为 11 份,用长尾夹夹好,并做好标记。

表 1　纸样基本性质

名称	竹纸	构皮纸	宣纸	新闻纸	字典纸
分类	手工纸	手工纸	手工纸	机制纸	机制纸
生产厂家	浙江	贵州丹寨	汪六吉	华泰	凤生
原料	竹子	构树皮	青檀皮和沙田稻草	木材	木材
制浆方法	碱法	碱法	碱法	机械	化学法
漂白	未漂白	未漂白	日光漂白	未漂白	化学漂白
加填料	有	有	有	有	有
加增强剂	无	无	无	有	不确定
白度/ %	38.78	38.73	79.66	57.50	74.18
定量/ g/m^2	14.70	21.76	41.24	47.39	41.95

1.2 仪器

仪器设备：老化箱，美国 Mast 公司；Elrepho 分光白度仪，美国 Datacolor 公司；Elmendorf 撕裂度仪，美国 TMI 公司；卧式拉力机，美国 TMI 公司；耐折度仪，美国 TMI 公司；Sartorius AG pH 计，美国赛得利斯公司；NDJ 旋转黏度计，上海平轩科学仪器有限公司。

1.3 加速老化方法

从上述 5 种纸样中各取 10 份，按照纸张种类分别放置于 105℃ 老化箱的不同隔板层进行老化实验。为保证老化效果的均匀性，每周调整 2 次纸样的放置位置，调整时，将不同的纸样和同种纸样的不同份按照由上往下的顺序依次进行调整。在不同的老化时间点将 5 种纸样分别取出 1 份，每次均取最上面的 1 份。根据《GB/T 464-2008 纸和纸板的干热加速老化》，在温度为 105±2℃ 的环境中连续老化。老化时间以 72h 为 1 个单元，纸样老化时间分别为 1、4、10、20、40、60、70、80、90、100 个老化单元。同时，保存 1 份未老化的平行样，于避光处保存。

1.4 老化时间对纸张性能的影响

分别检测不同老化时间纸样的白度、抗张强度、撕裂度、耐折度、冷抽提 pH 值、黏度和铜价。检测方法分别依据国标 GB/T7974-2013、GB/T 12914-2008、GB/T455-2002、GB/T457-2008、GB/T1545-2008、GB/T1548-2004 和 GB/T5400-1998。

2.结果与讨论

2.1 白度

纸张老化的宏观表现是颜色变黄（返黄），随着老化程度的加深，颜色可能逐渐加深[1]。因此，返黄是一项表征纸张老化程度的直观指标。纸张返黄的程度可用返黄值（p.c 值）表示。纸张的返黄值可以通过测定

---

[1] 刘家真：《古籍保护原理与方法》，北京：国家图书馆出版社，2015，第 4 页。

纸张的白度来进行计算①。

$$p \cdot c \text{ 值} = \left\{ \left[\frac{(1-R_\infty)}{2R_\infty} \right]_{\text{老化后}} - \left[\frac{(1-R_\infty)}{2R_\infty} \right]_{\text{老化前}} \right\} \times 100\%$$

式中 R_∞ 为纸张的白度。

返黄值在老化过程中纸张返黄值的变化如图1所示。

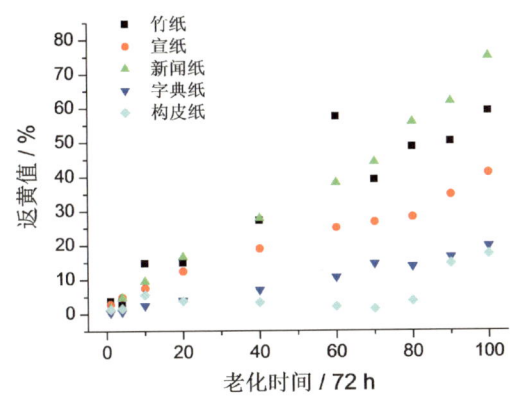

图1 老化时间对纸张返黄值的影响

从图1可以看出,随着老化时间的延长,5种纸张的返黄值都不断上升。其中,竹纸和新闻纸的返黄值较高,经过40个老化单元时,返黄值已达27%;经过70个老化单元,返黄值分别达39.13%和44.18%。宣纸返黄值呈中等上升幅度,70个老化单元后,返黄值上升26.76%。构皮纸和字典纸白度稳定性较好,字典纸经过40个老化单元后,返黄值仅为6.99%;构皮纸经过80个老化单元,返黄值仅有3.69%的下降率,90个老化单元后才开始明显返黄(返黄值为14.66%)。

纸张的返黄与木质素含量和结构、初始白度、及制浆漂白方式均有密切关系。纸张返黄的最主要原因是纸张内木素含有的羰基或者羧基及其共轭双键结构的生色基团及助色基团的变化②。因此,木质素含量高的纸张返黄较严重。新闻纸为机械木浆纸,木质素的含量高,竹纸由整根竹

---

①石淑兰、何望福、张曾等:《制浆造纸分析与检测》,北京:中国轻工业出版社,2002,第128页。
②王心琴:《浅析纸张老化的原因》,《档案与建设》1997年第9期,第33页。

子制成,相比仅以韧皮纤维为原料的构皮纸和宣纸木质素含量高,因此,这两种纸老化过程中返黄速度较快①。

宣纸和字典纸的初始白度都很高(表1),但是字典纸老化后返黄值很低,而宣纸较高。这是因为宣纸是由青檀皮纤维和沙田稻草经过传统的碱法蒸煮和长期的日光漂白制成,日光漂白是利用空气中的臭氧②对木质素产生氧化作用——主要是改变纸浆中残留的木素和色素的结构,使原有生色基团变为无色基团进行氧化降解破坏发色基团,所以宣纸中残余的木质素含量与经过现代化制浆漂白处理的字典纸比仍然较高,同时臭氧漂白会在纸浆中产生引起返黄的羰基③。此外,为了实现薄而不透明的目标,字典纸生产过程中要添加较多白度较高、光散射系数较大的钛白粉(二氧化钛)和优质碳酸钙作为填料,这两种物质白度高、在老化条件下稳定。所以宣纸返黄值呈中等的上升速度而字典纸白度较稳定。

构皮纸由构树皮纤维制成,没有经过漂白,所以初始白度低,但是本身纤维素含量高,木素含量低,因此老化过程中返黄不明显。

2.2 机械强度

纸张变质后,不仅会泛黄,而且其机械强度也会下降④,随着下降程度的加深可能直接导致纸质文献碎片化、破损乃至毁灭。因此,本文选用体现纸张受拉能力的抗张强度、反映纸张抵抗反复折叠能力的耐折度和代表纸张韧性的撕裂度来表征经过老化后纸张的机械强度变化。

2.2.1 抗张强度

抗张强度是表征纸张物理强度的一个重要指标,是表征纸张老化的一个重要因素。老化过程中纸张的抗张强度的变化如图2所示。

---

①尹慧道,王义翠,操江山等:《纸张加速光老化与白度值相关性分析》,《档案学通讯》2005年第1期,第63页。
②刘仁庆:《国宝宣纸》,北京:中国铁道出版社,2009,第31页。
③窦正远:《臭氧漂白能减轻白度的返黄》,《黑龙江造纸》2006年第4期,第57页。
④张清志:《文献纸张的自然老化及其研究》,《档案学研究》1998年第2期,第60页。

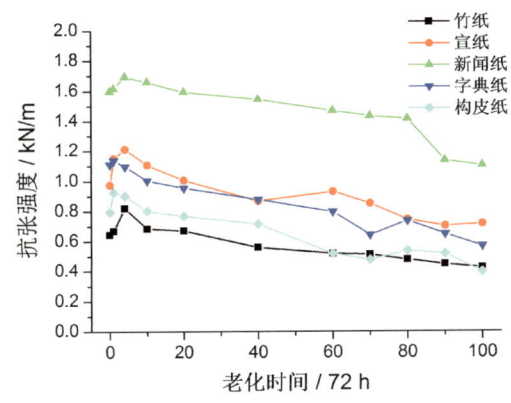

图 2　干热老化时间对纸张抗张强度的影响

从图 2 可以看出,不同纸张抗张强度的大小顺序为:新闻纸>宣纸>字典纸>构皮纸>竹纸。新闻纸之所以具有最大的抗张强度,是因为其定量最高,且生产过程中加入了纸页增强剂①。其次是宣纸和字典纸,二者的定量也较高。但是宣纸和字典纸定量接近,而在老化过程中宣纸的抗张强度却高于字典纸,这可能是因为字典纸生产过程中为了实现纸薄且不透明的目的,加入了大量的钛白粉和碳酸钙,从而使得纤维间的结合降低,纸张的抗张强度降低②。竹纸和构皮纸因为定量低、纸页薄,所以抗张强度较小。

在老化的初期阶段(4 个老化单位以内),上述 5 种纸张的抗张强度均略有增加,而后随老化时间的延长抗张强度均呈下降趋势;在 90 个老化单元后,5 种纸张的抗张强度均趋于稳定。这可能是因为在老化过程中纤维素不断降解,纤维素链变短。纤维素链变短,一方面会引起纸张的抗张强度下降,另一方面还会产生纤维断裂、细纤维化的作用,使得纤维之间的结合加强,抗张强度上升。因此,在老化初期,纤维素降解程度较低时,纤维结合加强引起的抗张强度上升幅度,超过纤维断裂引起的下降幅度,会导致纸张的抗张强度上升。之后,纤维素降解程度加大,断链引

---

①王雄波:《化学助剂在新闻纸生产应用中的机理与实践》,《造纸科学与技术》2010 年第 6 期,第 93 页。
②胡桂春,邢洁芳,戴红旗:《字典纸性能对印刷密度和透印值影响》,《造纸科学与技术》2010 年第 5 期,第 19—24 页

起的抗张强度下降的作用占据了主导地位,导致纸张的抗张强度下降。

此外,虽然随老化时间的延长,5种纸张的抗张强度都在下降,但是仍然和初始抗张强度非常相关,表现为初始抗张强度较高的纸张,老化后的抗张强度仍然较高。但是不同纸张的抗张强度随老化时间的稳定性也存在少许差异。不同纸张抗张强度的稳定性(以强度数值下降百分比计)顺序为:新闻纸>宣纸>竹纸>构皮纸>字典纸。

2.2.2 撕裂度

撕裂度为将预先切口的纸(或纸板),撕至一定长度所需力的平均值。在国家标准 GB/T 24423-2009《信息与文献 文献用纸 耐久性要求》和 GB/T 24422-2009《信息与文献 档案纸 耐久性和耐用性要求》中,都将撕裂度列为纸张物理强度的表征指标。老化过程中纸张的撕裂指数的变化如图 3 所示。

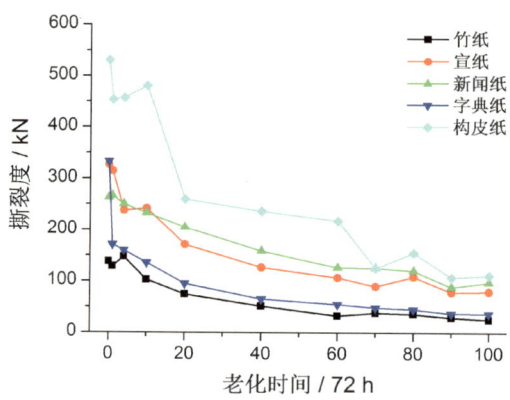

图 3　干热老化时间对纸张撕裂指数的影响

从图 3 可以看出,不同纸张撕裂度的大小顺序为:构皮纸>字典纸>宣纸>新闻纸>竹纸,随着老化时间的延长,5 种纸张的撕裂度均呈明显的下降趋势。在 60 个老化单元之后,撕裂度的下降趋势变缓,而在 90 个老化单元之后,撕裂度基本不再变化,这表明已经接近纸张的寿命终点。撕裂度的耐老化稳定性为:新闻纸最好,字典纸最差,构皮纸、宣纸和竹纸类似。深入分析可以发现,虽然撕裂度稳定性规律类似,但是由于初始值的较大差异,构皮纸(111.71 kN)和宣纸(79.98 kN)经过 100 个老化单元后仍具有远高于竹纸(25.57 kN)的撕裂度。这是因为纸或纸板被撕裂时,需要把纤维从样品中拉出或者要把纤维撕断。因此,纤维长度是影响撕裂度的重要因素。而纤维素长度的顺序为:构皮>青檀皮(宣纸主要原料)>竹。而新闻纸和字典纸的撕裂度数值较大与造纸过程中加入填料、干强剂和湿强剂等因素有关。

2.2.3 耐折度

耐折度是在标准张力条件下,试样断裂时的双折叠次数的对数(以10为底)。耐折度经常被用于表征纸张的寿命,但是在实际工作中,有些纸张,特别是薄的手工纸的耐折次数很低,很难检测,因此,其应用受到很大制约。本项目中,为能够尽可能多地检测出各种纸张之间耐折性能的差别,弹簧的张力采用2.94N。老化过程中纸张的耐折度的变化如图4所示。

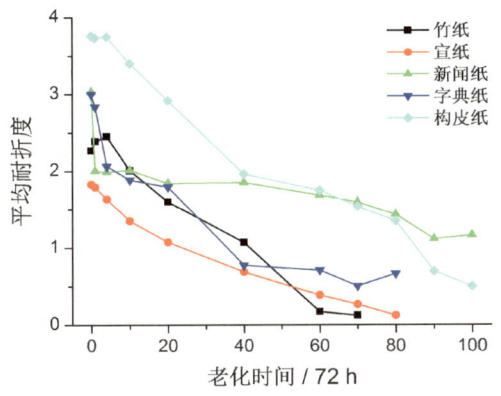

图 4 干热老化时间对纸张耐折度的影响

从图4可以看出,不同纸张的耐折度大小顺序为:构皮纸>新闻纸≈字典纸>竹纸>宣纸。在初始老化阶段(4个老化单元),构皮纸、竹纸和宣纸的耐折度变化很小,而新闻纸和字典纸的耐折度急速下降;之后,新闻纸的耐折度缓慢下降,其他4种纸的下降速度较快。而竹纸在老化70个老化单元之后、宣纸在老化80个老化单元之后、字典纸老化80个老化单元之后,其耐折度在2.94N的弹簧张力下都没有测到数值。由此可见,经过上述老化单元后对应纸种的耐折性已经非常差。纸的耐折能力主要受纤维自身强度、柔韧性、纤维长度及纤维结合力的影响,与抗张强度相比,耐折度受纤维长度的影响更大,纸的柔韧性对耐折度的影响也很大。

综上所述,新闻纸具有最大的抗张强度和机械强度稳定性;构皮纸具有最好的耐撕裂和耐折性能,且具有较好的稳定性;字典纸初始机械性能较好,但是稳定性较差;宣纸具有中等抗张和耐撕裂能力,稳定性一般,耐折能力略差;竹纸的机械性能相比其他纸种较差。4个老化单元以内,各种纸张的机械性能均变化不大,之后开始大幅下降,初始机械强度对纸张的耐用性影响很大。

2.3 化学性能

不同纸张之所以具有不同的白度和机械性能稳定性,与构成纸张的纤维素状态密切相关。在纸张的老化过程中,纤维素发生水解会引起纤维素链变短,纤维素长链的断裂会引起纸张的机械强度下降。纤维素随着老化时间的延长,也可能逐步缓慢的氧化而失去原来的白度和韧性①。因此,本部分通过检测纸张的聚合度和铜价分别表征了不同老化时间纸张中纤维素的链长和还原性末端基数量,结果见图5和图6。

聚合度是指纸张中组成纤维素的葡萄糖基的数量,可表征纸张纤维长度,是纸张老化程度的重要指标②。因新闻纸为磨木浆纸,其木素含量过高使得聚合度测试结果无法真实反映纤维素的聚合度,该部分不讨论新闻纸的聚合度变化情况。老化过程中其他四种纸张的聚合度变化如图5所示。

---

① 刘全校,詹怀宇,张长彪等:《影响碱性纸张老化的因素》,《纸和造纸》2003年第1期,第21页。
② 张慧,陈步荣,朱庆贵:《传统氧化去污材料对纸张纤维纤维素聚合度的影响》,《中国造纸》2014年第2期,第30页。

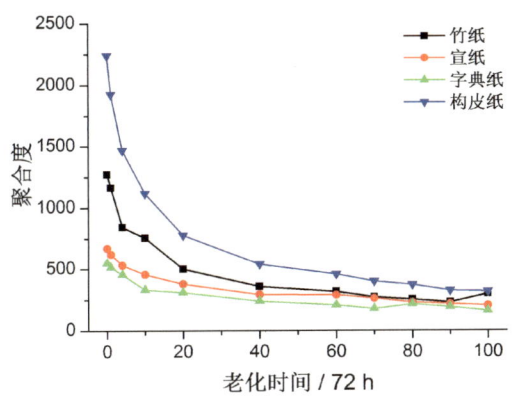

图 5 干热老化时间对纸张聚合度的影响

从图 5 可以看出,四种纸的聚合度大小顺序为:构皮纸>竹纸>宣纸>字典纸,构皮纸的原始聚合度在 2200 左右,在前 40 个老化单元内,聚合度迅速降低到 500,随后缓慢下降至 400 左右。竹纸的原始聚合度在 1300 左右,在前 40 个老化单元内,聚合度迅速降低到 350,随后缓慢下降到 300 左右。宣纸和字典纸的聚合度下降比较缓慢,老化 80 个老化单元后变化更小,最低值在 150—200 之间,此时纸张已严重脆化①。这表明在老化过程中构成纸张的纤维素不断发生水解,链长逐渐变短;并且初始纤维素链越长的纸种纤维素水解速度越快,40 个老化单元后所有纸张的纤维素链长均已较短,之后缓慢水解。构皮纸的纤维素聚合度最高,这与其最高的撕裂度和耐折度一致。

纸浆的铜价是指 100 克绝干纸浆纤维,在碱性介质中,于 100℃时将硫酸铜还原为氧化亚铜的克数。对于漂白浆和精制浆(宣纸和字典纸),铜价可以确定水解纤维素或氧化纤维素还原某些金属离子到低价状态的能力,所以纸浆铜价可以用来检查纤维素的降解程度、变质程度以及估算还原基的量。对于机械浆(新闻纸)和未漂浆(竹纸和构皮纸),虽然其中木质素等杂质较多,铜价无法准确反映纤维素的还原能力,但是可以评估纸浆中具有还原性的物质(氧化纤维素、水解纤维素、木质素和糖等)的量。同时,纸张耐久性研究尚不够系统深入,没有合适的测定方法来检测

---

① 孙礼春,王景翰:《纸张的老化及检验》,《江苏警官学院学报》2005 年第 2 期,第 171 页。

机械浆和未漂浆中纤维素在老化过程中被氧化和水解的程度。因此,新闻纸、竹纸和构皮纸也采用铜价来评估老化过程中还原性物质的数量变化来观察其大致趋势。老化过程中 5 种纸张的铜价变化如图 6 所示。

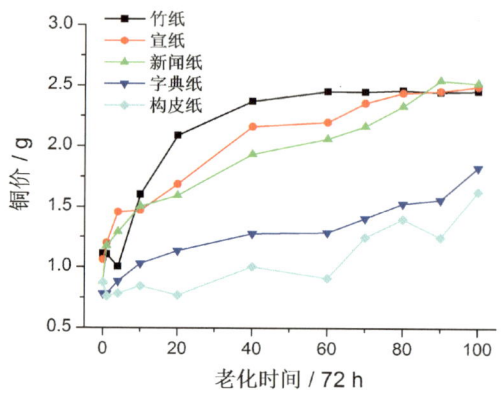

图 6　干热老化时间对纸张铜价的影响

从图 6 可以看出,铜价的大小顺序为:构皮纸<字典纸<新闻纸<宣纸<竹纸。在老化的过程中,5 种纸张的铜价均呈上升趋势,在 0 到 4 个老化单元内,上升较为缓慢,这表明在 4 个老化单元以内,纤维素的水解和氧化速率较慢,这与该阶段内较慢的机械强度下降水平一致;在 4 到 40 个老化单元内,铜价迅速升高,这表明在该阶段纤维素迅速水解和氧化导致纤维素长链断裂、纸张的机械强度快速下降;然后上升速度变缓,到 90 个老化单元之后,基本平稳,此时纤维素的水解、氧化程度很高,纸张的白度和机械强度均已处于较低水平。

综上所述,纸张的种类对其白度和机械性能存在决定性的影响,珍贵纸质文献优先要采用耐老化的纸张制作;对于同种纸张,纤维素的水解和氧化对于其机械强度的下降起到了至关重要的作用。因此,在纸质文献的保存保护过程中,如果要延长纸张的寿命,必须减缓纤维素的水解和氧化速率。由于纤维素在中性和弱碱性条件下比较稳定,而在酸性条件下较易被水解,所以纸张酸化是加速纤维素水解、纸张老化的一个重要因素。因此,本部分检测了不同纸张的 pH 值随老化时间的变化,结果见图 7。

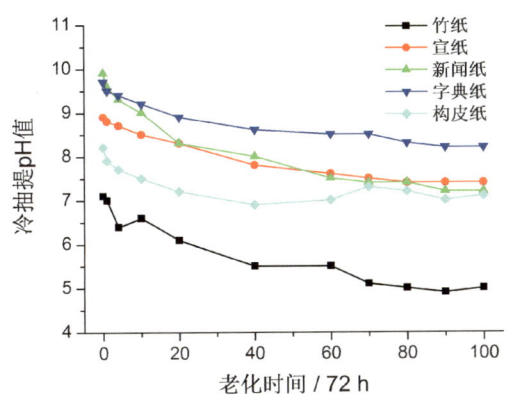

图7 干热老化时间对纸张冷抽提pH值的影响

从图7可以看出,5种纸张的初始pH值均高于7,随着老化时间的延长,所有纸张的pH值均呈下降趋势,但是下降速率不一。字典纸的冷抽提pH值均在8.0以上,新闻纸的冷抽提pH值一直在7.0以上,这与目前的制浆造纸工艺有关,字典纸和新闻纸均采用大量的碳酸钙等物质作为填料,使得纸具有较高的碱保留量,并且字典纸采用碱性施胶工艺,所以他们都具有较高的pH值,且稳定性较好;宣纸的冷抽提pH值呈缓慢下降趋势,且最低值约在7.4左右,这主要得益于宣纸的碱法制浆工艺;构皮纸的初始冷抽提pH值在8.2左右,老化过程中,冷抽pH值下降缓慢,老化后的最低数值基本在7.0左右,说明构皮的抗老化性能良好;竹纸冷抽提pH值较低,老化过程中的下降也非常明显,20个老化单元后,pH降至6左右,这将会加速纸张的老化,为这5种纸张中最不抗老化的纸,这可能与其较高的木质素含量有关。

3.结论

新闻纸具有最大的抗张强度和机械强度稳定性;构皮纸具有最好的耐撕裂和耐折性能,且具有较好的稳定性;字典纸初始机械性能较好,但是稳定性较差;宣纸具有中等抗张和耐撕裂能力,稳定性一般,耐折能力略差;竹纸的机械性能相比其他纸种较差。

4个老化单元以内,各种纸张的机械性能均变化不大,之后开始大幅下降,初始机械强度对纸张的耐用性影响很大。

纤维素的水解、氧化与纸张机械强度下降关系密切。

竹纸pH值稳定性较差,长期保存时需要防止其酸化加速纸质文献老化。

参考文献:

[1] 申文伟,宋伟,王国利等.复合绝缘子HTV硅橡胶材料老化特性的研究[J].高压电器,2013,49(02):1.

[2] 原思训,张晓梅.利用X射线衍射光谱研究丝织品的老化[J].光谱学与光谱分析,2010,30(1):262.

[3] 谭忆秋,王佳妮,冯中良等.沥青结合料紫外老化机理[J].中国公路学报,2008,21(01):19.

[4] 尹慧道,王义翠,操江山等.纸张加速光老化与白度值相关性分析[J].档案学通讯,2005(01):63.

[5] 瞿耀良.国产书写纸的热老化试验[J].中国造纸,1984(05):59.

[6] 董杨,谢朋,郭英民.纸张被溶液浸泡老化的变化规律研究[J].中国司法鉴定,2013,66(01):7.

Research on the Dry Heat Aging Resistant Properties of Different Paper

Tian Zhouling, Yan Zhipei

Abstract: In order to study the life-expectancy and differences on the aging resistant properties among different paper, experiments on dry heat aging were conducted for different paper samples (Bamboo paper, Xuan paper, Newspaper, Dictionary paper and Broussonetia papyrifera paper). The brightness and mechanical strength (tensile strength, tearing resistance and folding resistance) of different paper during aging process were analyzed. Furthermore, the chemical properties (viscosity, copper number and pH) of paper were tested to search the immanent cause of paper aging. Results indicated that the value and stability of brightness and mechanical strength was different paper to paper. The durability of paper greatly depends on initial mechanical strength. The decrease of mechanical strength was closely related to the hydrolysis and oxidation of cellulose. The pH of Bamboo paper was instable, acidification needed to be avoided to prevent acceleration of paper aging.

Keywords: dry heat aging; aging resistant properties; paper

1966年佛罗伦萨水灾过后的文献抢救与修复活动

蔡晓萍*

摘要:1966年11月,佛罗伦萨的阿诺河水灾泛滥,超过两百万件图书和手稿遭到洪水的浸泡与污染。数百名来自世界各地的修复人员投入到水灾过后的文献抢救与修复活动中。这一事件常被认为是西方现代图书馆文献修复领域发展的重要时刻,它衍生了许多新观念、新技术和新方法。文章概述此历史事件的背景,以及灾后文献抢救与修复活动的三个发展阶段,并总结其对近代文献保护与修复领域的影响,包括促进文献修复标准的提高,推动批量修复与阶段性修复的发展,增强灾难预防的意识以及水浸文献修复处理的研究,推进文献保护与修复学科的确立。

关键词:水浸图书;图书干燥;批量修复;灾难预案

1.引言

1966年11月,意大利佛罗伦萨的阿诺河(Arno River)水灾泛滥,超过两百万件图书和手稿遭到水浸,并受到水中夹杂的汽油、污泥和瓦砾等的污染。为了降低灾害所带来的损失,数百名来自世界各地的修复人员前往意大利参与文化财产的抢救活动。这一事件常被认为是西方现代图书馆文献修复领域发展的重要时刻,它衍生了许多新观念、新技术和新方

---

* 蔡晓萍,美国国会图书馆。

法,当然也带来了教训。与此同时,此事件亦吸引了新一代的修复人才加入到这一领域中来。

在众多修复师之中,彼得·瓦特(Peter Waters)无疑是佛罗伦萨灾后文献抢救行动中的领军人物。即便在生命最后的一个月,彼得·瓦特仍在整理着当年为水浸图书所拍摄的照片档案。他曾这样说到:"我所担忧的是,新一代的文献修复师将不知道许多他们现在所习以为常的修复方法,是源自于佛罗伦萨的修复经验。"①因此,藉着佛罗伦萨水灾50周年之际,本文通过回顾这一历史事件,及其所流传下来的文献保护与修复传统,以期对我们当下文献保护工作的发展能有所启示。

2.1966年佛罗伦萨的水灾概况

佛罗伦萨位于意大利半岛北部一个宽广盆地的中心,地势平缓,丘陵环抱。发源于亚平宁山脉中段的阿诺河穿城而过,向西流经比萨,注入浩瀚的地中海。阿诺河的总长度约241公里,流域面积达8830平方公里,平均海拔高度353米。这样一种天然的地理形势赋予了这座城市富含积聚之势,财富、智慧、艺术与历史千百年间在此汇聚,但这也注定了该城市洪水灾害频发。

最早的水灾记录是1177年,当时佛罗伦萨仅有的桥梁韦奇奥桥(Ponte Vecchio)被浸且受损严重,而1333年的水灾则将这座桥梁彻底摧毁,并导致了三百多人遇难。此后千百年间,有历史纪录可循的水灾共56起,此中8起特大型水灾。② 而在佛罗伦萨过往所发生的水灾中,1966年的水灾对该城市文化遗产的破坏,无疑是最具毁灭性质的。

在极端天气的影响下,佛罗伦萨及其周边区域自该年的十月以来,大雨连下不止,阿诺河干流和部分支流的河水流量已超越历史最高值,且多处堤坝溃决。随着11月3日至4日大范围、长时间的强降雨,加之饱和

---

①WATERS S. *Waters Rising*, *Letters from Florence Peter Waters and Book Conservation at the Biblioteca Nazionale Centrale di Firenze after the 1966 Flood*(Ann Arbor:The legacy press, 2016),p. 18.

②CAPORALI E, RINLDI M, CASAGLI N, "The Arno River Floods," *Giornale di Geologia Applicata*,2005(1):pp.177-192.

的土壤、沉积盖层的不透水性、阿诺河盆地的地表形态以及坡地的退化等地质因素的影响,最终加速了河水和沉积物的流速。暴涨的河水于11月4日凌晨5点开始漫过25尺高的堤岸,裹挟着超过60万吨的泥沙冲刷着市内古老的街道。①

次日清晨的时候,大水便已淹没了城市约30公里的区域,城市中心区众多的地下室皆已成了水窖。阿诺河北岸地势较低,导致其受灾范围更广、程度更为严重,市内多处水位达5.2米之高。② 此外,由于城市集中供热所使用的锅炉储油罐的破裂,使得大量的燃油与泥沙、大水混合为一体,产生了更大的破坏力。大量的建筑、学校、医院、道路设施受损情况严重,而对于艺术文化遗产的破坏也是前所未有。官方统计数据显示约有14000千件的艺术品遭到破坏。

在这次水灾中,受损的不仅是艺术作品,还包括图书馆、档案馆所藏的各类型文献资料。尽管当时的佛罗伦萨仅有约60万的居民,却拥有着世界上数量最多且最为丰富的各类型图书馆和档案馆。③ 在这些图书馆中,临近北岸的佛罗伦萨国家图书馆(Biblioteca Nazionale Centrale di Firenze)首当其冲,图书馆的地下室被洪水灌满,而一楼的水位也达到2米之高。馆内约130万件藏品遭到水泥混合物的侵袭,占其馆藏总量的三分之一。此中包括报纸、期刊、地图、海报,以及大部分帕拉蒂尼(Palatine)和马吉拉贝奇(Magliabechi)特藏中的珍贵古籍。此外,全市范围内其余50多家图书馆和各类型书店、历史档案馆等也受到不同程度的破坏。④ 这五百年一遇的特大洪水,使得佛罗伦萨遭受重创,其特有的文化遗产岌岌可危。

---

① CAPORALI E, RINLDI M, CASAGLI N, "The Arno River Floods," *Giornale di Geologia Applicata*,2005 (1):pp.177-192.

② DAVID A,"The Florence Floods—What the Papers Said," *Environmental Management*,1980,4 (1):27-34.

③ MILLS F,"Some Leading Libraries of Florence,Italy ," *The Library Quarterly*,1956,24(3):240-247.

④ CLARKSON C,"The Florence Flood of November 1966 & its aftermath," *National Diet Library Newsletter*,2004,http://dl.ndl.go.jp/info:ndljp/pid/3506235.[2016-12-20].

3. 灾后文献抢救与修复活动

3.1 早期文献抢救行动

(1) 泥泞中的天使

在20世纪70年代,意大利的图书馆界并没有"灾难预案(disaster preparedness)"或"危机管理(disaster management)"等相关概念。面对突如其来的灾害,人们措手无策,最初的反应便是尽快将受灾的文献从泥泞中挖掘出来,转移到安全的区域。此外,由于当时正处于意大利长假期的周末,多数图书馆和博物馆的工作人员外出度假,未能及时采取应对措施。[1] 因此,在这最开始的阶段,参与抢救行动的人员并不是来自于官方,而是来自民间。

11月5日入夜以来,一群自发组织的学生来到了灾后现场。他们独自或分组,赤手空拳从泥浆中抢救出各类型文献。这个上百人的队伍对最初的文献抢救行动来说是至关重要的力量,被人们称作"泥泞中的天使(mud angel)"。志愿者们在各个受灾图书馆排队传递书籍的长队成为灾后抢救活动中颇为壮观的一幕。在接下来的几天内,这一队伍不断扩大。佛罗伦萨国家图书馆内3000吨重的文献被馆员及志愿者从水浸的图书馆里挖了出来,并通过接力的方式将书装载上各式卡车,这些卡车往返500多趟才将它们转运至安全的地方。[2]

(2) 水浸图书的干燥处理

对于遭到水浸的图书,最为首要的任务便是干燥处理,以防止图书发霉。但是,如果水浸图书数量过大而无法在短时间内高质量地完成所有的干燥处理时,现在认为最为有效且对文献本身破坏最小的方法是冷冻法,即将遭到水浸的图书放至低温环境中冷冻,待后续修复活动开展时再

---

[1] DEVINE S W, "The Florence Flood of 1966: A Report on the Current State of Preservation at the Libraries and Archives of Florence," *The Paper Conservator*, 2005, 29(1):15-24.

[2] CAINS A. *The Work of the Restoration Centre in the Biblioteca Nazionale Centrale di Firenze 1967-1971*[C] // SPANDE H. *Conservation Legacies of the Florence Flood of 1966: Proceedings of the Symposium Commemorating the 40th Anniversary*. London: Archetype Publications, 2009:29-70.

分批干燥。① 该方法不仅能在最短时间内减少对水浸图书的损伤,且图书冷冻后有助于延长处理的缓冲时间,以便相关人员能更为妥善地安排后续处理方式。

但在当时的佛罗伦萨,由于制冷设备的缺乏,以及灾后数天的大面积停电,冷冻干燥法无法顺利实施。除去少量被运往位于雪线之上的山峰进行冷冻处理外,绝大多数的图书都被直接干燥。② 部分图书由志愿者就地实施人工干燥处理,主要采用以下几种干燥法:一是往受浸图书撒上木屑或滑石粉以吸收多余水份;二是将图书打开并直立放置在通风处;三是往书页中间隔插入吸水纸,并替换吸水纸至少三次以增加干燥速度。这几种做法都需要更多的人力、时间和空间,因而大部分的图书则被卡车运往米兰、罗马等城市,并借用当地的谷物干燥机、烟草干燥站,甚至是陶瓷窑炉对图书进行高温干燥以防止霉菌滋生。干燥后的图书随即被转运至安全地带存储以待进一步的处理。③

在当时那样混乱的时刻,短期内进行的大批量干燥,其处理过程不可避免地产生了许多不当的行为。例如,起初用以辅助干燥的木屑,在高温窑炉里被点燃,导致后期清洗难度加大;滑石粉的吸水能力极为有限,导致文字或图片变得模糊;书页中插入吸水纸质量不一,导致书页二次受污染;或是窑炉等干燥设备温度过高,导致图书严重变形,以及书芯的四周被烤焦。④ 这些无疑都进一步损坏文献。

(3) 水浸图书的水洗与拆解

部分未进行直接干燥处理的图书,则被运往佛罗伦萨水浸区域之外的铁路发电站进行水洗处理,那里有许多可用于书页清洗的水槽与充足

---

① OGDEN S. The Impact of the Florence Flood on Library Conservation in the United States of America, A Study of the Literature Published 1956-1976[J]. Restaurator, 1979, 3(1-2):1-36.

② CLARKSON C. Training in Book Conservation after the Flood[C]// SPANDE H. Conservation Legacies of the Florence Flood of 1966: Proceedings of the Symposium Commemorating the 40th Anniversary. London: Archetype Publications, 2009:71-84.

③ WATERS S. Waters Rising: Letters from Florence Peter Waters and Book Conservation at the Biblioteca Nazionale Centrale di Firenze after the 1966 Flood[M]. Ann Arbor: The Legacy press, 2016:58.

④ HORTON C. Saving the Libraries of Florence[J]. Wilson Library Bulletin, 1967, 41(10):1034-1043.

的自来水。起初,来自一个德国家庭工作坊的修复师们已在铁路发电站设立一个简单的水洗—干燥流程。近百名学生志愿者每 8 小时轮替换班,对水浸图书进行水洗和拆解。一切有序地进行着,但存在的问题是,这过程中所采取的方法需要经过训练的修复师才能顺利开展,即在图书湿润的情况下拆解书页。我们知道,在书页湿润的情况下,纸张更为脆弱易裂,技能娴熟的修复师尚且需要小心谨慎,且费时费力才得以将书页顺利拆解,何况经验不足的志愿者。因此在此过程中对书籍造成的破坏相对严重,多数书贴的书脊处遭到撕裂,导致书贴拆解后变成一张张的单页,加大了重新装订的难度。① 此外,起初的设想是在拆解以及水洗干燥后,由这些学生志愿者来协助完成书籍的重新装订,但对于这些没有丝毫培训背景的学生来说,显然不切实际。②

3.2 过渡期的文献批量处理

早期存在的各种问题,随着抢救活动的逐步推进以及国际合作的启动逐渐有所好转。11 月中下旬开始,数百名来自世界各地艺术领域和图书馆领域的修复师陆续前往意大利参与文化遗产的抢救活动。佛罗伦萨国家图书馆的受浸图书主要由来自英国的修复团队负责,代表人物包括前文提到的彼得·瓦特、其导师罗杰·鲍威尔(Roger Powell)、托尼·凯恩(Tony Cains)等。

在最初的文献抢救计划中,大批量的水浸图书仅进行干燥处理,随后被打包存储,暂时退出流通,直至有足够的人力、物力对其修复时才可能重见天日。但鉴于当时受浸图书数量庞大,多数干燥处理的结果并不理想,且多数图书在干燥后变形严重。倘若直接将其打包存储,不仅易对图书造成二次破坏,且长时间内不可被读者所使用。因此,以彼得·瓦特为代表的英国修复师团队对这一做法提出了质疑,并建议应设立一个包含水洗、杀菌、干燥、压平的流程,对遭受水浸的图书采取批量处理,此后再

---

①WATERS S. *Waters Rising*:*Letters from Florence Peter Waters and Book Conservation at the Biblioteca Nazionale Centrale di Firenze after the 1966 Flood*[M]. Ann Arbor:The legacy press, 2016:57.

②CLARKSON C. *The Florence Flood of November 1966 & Its Aftermath*[J/OL]. *National Diet Library Newsletter*, 2004. http://dl.ndl.go.jp/info:ndljp/pid/3506235. [2016-12-20].

进行图书的打包和上架。这样一来,平整的书页不仅能提高书架利用效率,且有助于减少图书的受损率。① 此外,经过一系列的比较试验,瓦特认为在书籍干燥的情况下进行拆解更为简单,对书籍的破坏也相对较小。因此,一个新的处理流程被设立,而参与其中的志愿者均先参与由经验丰富的修复师开展的培训。

首先,在各地干燥站处理过后的图书被集中运回位于城市南部的美景堡(The Forte di Belvedere),由部分志愿者对干燥后的图书进行物理清洁,这主要是通过翻动书页或是用抹刀将泥块刮掉。之后,由专业的修复师根据这些图书价值以及受损情况进行归类。由于语言产生的沟通问题,一些简单的符号被用来代替文字以对图书进行标记。如"ok"表示这些图书书况较好,可以由学生进行处理;国际通用的路标禁止符号则表示该图书具有特殊价值,应由专业的修复师进行处理。起初仅是简单地将这些标记写在纸条上并随书夹带,而后期则采取更加具体规范的修复档案,并对每本图书进行拍照存档,记录图书的原始装帧风格以及受损情况,以便为后续修复方法、修复材料的选择提供参考。在短短两年的时间里,至少有5万册图书被拍照存档。②

在对图书进行归类后,需要完全被拆解的图书被分给到另一批志愿者处理。他们将变形的封面拆下,小心剪断缝线,以便对书贴进行拆分。在书贴拆分处理后,所有原始的材料,包括搭头布、封面、缝线、缝线支撑等,均被完好地保存下来并记录相关信息。③

此外,原先的水洗流程亦被彼得·瓦特等人重新设计。首先是安装新的水槽,以提供足够的空间和位置开展水洗处理。书贴在水洗清洁处理后被统一悬挂在铁路发电站空旷的楼层里,并利用锅炉所产生的热气

---

①WATERS S. *The Development of Mass Treatments*: *An Overview of the Experience of Book and Paper Conservation*[C]// SPANDE H. *Conservation Legacies of the Florence Flood of 1966*: *Proceedings of the Symposium Commemorating the 40th Anniversary*. London: Archetype Publications, 2009:16-28.

②WATERS S. *The Development of Mass Treatments*: *An Overview of the Experience of Book and Paper Conservation*[C]// SPANDE H. *Conservation Legacies of the Florence Flood of 1966*: *Proceedings of the Symposium Commemorating the 40th Anniversary*. London: Archetype Publications, 2009:16-28.

③CLARKSON C. *The Florence Flood of November 1966 & Its Aftermath* [J/OL]. *National Diet Library Newsletter*, 2004. http://dl.ndl.go.jp/info:ndljp/pid/3506235.[2016-12-20].

流来干燥。在悬挂的过程中,通过相邻书贴的部分重叠,以避免顺序的错乱。较之于之前的方法,新的流程分工更为明确,操作方法更为简单,这对于不断更换的学生志愿者来说,也较为容易上手。在一系列水洗干燥流程过后,书贴由图书馆员校正并按顺序整理,最后用牛皮纸包裹起来。这样一来,这些经过处理的书贴便可被分送到各地的装订工作坊进行装订。然而,送往各地装订工作坊的这一设想最终并没有实现,这是由于各地所采取的方法和标准大相庭径,因此很难对其装订质量进行统一和控制。经过多次的讨论,最后达成的共识是,亟需在佛罗伦萨国家图书馆内部建立一个大型的修复和装订部门,对所有的书籍进行系统化标准化的修复处理。该新修复中心的最终设立,使得灾后文献的修复工作进入一个平稳的发展期。①

3.3 后期新修复中心的建立

到了1967年春天的时候,佛罗伦萨国家图书馆灾后受损文献的修复工作已逐渐转移到图书馆主体建筑内部进行。这样一来,所有的修复处理都可以在同一个地方开展,方便各流程间的协作与管理。在新修复中心建立之后,学生志愿者也逐渐被全职的修复工人代替。最高峰时,该修复中心每天可完成70至100册图书的修复装订工作。在这里,一种新的批量修复模式得到发展。

(1)水洗区域

新修复中心的水洗区域新安装了不锈钢材质的水槽,组合成四十个水洗的小单元,并可恒温控制水洗过程。在这里开展的修复处理不仅包括普通的水洗,各种化学试剂亦被运用其中。那些早期干燥不及时或处理不当的图书,霉菌侵袭是最为普遍的问题。对于这类图书,起初是将百里酚(thymol)溶于酒精中再擦拭书页,或是通过加热百里酚对书页进行

---

① WATERS S. *Waters Rising*:*Letters from Florence Peter Waters and Book Conservation at the Biblioteca Nazionale Centrale di Firenze after the 1966 Flood*[M]. Ann Arbor:The legacy press,2016:59.

熏蒸。① 后来又进一步采取了效果更为显著的联苯酚钠(topane),联苯酚钠是一种用来喷洒在水果的包装纸上防止水果发霉的化学试剂,对于处理蓝色的霉菌效果显著。② 而其他所有书页亦在普通水洗过后,用环氧乙烷气体(ethylene oxide)在真空密闭的环境里进行消毒杀菌。但现在的研究表明,环氧乙烷是一种有毒的致癌物质,已被严格地禁止使用。③ 此外,漂白土(fuller's earth)则被运用到处理遭到燃油污染的图书,这类物质具有从油类里吸附杂质或带色物质的能力,其运用获得了较好的结果。④

(2)干燥区域

在新修复中心的干燥区域,由桑迪·科克雷尔(Sandy Cockerell)和彼得·瓦特等人设计的大型干燥设备开始投入使用。此设备采用了活动式多层网格设计的平行干燥架,先将待干燥的书页平摊在干燥架上,再推入干燥柜中,并人工设置和调节干燥柜的温度。较之于悬挂晾干的方法,该设备所提供的平行干燥法可使整个书页的干燥过程较为均衡,避免了由于温度过高而导致书页变形的问题。⑤

(3)纸张修补区域

纸张修补区域设在佛罗伦萨国家图书馆的主阅览室,并配备有三十个工作台。每一个工作台均安装了内置灯箱,两侧亦预留了足够的收纳

---

① WATERS S. *The Development of Mass Treatments: An Overview of the Experience of Book and Paper Conservation*[C] // SPANDE H. *Conservation Legacies of the Florence Flood of 1966: Proceedings of the Symposium Commemorating the 40th Anniversary*. London: Archetype Publications, 2009:16-28.
② CLARKSON C. *The Florence Flood of November 1966 & Its Aftermath*[J/OL]. *National Diet Library Newsletter*, 2004. http://dl.ndl.go.jp/info:ndljp/pid/3506235.[2016-12-20].
③ WATERS S. *The Development of Mass Treatments: An Overview of the Experience of Book and Paper Conservation*[C] // SPANDE H. *Conservation Legacies of the Florence Flood of 1966: Proceedings of the Symposium Commemorating the 40th Anniversary*. London: Archetype Publications, 2009:16-28.
④ CLARKSON C. *The Florence Flood of November 1966 & Its Aftermath*[J/OL]. *National Diet Library Newsletter*, 2004. http://dl.ndl.go.jp/info:ndljp/pid/3506235.[2016-12-20].
⑤ WATERS S. *The Development of Mass Treatments: An Overview of the Experience of Book and Paper Conservation*[C] // SPANDE H. *Conservation Legacies of the Florence Flood of 1966: Proceedings of the Symposium Commemorating the 40th Anniversary*. London: Archetype Publications, 2009:16-28.

空间。① 在修补方法上,具有长纤维的日本手工纸加浆糊被认为是修补纸张破洞的最佳方法。用水笔画出修补的形状,通过手撕的方法产生毛边,再往补纸上涂刷浆糊。尽管这一纸张修补方法在水灾前便已存在,但此前主要采用的是较厚的西方纸,此次修复活动中日本纸的广泛运用,使其在世界范围被广泛熟知并得到推广。时至今日,日本纸加浆糊的方法几乎成了每个修复师最基本的修复技能。②

此外,另一种基本方法则是热敏纸的使用(heat-set tissue)。起初,制备热敏纸所采用的黏着剂为稀释后的聚醋酸乙烯酯(PVA),但该黏着剂容易导致相邻纸张发生粘连。在经过不同黏着剂的测试后,乔·恩克鲁玛(Joe Nkrumah)引进了一种新的黏着剂——聚甲基丙烯酸酯(PMA),解决了纸张的粘连问题。在热敏纸使用过程中,通过电热小熨斗便可将其粘性激活。该方法主要用于书页脆弱边缘或撕裂处的加固,由于整个过程不需要压平干燥,因此大幅提升了书页的修补速度。③ 在当下,随着数字化项目的开展,对于文献修复速度的要求大大提高,因此热敏纸时常被运用于批量的修复处理。

(4)装订区域

位于图书馆的主阅览室的另一个重要区域是装订区域,每一个工作台均配备有一台压书机。到1967年5月时,图书馆新安装一台半自动的图书装订设备,以供处理1840年之后出版的现代图书和期刊。

水灾发生之前,图书的装订形式主要被分为艺术装订(designer/art binding)、商业装订(trade binding)、图书馆商业装订(library commercial binding)。在水灾过后的修复活动中,逐渐产生了一个新的概念,即"修复性装订(conservation binding)"。同时处理大批量的图书给了修复师一

---

① WATERS S. *The Development of Mass Treatments*: *An Overview of the Experience of Book and Paper Conservation*[C] // SPANDE H. *Conservation Legacies of the Florence Flood of 1966*: *proceedings of the Symposium Commemorating the 40th Anniversary*. London: Archetype Publications, 2009:16-28.

② CAINS A. *The Work of the Restoration Centre in the Biblioteca Nazionale Centrale di Firenze 1967-1971*[C] // SPANDE H. *Conservation Legacies of the Florence Flood of 1966*: *Proceedings of the Symposium Commemorating the 40th Anniversary*. London: Archetype Publications, 2009:29-70.

③ CAINS A. *The Work of the Restoration Centre in the Biblioteca Nazionale Centrale di Firenze 1967-1971*[C] // SPANDE H. *Conservation Legacies of the Florence Flood of 1966*: *Proceedings of the Symposium Commemorating the 40th Anniversary*. London: Archetype Publications, 2009:29-70.

个难得的机会,以便于集中观察各个时期所采用的装订材料和结构。这一过程中他们发现同一时期图书,由于其装订过程中所采用的材料和结构的不同,导致他们的书况有着明显的区别。这一现象促使修复师重新思考书籍装订过程中所采用的各种技术和方法,以确保被重新装订的图书能最大限度地延长其使用寿命。① 修复性装订应具有这样一种特点,即其装帧结构形式不应对书芯造成破坏,诸如缝书贴过程中采用连续的缝法(sewing all along)使书芯更为牢固;采用麻绳或明矾鞣制(alum tawed skin)的皮革条作为缝线支撑(sewing support)则能使书脊更具延展性;而手工缝制的搭头布通过穿入各书贴的中央,能使其在结构上起到真正的加固作用。

在此过程中产生的最具有代表性的修复性装订形式是"软牛皮装订(limp vellum binding)"。这种书籍结构在十六至十七世纪意大利书籍装订过程中曾被广泛使用,该装订较易操作,且装订过程中不采用任何黏着剂,书芯与书壳通过物理缝合、穿钉的形式联接,并在书脊联接部分压出两个沟槽,使得书壳与书芯之间的联合更具灵活性。

4. 结语

毫无疑问,任何一次灾难所造成的破坏都是巨大的。或许我们无法避免其发生,但却能提高灾难预防能力,并从每一次灾难中学到应对处理的经验。佛罗伦萨水灾事件中的各类型文献保藏机构的灾难预防能力显然是较低的,但在后期的应对处理中,留下了许多弥足珍贵的经验,在此后较长的一段时间内深刻影响着世界各地文献保护与修复事业的发展。

4.1 促进修复标准的提高

修复标准的高低首先体现在修复所用材料的质量上。自工业革命之后,纸张、布料、皮革等材料的质量大幅下降。在修复过程中如果不加甄选地采取这类不耐用的材料,那么修复的技艺再精湛都无法真正延长图

---

① OGDEN S. *The Impact of the Florence Flood on Library Conservation in the United States of America, A Study of the Literature Published 1956-1976*[J]. *Restaurator*, 1979, 3(1-2):1-36.

书的使用寿命。在佛罗伦萨水灾后期的修复活动中,各类型修复材料在用于修复工作前其质量被反复测试,以确保修复材料自身的耐久性和稳定性。这一传统被沿用至今,在英美国家,有专门销售修复用材的经销商,这些经销商与修复师密切合作,根据修复师的建议,要求生产方根据某一特定的标准来生产修复所用材料。如明矾鞣制的皮革、航空专用的麻布、无酸纸等。

其次,则体现在修复方法的选择上。修复技艺秘不示人,是修复行业长期以来的一项传统做法,但这种传统所带来的负面影响则是修复标准的缺失,以及修复水平的参差不齐。在佛罗伦萨水灾过后,面对如此巨大的文献损毁量,来自世界各地的文献修复师逐渐打破长期以来的传统,相互之间积极地交流彼此的修复经验,通过对不同的修复方法进行比较试验,并结合当时的实际情况加以改进利用。这样一种做法,对于当时修复水平的提高起到了巨大的推动作用,而诸如日本纸与浆糊的使用、热敏纸,以及软牛皮的修复装订形式,时至今日,仍是修复实践的标准做法。

4.2 推动批量修复与阶段性修复的发展

佛罗伦萨灾水灾事件,标志着西方近代以来第一次大规模的文献修复活动,这一过程让人们逐渐意识到,高质量的修复工作亦可以通过批量化的方式开展。如这一过程中大批量的书页被水洗、脱酸、修补和重新装订,与此同时严格地遵循修复的标准。因此,在水灾过后修复领域便逐步开始探寻相关的技术,以期能运用到图书馆馆藏的整体处理中。其中一个典型的例子便是图书批量脱酸方法的研究,此外诸如纸浆补书机的问世也大大加快了纸张修补的速度。

而与批量修复处理紧密联系的另外一个概念则是"阶段性修复(phased conservation)"。在该事件中,遭到水灾损毁的文献数量十分庞大,且单个文献受损的情况亦不尽相同。在短期内完成所有文献的修复工作显然是不切实际的,而通过将修复处理过程划分为不同阶段,按优先级别进行,将有助于资源的最优利用。诸如在早期的图书水洗干燥过程中,参与其中的大部分是学生志愿者。通过简单的培训,这些志愿者便可熟练地掌握基本的水洗与干燥方法,随后将干燥压平的书页分包处理。

该流程虽然简单易行,但却极为有效地避免了书页进一步滋生霉菌,并使书页处于一个相对稳定的状态。这不仅为后续书页的修复与重新装订工作节省了大量的时间,更重要的是避免了图书遭受匆忙而草率的修复处理。

基于此次文献抢救的阶段性处理经验,彼得·瓦特在事件过后进一步发展了"阶段性修复"这一方法,并得到了广泛且有效的运用。与传统的对单一文献进行一次性全面的修复处理方法不同,"阶段性修复"提倡在规划上投入更多的时间,分阶段有组织地开展面向馆藏整体的文献保护与修复活动。[①] 这一方法强调通过加强馆藏环境的控制、书架的日常维护与管理,以及将每一个文献单独存放在特制的装具内等做法,最大限度地延缓文献的老化与损毁。此后再根据文献的受损情况及其历史价值,制定优先级别,逐步完成单一文献的补救性修复工作。[②] "阶段性修复"的方法,自20世纪70年代在美国国会图书馆得到有效的实施后,其他图书馆和博物馆等文化保藏机构亦逐渐将其运用到馆藏的保护与修复活动中,并赋予其新的称号,即我们现在所熟知的"预防性保护"。[③]

4.3 增强灾难预防的意识以及水浸文献紧急处理的研究

佛罗伦萨水灾发生之前,图书馆界对于如何防范图书馆藏书免受灾害侵袭并没有一个明确的认识,且缺乏快速反应的机制。而对于如何处理大批量的水浸图书并没有一个系统的方法或可操作性的指导手册。在这次水灾中,各类型博物馆、图书馆和档案馆的馆藏遭受的破坏之所以范围如此之广,如此严重,除了天灾这一不可抗拒因素外,亦有人为的疏忽。自第二次世界大战开始,为躲避炸弹的袭击,佛罗伦萨图书馆和博物馆等文化机构将大部分珍贵的馆藏转移至地下室保存。而在战争结束之后的数十年里,这一做法也被沿用下来。这是因为,对于没有安装中央暖通控

---

① WATERS P. Phased Preservation: A Philosophal Concept and Practical Approach to Preservation [J]. Special libraries, 1990, 81(1):35-43.
② WATERS P. Phased Conservation Revisited [J]. The Getty Conservation Institute Newsletter, 1994, 8(2):12-13.
③ SILVERMAN R. Peter Waters: Father of Preventive Conservation [M]// WATERS S. Waters Rising: Letters from Florence[M]. Ann Arbor: The legacy press, 2016:2-20.

制系统的历史建筑,地下室恰好提供了一个较为凉爽且干燥的存储环境。但对于佛罗伦萨这样一个水灾频发的城市,这样的做法无疑将馆藏置入一个危险的境地,加之应急机制的缺失,最终导致水灾来临时地下室的馆藏遭到毁灭性的破坏。① 这一事件的教训如此之深刻,使得文献保护领域不得不开始重视灾难预防的问题,并将灾难预案的制定列为文献保护工作的重要内容之一。

此外,如何修复处理水浸图书的相关探讨与研究亦逐渐增加,关注的重点由如何处理单一图书转为如何同时处理大批量水浸图书。此中最具代表性的是于1974年出版的,由彼得·瓦特完成的一部全面的、具有可操作性的实践指引——《图书馆水浸文献的紧急处理步骤》。书中详细介绍了灾后文献破损情况的评估、抢救行动的规划、水浸图书的打包与运输、冷藏处理技术、正确的水洗流程,以及其他类型的干燥技术等。②

4.4 推进文献保护与修复学科的确立

佛罗伦萨水灾事件最为重要且深刻的影响则是使得文献保护与修复成为了一门专门的学科。在水灾发生之前,保护与修复领域关注的重点主要集中在油画、雕塑等博物馆艺术品的修复上,而图书馆与档案馆的修复工作几乎不为人所知。且在当时,从事文献修复工作的主要是传统的图书装订工作坊的手工艺者,修复工作多数时候仅是作为他们用于增加收入的副业,全职的文献修复师较为稀少,更谈不上专门的文献修复机构。佛罗伦萨水灾后的文献抢修工作,在世界范围内引起了广泛的关注,使得人们意识到文献保护与修复的重要性,同时也推进了业界对修复原则进行重新思考。许多我们现在所熟知的古籍修复原则,诸如建立完备详尽的修复档案、最小干预原则以及最大限度保存文献信息内容和文物价值等,均在佛罗伦萨灾后文献抢救过程中得到系统地阐释和运用。

此外,文献保护意识的提高则促使越来越多的文献保藏机构开始设置独立的文献保护与修复部门,文献保护与修复教育项目的设立亦被提

---

①DEVINE S W. *The Florence Flood of 1966: A Report on the Current State of Preservation at the Libraries and Archives of Florence* [J]. *The Paper Conservator*, 2005, 29(1):15-24.

②WATERS P. *Procedures for Salvage of Water-damaged Library Materials* [M]. Washington D.C: Library of Congress, 1975.

上日程,这对于美国图书馆界的影响尤为深远。20 世纪 60 年代初,尽管美国图书馆界已逐渐将目光投向文献的保护与修复,当时的图书馆资源委员会(The Council of Library Resources,Inc)亦开始积极资助图书馆文献修复项目,但发展仍较为缓慢。① 而 1966 年的佛罗伦萨水灾事件,则促使该领域进入一个崭新的局面。诸如率先行动的美国国会图书馆,在 1966 年水灾过后设立了独立的部门——文献保护办公室(Preservation Office),并下设缩微复制、研究与测试实验室、修复室以及图书装订四个小组,旨在使馆藏的保护与修复工作更加的专业化和系统化。在早期修复室规划和筹建,以及人员配置过程中,图书馆聘请的修复室主管,正是刚结束佛罗伦萨文献抢救工作的彼得·瓦特,因此新修复室的布局设置亦与佛罗伦萨国家图书馆修复中心有着许多的相似之处。而与彼得·瓦特共同经历文献抢救工作的克里斯托夫·克拉克森(Christopher Clarkson)和唐纳德·埃瑟林顿(Donald Etherington),亦是美国国会图书馆修复部门最早期的修复师。②

文献修复人才培养方面,早在佛罗伦萨灾后的文献抢救过程中,修复人才的缺乏、修复水平的参差不齐,使得彼得·瓦特和其他有识之士认识到建立系统的培训项目、培养新一代文献修复师的紧迫性。在美国国会图书馆修复部成立之后,彼得·瓦特便以此作为文献修复人才培养的试验点,设立高级实习生培训项目,并培养了大批优秀的修复人才。此后的十年时间里,各界机构亦广泛开展短期修复培训项目、工作坊及研讨会,许多图书馆学院校也开始增设概论性的文献保护课程。1981 年秋季,哥伦比亚大学大学图书馆服务学院文献修复与保护教育项目正式设立,成为全美第一个文献修复与保护硕士级别的学位项目,该项目包括文献修复师(conservator)以及文献保护管理员(preservation administrator)两个方向。而该项目的主要创始人和负责人——保罗·班克斯(Paul Banks),亦在佛罗伦萨灾后抢救行动中发挥了重要的作用。

---

①OGDEN S. *The Impact of the Florence Flood on Library Conservation in the United States of America*, *A Study of the Literature Published* 1956–1976[J]. Restaurator, 1979, 3(1–2):1-36.

②HARRIS K, SCHUR S. *A Brief History of Preservation and Conservation at the Library of Congress* [EB/OL]. http://www.loc.gov/preservation/about/history/pres-hist.pdf. [2016-12-20].

The Great Florence Flood of 1966: Reflections on Its Conservation Legacies

Cai Xiaoping

Abstract: The Florence flood of November 1966 caused pervasive damage to library collections, with more than two millions books and manuscripts damaged by the mixture of water and fuel oil. After the flood, people from around the world participated in the salvage activities of culture properties. This event is usually considered as a turning point in the development of library conservation in western countries, as it inspired new ideas, technologies and methods. This article describes its historical background and categorizes the salvage activities into three stages. It concludes that this event has accelerated the improvement of conservation standards, and has boosted the development of mass treatment and the concept of phased conservation. It also raised the awareness of disaster preparedness and salvage of water-damaged material. Most importantly, it established book conservation as a professional and academic discipline.

Keywords: water-damaged books; drying methods; mass treatment; disaster preparedness

新疆少数民族文献《买吉木艾依苏勒坦》修复报告

吕晓芳　袁　静　王金丽　许卫红*

摘要：在第一届西方文献修复技术研修班中，学员们以小组形式参与修复新疆民文古籍。语言障碍、原始装帧形式不明确等给修复工作造成不小的困难。本小组负责修复的古籍具有极强的民族特色，是关于宗教的波斯文手抄本，封面板角缺损、前板断裂、书脊牛皮脱落并局部缺失、搭头布残余甚少，书芯变形严重，书页为典型的桑皮纸等为其主要特点。本小组经过多次讨论，制定多个修复方案，并在综合考虑时间、人力、物力、气候等情况下，选取最合适的方案交由专家定夺。在修复过程中，分模块对封面板、书脊、书芯进行修复。进行多次不同形式的物理清洁；纸张厚度、油墨晕染、纤维检测等多种测试；通过染纸、染皮对修复用材进行颜色匹配；制定仿真复原本、模拟缝制搭头布等步骤来模拟修复对象，把握修复过程；最后以小组汇报的形式对修复过程中遇到的困难、解决方法、优缺点进行总结。本次研修班以团队形式修复新疆民文古籍，不仅提高了学员们团队合作能力、西文古籍的修复技能，更是给今后新疆民文古籍的修复工作带来一定的参考价值。

关键词：民文古籍；团队合作；修复方案；修复过程；总结汇报

---

* 吕晓芳，国家博物馆；袁静，武汉大学图书馆；王金丽，中山大学资讯管理学院；许卫红，四川大学图书馆。本论文是第一届西方文献修复技术研修班第三小组的修复报告，小组成员及导师名单详见文末。

1.概述

2016年8月25日,由国家古籍保护中心和中山大学图书馆联合主办的"第一期全国西方文献修复技术研修班"在中山大学图书馆开班。研修班的一个主要内容即是对新疆维吾尔自治区图书馆藏少数民族文献的修复学习和研讨。具体方式是以小组为单位,以一册新疆少数民族文献为研讨对象,通过观察、测试和讨论,制定合适的修复方案,并在修复实践中逐步改进和完善修复方案及过程,最终完成文献的修复,形成报告,以总结此次学习成果、经验和教训,为大规模开展新疆少数民族文献保护修复提供经验和方法。

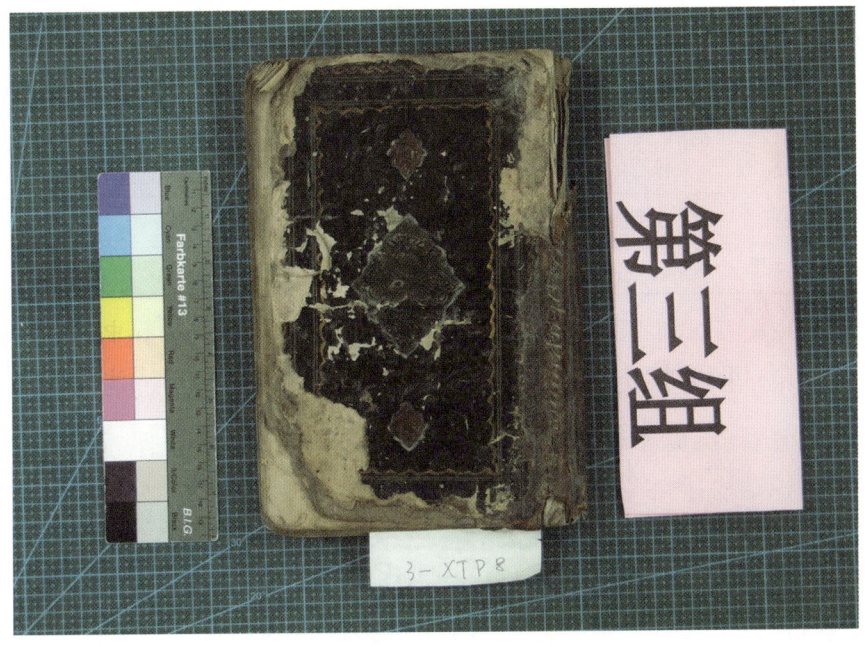

图1 《买吉木艾依苏勒坦》正面

《买吉木艾依苏勒坦》是第三组修复研讨对象,如图1。此书现藏于新疆维吾尔自治区图书馆,根据普查成果,该书是以波斯文手写的宗教书稿,成书于1839年,书名为音译。

早在19世纪,我国新疆和中亚国家流行购置波斯文和阿拉伯文的抄本,波斯文手抄经卷在中国十分普遍。《买吉木艾依苏勒坦》反映了这一时期新疆地区宗教文献的装帧潮流和审美意趣,具有一定的代表性。

第一期全国西方文献修复技术研修班第三小组包括福建省图书馆蔡雪玲、四川大学图书馆许卫红、国家博物馆吕晓芳、武汉大学图书馆袁静、中山大学图书馆陈斯洁、中山大学古籍修复与保护专业在读硕士研究生王金丽六位成员。根据修复工作内容、成员修复经验与特长,兼顾老带新和工作量,作了如下分工,如表1。在具体执行中,分工安排灵活掌握,根据实际情况有细微调整。

表1 分工安排表

组成部分	内容	责任人
组织与记录	组织协调、图文档案、报告撰写	许卫红、王金丽、袁静
修复方案	测试推定、方案研讨拟定	全体组员
封板修复	前后封板的清洁、补破、加固等	蔡雪玲、袁静
书芯修复	书芯的清洁、补破、加固等	许卫红、王金丽
结构修复	结构拆解、仿真复原、还原	吕晓芳、陈斯洁
总结与反思		全体组员

2. 物理现状分析

修复对象《买吉木艾依苏勒坦》为新疆地区少数民族文献,就我们目前的知识结构,此种装帧形式为第一次接触。另外,原书籍制作材料已无从获得,其材质工艺也缺乏相关信息,无从复制。为最大限度地恢复原书风貌,实现修补复原,必须先对修复对象的外观形态、制作材料和结构形制进行检视、测试、推定,以之作为修复方案制定、材料选取和方案修订及实施的依据。

2.1 书芯

修复对象书页文字以双面黑色手写波斯文为主,个别重复单词为红色,有批注。据新疆馆老师介绍,波斯文古籍打开方式类似中文线装书,自右向左依次翻阅,故文献打开后右封面为前封面。书内夹有一张厚于书页的机制纸,印刷黑色波斯文字,因语言障碍,不知其与正文是否有关。

书芯弯曲变形,书脊内凹,书口外凸,整书长宽高测量后各处差值较大。

书芯现存14帖,每帖4张,两眼订线。拆解覆盖于后封板与末页的纸条时,发现2根订线裸露在书帖外,另据相关文献关于新疆少数民族古籍订线方式的描述,如图2,推定本书应缺1—2帖。另拆解后发现书脊外露出5根线头,末页外露的订线在订眼处相互勾锁,经过多次模拟,未能复制出原书订线方式。

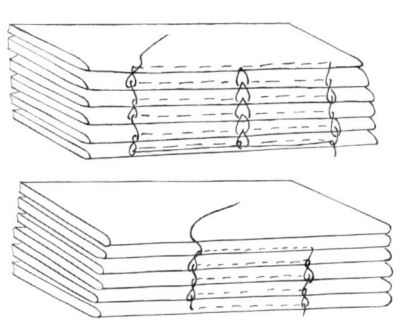

图2 参考文献中关于订线的示意

书芯末页缺半页,拆解后发现末页外侧有三条书页缺失后残留余边;首帖多页左下角缺损,未及内容;其余书帖基本完整,多有卷角、折角、磨圆。

书芯脏污较为严重,有刺鼻气味,书芯内夹杂较多尘土、羊毛、虫尸等杂物;多处有污渍、霉斑;书页平均pH值为6.276,呈弱酸,强度尚好,纸张厚薄比较均匀。为确保清洁过程中墨迹内容安全,需进行晕水及酒精测试。结果发现书芯正文及批注上的墨迹遇水均有晕墨现象,字迹会溶解,批注尤重;遇酒精亦有晕墨现象,但稍轻于水。

书芯纸张经检测确认为桑皮纸,表面光亮有砑痕,因不清楚原书纸张砑平过程是否一如传统装裱中的砑画,我们对托后补纸进行砑平及着墨实验。经过砑平操作后纸张厚度轻微减小,加蜡砑平后纸张吸墨不均,推测原书芯用纸加工时应未加蜡。

2.2 封板

经过观察封板缺损处的分层和封板破损边缘,推定封板为夹杂粗麻布、皮料碎片等杂物的草纸板,上下裹以两层桑皮纸,最外层的黑色片状物应为漆面,如图3。

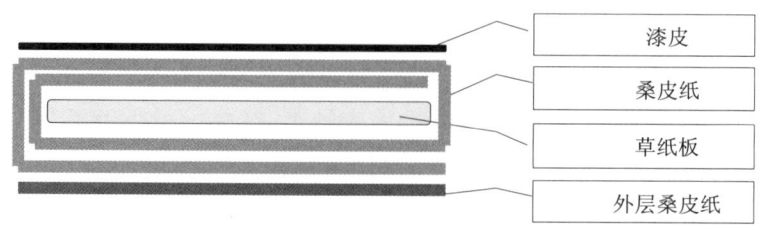

图3 封板结构示意图

封板凹凸不平,各处测量显示厚度差异较大。漆面局部脆化脱落,其上压印具民族或宗教特色的图案,为一大二小菱形压花,居中垂直分布。其中三个小菱形压花上贴有棕色片状物,其余脱落。封板外侧三边包裹一圈棕色薄皮。内封纸面上布满手写痕迹,混乱无章。

前封板左下角缺损,左上角磨圆,四边有不同程度磨损;后封板四边有不同程度磨损,靠书口两角磨圆,程度不一。后封板内侧中部偏上有一条裂缝,深入封板近一半,粘帖其上的内封纸与其断裂一致。

经测试,封板黑色漆面部分用水、酒精均可以清除其残留污迹和灰尘。

2.3 结构

待修文献书芯保存尚好,最大问题是结构性破损,封板与书芯分离,失去对书芯的结构性支撑和保护。整个书芯从书脊处内凹、封板缺角且窄于书芯1.6—1.8 cm,致书芯书口处外凸,露出封板之外。由于我们对新疆少数民族古籍装帧知识的匮乏和文字障碍,我们只能根据此书现存状态,并与培训班其他组所修同类型文献的结构进行比较,在一定程度上推定其原结构。

待修文献书脊材料共存留二层,内层应为粗麻布,搭头布缝于其上;外层为红棕色皮,硬化变形严重,上端缺约1/4—1/3,书脊与前板相连处的皮已断裂,缝线补缀连接,与后板相连处断裂成一条,无补缀。

搭头布分两层:下层为棉线垫纸卷或皮条穿绕书帖,并按2—3根为一组形成经线,多已断裂;上层仅存约2—3mm极小线头,绿线在经线以下,红线在经线以上。参考相关文献中搭头布形制及培训班其他组同类文献的搭头布缝制形制(图4),推定上层为红绿二色棉线交叉缠绕经线编织成麦穗状。

前封板与书芯的结合方式已无留存,如图5。后封板与书芯处以不规则纸条简单粘连,不似原有结构,由于末帖缺失,这部分的推定已很难进行。根据文献记载,在伊斯兰式装帧中,如书背里衬(spine-lining)与本书一样使用织物,则内连接部分(inner-joint)部分用皮或纸覆盖。覆盖方式有两种,一种是封板内衬延伸至书芯边缘;一种是用一条单独的纸条或皮条覆盖织物及书芯边缘,再于其上粘贴封板内衬。在拆解和封板修复的时候拆出来一根多余的桑皮纸条,或许为书芯与封板连接用的皮纸条。

图4　其他组待修文献搭头

图 5　书芯与前封板的连接

书脊皮断裂后的缝线补缀、封板与书芯分离、末帖和部分书页缺失后的重新粘接等情况表明,此书在收藏过程中曾经修复,现存书脊结构是否与原来相同,暂不可考。

3.修复方案

文献修复方案是文献修复工作的依据和指南,修复人员应严格遵循"修旧如旧""可逆性""最少干预"等修复原则,在确保文献安全的前提下,针对修复对象具体破损情况,按照修复要求,在一定的工时、设备、耗材和经费等条件下,制定相关的修复措施,复原和加固文献破损部分,去除有损文献保存安全的不利因素,消除各种潜在的破损威胁,综合探讨以上措施可能存在的风险并予以规避和解决,以之为指导,完成修复工作。

3.1 方案制定

为确保对修复对象每个部分都分析到位，我们将文献分为整书、结构、封板、书芯等几大区块，列表逐块分析各区块破损现状、拟解决方案、存在的疑难和潜在危险。经分析，本次修复存在的疑难问题主要集中在以下方面：

（1）书芯：订线方式不定的情况下如何加固；拉回复位后能否与封面、书脊协调；清洁中的风险；书芯补全补缺程度应如何把握，圆角是否要保留；砑平与补破的次序。

（2）封板：清洁中的风险；破损处补全程度，补全办法；四周包边的皮如何复原；表面附着的桑皮纸、漆面、书脊皮补全程度。

（3）结构：书脊皮硬化变形、缺损与缝缀如何处理；书脊内层粗麻布和搭头布是否更换；封板过窄造成的结构复原问题如何解决；封板与书芯连接方式不可考，如何复原。

疑难点的处理很大程度上影响最后的修复质量。因此，在修复工作开始前，小组成员经多次反复讨论，在充分了解修复工作的疑难点后，结合时间、材料、工具、修复人员的经验等因素，草拟了四套修复方案。经过讨论，一致认为在限定的工时之内，既保留原书风貌，又起到加固作用的第四种方案最适合此次修复，经指导老师林明先生补充调整后的修复方案所涵盖的具体内容包括：

（1）清洁：采用较为安全的方法对整书各部位进行清洁。

（2）拆解：进行结构性拆解，将文献拆解为几个部分，分别处理。

（3）书芯处理：拉紧订线，加固复位；书页补破、折角、卷角展平。

（4）封板：缺损处用多层桑皮纸粘合；漆面下二层纸张补全粘回封板；断裂处加固。

（5）结构复原：更换书脊粗麻布，新做空腔，保留原搭头布、书脊皮及缀线。软化书脊皮，补全缺失，粘合复位；局部干揭封板内衬，补全疑似遗失的另一半后粘回。

（6）制作装具。

（7）制作仿真复原本 1—3 册，表现订线、搭头布、书脊结构及外观。

结构复原是此方案的重难点,所需修复技术较高,多处部位要揭开后补全再还原。结合制定方案前的逐块分析,此方案可在文献拆解后实现较为明确的分工,解决一书多人无法同时操作的困难,从而统筹安排、缩减工时。

3.2 方案变动

原修复方案于9月13日提出,9月18日下午最终确定,并于20日执行,在此之前,审慎起见,并未对文献进行过多有损检测和检视。随着待修文献的拆解,以及对其他组相似文献的观察交流,特别是林明老师23日所分享的相关文献 The Technique of Islamic Bookbinding,让我们对新疆少数民族古籍有了更多的了解。在此过程中,逐步推翻了一些原先的推断,并采取了新的措施。具体的变化情况如表2。

表2 修复方案变动及分析一览表

原方案	变动情况	原因
清洁	无变动	
拆解	无变动	
书芯处理:拉紧订线,加固复位;书页补破;折角、卷角展平	整体方向未变,具体做法有调整:书脊除胶重新撮齐、浆背;书页补破及展平程度细化;增加砑平环节	拆解后发现书芯缝线基本完好,无需过多干预;而书帖原施胶造成拉回不易,加之搭头布措施更改为新缝,重新浆背成为可能和必须;纸张检测后更新方案
封板:缺损处用多层桑皮纸粘合;漆面下二层纸张补全粘回封板;断裂处加固	除表面外,内层补入的主要有牛皮、分层的灰板、托布的桑皮纸及浆糊封板屑填料	仅插入桑皮纸需用浆糊较多,做出来纸板较软,不利于保护书芯和长久保存

续表

原方案	变动情况	原因
结构复原：更换书脊粗麻布，新做空腔，保留原搭头布、书脊皮及缀线。软化书脊皮，补全缺失粘合复位；局部干揭封板内衬，补全疑似遗失的另一半后粘回	重缝搭头布；去除所有粗麻布；未做空腔；新增书脊皮，新旧皮之间不再粘合；内衬未补，仅在末帖后增加2空白护页，局部插入封板内；封板与书芯的连接处覆盖皮纸条；窄板问题的处理	修复中大致能够复原搭头布，粗麻布随之拆除；拆解中、资料中以及其他组相似文献中均未见关于空腔的描述；原皮很厚，仅补全缝缀会造成文献进一步变形的风险；末页所增护页用于保存缺页残留纸边；封板与书芯连接方式根据考证采用新方法；窄板问题做方案时忽略，随后讨论补充进去
制作装具	无变动	
制作仿真复原本1—3册，表现订线、搭头布、书脊结构及外观	制作仿真复原本2册，搭头布分解示意板一套	根据实际需要调整

4.修复过程及重点难点

4.1 制作仿真复原本

在正式开始修复之前和修复过程中，我们制作了两册仿真复原本及搭头布分步缝制示意板，来模拟书芯缝制、结构复原、搭头布制作等关乎文献结构的主要内容，为修复工作提供实践练习和参考。

仿真复原本1的制作在修复工作最开始进行，主要目的是为了复原书芯缝制过程、书脊内层结构（含搭头布）的制作方法，较为简单。其书芯模仿待修文献，共15帖（推断帖数），每帖4张纸，两眼订线。上半部分粘贴棉布，缝制一头搭头布。

仿真复原本2的制作在完成对修复对象主要结构和材料检测推定的基础上进行，注重与原书结构上的一致性，不强调外观尺寸的同一，仅按比例制作，如图6。主要目的是为了进一步了解修复对象的装帧形式、结构特点、制作过程及各步骤要点，积累实践经验。在结构方面，复原了书脊结构、搭头布形制、封板与书芯的连接方式,在处理窄板问题、书帽问题、书脊牛皮等细节方面积累了实践经验。其中,在封板与书芯连接方式方面,由于原推定存疑,分别在前后封板与书芯的相连时采用两种方式,以便于进一步推定修复对象原始结构。在处理书脊皮方面,头尾两端与书背平齐处预留书帽,书帽两侧分别剪出凹槽以方便两侧折回,同时根据参考文献中相近的两种形制决定制作不同尺寸的书帽:一端伸出搭头布,一端与搭头布齐平。在处理窄板问题上,由于这种形式无论在参考文献还是其他组文献上都没有出现,因此无法确定在修复中是否应该接板,为审慎起见,最后保留窄板,剪齐两头因窄板多出不便折回的书脊皮。

图 6　仿真复原

搭头布分步缝制示意板的制作主要是为了复原搭头布缝制形制及步骤,并进行分解示意。为节约成本,提高效率,以灰板替代书芯,每隔3mm打孔替代芯中缝,按推定方式缝制搭头布。经过多次反复缝制,发现搭头布上层直接在皮条内芯上用双色线缝制编织比在书脊处编织后上推压住皮条更为结实紧致;上下穿绕编织的双色线较松散,易包裹经线滑动,如在回折时穿过上一组编线拐弯处同色线,则能解决此问题,然观察相关资料和实物,难以发现以上连接痕迹,暂且存疑。

4.2 书芯修复

书芯的修复包括除尘、除污及霉斑,展平卷边、卷角、折角,补破、缝护页和拉紧订线加固书芯几个部分。除污方面,采用橡皮粉和橡胶海绵进行,除污时同步展平卷边、卷角、折角。为保证整书协调,圆角不再补方,部分折角根据前后情况不再展平。

书页缺角采用双层夹补的方式补全缺失部分,即第一层补纸与书页有 2 mm 的搭口,第二层补纸与书页缺损边缘碰接。补后书页上下垫数张吸水纸阴干,干燥后砑平。末页缺失半页及护页仿照原书页将桑皮纸托在一起然后砑平使用。夹页修复同书页部分,单独阴干压平,最后夹回书芯。为避免书芯与封板连接覆盖皮纸条时遮挡住原书缺页余边,在末页外侧缝制护页。

由于书芯内凹,各帖之间有余留的胶,很难拉回内凹重新定型。因此,用无水乙醇辅助除胶,将各帖分离,然后撴齐书芯,拉紧订线,使内凹复原。

4.3 封板修复

封板修复包括除尘、除污、补破和加固。封板表面漆皮采用棉签蘸取酒精轻轻擦拭的方法除污。封板缺失处采取分层夹板/纸/皮的方式复原,结构如图 7。为保证整书协调,封板上下角补方后用砂纸打磨成圆角。

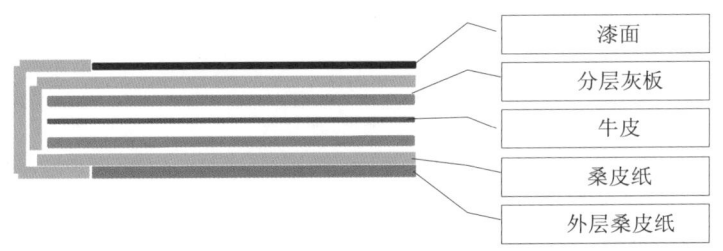

图 7　封板补破结构示意图

后封板内侧断裂处采用局部揭开、插入灰板、纱布、桑皮纸,然后将原封板内侧桑皮纸粘回的方式加固。

封板表面附着的桑皮纸、内衬、漆面根据实际翘起情况粘回复位,最后进行全色。

4.4 结构还原

在结构还原方面,大部分操作在制作仿真复原本 2 的时候经过实践,以下就修复对象与仿真新书的不同处着重介绍。

首先,为保留颇具特色的经缝缀修复的书脊皮料,在拆解时未将皮料与封板分离,使用含水极小的稠浆糊涂布皮料背面,待其将其软化;考虑到原皮较厚,如仅补全和缝缀会加剧原来就曾出现的整书严重变形问题。因此,此处修复时采用新皮包裹书芯。新皮脊完成后,发现直接粘回原书脊会造成封面无法顺利弯折,粘贴不牢,易再次起翘且可能对旧皮造成挤压,造成进一步损伤,故上封面原皮脊缝缀处只粘贴封板部分,其余部分留空。如图 8。

图 8　修复后上封面

图 9　书帽及搭头布

第三,封板与书芯内连接处棉布的覆盖采用纸条法,分别在首末页(书末处在新加的空白护页上)靠近书背约 1cm 处粘贴皮纸条,纸条另一侧与棉布粘合。分别揭起封板两面靠近书脊边缘的封皮和内衬,塞入新的皮脊和连接皮条,加压令干。此种连接方式中,书背里衬这一层承受了较大的应力,很容易与书芯脱离,造成书芯与封板的分离,推测这会是伊斯兰装订中比较常见的破损现象。但是,虽然在结构方面有此欠缺,但是并不能说伊斯兰装订是"随意"的,且不说封面的装饰,封板虽然三边包皮边,且从边缘来看,皮边厚度并不小,但在封面上几乎摸不到四周皮条的痕迹,由此可见一斑。

5.总结

经过小组六位成员的通力合作,新疆少数民族古籍《买吉木艾依苏勒坦》一书的修复工作在规定的时间内完成。在修复过程中,我们尽力探讨研究文献所用材料和形制,力图在古籍修复原则的指导下完成结构复原、各部分补破等工作,基本达到既保存文献原有装帧和风貌,又完成加固和补缺,在有限的范围内提供读者使用的目的。

限于我们自身的知识结构和修复经验,在修复过程中难免出现不尽如人意之处,特别是由于对此种装帧形式的陌生,整个修复过程一直徘徊在毫无头绪、模棱两可、手足无措的境遇中,艰难选择与判断,虽最终完成,仍不免惴惴。在此过程中有一些值得反思的地方,如:(1)文献修复方案并非一成不变的,在修复原则的指导下应随着修复人员的认知、文献拆解后的新情况来不断补充和完善方案。(2)小组合作项目是一个系统工程,在时间控制与质量控制上应有较为完备的方案和执行力,区块分组实施操作虽然能在时间安排和责任划分上较为节省和明确,但协作完成更为重要,特别是修复方案的变化应及时沟通,各部分相应调整,避免出现衔接不上的问题。(3)在进行修复前,必须要对修复对象有更多的了解,对形制、装订方式、关键技术有一定的掌握才能开始,作为团队,至少有1/3的人能够达到相关知识储备。同时,应避免陷入思维定式的套路中。(4)文献异地修复,两处气候环境大不相同,往返过程中文献对环境变化的调适、潜伏霉菌的生长等因素都是应该考虑到的。同时,异地修复造成了修复人员无法入库查看同期同类文献样本,特别是陌生的修复对象,会造成推断分析的错误,影响修复效果。

本次培训开始于唤起记忆式的西文古籍修复和样书制作实践课,以及修复伦理、技法等方面的理论课。在此基础上,通过小组合作研讨新疆少数民族文献修复工作,思虑周全,做到温故而知新,体现出培训班组织方对待珍贵而陌生的少数民族文献修复工作的谨慎和重视。

在学习研讨过程中,我们从对新疆少数民族古籍一无所知,到慢慢了解和完成修复,虽然过程有各种纠结、烦躁、无措、茫然,但经过大家共同努力,终于在能力所及的最大程度上完成了修复任务。如本文标题所示,我们在修复过程中向未知领域(新疆少数民族文献装帧、保护和修复相关知识)迈出了关键的一步,在慢慢了解中感受其中的魅力。在此过程中,我们作为小组成员参与到一个修复项目中,锻炼了自己的团队协作能力和组织能力,为今后各自所在馆疑难文献修复项目的实施开启了思路;在此过程中,因为所修文献的特殊性,大家更多的合作与交流,讨论和观察,彼此学习,坦诚以对,互相帮助,为行业内部形成良好的研讨氛围提供参考,为回馆后彼此继续交流和互通有无提供了条件。

参考文献:

[1] Karin Scheper. *The Technique of Islamic Bookbinding: Methods, Materials and Regional Varieties* [M]. Boston: BRILL, 2015.

注:第一期全国西方文献修复技术研修班第三组小组成员包括:吕晓芳,女,国家博物馆;王金丽,女,中山大学资讯管理学院;袁静,女,武汉大学图书馆;陈斯洁,女,中山大学图书馆;蔡雪玲,女,福建省图书馆。导师包括:林明,男,中山大学图书馆;肖晓梅,女,中山大学图书馆。

Report on the Conservation of Xinjiang Literature in Minority Language *Mai Ji Mu Ai Yi Su Le Tan*

Xu Weihong, Lyu Xiaofang, Yuan Jing, Wang Jinli

Abstract: During the first training class of conservation skills of western literature, all students worked in small groups to conserve ancient books in minority languages of the Xinjiang Uygur Autonomous Region. The language barrier and unclear original binding make it difficult for conservation of the literature. The book repaired by our group is a Persian hand-copied book written on typical mulberry (bark) paper, with the content related to the religion and a binding full of national features. The main characteristics of this book are damage to the boards, partial missing and flaking off of leather on the spine, little residual of headbands, and serious deformation of book block. Through repeated discussions, our group formulated several treatment proposals. With an overall consideration of many factors such as time, manpower, material resources and the weather, we selected the most appropriate treatment proposal and invited specialists to make a final decision. We divided the conservation work into three parts: the board, the spine and the book block. Following steps were included in the process of conservation: surface cleaning in different ways, tests of paper thickness, bleeding of ink and paper fibers, paper coloring, leather dyeing, making a try-to-repair sample book, and an exercise to sew the headband. Eventually, our group delivered a report on difficulties, solutions and experience drew from the conservation. Conserving ancient books in minority languages of Xinjiang in small groups not only helps improve students' collaboration and conservation skills, but also provides reference for the conservation of ancient books in minority languages of Xinjiang in the future.

Keywords: ancient books in minority languages; teamwork; treatment proposals; the process of conservation; review and report

从"整旧如旧"的角度浅谈新疆
民文古籍文献修复用纸处理

——以《穆赫塔沙茹》修复为例

马泳娴[*]

摘要：以"第一期全国西方文献修复技术研修班"中修复的新疆民文古籍《穆赫塔沙茹》为例，试从"整旧如旧"的角度分析修复用纸染色和研光处理方法，总结其中经验，以期为少数民族民文古籍的修复工作提供参考。

关键词：古籍修复；新疆民文古籍；修复用纸

1. 前言

2016年8月至9月，笔者有幸参加由国家古籍保护中心主办、中山大学图书馆承办的"第一期全国西方文献修复技术研修班"。本次研修班以一批新疆民文古籍文献为对象，通过小组协作的方式为破损情况严重、装帧形式难以考证的新疆民文古籍文献制定合适的修复方案并进行修复。本文通过对其中修复用纸处理方法的分析和总结，希望为少数民族民文古籍修复工作提供参考。

自"中华古籍保护计划"实施以来，新疆古籍保护中心在古籍普查登记和国家珍贵古籍名录申报等方面积极开展工作，取得一定成果。2012

---

[*] 马泳娴，中山大学资讯管理学院。

年起,新疆古籍保护中心开始对当地古籍收藏机构进行实地调研,据不完全统计,全区共有古籍文献近50万册,其中少数民族古籍近5万册(包括察合台文、波斯文、阿拉伯文等20余种文字的古籍文献)。截止2015年12月,新疆地区已有12家古籍收藏单位入选1—4批国家珍贵古籍名录102部①。

但根据现存古籍的保存状况调查,新疆地区的古籍修复力量相对比较薄弱。不少机构因缺乏专业修复人员、修复设施设备和修复工作场地等问题,尚未正式开展古籍修复工作②。由于文献纸张载体本身自然老化,加上存藏环境的改变,不少新疆古籍文献存在不同程度的破损。为了更好地保护新疆民文古籍文献,开展古籍修复工作迫在眉睫。

因新疆地区地处东西文明交汇之地,受多民族、多宗教和多语言的影响,新疆民文古籍的载体材料、装帧形式、文献内容等都具有多样性。新疆地区现存古籍主要有卷轴装、羊皮精装、缝缋装、梵夹装、经折装等,与汉文古籍相比,具有鲜明的民族和宗教特色。此外,还有部分古籍的装帧形式与西方文献的精平装相似,但在书帖缝线、搭头布缝制等方面存在差异。这些特点给新疆民文古籍修复工作带来了不小的挑战。

2. "整旧如旧"的修复原则

国内古籍修复行业将"整旧如旧"作为古籍修复的基本原则之一。这一原则的前身是赵万里对《赵城金藏》"保存原样"的修复意见。杜伟生认为"整旧如旧"要求保持文献信息的真实性,即文献内容的真实性和文献形态的真实性。具体而言,文献内容的真实性包括文字和图像在数量、位置和形状上的真实性以及残缺部分的真实性。文献形态真实性则包括装帧形式、古籍原纸规格和古籍纸张特征的真实性③。

国外文献修复业界没有等同于"修旧如旧"的修复原则,但对文献保

---

① 丛冬梅:《新疆地区入选"国家珍贵古籍名录"的古籍之述评》,《新疆教育学院学报》2015年第4期,第110—113页。
② 申文涛、李华伟、丛冬梅:《新疆地区古籍保护工作的现状与思考》,《河南图书馆学刊》2013年第3期,第135—137页。
③ 杜伟生:《古籍修复原则》,《国家图书馆学刊》2007年第4期,第79—83页。

护和修复过程中的"真实性"同样十分重视。布兰迪修复理论强调对艺术作品"真实性"的保护,任何修复的前提是杜绝产生历史的、艺术的伪造品①。20世纪40年代英国在制定文献修复指南时提出:"修复过程不能抹除、损害或掩盖文献作为证据的价值②。"日本东京文化财研究所三浦定俊在《修理技术者的职业与伦理》中亦指出要尊重文物的真实性③。

在本次新疆民文古籍的修复研讨中,组员从制订修复方案到最后实施修复都秉承着"整旧如旧"的原则,以其为指导来考虑和解决问题。

3.新疆民文古籍纸张特点

新疆维吾尔自治区南部的和田地区和东部的吐鲁番地区十分适宜桑树生长,为手工制造桑皮纸提供了丰富的原料。据史料记载,在宋代西辽统治时期,和田以桑树皮为原料制作纸已经很有名,成为当地维吾尔族的一项重要民间手工艺,在新疆地区颇负盛名。残存的清代桑皮纸文书和民国时期的桑皮纸钞票证明,过去新疆各地曾普遍使用桑皮纸。新疆南部在清代及民国时期形成的地方官府典籍书册,基本上都以桑皮纸作为书页,外观及手感比内地的古籍稍粗糙④。

新疆维吾尔族桑皮纸以桑树皮为原料,经过剥削、浸泡、锅煮、捶捣、发酵、过滤、入模、晾晒、粗磨等工序,成纸不经加工多呈黄色或淡褐色,经过加工则是洁白的。纸张纤维较细且有细微杂质,但结实坚韧,拉力强,不易断裂,吸水性强。

根据"整旧如旧"的修复原则和桑皮纸的特点,在修复新疆民文古籍时应选择与原纸纸品相近的桑皮纸,如处在不易获取桑皮纸的地区,可选择纸品接近桑皮纸的皮纸。考虑到通过分析纸张纤维和检测纸张理化性能为古籍选配修复用纸已有较多研究,兹不再赘述。

---

①徐琪歆:《布兰迪修复理论研究》,中央美术学院硕士论文,2013年。
②Baynes-Cope, Arthur. "Thoughts on Ethics in Archival Conservation". *Restaurator*,9(3):136—146.
③刘舜强:《浅谈日本艺术品的保护与修复》,《中国文物报》2004年11月05日。
④买托合提·居来提:《新疆维吾尔族桑皮纸的研究与应用》,《现代交际》2011年第8期,第64—65页。

4.新疆民文古籍《穆赫塔沙茹》修复用纸处理

4.1 修复用纸染色处理

根据"整旧如旧"的修复原则,修复用纸的颜色应接近原纸颜色。若选配出来的纸张与待修古籍的纸张颜色接近,可以不对修复用纸进行染色做旧处理;但若修复用纸与古籍原纸存在较为明显的色差,则需要对修复用纸染色做旧。在《穆赫塔沙茹》修复案例中,原书页未沾染水渍和油渍的部分在干清洁后呈浅黄色,而选取的修复用纸颜色偏白,二者色差明显。因此,要对修复用纸进行染色。为了调配出更接近原纸的颜色,选用了修复用纸染色常用的国画颜料和植物染料进行实验。

4.1.1 国画颜料染纸

国画颜料是一种常用的染色剂,既包括矿物颜料,如石青、石绿、赭石等,也包括植物颜料,如花青、藤黄等。因使用一种颜料难以调出合适的颜色,故在调色过程中依照书页颜色混合多种颜料进行调配并刷染在补纸纸样上,与原书页进行对比。

表 1　国画颜料染色纸样对比

序号	染色原料	染色纸样 pH 值(试纸)	染色纸样	原纸颜色
1	赭石+花青	6.5		
2	赭石+湖蓝+橙黄	6.0		
3	赭石+橙黄+头绿	6.0		

续表

序号	染色原料	染色纸样 pH 值(试纸)	染色纸样	原纸颜色
4	赭石+橙黄+花青+大红	6.0		
5	赭石+花青+头绿+大红	6.5		
6	赭石+花青+头绿+大红+藤黄	6.0		

由上表可见，赭石与花青染出的纸样在颜色上与原纸的颜色最为接近。使用 pH 试纸对各颜料溶液进行 pH 值检测，发现全部染液呈酸性，需要调节至中性或弱碱性才符合修复需要。

4.1.2 植物染料染纸

研究表明，植物染料染纸颜色均匀，色调多样，易达到古纸的颜色。经过干热老化 60 天后，植物染料染纸依然有比较好的强度，因此植物染料是较好的染色剂①。

(1)植物染料实验样本选择及依据

由于《穆赫塔沙茹》书页呈浅黄色，因此需选能出黄色染液的植物染料。据古文献记载，古代用于染黄色的植物很多，常见的有栀子、槐花、黄檗、地黄、橡碗子等。茶叶含有茶黄素这类呈橙黄色的物质，使其为纸张染色成为可能。此外，板栗外壳和莲子壳也是古代文献记载的天然植物染料，《天工开物》有"用栗壳或莲子壳煎煮一日，漉起，然后入铁砂化矾锅内，再煮一宵，即成深黑色"的记载。日本草木染相关的书籍中也多

---

①巩梦婷：《古文献修复中染色配纸的研究》，上海复旦大学硕士论文，2012 年。

提及运用栗子壳、树皮与树叶染色,这些部位因含有多量的丹宁成分,故能产生良好的染色效果①。基于古文献记载和古籍修复实践经验,首先选择栗子壳、莲子壳和黄檗为实验对象。

此外,随着人们环保意识逐渐增强,植物染料在织物染色方面尝试渐多,已有研究在黄芩、黄连和虎杖等染料进行织物染色方面获得成功。尽管织物与纸张有较大差异,但这些植物染料的染色效果对染纸也具有一定的参考价值,因此也将黄芩、黄连和虎杖这三种植物染料选为实验对象。

1. 栗子壳

2. 黄芩

3. 莲子壳
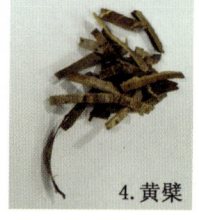
4. 黄檗

5. 虎杖

6. 黄连

图1 植物染料实验对象

(2)植物染液制取及pH值检测

称取一定量的植物染料,配定量水置于电磁炉上以1300瓦煮沸,然后以800瓦熬煮10分钟。将溶液滤出,以化学烧杯盛放,然后在每种溶液中放入4张修复用纸纸样,待纸样分别浸染15分钟、25分钟、35分钟和45分钟后,取出用电吹风吹干以对比染色效果。通过这一染色实验,一方面将对比相同浸染时间内6种植物染料的纸张染色效果,另一个方面将比较同种纸样在同一植物染液中浸染不同时间的染色效果。

---

① 板栗壳:给你点颜色瞧瞧!, http://blog.sina.com.cn/s/blog_4a83139e0102dvt7.html, 2016年10月28日。

表2 植物染料制取情况（T=24.3℃;RH=69%）

序号	植物染料	质量(/g)	水(/ml)	溶液(/ml)	备注
1	栗子壳	20	500	300	因栗子壳体积比其他染料大,相同重量下实际出色物质少于其他染料,因此取20g栗子壳进行实验,亦方便计算
2	黄芩	10	500	300	
3	莲子壳	40	500	300	新鲜莲子壳含水量大,与其他染料干重相等的情况下实际出色物质少于其他染料,因此取40g莲子壳进行实验,亦方便计算
4	黄檗	10	500	300	
5	虎杖	10	500	300	
6	黄连	10	500	300	

注：T=temperature,温度；RH=relative humidity,湿度

制定修复方案前使用 WTW inoLab pH730 台式酸度计对《穆赫塔沙茹》的书页进行 pH 值测试,测得该文献书页 pH 值处于 5.0—6.3 之间,呈轻度酸化。出于修复文献以延长文献寿命的目的,为补纸染色时应特别注意染液的 pH 值。如果溶液呈酸性,需对染液处理,使其呈中性或弱碱性。为了更准确地测试染液的 pH 值,我们将 pH 试纸与 pH 值检测仪结合使用,对染液进行检测。

首先,采用 pH 试纸对染液酸碱度进行区间估测,将 pH 试纸插入常温的植物染液,然后将试纸结果与酸碱度参数图比对。为了得到更精确的数值,采用 pH 值检测仪对植物染液进行测试。清洁测试笔头后,使用 pH7.0 的校准液对测试笔头进行校准,然后插入常温植物染液中。由下表可见,所有植物染液的 pH 值介于 6.5—7.0 之间,酸碱度均为中性或弱碱性,符合修复要求。

表 3　植物染料溶液 pH 值

序号	植物原料	溶液 pH 值（试纸）	溶液 pH 值（酸度计）
1	栗子壳	7.0	7.137
2	黄芩	6.5	7.047
3	莲子壳	6.5	7.220
4	黄檗	6.5	7.193
5	虎杖	6.5	7.282
6	黄连	7.0	7.047

（3）植物染液染纸纸样效果对比

将修复用纸纸样放入 6 种植物染液中浸泡 15 分钟后，取出吹干，并与原书书页颜色进行比对。从下表可以看出，2 号（黄芩）、4 号（黄檗）和 6 号（黄连）的染色纸样较原书页颜色偏黄，色差明显。因此，排除这 3 种植物染料。5 号（虎杖）染色纸样与书页相比，颜色接近纸张老化焦脆部分，比原书页颜色深。因古籍书叶颜色变深的速率较小，而补纸颜色变深速率较大，若补纸颜色深于或接近古籍原书叶颜色，经过一段时间后补纸颜色可能比原书叶深，这与古籍修复中"整旧如旧"的原则相违背①，因此剔除 5 号（虎杖）。1 号（栗子壳）和 3 号（莲子壳））的染色纸样与原书页颜色较为接近，但总体偏浅，可以通过延长纸样浸泡时间或加入其他染液进行调色。

随后对浸染 25 分钟、35 分钟以及 45 分钟后的 1 号（栗子壳）和 3 号（莲子壳）纸样进行对比，发现 3 号（莲子壳）纸样颜色与原书对比偏粉，因此将 3 号（莲子壳）染料剔除。1 号染液染出的纸样 1-3 和纸样 1-4 与原书页颜色比较接近，纸样 1-2 较纸样 1-1 颜色深，较 1-3 和 1-4 浅。出于对古籍修复选纸"宁浅勿深"的考虑，认为纸样 1-2 的颜色比较合适。

---

① 耿宁：《中西古籍修复的比较研究》，安徽大学硕士论文，2014 年。

表4 植物染液染色纸样对比

序号	植物染料	纸样浸染时间（min）				原纸颜色
		15	25	35	45	
1	栗子壳	1-1	1-2	1-3	1-4	
2	黄芩	2-1	2-2	2-3	2-4	
3	莲子壳	3-1	3-2	3-3	3-4	
4	黄檗	4-1	4-2	4-3	4-4	
5	虎杖	5-1	5-2	5-3	5-4	
6	黄连	6-1	6-2	6-3	6-4	

在纸张染色做旧过程中常加入墨以调节做旧效果。有研究者通过实验发现墨具有高稳定性,加入墨染出的纸张的稳定性和耐久性都比较好①。因此在栗子壳溶液中加入 0.1 ml 的墨并进行纸样预染,最后染出的纸样与书页颜色接近且古朴素雅。

4.2 本节小结

通过以上实验,使用国画颜料和植物染料都可以染出与原书页颜色相近的补纸。但国画颜料中赭石色液酸度较大,染色后的修复用纸可能会对文献原纸造成损害。与之相比,植物染料天然无害,染纸颜色较为均匀,染液为中性或弱碱性,不会对修复用纸和文献原纸带来酸性损害。因此,最后选择栗子壳配制的染液对修复用纸进行染色处理。

5. 修复后的砑光处理

在中文古籍修复过程中,因纸张纤维在水和浆糊作用下伸缩率不同,补纸搭口处会出现凸起。为了使修复后的古籍平整,需用小锤将凸起捶平。但在《穆赫塔沙茹》修复案例中,组员们对书页修复后是否应捶平这一问题意见不一。一方面因为桑皮纸较厚,补纸相对较薄,补纸与书页搭口位置的凸起不是十分明显。另一方面,尽管已经使用韧性较好的典具帖对严重霉变的书页进行加固,但捶书还是可能对书页造成二次伤害。由于新疆民文古籍修复经验较少,对于是否应借鉴中文古籍修复做法尚未有明确定论。

基于"整旧如旧"的原则,通过查阅文献和咨询经验丰富的修复师,笔者和组员尝试从造纸的角度思考对策。据清乾隆时期纂修的史料《回疆志》记载:"回疆纸有黑、白二种,以桑皮、棉布、絮合作成……用石子磨光,方堪写字②。"由此可见,在清朝时新疆地区制造的纸张已有"砑光"这

---

① 巩梦婷,陈刚:《国画颜料染色修复配纸耐久性的研究》,《东亚文化遗产保护学会第二次学术研讨会论文集》,北京:科学出版社,2013,第 274—283 页。
② 李晓岑:《新疆墨玉县维吾尔族手工造纸调查》,《西北民族研究》2009 年第 3 期,第 147—154 页。

一步的处理。近几年对桑皮纸制作工艺的调查表明,在桑皮纸的生产过程中,抄好的纸从模具上剥离下来后,要经历粗磨这一步,即待纸张干透后进行必要的光滑处理,使粗糙的原纸变得光洁平滑①。尤其是用于书画的纸张,大多要经过染色、加蜡、填料、砑光等加工步骤,才能使用。1969年新疆出土的唐画纸张表面平滑,经过砑光,部分表面似乎施过白粉②。修复前查看《穆赫塔沙茹》破损情况时已发现书页表面似乎有光泽,但与书画用纸打蜡砑光的效果略有不同,组员推测纸张在制作完成后经过类似砑光的粗磨处理,因此决定取一张修复后的书页进行砑光试验。

图2　书页修复部位进行砑光处理

具体做法是将修复后的书页放置在吸水纸上,取砑画用的砑石在书页经过修补的位置进行砑光。虽然书页整体状况良好,但沉重的砑石在摩擦过程中仍可能对书页造成伤害,因此砑光时需注意控制力度,力度太轻无法达到砑光目的,力度太大易造成书页撕裂,书页纤维变形。除此之

---

① 安尼瓦尔·哈斯木、杨静:《维吾尔族桑皮纸及其制作工艺》,《新疆地方志》2012年第1期,第47—50页。
② 潘吉星:《新疆出土古纸研究——中国古代造纸技术史专题研究之二》,《文物》,1973年第10期,第52—60页。

外,还要注意砑光的手法,应先从书页溜口的中间部位开始,往天头或地脚方向一段一段地砑,避免从天头到地脚一个方向反复砑光,否则容易造成书页和补纸的纤维伸长变形。书页双面都应进行砑光处理,首先对补纸搭口在上的那一面砑光,因为补纸在上可以保护原书页,且通过砑光可以使搭口更紧致服帖。而对书页搭口在上的那一面砑光时,应注意力度要小,避免在砑光过程中对搭口造成伤害。通过对书页进行砑光处理,组员发现修补用纸也具有了与原书页相近的光泽度,同时补纸搭口厚度变小,纤维交织更为紧实。

6.结语

在修复《穆赫塔沙茹》过程中,对修复用纸进行处理的经验总结如下:

除了古文献记载和常用的植物染料,还有很多中药药材或食材可用以染纸。在颜色相同或接近的情况下,如果植物染液本身可以达到中性或弱碱性,选择这种植物染料对纸张造成的影响较小。比如,橡碗子和栗子壳出色相近,但橡碗子染液呈酸性,需要加入碱性物质中和,而栗子壳溶液本身就呈弱碱性,无需加入其他物质。

在修复一批纸张情况相同或相近的古籍时,可将染色纸样收集整理成染色纸样册,详细记录染色原料、配比和调配方法等信息,为其他文献修复用纸染色提供参考。本次西方文献修复技术研修班中修复的新疆民文古籍纸张情况十分相近,本文修复用纸染色实验所得纸样为其他小组进行补纸染色处理提供了便利,减少了相同步骤的重复。

新疆民文古籍的纸张与中文古籍纸张不同,在实际修复过程中不能完全照搬中文古籍修复的做法。对纸张进行加工处理前需对纸张制作工艺有所了解,有条件的话应通过科学检测加以佐证,为处理方法提供科学支持。

新疆民文文献修复工作处于摸索和探究阶段,对《穆赫塔沙茹》的修复在修复用纸处理、书页除霉、装帧形式还原等方面都进行了不少尝试,而本文着重记录和总结修复用纸染色和砑光处理,希望能为少数民族民文古籍的修复工作提供一点参考。由于时间和条件限制,纸张染色后pH值和颜色的变化、纸张砑光处理的科学性等问题未能得到解决,还有待进一步研究和论证。

A Discussion on the Treatment of Paper for Repairing Xinjiang Ancient Books in Minority Languages from the Perspective of "Restoring the Old as the Old": Taking *Mu He Ta Sha Ru* as Example

Ma Yongxian

Abstract: Based on the case of *Mu He Ta Sha Ru*, an ancient book repaired in a training class of conservation skills, this paper is going to analyze the treatment of paper coloring and polishing and summarize the experience drew from the process. With all these discussion, this paper also aims to provide reference for the conservation of ancient books in minority languages of ethnic minority.

Keywords: conservation of ancient books; ancient books in minority languages of the Xinjiang Uygur Autonomous Region; paper for conservation

古籍修复业务外包经验浅谈

——以北京师范大学图书馆为例

葛瑞华　刘　璐*

摘要： 图书馆中古籍修复工作的开展主要有两种形式，一种是馆内修复人员对馆内破损古籍进行修复，另一种是将馆内破损古籍委托到社会上专门的修复公司进行修复，即所谓的古籍修复业务外包。第二种方法对于馆舍紧张、修复人员较少的图书馆有很大的作用。不但可以提高工作效率，及时保护破损古籍，而且还可以促进修复技艺的交流和提高。本文旨在将古籍业务外包的一些经验教训以及注意事项详细述之，恳请方家指正。

关键词： 古籍修复；业务外包；安全；利弊分析

北京师范大学图书馆的古籍修复工作开展于2006年，至今已经十一年。由于北师大图书馆占地面积相对紧张，修复方面工作人员较少，所以古籍修复以业务外包为主要模式，积累了一些经验。现从以下四个方面阐述我馆古籍修复业务外包的一些经验。

---

* 葛瑞华，北京师范大学图书馆；刘璐，北京师范大学图书馆。

1. 北师大图书馆馆藏破损情况及修复的基本模式

1.1 馆藏及破损情况

北师大图书馆是第一批全国古籍重点保护单位,现有线装古籍40万册,其中善本3500多种。我馆古籍的主要来源是原北京师范大学和辅仁大学的旧藏,经历年采购并接受捐赠而形成现有的规模。古籍中以地方志和丛书的收藏最为丰富,成为馆藏的两大特色。馆藏中宋元刻本有35种;明清刻本为馆藏善本主体,包括明嘉靖白棉纸本、明刻套印本、明清版画、清代精刻本、名家稿抄本和批校题跋本等。我馆入选《国家珍贵古籍名录》的古籍有126种。

馆藏古籍的破损情况比较严重,轻者破皮断线,重者酸化掉渣,从五级破损到一级破损,总破损比例达到80%—90%,其中轻度破损的破皮断线占了相当大一部分。另外就是酸化现象非常严重。笔者曾对馆藏古籍进行抽样酸碱度测试,除了入选《国家珍贵古籍名录》的126种古籍保存情况很好外,明末、清代古籍酸化情况都令人担忧,古籍修复压力相当之大。

1.2 修复基本模式

我馆古籍修复专岗设立于2008年,古籍修复人员1人,2014年增加1名,现有古籍修复人员2人。其中一人兼管书库,严格意义上说我馆古籍修复人员只有1.5人。面对大量的破损古籍,这仅有的1.5人少之又少。自2006年开始,我馆还没有古籍修复岗的时候,部门领导尝试用古籍修复业务外包的形式开展我馆的破损古籍修复,效果不错,一直沿用至今。

2008年设立专岗以后,修复模式为外包+自修,即业务外包和馆内修复人员修复同时进行。古籍修复业务外包,即将破损古籍外送社会上的修复公司进行修复。笔者之前曾与业内同行交流,发现业务外包的这种修复模式并不普遍,尤其是高校图书馆。然而对于古籍修复人员相较公共图书馆更为缺乏的高校图书馆来说,挽救馆藏破损古籍或者说延长馆藏破损古籍的寿命,业务外包是非常可行的一种方法。

2.修复业务外包的具体步骤

外包业务经验,总体来讲,主要分三步:选公司,做合同,修后验收。我馆自 2006 年始合作过的公司有:北京古艺山房文化有限公司、北京墨林文献修缮中心和南京中友图书文化有限公司。

2.1 选择公司

修复公司的选择是业务外包的关键。在选择公司的时候,主要是通过口耳相传的途径得知。最初,我馆是通过古籍拍卖公司获知古籍修复公司的相关信息。古籍拍卖在我国已有二十多年的历史,拍卖会上的部分古籍是需要修复的,古籍拍卖行的工作人员对于古籍修复公司的情况较为熟悉。我们向拍卖行的相关负责人打听其破损古籍是由哪家修复公司修复的,效果如何(部分修复效果可以从拍卖预展中看出),可以集合多家古籍拍卖行的信息,确定准备考察的公司。之后就要根据所掌握的信息进行实地考察。考察主要有两个方面:一是人员、二是安保。人员考察:主要考察修复人员的师承、从业年限、独立修复或参与修复过的古籍数量,并通过他们已经修复过的成品鉴定其修复技艺。安保方面:考察修复公司所处的工作场所是不是能够保证在修古籍的安全,同时还要考察修复公司的设备是否充足、适当。笔者了解到,目前古籍修复是有资质鉴定的,属于可移动文物修复资质。如果担忧所选公司是否合适,可以直接找有资质的单位开展本馆的古籍修复工作。需要注意的是,要仔细查看其可移动文物修复的业务范围是否包括古籍善本。

2.2 合同制作

择定公司的时候要签一个具体的合同,包括修复的质量要求、技术标准;验收标准、方法;结算方式、期限;违约责任;修缮物的安全及保证;解决合同纷争的方式等,要尽可能地详细、明确。这个合同作为一个大合同,可以每三年签订一次。在每次修复时,要签订一个小合同,小合同主要是针对具体批次的待修复古籍而定,包括古籍题名,索书号,登录号(也是我馆馆藏古籍的资产号),函册页的具体情况(尤其缺页、重页、倒页的情况要记录清楚),破损状态,函套的保留情况,修复方法,修复单价(古籍修复单价是指一个筒子页的价格），市场估计（市场估价是待修古籍的现行市场价，是为了防止古籍丢失、修复发生严重的不可挽回的错误而制定的一个赔偿价格），待修古籍的修复总价。

2.3 修后验收

验收修复好的古籍也是非常重要的步骤之一：首先是交付，交付的地点一定是在馆里，这个在签订大合同时必须明确规定。交付时，要仔细验看交付的古籍是否就是送修的古籍，函册是否正确。交付后，要详细验收，清点书页是否有增减，是否按照修复要求修复，并且要把这些记录在档。同时需要总结此次修复存在的问题和经验。一般说来，修复公司都能按照修复要求修复，并且效果还是很不错的。所以在交付修复古籍时，或是在交付后一段时间，认为这家修复公司技术不错，效果理想，即可以交付下一批古籍进行修复。在合作一段时间内基本可以考察出修复公司的修复水平，掌握其修复特点，根据其特点选定待修古籍。修后付款，对方提供正规发票，根据单位规定付款即可。

3.业务外包注意事项及利弊分析

3.1 注意事项

修复外包无论在选定待修古籍时还是在制作合同时，都有一些需要注意的事项。选择待修古籍时，如果是初次合作，建议先选不太珍贵的书，合作几次，掌握其公司修书的特点之后，再选更合适的书，比如有的公司脱酸效果较好，可选酸化比较严重的书；如果有的公司不能对酸化古籍进行脱酸，那就不能选酸化严重的书。而且一次不能拿出去太多，毕竟是拿出馆外，存有风险。修复合同中要体现出古籍的函套、册数和书叶的具体信息，尤其是有缺页、倒页、重页的一定要记录清楚，并明示在合同里。修复方案也要写在合同里，修复方案是双方协商之后确定的，如要更改也需要在双方沟通同意以后。每单的金额，可根据具体馆的实际情况来确定。在签订合同时，无论大小合同，盖双方公章，超过一页都要加盖骑缝章。至于合同的份数，可以根据各馆情况决定。例如我馆合同是一式三份，一份修复公司留存，一份馆内留档，一份用于财务打款。还有，每一合同涉及的外修古籍都要建立详细的修复前后档案,关于修复档案如何建立,业内同行有很多文章可供参考。破损照片及修复后的照片要单独建立文件夹,与修复档案放在一起。

3.2 利弊分析

古籍修复业务外包工作有利有弊,先讲弊端:首先是古籍的安全问题,毕竟将馆藏带出馆外,安全问题始终存在;再者,馆内修复工作人员并不能看到修复的过程,所以如果有违规操作是无法得知、无法干预的。有利的方面就是:对于古籍修复人员并不充足的图书馆来说,可以缓解古籍修复的压力,业务外包的实践加快了修复进度。同时还可以交流古籍修复技艺,毕竟师承的不同修复的处理方法也会不同,多接触一些不同渠道的人的修复案例,会促进古籍修复技艺的进步。

古籍修复业务外包具体情况即是如此,在双方合作的过程中,馆内修复人员发挥着重要的作用,上面已经有所论及。此处可再强调一下。考察工作要认真细致,这是选择的基础。古籍破损前的档案要做好,修复方案的确定要准确,价格定位要合适。在修复过程中要与修复公司的具体修复人员保持沟通,便于解决在修复过程中出现的问题,并且可以根据情况对原先的方案作调整。验收时,更要逐页点查,还要重点抽验重要破损处,对应修复前档案拍照留档。

在整个过程中,重中之重是藏品的安全问题。对于图书馆来说,安全是最大的事情,如果安全隐患较大,坚决不能将古籍拿出馆外去修。

参考文献:

[1] 杨健,葛瑞华.高校图书馆古籍修复业务外包探讨[J].图书馆理论与实践,2013(2).

[2] 杨芬.北京大学图书馆古籍修复探索[J].大学图书馆学报,2013(1).

On the Experience of Outsourcing of Restoring Chinese Ancient Books: Taking Beijing Normal University Library as Example

Ge Ruihua, Liu Lu

Abstract: There are two main ways to carry out the restoring work of Chinese ancient books. One is to restore the damaged books by the workers who worked in the library. The other way is to bring the damaged books to the specialized restoring company to restore. The second way can form a great effect on the library with fewer area and workers. Not only can it improves work efficiency and protects the damaged books in time, but also it can promote the restoring skills and improve our level. This paper aims to discuss the lessons and the experience of outsourcing ancient books to the specialized restoring company and pay attention to the details of the matter.

Keywords: restoring of the Chinese ancient books; business outsourcing; safety of the books; discussion of the advantages and disadvantages.

故宫藏《昇仙太子碑》的修复

李 英*

摘要：故宫书画部为举办"欧斋墨缘——故宫藏萧山朱氏文物特展"，根据展览需要备选了《昇仙太子碑》拓本。因拓本存在虫蛀、部分缺损、书口裂开、四周卷边、裂口、磨损，并残留有水渍、油渍和黄斑等问题，严重影响到展览与保存，急需修复。拓片局部有水渍和污渍，在修补前需要清洗。按照传统的修复方法对虫蛀、裂口、缺损处进行了修复。通过喷水展平、折页、顺页、锤平、天头地脚对齐，再行压实等步骤。使此件文物修复效果良好，参加完成特展后，回库保存。

关键词：故宫；昇仙太子碑；修复

1.引言

2014年故宫博物院书画部为举办"欧斋墨缘——故宫藏萧山朱氏文物特展"，入选了《昇仙太子碑》。根据展览要求，所选文物不能带着伤况出展。由于《昇仙太子碑》有不同程度的破损，在展览前需要进行修复。

故宫博物院所藏《昇仙太子碑》拓本系朱翼盦先生旧藏，其碑石在河南偃师缑山之巅。朱翼盦先生《欧斋藏碑帖目录》著录如下："昇仙太子碑，圣历二年（699），武后书，旧拓本，乙亥自跋，五十七页，一册，购价二十元。"根据《欧斋石墨题跋》又记载："昇仙太子碑，圣历二年，武后行书。旧拓本。此旧拓本，较《金石萃编》所据本还多十数字。凡《萃编》阙字

---

* 李英，故宫博物院图书馆。

处,此皆可见,如"李元琛"的"琛"字,"卓劭节"的"劭节"两字,"赵伯卿"的"赵""卿"两字等也是。后康熙辛酉钟国士两诗,碑贾多不拓,今此本俱存,亦足征拓碑时代。今有新拓本,去次远甚矣!世人重此刻,多因薛稷,实则武后书正自不弱。乙亥六月萧山朱甄甫识于敬事堂之南楹。时五十又四矣。"先生对此拓本进行了专门的研究,并在此拓本的最后一页的空白处书写了以上内容。《昇仙太子碑》字体洒脱灵动、婉约流畅、章法疏朗、气势沉稳。

2.拓本现状

《昇仙太子碑》,清乾嘉拓本,三级文物。纸本、毛装一册、无书衣、无页码、无边栏、白口,开本:37.8 cm×24.4 cm。经专业人员依照国家标准GB/T 4688-2002《纸、纸板和纸浆纤维组成的分析》的显微镜方法和步骤,采用Herzberg作为染色剂。在造纸纤维分析仪下,测量纤维的长度、宽度和种类配比,观察纤维形态、结构、杂细胞的种类、含量以及细胞壁上的微纤维走向、颜色等等。对拓片、背纸、纸捻进行材质检测,其检测结果拓片是竹纸,背纸、纸捻都是麻纸。《昇仙太子碑》拓片被裁成长36—37 cm;宽4—5.5 cm的竖条,每半页4条,每条7字,以点粘的形式粘贴在背纸上。第1页至44页的书脑处每页都有一条3.5—4.2 cm不等宽度与背纸同样纸质的衬条。衬条的长度与拓本的长基本一致。背纸局部有缺损、书口裂开、四周卷翘、污渍明显;拓片有轻度虫蛀,已严重影响到保存和展览,急需修复。

3.制定修复计划和方案

传拓是我国的传统技艺,拓本的装裱形式有多种,比较常见的有镶衬、托裱、手卷、立轴、册页等方式。故宫博物院所藏的《昇仙太子碑》拓本是以割裁的方法裁成长36—37 cm,宽4—5.5 cm的竖条点粘在背纸上,按一定的尺寸毛装成册(用纸捻粗装的一种形式)。根据出展的时间和修复要求,来制定修复方案,预计修复时间。对文物最根本的修复原则是"整旧如旧",保持原拓本的特征和装帧,以及文物价值不能因为修复

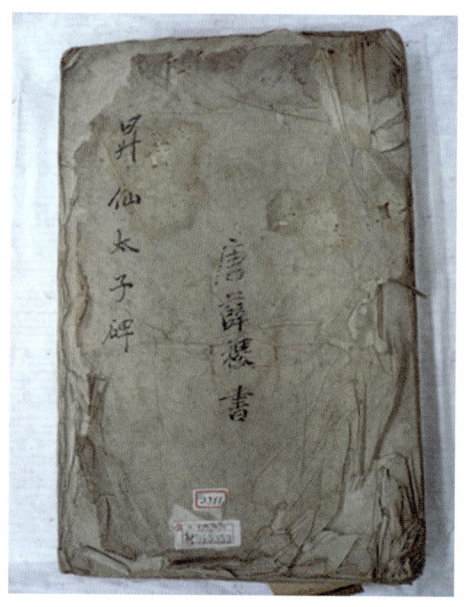

图 1-1　修复前

图 1-2　修复前

图 1-3　修复前

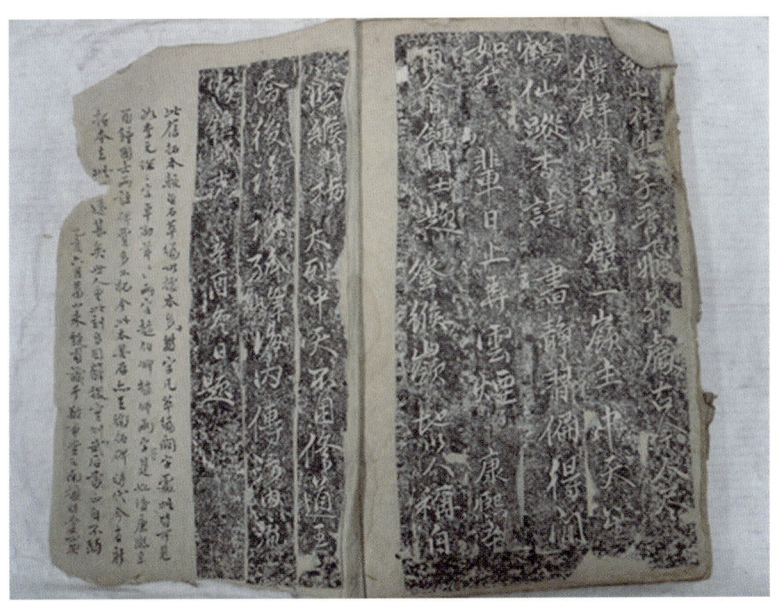

图 1-4　修复前

图 1-5　修复前

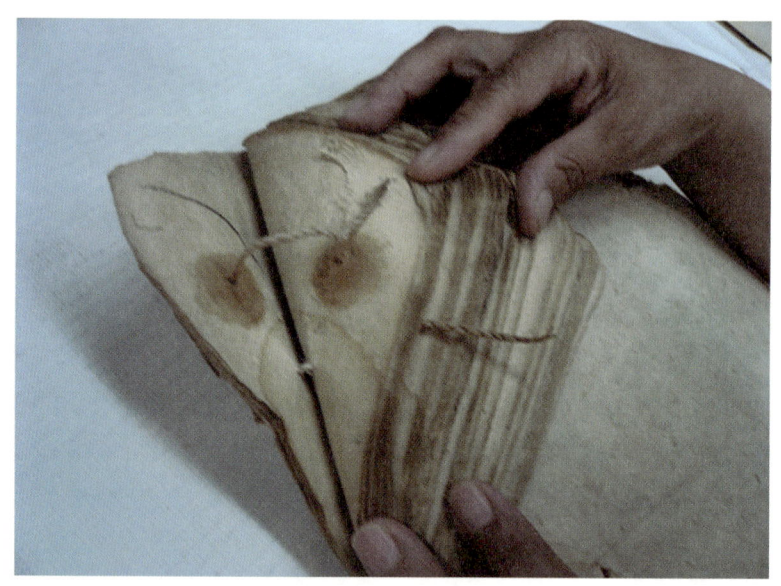

图 1-6　修复前

而受到影响。根据此拓本的基本情况,需要标注页码,在未拆拓本书叶前用铅笔在右下角装订处——按原顺序标明页码标记,这样有利于修复完后能正确归位,装订成册恢复成原样。书叶局部有水渍和污渍,修补前需要用温水清洗;对拓片和背纸再进行逐页修补虫蛀、缺损部分、遛书口等程序把整册拓本依次修完。

4.修复操作

4.1 记录文物信息

记录文物信息是古籍修复前的一项最基础的工作,也是对所修文物基本信息的了解,在与送修文物者进行点交后,进行记录。第一主要填写文物的基本信息,包括书名、文物号、库房号、版本、类别、撰刻、册数、卷数、开本、版框、版口特征、页码、装帧特征。第二记录文物伤况,客观的描述此拓本破损现状,如该拓本无书衣、无附页,前几页有油渍、有缺损、书口有完全裂开和半裂开、四周毛边并有卷翘、磨损等。并拍摄修复前的照片。

4.2 选配修复材料

修复材料的选择对古籍修复是非常重要的,必须按照所修文物的材质去选配相应材料,这样才会达到满意的修复效果。文献古籍的修复材料主要是纸张,经测试故宫博物院所藏的《昇仙太子碑》背纸是麻纸,拓片本身是竹纸。根据修复用纸的基本要求和原则,纸张的质地、厚薄、颜色、帘纹应与所修复的原书相同或接近,源于此拓片和衬纸的特殊性,从库存的纸张里找出足量相近的老手工纸来修复有缺损的背纸。再挑选一些与所修拓片墨色接近的拓片纸来修补拓片的虫蛀。书口处根据具体情况先把缺损的修补,再用薄的河南棉溜口。

4.3 清洗书叶

因拓本部分有水渍和污渍而使书叶的局部呈黑黄色,其污渍已经浸入纸张纤维,需要用水清洗干净才可以进行下一道工序。在用水清洗前需要考虑拓片是否会跑墨,背纸会不会因遇水后缩小或发涨而变形。先找边沿局部用毛笔蘸温水在拓片和背纸上浸湿、渗透,放在一张干净的白色吸水纸上,过几分钟看看吸水纸上有没有墨迹。在实验确定此拓本既不跑墨,背纸也不缩小和发涨的情况下,开始逐页进行清洗。清洗书叶先向中间喷水,再自上而下,对拉力比较强的书叶喷水的力度可以大些,对纸张薄,破损重、纸张拉力减弱的书叶只能用毛笔蘸水轻轻的从中间往四周展平刷洗。《昇仙太子碑》的背纸和拓片纸的拉力和韧性比较好。把冲洗网斜放(45度角)放在冲水池里,在冲洗网子上垫一张大于书叶的吸水纸,把书叶正面朝下平铺吸水纸上,用喷壶装温水自上而下喷洗,来回2—3遍,局部严重污渍的地方水温高点,喷洗的次数多一些,直到清洗干净。连同吸水纸一起把书叶平铺于案板干燥的吸水纸上,待其自然阴干,阴干过程中可视具体情况多换几次吸水纸,同时用镊子把卷翘、折叠的地方舒展开。依次把有污渍的书叶逐页清洗干净。对于古籍文献书叶的清洗遵循传统的方法,未添加任何的洗涤剂,直接用温水冲洗。对于过脏书叶的局部还会残留污渍的痕迹。

图 2-1　清洗书叶

图 2-2　清洗书叶

4.4 修补书叶

《昇仙太子碑》的破损主要是背纸局部缺损,拓本的前三分之一书口有不同程度的裂口,拓片有虫蛀。根据此拓本的破损状况和装帧形式,采取逐页修补。修补前,先准备好修复用旧纸、棉纸条和浆糊。用本色旧棉纸裁成宽 1 cm 左右的纸条,再准备三种不同稠度的浆糊。背纸用稍稠的浆糊、溜口和补虫蛀是稀浆糊、点粘拓片用稠浆糊。浆糊的制作在修复过程中也很重要,根据修复纸张的厚薄、拉力而选择浆糊的稠稀。太稠容易起皱不平整,太稀又粘不住,容易翘边。

(1)补背纸:因背纸是麻纸,较一般的纸要稍微厚、粗糙一些,在制作浆糊时不能太稀。把书叶的正面朝下平铺放在补书板上,右手持笔在破损处的四周涂上浆糊,最好涂上 2—3 遍,补上补纸,将四周多余的补纸撕下,小一点的用镊子夹掉,最好撕出毛茬。补纸大于破损边缘 0.1—0.3cm 最好。

图 3-1　背纸缺损

图 3-2　背纸缺损

（2）补拓片的虫眼：此拓本的原始形式是将拓片裁成同等长宽的竖条，以点粘的形式粘在背纸上。根据这种状况，采取了掏补（干补）的方法修补拓片的虫蛀。先将拓片的补纸撕好，在补纸上抹上浆糊，用镊子夹住补纸对准拓片的破损处,使补纸的位置适中,纹理与拓片一致,上下垫上吸水纸,压实,将拓片和补纸粘在一起。因冲洗了书叶,有些点粘处的浆糊已失效。背纸和拓片破损处补好后,再用稠浆糊把拓片和背纸粘好。补书一般是先补中间,后补四周;先补大洞、后补小洞的顺序进行。因破损和虫蛀眼有贯穿性,每张书叶的破损基本会在同一位置,为了修补后的平展和美观最好补纸能够有意的相互错开。

（3）溜口：书口有不同程度的破损,有半开,还有书口全开,书叶成了两半,书口局部有磨损,边缘变薄和拉力减弱。先用与书口相近的补纸把缺损和磨损处补好,再用裁好的棉纸条溜口。溜口时将书叶打开平铺,正面朝下,放在补书板上。在未抹浆糊前将书口对齐,先抹书口左边的浆糊,使其固定不动,再抹右边,从外往书口方向抹,动作不要太重,以免加重书口的破损程度。一般溜书口的棉条裁成约 1cm 左右宽,左手取棉条固定溜口的上端,右手拿住棉条的下端顺势往下,使棉条与书口粘住,用镊子把溜口棉条的边沿撕出毛茬。上面再垫张吸水纸,右手的大拇指上下把溜口棉条展平压实。

图 4-1　书口裂开

图 4-2 书口裂开

4.5 喷水压平

因拓本的背纸、拓片和书口修补的地方涂有浆糊,干透后难免会有收缩,看上去有点不平。为了使其书叶平整、美观,需要在书叶上喷水。一般喷水压平需要多次才能完成。

第一遍:在厚隔板上铺好吸水纸,将书叶正面朝下,喷水不要太多,起到潮湿的作用就行,一张一张的喷,从书叶的中间往四周扩散,每5—6张为一叠,每页错开1cm摆齐。每3—4叠为一层。上面再铺上一层吸水纸,如此重复,把一册书全部喷完。上下用厚隔板压实。

第二遍:与第一遍隔10—20分钟,开始倒书叶,第二遍不换吸水纸,一叠一叠的倒,同时再喷一次水,使书叶能够完全喷潮,压上隔板。

第三遍:与第二遍隔20—30分钟,换成干燥的吸水纸,这次需要一页一页的倒,每一层的书叶页数减半。书叶全部倒完,再次用隔板压实。这次换完吸水纸后,隔30分钟左右,手感,如果吸水纸和书叶较潮湿,就再次倒书叶,更换吸水纸。如比较干,可以一小时左右再倒。如此再倒1—2次,这样使每一张书叶都会很平整。不管倒几次,每次倒完书叶必须用厚隔板压实。值得注意的是喷水的喷壶,要求喷水有力,出水均匀,最好成雾状,不要滴水珠。喷书叶时工作人员不要离开,随时观察书叶的情况,时间太短,效果不好,时间过长,书叶容易粘连,滋生霉菌。喷书叶时最好避开潮湿和下雨天。

4.6 折页

书叶喷水压平后,就可以折页了。《昇仙太子碑》因在书背处有衬纸条,按拆书前标的页码,把脱落的衬纸条用稠浆糊按原来点粘的位置点上浆糊固定。书叶正面朝下,书口朝内(身体的方向),天头朝左,用双手的大拇指、食指、中指分别握住书页书口的中间处,以版心的旧折痕为准,书页反面对折。双手大拇指分别沿着天头和地脚的方向轻轻的压,同时对齐装帧的线眼做为折页的辅助标志。第一次不要压得太死。有利于及时调整。一边折页,一边顺页码。书页折完后,再检查一下页码,确认无误后,再用手掌压压被折的书口。上下用压书板夹住,但压书板上面还不能压重物。

4.7 裁书

就是把天头、地脚、书背三面大于原书的多余补纸剪掉,现在一般是剪刀和裁纸刀并用。先找一张标准的原书叶,再一张一张的对齐。把多余的补纸剪去。因《昇仙太子碑》是毛装,三面也是毛边,不能用剪子和裁刀直接裁齐,这样就会使原书失真,而是用镊子或马蹄刀把修过的边缘一点一点的修整成与原书一样的毛边。

4.8 锤书

书叶经过修补后,修补过的地方就会厚些,需要用锤子在补过的地方轻轻的捶捶,书叶就会平整很多。在放书叶前,用毛巾把石板擦干净,上面最好铺上一张大于书叶的干净纸。取5—6张折好的书叶,放在平滑的石板上,书口对着身体的方向,从书口开始锤,依次绕一圈的锤,再稍用点劲锤修补过的地方。锤完一面,再用同样的技法锤反面。此拓本书口溜口较多,天头的地方修补多,这两处需要视情况多锤,用左手触摸,如有明显突出地方,再捶捶,直到全部锤平为止。锤书前书叶必须完全干透,以免粘连,锤书叶时用力要适当,不能让书叶某一个局部出现有折或胀出来,会影响整体修复效果。

4.9 齐栏压书

《昇仙太子碑》白口,没有边栏、以地脚作为对齐的标准。左手四指按住书叶,大拇指抵住书口,右手三指夹住书叶,先把地脚对齐,再前后左右的把书口对齐,一边齐一边墩一墩书口和地脚。一册书为一层,上下用大于原书的夹板固定,置于压书机的正中位置压平。在压书过程中,每隔几天打开,排排书叶之间的空气,墩墩书口和地脚,如果时间不紧张,压书的时间长些,效果会更好。

4.10 装订成册

经过一段时间的压实,就可以装订了。在装订前再检查一遍书叶顺序。《昇仙太子碑》本身无页码,就检查后标注的页码。原书被拆下来的毛装纸捻比较结实,无需更换。在穿书捻前先用针锥顺着眼洞往下顺顺,看是否顺畅。直接按原来的六个眼位,从正面穿过去,反面打成双结,按原样装订,多余的无需剪掉,再用锤子的手柄面捶捶纸捻,即平整也可以起到固定的作用。

图 5-1 修复后

图 5-2　修复后

5.结语

综上所述,《昇仙太子碑》拓本的修复经过了信息记录——选配修复材料——清洗书叶——修补书叶——喷水压平——折页——裁书——锤书——齐栏压书——装订成册等十几道工序,最终完成了此毛装拓本的修复。文物的修复,除了技术运用外,还需制定完善的修复方案,建立修复档案。选配好修复材料以及做好每一道修复程序都非常重要。在修复过程中每一个小的细节都需要认真对待。

古籍修复是图书馆古籍保护工作重要的组成部分,是一项专业性、技术性很强的工作。作为古籍修复人员,必须牢记修复原则,为挽救破损古籍作出更大的努力,使破损的古籍经过修复后能得到更好的保护和延长其寿命。

参考文献：

[1]　故宫博物院编.欧斋墨缘:故宫藏萧山朱氏碑帖特集[J].北京:故宫出版社,2014(9):292—295.

[2] 杜伟生著.中国古籍修复与装裱技术图解[M].北京:北京图书馆出版社,2006.

Restoration of the *Prince Shengxian Stele* Collected by the Palace Museum

Li Ying

Abstract: The Painting & Calligraphy Department of the Palace Museum selected the *Prince Shengxian Stele* of the stone rubbing version as part of the special exhibition of Xiaoshan the Zhus' heritage. *Prince Shengxian Stele* is in urgent need of repair due to the wormholes, damaging and lacking fraction, splitting pages, rolling frictional edges with vestigial stains of water, oil and yellow flaws that severely affected quality to exhibition and preservation. We had to clean it up before fixing owing to the stains on the partial fraction of rubbing product. After that, we restored the wormholes, lacking and damaging pieces in conventional method. In the end, we finished up with the process: adapting pages, spraying, folding, trimming surrounding, making the renew stuff in order and eventually pressing it up. Being stable with primal paper joint that we don't have to replace the old material, instead, we bound at the original place and keep it in old shape.

Keywords: The Palace Museum; *Prince Shengxian Stele*; repair

藏书保存

——图书馆管理员到东亚的公务之旅

莱因哈德·费尔德曼[*]

在歌德学院的资助下,自2008年以来在中国和东亚其他地区举办了不同的关于保留文化遗产和修复印刷文字的培训项目。项目中来自德国和中国的专家和专业人士得以会面。明斯特大学及北威州图书馆莱因哈德·费尔德曼(Reinhard Feldmann)全程参加并从现场发来报道。

骤眼看来,一个德国图书管理员兼藏书保存专家来到中国和其他东亚国家,举行关于纸本文献(俗称"手稿"或"书籍")保存工作的讲座,以及进行有关方面的培训,似乎有些奇怪。毕竟,纸张的发明和传播无疑源自东亚。公元105年,太监蔡伦在中国发明了造纸术。300年后,在韩国出现了纸张。公元600年左右,它在日本首次出现。之后,它通过亚洲内部和阿拉伯贸易路线,首先进入阿拉伯伊斯兰文化,传到巴格达,大马士革和开罗的大学,再经西班牙,加泰隆尼亚和意大利北部,在1390年首次传到德国(纽伦堡Stromer造纸厂)。

---

[*] 莱因哈德·德尔德曼,明斯特大学及北威州图书馆历史藏书部。

1. 读万卷书不如行万里路

作为德国人,"把纸张送到中国",是否多此一举?虽然有上述充分的理由不这样做,但有更充分的理由要这样做。首先,获悉新的看事物的角度,找出异同,对必要的情况加以克服,没什么坏处。更重要的是,我们也可从中向中国学习,因为人们很清楚地认识到,教育是社会发展的重要因素之一,而图书馆在当中发挥核心作用,因此很多设施得以购置。而新的教育机构和图书馆(无论是学术或公共机构)也以惊人的速度处在兴建中。对西方来说,有趣的另一点是意识形态的影响并不明显(至少在表面上)。图书馆的基础设施在很短的时间内被创建起来,与西方的设施比较不单毫不逊色,而且有过之而无不及。

2. 广州——通往西方的大门

中国与西方的关系,以及西方与中国的关系,并非一直友好。19世纪的鸦片战争,就是透过港口城市广州,强行令中国市场对新兴欧洲列强开放。然而,最近中国亦意识到当时的"交流"的影响,就是涌现出大量西化的学校和图书馆。

在这里要介绍的项目,于2008年在广州中山大学开幕,首先进行了为期两天的"藏书保存与数字化"研讨会,以理论为主,并非入门介绍。之后数年举行的一连串关于藏书保存的进修课程,重点是个别的修复,也涉及外界条件(如气候,储藏或装箱)。课程包括以下主题:西方纸张修复方法,修复技术,布本书籍修复,皮脊装订本,装订技术及皮革加工基础知识,封皮、衬页和搭头布的处理和修复。

图 1　在中山大学的修复工作室：中国纸拼凑修复

图 2　在中山大学礼堂：第一讲中认真探讨两个文化的异同

这些当然是和"西洋书籍"相关，那是该馆给予非中国历史藏书部门的名称，主要馆藏是19世纪初至今的英语、德语和法语的文献。工作人员很认可和珍惜这个机会。通过研讨会、学校、教育机构和图书馆进行交流——尤其就保存在图书馆的文献实体方面，使交流的意义变得尤为重要。

中国的手稿和印刷品获得良好的照料，因为该图书馆拥有现代化的修复工场和有处理中国材料相关经验的工作人员。但迄今为止，在欧洲印刷品的处理方面存在着很大的不确定性，特别是中国一直没有熟练进行欧洲装订的工作人员。虽然藏书目前存放得很好，气候条件也很理想，然而可能是由于之前存放不当受到了严重的损害，纸张部分破损，很多印刷品有昆虫蛀蚀或以前的发霉痕迹，急需采取补救措施。

此外，当地跃跃欲试的图书馆主管的心愿是在中山大学（全国领先的大学之一，位于雄心勃勃、经济繁荣的华南地区）把当地修复工作室发展成为华南地区的中心。这可能会实现，更重要的是，自2010年，中山大学的修复工作室成为国家级修复中心，获得中国国家图书馆认证，并被委以重任，作为中国的唯一举办全国性的西方文献保存培训班的藏书保存中心。此外，它当然也继续完成修复中国文献的工作。由于中国和德国的印刷工艺有不同的发展，在修复中国的材料时有一定优势。在中国，由于书页一般都是单面印刷，在出现损坏时，常常可在背面黏合进行修复。

3. 多元化的东亚

正如你很难在文化和历史上谈论"欧洲"，也很难谈论"东亚"，即使我们有时倾向于把这个地域所有国家混为一谈，但它们都有各自的文化、习俗和传统。因此，在详细描述中国广州的工作之后，也至少要稍稍看看其他国家的情况。

3.1 从"喇嘛问题的解决方案"到东亚最稳定的民主：转型中的蒙古国

古老的蒙古文化区域经历了沉重的历史。1924年，蒙古的精神领袖博克多汗去世后，蒙古人民共和国宣布成立（依旧与苏联有紧密关系）。这一直维持至1990年。

图 3-1 额尔德尼召:手稿(无日期)

图 3-2 额尔德尼召(蒙古):图书馆设在楼上,楼下点着酥油灯

许多旧结构现在依然得以保留,尤其是僧侣制度仍然有强大势力,几近这个国家中最强大的。从 1936 年起,苏联领导人斯大林奉行"喇嘛问题的解决方案",寺院的财产(尤其是圣器)及图书馆受到破坏,因为这些都是僧侣文化这种神权政治,这种让人深恶痛绝的"反动"思想的证据。这是一项重大的损失,是知识的谋杀。在讨论中,经常有人向我描述例如 1990 年以后,他们如何通过在印度或西藏精心研究,艰辛地重新学习自己的文字文化。不过,仍有很多书(不足以称为藏书)由于被隐藏,放置在偏远的农庄或废墟,甚至埋藏(藏匿的地点由父传子一代代传下去)而保存下来或被拯救。

在第一场简介研讨会后,多场较专业研讨会在乌兰巴托以及该国的寺院举行。此外,这次活动也为未来的当地负责人带来了许多说明和建议,亦安排了乌兰巴托甘丹寺的喇嘛和图书馆管理员日后访问德国的修复工作室。

3.2 文化上统一,政治上分裂:朝鲜和韩国

在一次对韩国进行的访问中,我参观了当地图书馆,修复工作室和藏书保存培训机构,曾有人表示,希望我可以在平壤的人民大学习堂(相当于国家图书馆)举行研讨会,向当地的同仁提供建议,介绍德国的新科技。这主要涉及光电子测量仪器,还有大量脱酸处理技术或空调技术。此外,还隐约表达了扩建和升级修复工作室的愿望,这些问题也尚待解决。

但是,这一切说到容易做到难。首尔离平壤只有约 150 公里,在首尔的东亚歌德学院图书馆及信息部的努力下,一共实现了三场访问和研讨会。当中花了很大的精力,也经历了一些挫折。要出入朝鲜必须搭飞机经北京出入境只是其中最小的问题,在朝鲜打电话或上网才是更大的问题。

但是,图书馆现场气氛良好。我们展开了有趣的讨论,进行了有关藏书保存的理论和实践的初步培训。然而,平壤的人民大学习堂现代化和兴建新的修复工作室的计划目前陷于停滞——这可严重影响图书馆馆员和修复师的实际工作。

4.沟通问题及如何解决这些问题

笔者一直觉得很有趣的是,口译者要如何在会议中巧妙地处理概念。然而,这往往有其局限:虽然他们似乎在一般语言惯用法上无懈可击,但有时在术语方面却显得很没把握。因此,演讲稿通常是事先提交,讲座以双语准备。不过依然有一些不足之处,尤其是时间方面。但谁又晓得"用浸溶剂方法大量脱酸"的蒙古语,"Holzdeckeleinband"的中文(木封板装订),或"阿尔贝蒂娜去除胶水敷剂"的韩文是什么?

因此,似乎显而易见且顺理成章的做法是,以研讨会期间出现的沟通困难为契机,往往借助照片,素描,实际展示或说明而得出的词汇,逐步记下来,共同讨论,总结和整理出来。首先由德国和中国的修复师用这两个古老文明国家的语言开始,再扩大到包括20世纪和21世纪的"通用语言"。之后再加入韩文,蒙古文和日文。

一开始时,它以小量的印刷版出现,现在有所有六种语言的印刷版为第二版,还有几个电子版:包括iBook版,EPUB版和PDF格式提供下载。

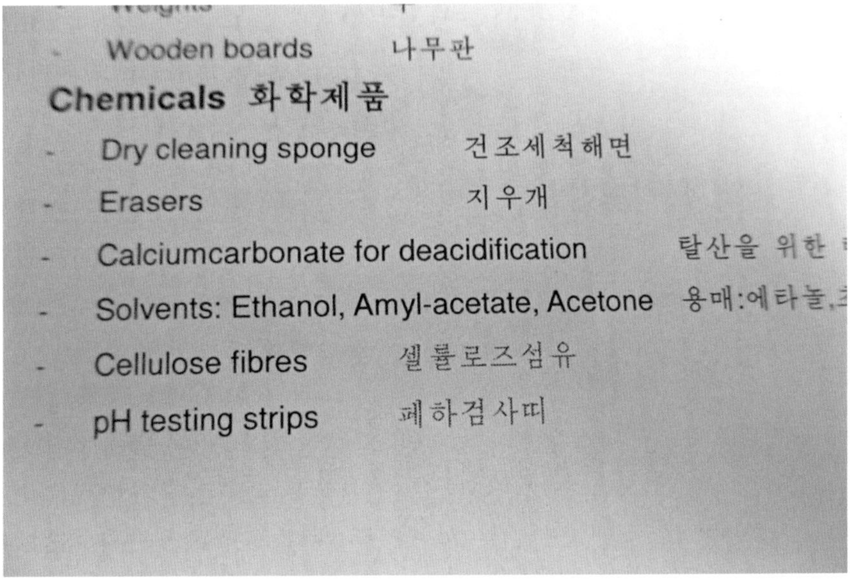

图4　令理解更容易:藏书保存词汇表截图

纸张修复词汇表包含英、德、中、韩、蒙古和日文的500多个术语,涉及三个主要方面:首先是书籍的结构,然后是材料和修复工具,最后是装帧和修复。当然,当没有已知翻译时,个别语言会缺少某些术语。读者可系统地寻找相关专业概念,也可按字母顺序搜索。

本文首发于由明斯特大学及北威州图书馆协会杂志 ProLibris 2016年2月号。

浅谈我国古代书院藏书的保护方法

梁家铭[*]

摘要：书院是我国古代文化教育和学术研究机构，藏书是书院发展中必不可少的关键环节，也是书院的基本职能之一，书院藏书也是我国古代藏书的重要类型之一，与官府藏书、私人藏书、寺观藏书共同组成我国古代藏书系统。基于藏书对书院的重要意义，历代书院都对藏书的保护十分重视，从藏书环境、物理保护、规章制度、编目记录、刊刻重印、书板补救、抄写补缺等多方面开展藏书保护工作，为藏书保护提供宝贵经验，也对我国的教育事业有着极为深远的影响。

关键词：书院；藏书保护

书院是中国士人围绕着书，开展包括藏书、读书、教书、讲书、校书、著书、刻书等各种活动，进行文化积累、创造与传播的文化教育组织。既有私人创建的也有官方创办的，相较来说，私人创立的书院数量要多于官方创办的，极盛之时其影响力可超官学。作为教育机构，书院拥有相当数量且质量高的藏书供学生日常学习使用，这也是其基本职能。但书院藏书的作用却不止于此，故更应对古代书院藏书的保护措施多加关注，使方法真正起保护藏书的作用，使珍贵的藏书长存于历史长河中。

---

[*] 梁家铭，中国社会科学院研究生院文博中心。

1. 书院的历史转变

从宋初到清末,书院制度延续了千年之久,它的组织形式、教学方法等都有别于官学,形成独特的风格,对我国的社会教育事业的发展起到过重要作用。书院名称正式出现在唐代,但它所代表的仅是官方藏书、私人治学的场所,官办书院设立的学士、直学士、修撰官等职责是"掌刊缉古今之经籍,以辨明邦国之大典,而备顾问应对……"。这种官方设立的书院与后来民间私人创建学院的性质、职能相差很大。

唐代民间有人建书院作为讲学之所,有了后世书院教书育人的影子。宋初书院建设兴盛一时,又因官学的发展而衰落,至南宋重新发达起来。元朝政府对于书院的建立发展也是持支持鼓励态度。大约一个朝代的初期都是文化教育得以快速发展的阶段,明代初期政府把重点放在官学上,故书院不振,至后期,一些有识之士为救治时弊,多立书院以讲学,书院才逐渐兴盛。此时的书院已经与官学的性质相近了,大量的书院转变为官办,官学化明显加强。至清初政府在政治上实行高压政策,对书院进行打压,但书院经过宋元明三代的积累,其影响十分深远,虽政府强加抑制也难以断绝复兴书院的呼声。清朝政府就由消极抑制转变为积极兴办但加强控制的政策。光绪二十七年(1901)诏令将各省所有书院,于省城改设为大学堂。从此,延续千年的书院制度宣告结束。

2. 书院藏书主要来源

2.1 师生著作

古代书院的山长多是由学识丰富、声名远播者担任,其讲学者也是学术研究颇有成绩的大儒,他们的授课内容大多是自己的学术思想和研究成果,甚至于在讲学过程中完成著作,充分体现讲学者的思想力量。而学院浓厚的学术氛围和激烈的学术讨论又会促进新思想的产生,对书院的教学水平有积极作用。故历代书院山长均十分重视刊刻书院讲学的名师硕儒的著作、讲义、语录、注疏等学术成果。"宋元刻书皆在书院,山长主之",这也是书院藏书一个极为特殊的藏书来源。事实上,书院刊刻的并不仅仅是讲学者的著作,书院学生也是一个重要来源,书院常以大儒讲学为引导、学生自学为主的方式授课,学生可通过与讲学者请教对答、参加讨论会等活动自己学习体会,这样学生的钻研能力得到培养,不拘一格又博采众长,极具个人特色,因而学生著书或由师生合著,经书院刊刻收藏也就不罕见了。

2.2 书院购买

历代统治者对书院建设都十分重视,对创建书院持鼓励态度,书院拥有分拨的学田予以经济上的支持,自身也有所经营,其所得的经费除用以维持日常开销外,多用于购置和刻印书籍。清大梁书院曾因院中书籍稀少"旧存寥寥数种,蠹穿蛛胃"而"心窃闷焉",于是筹资千余金用做购书,并派人赴天津书局购运,择其最有用者购之。书院购书追求数量但在内容上较严格,经史典籍较多,若有人无可取、文亦平庸者也不会编入书目。

2.3 赐书

历代统治者为了兴文教,达到维护封建统治的目的,经常赐书给书院,所赐多为代表正统思想的御纂、钦定和官刻的经史类图书。宋初各大书院多得到朝廷赐书,如太宗太平兴国二年(977)赐白鹿洞书院书,太宗至道二年(996)赐嵩阳书院书,真宗大中祥符八年(1015)赐岳麓书院书等,南宋庐山白鹿洞书院、湘西书院、衡州石鼓书院、衡山南岳书院等二十多所书院收到朝廷的赐书。清代赐书也较多,乾隆十六年(1751)上谕:"经史,学之根柢也。会城书院,聚黉庠之秀而砥砺之,尤宜示之正学,朕时巡所至,有若江南之钟山书院,苏州之紫阳书院,杭州之敷文书院,各赐武英殿新刊十三经、二十二史一部,资髦士稽古之学。"

2.4 捐赠或募集

书院有时会对外募集,山长也会利用本身的影响力多方筹措,地方官员和学者多是其募集对象,因其本身就是饱学之士,为了正教化,肃风气,常捐赠藏书用以教学之资,白鹿洞书院曾接收过"少司空张伯行先后送洞书六十四种,太守周灿送洞书十四种,提学冀霖送洞书三种,又圣旬四配十哲象"等人的捐赠。而书院创建者捐赠的也不在少数,叶适《水心集》卷二记载:"东阳郭君钦止作书院于石洞之下,徙家之藏书以实之。"郭钦止是南宋东阳人,所创立的石洞书院是南宋著名的书院之一。而书院的捐款原启及原购各书价值清单,都汇存一总簿,存书院内,可随时检查。

当然,书院藏书还有诸如学生抄写等其他来源,不做赘述。

3.书院藏书保护措施

书院除了讲学、研究、祭祀和维持日常经营运转以外一般还会有藏书活动,书院藏书有别于秘而不宣的官府藏书和私人藏书,它是一个开放的公共资源,它的服务对象有本院的师生和非本院的"本籍士子无书者",后来范围更广,如上海格致书院,只要遵守书院约定的人都可阅览,对于书院来说数量可观的藏书不仅是讲学传道、研究学术的基础,更是一个学院风气和求学精神的象征。书院藏书的最初目的是为了开阔学生眼界、满足学生的学习要求,所以藏书是书院不变的追求,宋初应天府书院就藏书数千余卷。历代书院多以藏书千卷为荣,大者专设藏书楼,藏有经史群籍,小者也孜孜不倦广征书籍,一些声名远播的书院常常是藏书数千卷,又因惜书之情对藏书小心保护,使相当数量的书籍得以以较好的状态保存流传,为藏书保护工作做出巨大贡献。

3.1 书院藏书楼

讲学有堂,藏书有阁,古代书院的选址充分体现着文人的淡泊情怀,多是风景秀丽,林茂泉清之处,一般书院都设有藏书楼,且多是将藏书建筑放在整体建筑的中间位置,它是书院整体建筑群中不可或缺的一部分。有些书院的藏书建筑是整个建筑群中最大最显眼的部分,宋代嵩阳书院的藏书楼、丽泽书院的遗书阁、白鹿洞书院的云章阁等都是较为著名的藏书楼。藏书楼的建造在让书籍免于风吹日晒的同时也可以把藏书集合起来方便管理,为藏书提供一个相对安全,便于存储的地点。

历代书院无不以收藏书籍的浩繁为荣,古人聚书不易,想要收藏大量书籍十分艰难,书院也是如此,也正是这种不易使书院对藏书楼建筑的选择更加谨慎。阮元初建诂经精舍就有多种藏书,后遭损毁,同治五年(1866)蒋益澧重建精舍,买四部书千三百册作为藏书;南菁书院共六进,五进楼房五楹为藏书楼。有的藏书楼是由于御赐书籍建造,如北宋岳麓书院的御书阁,大中祥符八年(1015)宋真宗召见山长周式后,又赐给内府秘籍,书院建"御书阁"以藏之;南宋明道书院的春风堂楼上也设有用来藏皇帝赐书的御书阁;元西湖书院延祐三年(1316)第一次扩建时,"周公德元徙尊经阁,建彝训堂,创藏书库,益增治之"。尊经阁、书库为收藏典籍和书板的场所,另有大成殿、彝训堂也曾收藏过书和书板。

3.2 制度保护

书院藏书增多后为了保护书籍就需要制定章程进行管理约束,无论是面对读者的借阅规定,还是面向管理、编目、后勤等人员的管理规定都不能马虎,并且要严格执行才有效力。在规章制度的制定上,各书院为了书籍保护多制定较严格的借阅章程。于湖中江书院就规定了借阅要先将书页当面数清,如有脱页缺损者需盖戳回收或进行补抄,"至于孤本、钞本,尤不准借"。针对不同的书籍采用不同措施,多项规定并行最大限度地保护书籍。在人员配置上,书院有山长做总负责,另设置斋长、看守等把关日常工作,类似西湖书院这样规模较大的书院,它对书库的管理就有着更高要求,西湖书院的山长除了维持日常的教学和运转外,还要掌管书库,"异时书库官之所掌悉隶焉"。兴华文正书院则规定了斋长管理书籍要"谨守管钥,统归经理,无事不得擅离,有事回家,须禀明山长,择人庖代"。从人员管理方面保护书籍,使其达到最好的保护状态,更有利于学生的使用。

书院的藏书管理制度必须有别于官方藏书和私人藏书,它更加注重书籍的公共性和书库的开放性,想要均衡保护性和公共性绝非易事,大梁书院顾璜有言:"夫书院藏书一事,立法最难,太密则阅者惮烦,必束之高阁;太疏则散漫无纪,卒归于乌有。是在疏密得中,与诸生协力维持,庶不至为因噎废食者所窃笑,抑吾宣尼之教人博文归于约礼。"这清楚地说明了书院在藏书制度制定上的顾虑,而从清奉天萃升书院的《藏书规条》、江宁惜阴书院的《借书局章程》、近代的《格致书院藏书楼观书约》等书院的规定来看,近代的书院藏书从登记、借阅、检查、保管、看书秩序、工作时间等规定都已有现代图书馆的影子。

3.3 物理保护

物理方法对藏书的保护是最为直接的,从藏书本身的问题出发使之更有效地延缓藏书破损、降低藏书破损率,通过通风曝书等方法杀虫防霉、创造一个良好的藏书环境是延长书籍生命的有效手段,也是书院藏书普遍采用的方法。

蠹虫是书籍的一大危害,风不通易潮湿发霉,书常翻则不蠹,通风对于书籍的保护十分重要,书院一般设置看守,每日开窗通风,打扫卫生,每月还要给书橱通风数次。中江书院规定:"每月,专管须开书橱晾风一二次。每年六七月,专管者觅精细人晒书一次,晒后邀各总理清查一次。"以防在晒书过程中丢失书籍。

曝书是古代普遍采用的书籍保护方法,从汉代《四民月令》载:"曝经书及衣裳,不蠹。"到宋代馆阁的曝书会,即使曝书的时间、天气、方法有所不同,通过翻晒书籍达到去蠹防虫防霉效果的目的却是一样的,岳麓书院设一名看役,"储书之处严密封锁……每年霉雨月份,禀请监院晾晒书籍"。兴华文正书院规定了书院每逢夏季六月要举行曝书活动,将书检出曝晒,斋长必亲自监管,以防遗失。

3.4 编目

书院在收到书之后会先登记后上架,在所得书籍达到相当数量后,会有专门人员对所藏书籍进行编目,详细记录所得书籍的各项信息,如岳麓书院的《岳麓书院新置官书总目录》《岳麓书院新捐书目录》和《捐助岳麓书院书籍题名》,这些都是帮助我们了解书院的资料。书院编目有利于进行书籍保护工作,它是书籍管理凭证,便于进行清点补抄工作,避免藏书丢失而无对证,同时它也是一个检索工具,方便读者查阅,还能留下书院藏书的资料以传后世。

顾璜《大梁书院藏书序》记大梁书院筹资购书,岁暮书始运齐后进行编目制定章程,"今春(1898)乃编次目录,酌订规程,刊印散给"。西湖书院在编目上颇有成果,书院建立之初的目的之一就是"收拾宋学旧籍",所以对书籍整理保存格外注重,西湖书院屡遭劫难却又不绝,所藏书籍繁多,藏书编目就是一项必行的工作,完成的《西湖书院重整书目》共整理出经史子集123种。此书目影响甚大,是我国书院历史上第一个刻书书目。

3.5 刊刻

古代科学技术水平有限,没有保证恒温恒湿条件,更不会用科学的方法为藏书去酸去霉,即使倍加珍惜爱护,也难免会遭受书厄之害,故从古至今古籍多十不存一。书院藏书的保护可以从多方面综合入手,藏书建筑、规章制度等都是在当时环境下有效保护书籍的方法,但我们不能忽略的一点是,书院自身的刊刻印刷也是书籍保护的手段之一,书籍本身的数量基数增加,书厄的破坏力就减小,它对书籍的流传同样起到十分有效的作用。

无论是从书籍数量还是书籍类型抑或刊印质量方面,书院藏书都有出彩之处。唐代丽正书院、集贤书院就有手抄书籍。到南宋,随着雕版印刷技术的推广,有条件的书院皆涉足刻书,形成了堂而皇之的"书院本",刻书也就成了书院的基本规制之一。西湖书院刻书数量很多,内容有刊印宋版旧籍,如至正二十三年(1363)所刻宋人岳珂《金陀粹编》二十八卷、《续编》三十卷,还有当代文人著作,如《文献通考》《国朝文类》,至元年间刻《元文类》《蚊雷小稿》《师音集》等。

书院刊刻的书籍类别十分广泛,有经典史籍,有各书院师生的研究所得、著作讲义等书,也有其他天文、算数等供学生增进学识的参考类书籍。南宋时石鼓书院山长戴溪"与湘中诸生集所闻"而成《石鼓论语问答》三卷;明东林书院所刻多是经世治国之书,可见其胸襟广阔;学海堂建文澜阁作为藏书之所,并藏有很多的刻板,刻《学海堂集》四集九十卷、《皇清经解》一千四百卷等;南菁书院于院中设局刻书,有《南菁丛书》一百四十四卷、《南菁札记》、《皇清经解续编》等书;广雅书院设广雅书局印书,规模很大,且多是经史小学文集之类;诂经精舍初创已有《诂经精舍集》八卷。由于书院文人众多,刊刻书籍能做到编纂后勤于校对,并且追求制作精良不惜成本,故多出善本,"宋元刻书皆在书院"的赞誉充分说明书院刻书的高品质。

书院也会安排学生手抄经籍的日课,这种抄书虽然从个人所抄数量上来看并不多但却是一个简单易行的办法,对书籍的查漏补缺很有帮助。同时,抄书也是古人十分推崇的一种学习方法。

3.6 书板保存与修补

书板在藏书保护中的作用也值得我们关注,有些书院存相当数量刻板,有自刻也有前人所留,元西湖书院山长陈袤的《西湖书院重整书目记》载:"西湖精舍因故宋国监为之,凡经史子集,无虑二十余万,皆存焉。"明道书院刊印《程子》一书,是书以山长周应合不受月俸钱五千贯充刻梓费,共有书板 167 片,藏于御书阁,司书掌之。由于书板保存在书院自己手里,方便随时刊印,即使书籍有所丢失或者破损也可及时补印,有助于书籍的保护和流传。

在书板保护和继承方面有突出表现的是西湖书院,西湖书院不仅拥有书院自身所刻的书板,还保存着数量庞大的宋国子监书板,"因故宋国监为之,凡经史子集,无虑二十余万,皆存焉"。据《西湖书院重整书目记》载,因"近岁鼎新,栋宇工役匆遽,东迁西移,书板散失,甚则置诸雨淋日炙中,骎骎漫灭"。后张公昕、赵公植、柴公茂等顾而惜之,"乃度地于尊经阁后,创屋五楹,为庋藏之所"。为了保护经过风吹雨打而破损不堪的书板,先是移到藏书额尊经阁,后又建屋来收藏保护,由于书板散失甚多,山长黄裳、教导胡师安等人"以书目编类揆议补其阙",修补 20 余万宋刻旧板。这种活动不仅要"纪其实绩,并见存书目,勒诸坚珉,以传不朽"。还要"非独为来者劝,抑亦斯文之幸也欤!"古人已经意识到对书板的保存与修补对文化的传播继承有着不能忽视的作用。

书院本就是聚书之所,离开藏书的书院是不完整的,书院藏书在藏书史上有着重要的地位,在藏书系统中是较为特殊的一种,其开放性和公共性更有利于文化的传播,而书院也在多个方面采取措施达到保护藏书的目的,如何在满足师生学习要求的同时保护好藏书是书院一个不能忽视的问题,了解中国古代书院对于藏书的保护方法有利于我们更深入了解藏书的珍贵意义。

参考文献:

[1] 邓洪波,彭爱学主编.中国书院揽胜[M].长沙:湖南大学出版社,2000.

[2]　[唐]李林甫等撰,陈仲夫点校.唐六典[M].北京:中华书局,1992.

[3]　[清]顾炎武著.日知录[M].长春:北方妇女儿童出版社,2001.

[4]　[清]顾璜.大梁书院藏书总目·大梁书院藏书序[M].光绪二十四年大梁书院刻本.

[5]　乾隆官修.清朝文献通考[M].浙江古籍出版社,2000.

[6]　[清]毛德琦.白鹿书院志[M].清康熙刻乾隆周兆兰修补本.

[7]　[宋]叶适.叶适集·水心集[M].北京:中华书局,1961.

[8]　[元]贡师泰.玩斋集·重修西湖书院记.玩斋集复古诗集[M].吉林:吉林出版集团,2005.

[9]　安徽于湖中江书院藏书目.中国古代藏书楼及近代图书馆史料[M].北京:中华书局,1982.

[10]　兴华文正书院藏书目·藏书凡例.中国古代藏书楼及近代图书馆史料[M].北京:中华书局,1982.

[11]　程千帆,徐有富.校雠广义[M].济南:齐鲁书社,1998

[12]　任继愈.中国藏书楼[M].沈阳:辽宁人民出版社,2009.

[13]　[明]陶宗仪.说郛[M].上海古籍出版社影印宛委山堂本,1988.

[14]　[唐]欧阳询.艺文类聚·四民月令[M].上海:上海古籍出版社,1999.

[15]　大梁书院藏书总目[M].清光绪二十四年刊本.

[16]　邓洪波著.中国书院史[M].武汉:武汉大学出版社,2012.

[17]　[元]陈袤.西湖书院重整书目记[M].上海:上海书店出版社,1994.

[18]　李希泌等编.中国古代藏书楼及近代图书馆史料(春秋至五四前后)[M].北京:中华书局,1982.

On the Protection Method of Academy's Book Collections in Ancient China

Liang Jiaming

Abstract: Academy is an ancient Chinese culture education and academic research institution. Collection of books is an indispensable key step for an academy's development and it is also one of basic functions of the academy. The academy's collection of books is one of important types of the collection of books in ancient China, along with the official collections, private collections and temples collections to form a China's ancient book collection system. Because of the significance of the collection of books, all the ancient academies attached great importance to the protection of the collection of books, and carried out many protection work in the aspect of environmental protection, physical protection, rule-making, cataloging books, block-printed books, copy and others. All this work not only offered a lot of valuable experience to us on protection of collected books, but also exerted an extremely profound influence on our country's education.

Keywords: academy; collected books protection

古籍保护与修复技术在博物馆纸质藏品保护中的借鉴与思考

梁钰珠　马卫军[*]

摘要：古籍、档案，以及一切文献形态的纸质文物都属于文献遗产，它们记载了人类社会的重大变革、重大发现和重大成果，是历史赋予全世界人民的共同文化财产。古籍保护与博物馆、档案馆文献类纸质藏品保护具有互通性。古籍预防性保护策略与修复技术的实际运用，为博物馆、档案馆文献类纸质藏品保管提供了良好的指导和借鉴。

关键词：古籍；纸质文物；文献遗产；预防性保护

1992年，联合国教科文组织设立"世界记忆工程"，旨在保护所有文献遗产，包括博物馆、档案馆、图书馆等文化事业机构保存的任何介质的珍贵文物、手稿、口述历史记录以及古籍善本等。古籍、档案，以及一切文献形态的纸质文物都属于文献遗产，它们记载了人类社会的重大变革、重大发现和重大成果，是历史赋予全世界人民的共同文化财产。因此，联合国教科文组织提出：必须采用最恰当的手段保护具有世界意义的文献遗产，并鼓励各国保护具有国家和地区意义的文献遗产。在我国，古籍、档案、文献形态纸质文物的收藏、保管职能分别隶属图书馆、档案馆和博物馆。

对于博物馆来说，传统意义上的纸质文物一般是指书画类文物。但

---

[*] 梁钰珠，昆明市博物馆；马卫军，昆明市博物馆。

随着博物馆事业的不断发展和壮大,近现代文物越来越受到人们的重视,大量书画以外的文献类纸质文物正在引起人们的注意。有别于书画类文物,博物馆收藏的文献类纸质文物在种类、质地、形式上更趋复杂,如何加强对这类文物的妥善保管和科学利用是博物馆人亟待思考和解决的问题。在此方面,古籍保护和修复技术以及实施策略独具借鉴意义。

1. 馆藏文献类纸质文物与古籍的同、异比较

1.1 同质分析

博物馆馆藏文献类纸质文物与古籍都属于文献遗产。两者在本质和特性上有诸多趋同性。

首先,在本质上,馆藏文献类纸质文物与古籍都属于文献遗产,都是人类创造与收集的可移动文化遗产;都具有不可再生性,都是人类社会重大变革、重大发现、重大成果记录的承载介质。

其次,在特性上,现存一般意义上的古籍与馆藏文献类纸质文物一样多为纸质,两者都具有防火、防光、防虫、防霉、防鼠、防破损,以及温湿度控制等养护诉求。

1.2 差别对比

(1)定义

古籍,是指未采用现代印刷技术印制的书籍。图书在古代称作典籍,也叫文献,兼有文书、档案、书籍三重意义。总领经、史、子、集四部分类,四部下再细分为四十四类。

馆藏文献类纸质文物,是指通过一定的方法和手段,运用一定的意义表达和记录体系,记录在纸质载体的有历史价值和研究价值的文物。

古籍为书,馆藏文献类纸质文物为物,后者包含的种类更多更复杂。

(2)涵盖范畴

古籍的涵盖范畴,上限为:春秋末战国时编定撰写的经、传、说、记、诸子等书籍;下限是:辛亥革命以后的著作如果在内容或形式上沿袭此前的古籍而并未完全另起炉灶,例如旧体诗文集、对古籍所作的旧式校注之类,一般仍划入古籍范围。

馆藏文献形态纸质藏品的涵盖范畴,以 2012 年 10 月国务院启动的第一次全国可移动文物普查所规定的范围为依据,主要包括:书籍、报刊、档案、图纸、碑帖、拓片、文书、信函等。

(3)使用方式

古籍侧重研究需要,有工具的性质。纸质藏品侧重陈列需要,是重要展品。

2.古籍保护中常见问题在博物馆纸质藏品保护中的借鉴

2.1 做好基础"六防"工作

不同载体的文献,有不同的保护方法,就一般文献而言,预防性保护的方法和措施主要有防火、防光、防虫、防霉、防鼠、防尘等六个重要方面。

(1)防火

纸质文献均为易燃物,因此防火是文献收藏单位的首要任务。要根据纸张的自然特点,选择合理的灭火方式和灭火设备。一般应该完全避免液体类的灭火材料,而以气体灭火为佳。大火无情,尤其对纸张来说,所以只有提高安全意识,注重隐患排除,才能从根源上彻底消除火灾发生的可能。

(2)防光

太阳光线特别是紫外光的照射,能使纸张变黄发脆,还可使书刊中的胶粘剂遭到破坏。因此,切忌阳光长期直射文献。照明尽量不要用荧光灯,而采用白炽灯,并且不能离文献太近,并将照明时间和照明方向控制在文物能接受的限度内。尤其要注意用于展陈纸质文物的光源选择。

(3)防虫

古籍纸张多用植物纤维制成,古籍书背、书角和书套上还有浆糊、纺织品和纸板等纤维类材料及淀粉类物质,这些都是适合害虫生存的条件。这些害虫生性好动,喜欢阴暗潮湿,行动敏捷,生命力非常旺盛。一旦害虫肆虐,古籍将面临虫蛀的危险,轻者造成蛀洞若干,重者则百孔千疮,严重危害其价值和寿命。馆藏文献类纸质文物,虽然大多没有传统的装裱形式,有些机制纸也不如传统植物纤维纸那么容易受到蠹虫青睐,但仍具有纸质的特性,依然存在虫蛀的危险,因此防止虫害也是博物馆文献类纸质藏品保管的一项长期不能忽视的任务。

(4)防霉

根据古籍保护经验,霉菌有很强的繁殖能力,当存放环境相对湿度超过70%,温度在22—35℃之间时,霉菌最容易繁殖,而温度和潮湿度的剧烈变化,也是导致霉菌迅速滋生的诱因。霉菌会因不同情况产生不同后果,包括:破坏纸张的组织结构,使其丧失机械强度,表现为不同程度的纸质疏松,纸张纤维呈现絮状;霉菌自然代谢产生酸性物质,从而使纸张存放小空间酸度增强,造成纸张陈旧、容易脆裂;霉菌在代谢过程中还会产生色素,从而让纸张染上红、蓝、绿、黄、黑等多种色斑;霉菌菌体堆积,会产生黏性物质,从而令纸张变软、发潮、发黏,严重的会使叠放的纸张发生黏连和板结现象。霉菌是纸质类藏品大敌,预防性措施必须实施到位。

(5)防鼠

老鼠一般不以纸张为食,但它们习惯啃咬纸张以抵消门齿增长速度,同时需要大量的碎纸、棉絮、草叶等纤维物质作窝。老鼠的啃噬往往容易造成纸张的不规则缺损,破坏力极大。相对于防虫和防霉,防鼠不算一件复杂的事情,但如有忽视就会造成巨大损失。

(6)防尘

灰尘是悬浮在空气中的矿物和有机物质的微粒总称。古籍保护经验表明,灰尘很容易通过门缝、窗缝等处渗入库房。这些带棱角的微粒,在整理、翻阅和使用过程中可以划破纸张或引起摩擦,形成起毛甚至穿孔,造成物理性损伤;灰尘还能吸附空气中的细菌和霉菌,一旦飘落到纸张上,容易造成纸张污染和生物损害;如果灰尘自身带有化学物质或金属离子,或在空气中吸收了有害物质和气体,将会对纸张造成腐蚀性化学损伤。

2.2 加强温湿度监控

研究表明,纸张的最佳储存温度为18.33℃,最佳湿度为40—50相对湿度。在古籍的长期保存过程中,专业人员早就发现,温度和湿度对纸张的保存会产生很大的影响；温度过高会加速纸张自身所含酸性物质的反应，造成纸张腐蚀；高温、高湿的环境则会引起霉菌滋生，同时为害虫的生存和繁殖提供适宜条件，从而增强它们的活性，引起霉害和虫害；温、湿度的剧烈变化则会引起纸张频繁的过度膨胀和收缩，最终让纸张加速老化，产生皱缩和开裂。博物馆的文献类纸质藏品，一般存放于库房或用于陈列，长期暴露在空气中，其寿命和实用价值与周围的环境紧密联系在一起。如果气候条件不断改变，极易引起生态环境的不断恶化，纸质文物的保存环境越来越差，必将对其寿命和价值产生极大影响。因此，将纸质文物保存在适合且稳定的温度和湿度环境中是非常重要且必须的。加强馆藏文献类纸质藏品保存空间的温湿度监控和管理，对于纸质藏品易见的霉害和虫害的预防，以及延缓纸张的老化具有重要意义。

2.3 古籍护书用品的引入

古籍常见护书用具包括：帙、函、囊、匣、夹板和纸匣等。这些护具的使用可以实现更好地保存和管理古籍。对于博物馆来说，护书用品的引入，可以对文献类纸质藏品的预防性保护起到良好的作用。如，古籍保护常用护具匣盒和夹板，以木板或纸板制作。博物馆在有条件的情况下，可以采用楠木、樟木等防虫材料制作木匣或夹板，采用无酸纸原料制作纸匣，按照科学管理及使用方便的原则，将零散但相关的文献类纸质藏品分门别类纳入匣盒，之间采用隔板分离，并投放适量的防虫剂与干燥剂。这样进行保存的最大好处是可以预防虫蛀、霉变、尘侵，又可以使文献类纸质藏品保持平整。从而达到最大程度地优化纸质文物的存放环境，起到安全存放、延缓自然损伤、避免人为损伤的最终目的。

3.古籍修复技术在博物馆纸质藏品保护中的借鉴

古籍修复，是一项传统而专业的文物保护工作。在长期的实践中形成了独有的修复原则和修复策略。这些原则、策略和久经实践的修复技术及操作方法，对博物馆文献类纸质藏品的修复工作，极具指导性。

3.1 修复原则

古籍修复要遵循"整旧如旧"和"因书而异"的原则。

(1)"整旧如旧"的原则

"整旧如旧"原则实质上与文物修复要求的"修旧如旧"的原则是一致的。馆藏文献类纸质文物与古籍一样,是物质文明和精神文明结合的产物,带有它们自身所处时代的种种特征。所有纸质文物,都存在因不同时代和不同地域的物质力量、技术水平和文化学术思潮的影响而体现出的各自不同风貌。在修复的过程中必须严格遵守"整旧如旧"的原则,才能最大限度地保持它们本身所具有的风貌,才能最大程度地体现它们本身所具有的学术、历史和文物等多重价值

(2)"因书而异"的原则

造成纸质文物破损的原因有很多种,它们使纸质文物受到的损坏情况和损害程度各有不同。根据纸质文物受损的实际情况,制定相应的科学修复方案,是古籍修复"因书而异"原则的根本体现。即在对纸质文物进行修复的过程中,应该逐步实施以下步骤:修复前,通过观察诊断,分析破损原因,了解破损程度;结合实际情况确定修复的办法,修复的适宜时间,并对修复后的效果进行预估。具体修复时,因大多数受损文物都同时存在多种损伤,应根据主要受损原因和不同受损原因造成的不同破损程度,分清主次,严格步骤,逐一解决问题,切忌思路不清、步骤混乱。

3.2 修复策略

3.2.1 常见问题的处理

(1)祛除灰尘

古籍灰尘祛除有刷除法和清洗法两种,清洗法又包括热水清洗法、碱水清洗法、软性漂洗剂清洗法和药物清洗法等。馆藏文献类纸质藏品的灰尘祛除,可以完全借鉴古籍祛尘的方法,但要特别注意的是,古籍为印刷品,而文献类纸质藏品中有大量手稿存在,这类纸质文物最好采用刷除法祛尘,避免字迹晕染、褪色。具体做法为:用干净、松软的毛刷顺纸纹朝一个方向仔细轻刷几遍,一般即可刷净。注意避免来回刷,致使灰尘揉进纸纤维中,同时切忌用手或湿布擦拭,造成纸面污损。

(2)祛除水渍

受过水湿的纸张,干燥以后会在水湿边缘留下黄色的水渍,如果纸张原有积尘,或者水质脏污,水渍颜色就会更明显。馆藏文献类纸质藏品的水渍情况一般较为简单,可以借鉴"划水湿法"加以祛除。即:将需要处理的文献正面朝下平铺在吸水纸上;用毛笔或软毛刷蘸沸水后略作甩干,沿水渍划涂,此时要特别注意手法轻柔、力道均匀;之后取喷水壶,调至雾状模式,将整张文献均匀喷潮,水分不易太多;在被处理文献的表面再叠铺吸水纸,用手轻压,之后注意定时更换吸水纸,直至干透为止。

(3)祛除墨渍

在需要处理的纸叶下垫衬吸水纸,用干净棉球蘸取20%过氧化氢溶液或50%酒精和50%乙酸混合溶液,对需要清除的墨渍进行浸润,之后在纸叶表面覆盖干净吸水纸,并用大小适合的板型重物压紧,溶解后的墨液会被吸水纸吸附。如果一次不能清除干净,可以重复上述步骤,直至干净为止。

(4)祛除蜡斑

先用小刀刮去凸出的蜡迹,然后在蜡斑上下各置放一张滤纸,在上层滤纸表面用热熨斗轻烫几遍,熨斗温度保持在40—50℃,同时,不断移动滤纸位置,直至滤纸将高温下熔化成液态的蜡质吸附干净为止。

(5)祛除油斑

可选用四氯化碳、醋酸乙酯、苯与醚1:1合剂等溶剂,对油斑进行溶解。具体操作时,首先在待处理的纸叶下垫衬滤纸,然后用蘸有溶剂的棉球对油斑进行浸润,油斑浸润后会自行溶解,衬垫在纸叶下的滤纸会吸收溶解的油脂。一面处理完成后,将纸叶翻面,并垫衬干净滤纸,用同样的方法进行处理。之后用清水进行清洁,将残余的溶剂除尽,最后自然阴干即可。

(6)祛除霉斑

纸叶表面附着的霉斑,可用干燥洁净的棉球轻轻擦拭,或用软毛刷刷除,刷时动作一定要轻柔,尽量避免把霉孢子播散到其他地方。如果霉污已经渗入纸纹中,可以使用软橡皮擦拭,或者用一块和好的面团,面团以不沾手为宜,在霉污渗入位置来回轻滚,霉污将粘附在面团上,达到祛除霉斑的目的。

3.2.2 损害修复的技术运用

(1)虫蛀孔洞的修补

蛀洞一般为圆形孔洞,直径在 0.1—0.3 cm 之间,轻者零星几个,重者呈筛眼状密布。在进行蛀洞修补前,注意清理孔洞周围的虫卵、虫屎等污物,可用小刀轻轻刮去,或用细砂纸小心磨掉,露出纸纤维后再进行修补。提请注意的是,在对污物进行刮、磨的时候,一定注意不能伤到纸叶上的文字。修补时先将纸叶朝下,平铺于工作台面,用毛笔蘸稀浆糊沿蛀洞边沿均匀涂抹 0.2 cm 宽,然后将撕去纸边的补纸平展放在孔洞上,用指腹稍加按压,粘稳后沿补纸上的湿印将多余的部分撕下。蛀洞的修补,对补纸的选择要遵循以下原则:纸质、纸色要与需修复的纸叶一致;补纸的帘纹横竖与正反要与纸叶一致;补纸应尽量略薄于纸叶,避免修复后的纸叶厚薄不均(如果出现厚薄不均可以对修补较厚的地方进行捶平处理)。根据蛀洞的多少和大小,选择不同的修补办法:如果蛀洞较少,可逐个单补,先补大洞后补小孔;如果蛀洞较多,且分布比较密集,可以分片修补,但注意控制每片面积,一般以不超过 5 cm^2/片为宜。

(2)鼠啃残损的修复

对于因老鼠啃啮而造成损伤,一般呈现为纸叶边沿的不规则缺损。修复办法与虫洞的修补基本相同,选择合适的补纸将残损处补全即可。需要注意的是,补纸最好选用边缘部位,纸张边缘一般稍厚于中间部分,且边线整齐,可与需修复纸叶的边缘较好吻合。

(3)纸张粘结的清理

纸叶上的粘结物主要有尘土、霉块、昆虫粪便等。如果粘结程度不重,一般可以用小刀轻轻刮去,注意要顺着纸纹由内向外刮。不易刮去的粘结物,可以用甲苯或乙醚等混合剂做有机溶剂,在文字不褪色、变色、污染的情况下用医用棉团蘸取适量溶剂进行浸润和清洁。经古籍修复实践,这种清理纸张粘结的效果较为理想。

(4)纸张糟朽、霉烂的处理

如果古籍或文献类纸质藏品存放的空间湿度过大,就会引起霉菌活跃,其结果会使纸叶发生霉变,如果情况严重最终会导致纸叶霉烂糟朽。

一旦发生霉烂糟朽,纸质文物的生命和价值就会受到严重威胁。最佳处理办法是及时发现情况,并及时对霉烂糟朽纸叶作托裱处理。托裱时先在工作台上平铺大小合适的透明塑料薄膜,目的是为了隔水。然后将需要处理的纸叶正面向下平铺于塑料薄膜正中,铺时注意尽量将糟朽严重的地方展平,对齐。用排笔蘸调好的稀浆水,均匀涂满整张纸叶,刷浆一律以纸叶正中为轴心,由内向外刷。刷浆完成后将事先备好的裱纸对准覆盖在纸叶上,用指腹轻扫裱纸,让其与纸叶充分粘合。在工作台上预铺一张吸水纸,小心将塑料薄膜、纸叶和裱纸翻转,使裱纸在最下,塑料薄膜在最上,平展于吸水纸正中。用棕刷以纸叶正中为轴心、由内向外轻轻在薄膜表面均匀刷抹,直至将纸叶与裱纸之间的气泡完全赶出为止。将纸叶与塑料薄膜分离,在洁净、通风处进行风干即可。

(5) 纸张焦脆的处理

在遭受风吹、日晒、烟熏、火烤后,纸张纤维会发生脱水而快速老化,纸质变脆,颜色发黄,严重影响纸叶的保存和使用。根据古籍修复经验,焦脆的纸叶都是纸张纤维的严重脱水引发的,所以,给焦脆纸叶进行水分补充是首要工作。通过补水,可以使纸叶变软,使纸纤维弹性得到一定恢复,焦性得到缓和,之后再视焦脆纸叶的具体受损情况进行后续修复处理。一般多采用补、裱结合的办法,可以先补后裱,也可先裱后补。具体方法可以参照纸张糟朽、霉烂的操作。

3.2.3 现代科学技术的借鉴

前面涉及的各种修复技术和具体操作,多为古籍保护和修复的传统方法。随着科学技术的不断发展,在古籍保护和修复越来越受重视的背景之下,近年随着研究和实践的不断深入,许多借助现代科技的修复技术和修复设备多有成果,在为古籍保护和修复工作的有力开展提供支持之外,也为其他纸质藏品的保护和修复工作提供了许多新的借鉴。如远红外线干燥法、微波干燥法、真空冷冻干燥法等,在处理水湿纸质文物方面,具有速度快、变形小、不霉变、不粘连等优点;如档案修裱机、纸浆修补机、古旧文献修复机、自动洗纸机等各种修补机械的使用,大大缩短了纸质文物的修复周期,提高修复效率,在确保受损文物得到及时保护和修复处理的同时还可减少人力投入,提高工作效率。特别值得一提的是单丝树脂网加固法,这种方法是传统裱托和现代技术相结合的产物。其具体做法是,将蚕丝煮沸后抽丝,用专用织机织成一定规格的丝网,将丝网均匀喷洒配好的树脂液,最后用热压的方法使丝网与需要处理的纸叶完全粘合即可。经过处理的纸叶基本能保持原貌,具有自然的透明度,不影响阅读,同时使纸叶强度大大提高,有效延长纸质文物的使用寿命。丝网还具有防霉抗老化的性能,最可贵的是具有可逆性。因此单丝树脂网加固法是对脆弱纸质文物加固的一种有效、可靠的技术。

除此之外,还有其他诸多机械及化学新方法,我们应该加强学习,及时掌握和分析各种新的方法和工艺,最大限度地为纸质文物的预防性保护和科学修复工作做出安全、合理的选择。

4. 结语

在我国,图书馆、档案馆和博物馆作为国家最主要的文献遗产收藏和管理机构,担负着收藏、管理和保护的职责。古籍保护与博物馆、档案馆文献类纸质藏品保护具有互通性。

古籍预防性保护策略与修复技术的实际运用,为博物馆、档案馆文献类纸质藏品保护提供了良好的指导和借鉴。而博物馆在藏品法律、法规方面的建设,以及在场馆设置和保管规范方面的要求也可以给图书馆、档案馆提供科学的引导。加强各方面的交流与合作,实现信息与技术共享,可以避免人力、物力、研究的重复投入,提高国家同类项目资金的使用效率,使有限的资金通过合理的统筹安排发挥最大的作用,同时有效提高各方面的工作效率。图书馆、博物馆、档案馆三馆之间互通有无、取长补短,共同建立文献遗产科学保护的长效机制必将成为众望所归的发展模式。

此外,三馆还需注重主动性、预防性保护,通过加强对纸质文物的日常监测和养护,改善文献遗产的保存环境,降低被动型保护的发生率。不仅将文物的抢救性保护与预防性保护合理结合,并且要确保落实到以主动性、预防性保护为主的阶段。希望通过大家的共同努力、通力合作,令我国的文献遗产保护工作迈上新台阶。

参考文献:

[1] 朱赛红.古籍修复技艺[M].北京:文物出版社,2001.
[2] 中国文物学会文物修复专业委员会编.文物修复研究[M].中国文联出版社,2014.
[3] 第十二届全国文物修复技术研讨会论文集[C],2014.

References and Reflections on the Technology of Preservation and Conservation for Ancient Books in the Protection of Paper Relics in Museums

Liang Yuzhu, Ma Weijun

Abstract: Ancient books, archives, as well as all the paper in the form of literature cultural relics belong to documentary heritage. They recorded the significant changes, discoveries, and major achievements of human society. They are the common cultural property that history gives to people all over the world. For museums and archives, the experience and achievements in protection of ancient books is a good learning and study. Some methods and techniques about the preventive protection of ancient books provide a good guidance and reference for museums and archives.

Keywords: ancient books; paper relics; literature heritage; the preventive protection

论基层图书馆古籍的保护和利用

——以重庆市渝中区图书馆为例

马逾兰 曹 茜[*]

摘要：本文从古籍的定义和装帧形式出发，分析了基层图书馆古籍保护和利用之间的矛盾，并提出了相应的解决措施。

关键词：图书馆；古籍；渝中区；保护；利用

中国历史源远流长，浩如烟海的古籍是中国历史长河的重要组成部分。古籍是中华民族五千年文明的结晶，是宝贵的财富。但是我国图书馆界目前普遍存在着古籍保护和利用之间的矛盾。古籍的"藏"而不用，或者"可用"却要"高价"，使古籍成为了物化的古董，失去了文化传播载体的作用。但是与此同时，全国几千万册古籍的生存状况也实在堪忧，大部分存在不同程度、不同原因的破损，这给古籍利用带来很大的困难。近年来，政府对古籍的重视程度日益提高，在古籍保护方面付出了越来越多的努力，取得了让人欣慰的成效，由此还带动了民间古籍收藏热，广大民众了解古籍的热情日益高涨，查阅古籍的需求也日益扩大，使得古籍保护和利用之间的矛盾进一步加剧。

基层图书馆是古籍收藏的重点单位。基层图书馆服务对象覆盖面广，在日常工作中直接面对着广大群众的阅读需求。近年来，到基层图书馆查阅古籍的读者越来越多。但是基层图书馆存在着人手少、经费缺乏、

---

[*] 马逾兰，重庆市渝中区图书馆；曹茜，重庆市渝中区图书馆。

技术支持不到位等问题,在这些问题的影响下,基层图书馆古籍"藏"和"用"之间的矛盾显得比大图书馆更加尖锐。基层图书馆如何在对古籍实行良好保护的前提下对古籍进行合理利用,满足读者的阅读需求,是我们需要思考的问题。

1.古籍概述

1.1 古籍的定义和装帧形式

古籍是中国古代书籍的简称。文化部发布的《古籍定级标准》(WH/T20-2006)对古籍做了具体的定义:"古籍:中国古代书籍的简称,主要指书写或印刷于1912年以前具有中国古典装帧形式的书籍。"古籍的上限划到春秋末战国初编订撰写的经、传、说、记、诸子书,下限一般划到清宣统三年。依照广义来说,辛亥革命以后的著作如果在内容或者形式上沿袭了此前的书籍,一般仍可以划入古籍范围。

中国自古以来就是一个多民族国家。古籍大多是用汉文撰写的,此外,还有用蒙古文、满文、藏文、彝文、纳西文、西夏文、契丹文等少数民族文字撰写的。这些古籍反映了各民族的风土人情、生活习俗、民族性格、宗教信仰等,内容涉及各民族的政治、经济、军事、宗教、文学、哲学、历史、医学、地理、历法、农技等各个方面。

古籍的装帧形式经历了漫长的演变过程。竹木简是最早的书籍雏形。在纸张发明之前,只好用竹木片做书写材料,称为"竹简"或"木简"。一片片竹简或木简编连起来,就形成了书籍装帧的最初形式。然而竹木简做成的书很笨重、翻阅也不方便,于是到了战国时期,又出现了用一种质地细密的绢做卷装的书,这种帛书是用手抄写在绢帛上的,写完一块,再续写一块,然后将其粘接在一起,再加上一根轴,就成了一本卷装书了。简策和帛书的装帧形式,自殷商一直沿用到东汉末年蔡伦发明造纸术之后。从此纸张逐渐代替了简帛,大大推进了我国书籍的进步和发展。此后古籍装帧依次出现了卷轴装、旋风装、经折装、蝴蝶装、包背装、线装等装帧形式,其中线装是传世古籍最常用的装帧形式。装帧形式的更替存在着一个过程,新的装帧形式的发明并不意味着旧的装帧形式立刻遭到淘汰,新旧并存的现象时有出现。古籍装帧形式的发展,体现了中国古代劳动人民无穷的创造力。①

1.2 国家对古籍工作的重视程度日渐提高

从 2000 年开始,古籍越来越受到重视。2002 年,"中华再造善本工程"正式立项,召集了一批国内顶尖学者参与其中,将一些珍贵的、稀有的、之前秘不示人的古籍善本通过大规模的复制出版,化一为百,让普通读者也能看到跟原版一样的稀缺古籍。2007 年,国务院办公厅发布《关于进一步加强古籍保护工作的意见》(国发办〔2007〕6 号),提出实施"中华古籍保护计划",构建起覆盖全国的古籍保护工作机制。领导机构包括全国古籍保护部际联席会议、全国古籍保护专家委员会和各省级厅际联席会议或领导小组或省级文化主管单位。业务机构是国家古籍保护中心、各省级古籍保护中心及全国中医行业古籍保护中心。2015 年,中国古籍保护协会正式成立,政府及图书馆界都对其组建给予了高度重视。2016 年,文化部公共文化司在国家图书馆召开《中华古籍保护计划"十三五"时期规划纲要》(征求意见稿)专家研讨会,图书馆界有不少代表参加会议。由此可见国家领导人和各级政府对古籍工作的重视。②

2.渝中区图书馆古籍存藏现状

重庆市渝中区图书馆的前身"蟾秋图书馆",是 1932 江津名绅邓蟾秋向青年会捐款 3 万元成立的。1949 年由基督教会接管改名为青年会通俗图书馆公园路分馆。1959 年 6 月由重庆市市中区人民政府接管,成立重庆市市中区图书馆,1995 年随区划调整更名为重庆市渝中区图书馆。

2007 年由国家八大部委组成全国古籍保护工作部际联席会议负责统筹规划,开始在全国范围内开展古籍普查。2008 年 10 月 15 日重庆市渝中区委、区政府和文化广播电视新闻出版局组织召开了渝中区古籍保护局级工作联席会议,标志着渝中古籍保护工作正式启动。会上设立

---

① 徐忆农:《什么是古籍?》,《图书馆学刊》2008 年第 1 期,第 130 页。
② 郝永利:《古籍保护与利用的思考——以"中华古籍保护计划"为中心》,《辽宁广播电视大学学报》2014 年第 2 期,第 123 页。

了渝中区古籍保护工作领导小组、办公室和渝中区古籍保护中心,建立了局际联席会议制度。古籍中心设在渝中区图书馆,负责全区古籍普查的登记、汇总、培训等工作。借着古籍普查的东风,渝中区图书馆对馆藏古籍进行了整理登记,共整理出古籍109种,1632册,其中乾隆六十年前古籍137册。所藏古籍目录已收入国家图书馆2014年出版的《重庆市三十三家收藏单位古籍普查登记目录》中。

3.基层图书馆古籍的"藏"与"用"

3.1 基层图书馆古籍收藏与利用概述

博物馆、档案馆和图书馆是具有公益性质的公共服务机构,就目前来说,在我国这些机构收藏的古籍数量最多,质量也较高。其中基层图书馆也是古籍收藏的重要机构。古籍收藏具有传承中华文化的重要使命和意义。对基层图书馆来说,古籍成为馆藏只是古籍收藏工作的开始,如何对古籍进行有效保护是图书馆接下来要面临的一大难题。古籍保护的条件相当苛刻。文化部委托国家图书馆主持制定的《图书馆古籍特藏书库基本要求》对图书馆古籍特藏书库的温湿度要求、空气净化要求、光照和防紫外线要求以及书库的建筑、消防、安防等与文献保护和安全相关的基本条件做出了严格的规定。如在温湿度方面,要求古籍特藏书库设置独立的恒温恒湿中央空调系统或恒温恒湿空调机组,以保证书库温湿度能够控制在标准要求的范围内;在照明和防紫外线方面,要求古籍特藏书库的照明或采光应消除或减轻紫外线对文献的危害;在防虫和防鼠方面,要求古籍特藏书库应在库外适当位置设置文献消毒用房和杀虫设备,用于文献入库前的消毒和杀虫处理。①

渝中区古籍保护中心在渝中区图书馆建成了古籍保护专门书库,古籍书库1面积57.6㎡,古籍书库2面积25.6㎡,并配备有樟木书柜,自动灭火系统,温湿度计,除湿机,空调系统,防盗系统,由专业人员进行定期检查,打扫和维护。此外还在书库放置灵香草以防止虫蠹。

---

① 周崇润:《关于〈图书馆古籍特藏书库基本要求〉的说明》,《国家图书馆学刊》2006年第3期,第73页。

除了古籍收藏之外，古籍利用也是基层图书馆古籍工作的一个重要方面。为对古籍有信息需求的读者提供服务是基层图书馆的传统业务。近年来随着计算机与网络通信技术的发展，图书馆古籍利用也进入了数字化时代，各图书馆开始将古籍转化为电子数据，通过光盘、网络和数据库提供给读者使用。

3.2 基层图书馆古籍收藏与利用之间的矛盾

2015年，首都图书馆为保护古籍出了一个"新招"——将古籍阅览的门槛设置为研究生以上学历或中级职称以上读者方可阅览。这一规定引发了各方争议。有人认为古籍是十分珍贵的，作为保护古籍重点单位的图书馆，生怕古籍文献受到损坏而采取必要的措施，其良苦用心也可以理解；有人则认为首都图书馆通过限制读者的学历和职称来限制阅览的做法与图书馆的主要功用有些背道而驰。

1931年，世界图书馆学巨擘阮冈纳赞提出《图书馆学五定律》，得到了广泛的认同，被誉为"我们职业最简单的表达"。图书馆学五定律准确地把握了图书馆作为人类文明的产物与发展工具的载体特征，因此被图书馆界一直尊为经典理论。五定律分别为第一定律：书是为了用的；第二定律：每个读者有其书；第三定律：每本书有其读者；第四定律：节省读者的时间；第五定律：图书馆是一个生长着的有机体。图书馆学五定律的第一定律明确指出了图书馆的主要职能不是收藏与保存图书，而是使图书得到充分利用，这是图书馆开展一切服务的前提。只藏书而不用，就不能显示出它的社会价值和作用。图书馆古籍收藏其实也不例外，将古籍像古董一样束之高阁是毫无意义的，古籍收藏的最终目的是用而不是藏。向读者提供古籍文献是图书馆的重要社会职能，将古籍提供给读者阅读，才能古为今用，实现中华文明的传承，彰显"以史为鉴可以知兴替"的真正含义。①

但是在实际生活中，和首都图书馆一样采用类似规定的图书馆不在少数。各个图书馆做出这样的规定，目的无非是为了保护古籍，如今国内的古籍存藏现状也确实不容乐观。现存绝大多数古籍都以纸和丝织品为

---

① 罗荣：《图书馆学五定律对古籍阅览室服务的启示》，《学园》2014年第8期，第190页。

载体,容易受到水火、虫霉、各种污染的损害。据国家图书馆统计,目前全国各公藏单位拥有古籍总量超过 5000 万册,需要修复的古籍大概数量有 1500 万册。一个较为熟练的专业古籍修复师最多一年修 100 册,远远满足不了需求。国家级非物质文化遗产项目古籍修复传承人杜伟生介绍,在目前存世的古籍中,相当一部分都有虫蛀、鼠啮等小毛病,需要修补;有的还曾经被火焚烧过,部分文字根本看不清楚;而古籍中更常见的是书叶自身的老化、絮化、粘连等问题,处理起来也需要很多时间。而古籍纸质文献本身的脆弱性,加上环境的污染,许多古籍善本文献正在加速酸化和脆化。更令人担忧的是,少数民族有迹可查的传世书籍本就不多,再加上历年来纸张本身的老化、战争等外力的损毁,部分少数民族古籍甚至会面临失传的境地。这一情况在基础设施不完备,资金短缺、人才缺乏的基层图书馆显得更为严峻。以我馆为例,我馆存有古籍 1632 册,其中大部分古籍都不同程度地存在酸化、老化、鼠啮、虫蛀、水渍、霉变、絮化等现象。为了不对古籍造成进一步损害,我馆暂时没有对普通读者开放古籍阅览,读者如果确有需要,可由其单位出面与我馆接洽。

4.解决措施

要解决基层图书馆古籍收藏与利用之间的矛盾,需要作出多方面的努力。

4.1 制定严格的阅览制度

古籍文献相当珍贵,且不可再生,如果被人损坏,会造成难以估量的损失。所以图书馆古籍阅览必须制定严格的阅览制度。如实行闭架阅览,工作人员在给读者提供文献和读者归还文献时,要检查文献是否有缺损,登记册数和归还册数是否属实。① 如果古籍在归还时发生缺损或册数不符,一定要追究其责任。读者在阅览时,工作人员要随时留意读者在阅览过程中有没有画记号、折书页、沾口水翻书等现象,如果发现此类现象一定要及时制止并纠正其错误。

---

① 肖利来:《古籍特藏文献阅览服务点滴谈》,《内江科技》2014 年第 6 期,第 106 页。

4.2 古籍修复、数字化及影印

许多古籍损坏严重,如果提供给读者阅览将会给这类古籍造成毁灭性的伤害。修复古籍,将完好的古籍提供给读者阅览是解决古籍藏用矛盾的一个重要手段。有条件的基层图书馆可以培养自己的古籍修复人员,设立古籍修复工作室,自行对馆藏古籍进行修复,如果没有条件,可以向本地开展修复工作的图书馆寻求帮助。此外古籍数字化也是一条有效的途径。数字化古籍具有信息容量大、检索方便快捷、传播迅速等优点,随着信息技术的发展,这种方式越发受到古籍保护工作者的青睐。除了数字化之外,影印也是一条可行之路。利用现代技印刷技术复制出来的影印本,是依据原书版式,精心制作出来的,可以在不提供原件的前提下满足不少读者的阅读需求。

4.3 提高图书馆员的服务素养

古籍阅览是图书馆一项非常特殊的服务项目,服务对象不仅有知识水平高的学者,也有文献学知识相对较弱的读者,这就需要提供古籍阅览服务的工作人员有相应的知识储备和优秀的服务能力。工作人员首先必须有责任心,工作细致耐心;其次熟悉馆藏情况,十分清楚有哪些文献以及每种文献所在的位置,①必要时还要对文献内容有一定了解;最后工作人员应该树立"以人为本"的工作意识,为读者提供最为优质的服务。

4.4 加强读者宣传教育

在古籍阅览过程中不对古籍造成损害,除了需要图书馆员工作认真负责之外,还需要读者自己具有爱护古籍的意识,主动配合馆员的工作。基层图书馆应向读者大力宣传古籍保护的重要性,让读者了解阅读古籍和爱护文化遗产的关系,树立良好的公共道德。同时在提供古籍阅览服务之前,工作人员须告诉读者古籍阅览的规章制度,如严禁圈、点、批、画等行为,更不许折叠撕损古籍,违者必须接受处罚,由此让读者树立起爱护古籍的意识。

---

① 李文遴:《古籍阅览服务点滴谈》,《科技情报开发与经济》2003年第8期,第14页。

5.结语

古籍是民族文化的宝贵遗产,是中华民族智慧的结晶,现存古籍是社会的资源,国家的财富,保护和利用古籍是一项极为重要的任务,也是伟大的历史使命。基层图书馆如何协调好古籍保护和利用之间的矛盾,是关系到文化遗产保护和中华文化传承的一件大事。基层图书馆应该积极行动起来,将改变落到实处,为文化遗产保护和中华文化传承做出努力。

On the Protection and Utilization of Ancient Books in Primary-level Library: Taking Yuzhong District Library as Example

Ma Yulan, Cao Qian

Abstract: From the point of view of the definition and the binding pattern of ancient books, this paper is going to analyze the contradiction between the primary-level library's protection and utilization of ancient books, and propose measures to solve the problems.

Keywords: library; ancient books; Yuzhong District; protection; utilization

纸质文物干燥技术的东西方比较

欧 萍 宋 鑫[*]

摘要：大多数的纸质文物受潮或碰水后，纸张纤维会放松或膨胀。若无适当的处理，在干燥的过程中，纸质文物的尺寸可能会发生改变，外观甚至会变形。其中，机制纸的问题相比手工纸会较为明显和突出。因此，纸质文物湿处理后的干燥技术显得尤其重要。针对不同地方纸质文物材质的特点和不同的修复处理方法等，东、西方纸质文物修复常用的方法有平压和上墙绷两种不同的干燥方式。本文将比较东、西方纸质文物干燥方法的异同，重点探讨国内、日本和西方在技术及工具材料使用上的差异。

关键词：纸质文物；干燥技术

1.前言

纸质文物修复过程中，常会遇到需要进行各种的湿式处理，如：湿法清洗、平整、托裱等。当中，湿法清洗主要是为了去除纸张内可水溶的各种污染物、揭除托底纸、中和纸张的酸性、漂白、补充碱性缓冲物和重新施胶等。此外，通过加湿及压平可使已皱褶的纸张重新平整、书画文物的托裱和一般脆弱纸质文物的托底等。上述各种湿式处理后，均需配合适当的方法来使之干燥，以使相关的纸质文物更平整、美观。

---

[*] 欧萍，成都杜甫草堂博物馆；宋鑫，成都杜甫草堂博物馆。

2.不同纸张湿处理及干燥后的变化情况

裁切11种不同的机制纸和手工纸进行试验,每种纸样5份,尺寸均为20.00cm×20.00cm,其中1份为对照组,其余4份进行下列的试验,并于试验后分别测量及记录其长、宽的尺寸。试验内容如下:

(1)刷浆糊托裱上墙风干绷平,下墙静置24小时后测量;

(2)刷清水托裱上墙风干绷平(即封挣),下墙静置24小时后测量;

(3)喷水完全湿透,上下夹吸水纸进压书机压干、压平整,取出静置24小时后测量;

(4)喷水完全湿透后让其自然风干,然后进压书机压平整,取出静置24小时后测量。

表1

取样纸张 \ 干燥方式	刷浆托裱上墙					清水托裱封挣上墙				
	长(cm)	变化值(%)	宽(cm)	变化值(%)	总变化值(%)	长(cm)	变化值(%)	宽(cm)	变化值(%)	总变化值(%)
1.净皮单宣	20.04	0.20	20.00	0.00	0.20	20.03	0.15	20.02	0.10	0.25
2.熟料玉扣	20.05	0.25	20.05	0.25	0.50	20.04	0.20	20.04	0.20	0.40
3.棉料棉连	20.07	0.35	20.04	0.20	0.55	20.05	0.25	20.05	0.25	0.50
4.古法雁皮本色	20.10	0.50	20.10	0.50	1.00	20.07	0.35	20.06	0.30	0.65
5.山桠本色	20.02	0.10	20.00	0.00	0.10	20.00	0.00	20.05	0.25	0.25
6.楮皮本色	20.01	0.05	20.01	0.05	0.10	20.05	0.25	20.04	0.20	0.45
7.A4打印纸	20.12	0.60	19.85	|−0.75|	1.35	19.87	|−0.65|	20.18	0.90	1.55
8.报纸	19.91	−0.45	19.78	−1.10	−1.55	20.75	3.75	19.81	|−0.95|	4.70
9.白报纸	20.25	1.25	19.90	|−0.50|	1.75	20.31	1.55	19.92	|−0.40|	1.95
10.吸水纸1	20.02	0.10	20.01	0.05	0.15	20.05	0.25	20.05	0.25	0.50
11.吸水纸2	20.05	0.25	20.06	0.30	0.55	20.08	0.40	20.13	0.65	1.05

续表

取样纸张\干燥方式	喷水湿透压干压平 长(cm)	变化值(%)	宽(cm)	变化值(%)	总变化值(%)	喷水湿透飘干压平 长(cm)	变化值(%)	宽(cm)	变化值(%)	总变化值(%)
1.净皮单宣	19.91	-0.45	19.94	-0.30	-0.75	19.88	-0.60	19.94	-0.30	-0.90
2.熟料玉扣	19.90	-0.50	19.95	-0.25	-0.75	19.89	-0.55	19.96	-0.20	-0.75
3.棉料棉连	19.87	-0.65	19.92	-0.40	-1.05	19.84	-0.80	19.94	-0.30	-1.10
4.古法雁皮本色	19.86	-0.70	19.97	-0.15	-0.85	19.80	-1.00	19.93	-0.35	-1.35
5.山桠本色	19.89	-0.55	19.95	-0.25	-0.80	19.89	-0.55	19.95	-0.25	-0.80
6.楮皮本色	19.90	-0.50	19.91	-0.45	-0.95	19.89	-0.55	19.90	-0.50	-1.05
7.A4打印纸	19.81	-0.95	19.88	-0.60	-1.55	19.79	-1.05	19.81	-0.95	-2.00
8.报纸	20.10	0.50	19.77	-1.15	-1.65	19.60	-2.00	19.76	-1.20	-3.20
9.白报纸	19.85	-0.75	19.81	-0.95	-1.70	19.69	-1.55	19.86	-0.70	-2.25
10.吸水纸1	19.94	-0.30	19.99	-0.05	-0.35	19.99	-0.05	19.93	-0.35	-0.40
11.吸水纸2	19.95	-0.25	19.90	-0.50	-0.75	19.94	-0.30	19.86	-0.70	-1.00

(一)纸样尺寸及单位为:长×宽=20.00cm×20.00cm
(二)测量时的环境温度和相对湿度分别是:23℃,73%

从上表数据得悉,机制纸比手工纸在湿式处理、干燥后的变化较为明显,当中又以报纸、白报纸和A4打印纸的尺寸变化更为突出,最大的变化出现在清水托裱封挣上墙的试验上,报纸的总变化值为4.70%,而白报纸和A4打印纸的最大变化出现在喷水湿透飘干压平的试验上,分别是2.25%和2.00%。另外,大部分纸张的变化趋势是:上墙风干绷平会使纸张胀大;而自然风干和用压书机压平整则会使纸张缩小。

3.中国传统纸质文物干燥技术及四川常见裱墙介绍

中国传统纸质文物干燥平整的方式通常有两种:一是上墙绷干,二是重压压干压平。前者适用的纸质文物范围较广,后者较常用于古籍书叶、档案文书等小幅面的纸质文物。

裱墙(或称大墙)是纸质文物上墙绷干必不可少的设备之一,是装裱工作的基本设备。裱墙的作用是将已托底的画芯、绫绢或已覆褙的裱件,贴在墙上使其挣平晾干。古今对纸质文物干燥方式的记录不多,对裱墙的记述也甚少。中式裱墙一般可分为木板墙及纸墙两种,在木方格上糊贴多层纸的称为纸墙,此法多见于北方干燥气候地区使用;木板墙则选用原块木板或胶合板,然后在其上黏贴多层的纸,或直接涂上清漆,此做法多用于南方潮湿气候地区。由于北方气候干燥,若使用原块木板或胶合板作为裱墙,或会因板块的冷缩热胀而造成裱件崩裂;也由于南方气候潮湿,如使用纸墙,或会因潮湿和纸墙内含有大量的浆糊而导致发霉。在大墙的制作方面,不同地区的制作方法存有差异,若为纸墙,一些地区的做法是先于墙壁上预做木龙骨框架,框架木格以 15cm 见方,然后以高丽纸逐个格框包糊,干后再以满浆糊二层纸,错开底层方纸四边糊实。多层纸墙糊平,经细纸打磨平,再罩以大张白纸面层,最后刷以胶矾水[1]。若选用木板作墙,则先把木板表面清洁干净再均匀地涂上一层较稠的小麦面粉浆糊,然后选用白报纸作为底层,再贴上两层坚韧的高丽纸。传统的中式裱墙会在最外层的高丽纸上刷上胶矾水,令墙身防水容易上落画件[2],现代也有裱褙业者使用丙烯酸树脂来代替胶矾水,同样能达到相近的效果。值得一提的是,糊壁用的纸,有的选用质地较差的白报纸,有的选用质地坚韧的高丽纸,有的先糊白报纸然后面层糊高丽纸,有的先糊高丽纸然后面层糊大白纸,有的先糊牛皮纸然后面层糊白色图画纸。上述这些用纸的方法,其个中的要点值得探讨。根据经验,若表层为坚韧的高丽纸或白色图画纸,裱件下墙时容易与壁纸掀扯一段距离而容易发生意外;若表层为质地较差的白报纸,裱件下墙时则相对较易分离;假若裱墙最外层涂有清漆、胶矾水或丙烯酸树脂等,裱件下墙时也会相对较易。

四川省位于中国大陆西南部的盆地,全年温暖湿润、云量多、晴天少、雨量充沛。而成都位于四川省中部,盆地以西、冬春雨少、夏秋多雨潮湿。

---

[1] 首都博物馆编:《文物养护工作手册》,北京:文物出版社,2008,第 163—164 页。
[2] 南京博物院编:《传统书画装裱与修复》,南京:译林出版社,2013,第 20—21 页。

在这样的气候环境条件下，形成具区域特点的裱墙形式，现将四川地区常见几种裱墙的制作方式及利弊简述如下：

一是纸墙，传统方式采用长木条纵横垂直搭建，以20cm×20cm大小为一个方格。纸墙方格以鱼尾形状的木制榫头代替铁钉来连接固定木架，搭建后的木方格大墙尤为结实，常谓"龙骨架"。然后，在方格上自内而外糊上多层的麻布和纸，以增强纸墙的拉力和使纸墙表面光滑。此方式制作的纸墙，其优点在于透气性强，贴上墙的纸质文物不易崩裂，但在制作上稍显复杂。

二是石膏板墙，先以木条制成方格宽度为40cm的龙骨架作为支撑结构，然后把预先制作好的石膏板，按所需要的大小规格钉在龙骨架上，最后在石膏板面糊上多层的高丽纸。以这种方式制作的墙体光滑、平整，石膏板墙吸水、透气性强，但遇到环境过于潮湿时会滋生霉菌。

三是固定板墙，采用木工板制作大墙，首先用长木条制作龙骨架，然后在龙骨架上钉制木工板，板面糊上白色图画纸、皮纸或牛皮纸，使与木板隔开，以防木板遇潮掉色而直接污损书画文物，同时也可令表面光滑。但当环境湿度大时，这种板墙所用的木工板容易变形和鼓包，严重时会对墙面上的纸质文物构成影响。在梅雨季节或湿度过大的情况下，板墙容易滋生霉菌、形成霉斑，以及产生变形等情况。

四是单片式移动板墙。上世纪七八十年代时，由于大部分书画装裱室的空间均十分有限，所以有书画装裱的前辈想到制作可移动的板墙。其方法是用木条搭架，然后钉上大约1.2m宽、3m高的木板，整体厚度约5cm，板墙上下两端高出四个木脚条，板墙双面糊纸。这种方式制作的裱墙具有可移动性、节约空间、可双面使用等优点。但也存在几点不足：其一，移动时的安全性较差，肢体可能会触碰到墙面；其二，对裱件尺寸有局限性；其三，若板墙重叠放置可能对墙面上裱件有摩擦风险；其四，这种活动的板墙需倚靠于墙体，而呈向后倾斜，这样或会影响书画文物上墙时的效果。

五是轨道式或滑轮式多层移动板墙。这种方式是在单片式移动板墙的基础上改良而来，有了轨道或滑轮，移动起来更方便，但裱件尺寸依然受到限制。

4.日本书画文物干燥技术介绍

日本传统书画装裱修复过程中,为使裱件干燥和平整,也会使用到干墙,但日式干墙的制作方法、技术、物料,以至裱件上、下墙的方式,与我国当前的技术略有差异。传统日式干墙 Karibari 的制作技术与日本屏风画相近,使用木材作为骨架,利用榫卯结构固定纵向及横向的木条,再用竹钉把四条木边加以固定,这四条木边独特之处在于木面并非为平面,而是一条从内往外略高的一个斜面,其形状与近代帆布油画的内框相近。日式干墙的特点是活动式,前后两侧均糊有纸,所糊的纸一般为七至十层,且每层均有独立的名字称谓,从内往外分别名为:Honeshibari、Dobari、Minokake、Minoshibari、Shitauke、Uwauke 及两层 Kiyobari[①]。所糊的纸均为楮皮纸,且每层纸张之间的纤维方向是相互垂直的,纸张质量的选择则是越外层的纸张质量越佳。日式干墙所糊的十层纸并非全部黏贴在一起,相反,而是尽量让所糊的十层纸内充满"气袋",这些气袋的目的主要是为了增加裱件与所在环境空气的接触和互动,有着让裱件趋于稳定的作用。

制作 Karibari 的最后一道工序是涂擦柿汁,而传统柿汁(Persimmon Juice)的制备是选用未成熟的柿子(青色),清洗后去除柿子的蒂与核,然后切碎,加入适量的水后使用木锤或搅拌器把柿子搅碎,直至柿子变小。将压碎的柿子放入白色的过滤袋中,过滤后存放约一星期,柿液的表面会因发酵而形成一层白色的膜,而经过约一年的时间,当柿液全面发酵完成后,液面上白色的膜会自动消失,这时的柿液将是一种具有浓郁臭味的茶色或紫红色液体(国外文物修复公司已有无味产品供选购)。发酵完成的柿汁可加水稀释,水的比例和涂擦次数的多寡将会决定 Karibari 颜色的深浅,一般情况下,每涂擦一层柿汁后,要把 Karibari 板墙放置在日光下晒干,过程中 Karibari 的颜色将会慢慢加深,并从红棕色变成棕黑色。另外,涂有柿汁的 Karibari 呈憎水效果,书画文物托底或覆褙后上墙时,由于墙身憎水,书画文物并没有一种被墙身吸附的情况,而是纯粹依靠四

[①] Bayerische Staatsbibliothek. *EAST MEETS WEST*(讲义),2016 年。

边的浆糊来固定。

传统日本书画装裱技术与我国近现代书画装裱技术，从制浆、用浆、用纸、小托、覆褙、上墙干燥、贴墙时间、下墙、砑光等方面，其步骤过程虽大致相近，但在实际操作技术上却有着显著的差异，个中缘由，除与历史发展不同有莫大关系外，也与不同地区书画文物用纸、艺术表达效果、装裱师的观念和传承有关。我国和日本在书画装裱修复上的差异可从各自所使用工具的不同上有所反映，很多修复师的感受是，中国传统书画装裱只需有棕刷、浆刷、排笔和启子，便能完成大部分的装裱工作，而日式书画装裱则可细分十余件不同的工具，包括：羊毛制的浆糊刷（稀浆用）、猪鬃毛制的浆糊刷（稠浆用）、软羊毛刷（修复用）、硬棕刷、白羊毛制的平浆刷、鹿毛制的水刷、调浆用的木盘、马尾毛制的浆糊网筛、竹启子等。

中国书画装裱技术常谓有南、北之分，而日本的书画装裱和日式干墙 Karibari 的制作技术，在其本土不同地区也存在着一定的差异，所以，传统技术除了需要继承外，也要创新和发展，才能有百花齐放的效果。值得一提的是，国外的纸质文物保护修复课程中，已把中式及日式的书画装裱技术纳入其课程内容，这两种技术对西方纸质文物保护修复的影响及其重要性由此可见一斑。

5.欧洲纸本文物干燥技术介绍

西方的纸质文物，早期多以手工纸为主，18世纪工业革命后则以机制纸质较为常见。而一般纸质文物湿处理后，其干燥及平整的方法有多种，现分述如下：

（1）气干法是其中一种干燥方式，此方法的优点是不用施加任何压力于湿润的纸质文物上，但其缺点往往会因纸质文物上不同部位的不同干湿程度所引起的收缩而造成纸张起皱。气干所造成的纸张起皱问题可透过降低气干的速度或控制环境相对湿度来缓减起皱问题的发生。

（2）正面朝下干燥法。此方法的要点是把纸质文物正面朝下置于一个非透水的保护材料上，此时纸质文物上的水分只会从该文物的背面单向蒸发，而一些在干燥过程中有可能形成的污渍也只会在纸质文物的背面形成;此外,因纸质文物的正面与不透水的保护材料紧贴着,这时,水分在纸质文物正面的蒸发力远低于背面,有可能把一些存在于正面的污渍拔出而转移至背面,使纸质文物的正面外观得到改善。

(3)吸水纸与羊毛毡干燥法。此法是其中一种较普遍应用在西方纸质文物修复上的干燥处理。此方法是先把待干燥处理的纸质文物置于无纺布之间,然后垫上吸水纸和羊毛毡,过程中会移除纸质文物内多余的水分,使纸质文物的纤维重塑成为一个平整的新形态。吸水纸及羊毛毡有多种不同的厚度、密度和质量,当吸水纸垫于湿润的纸质文物上时,吸水纸除了吸收水分外也会使纸张保持得更平整;而当羊毛毡垫于湿润的纸质文物上时,在纸张干燥过程中,会容许纸张轻微移动。另外,施加适当的重量(如压上木材、玻璃或有机玻璃等)于吸水纸或羊毛毡上可保证与待干燥文物之间的接触更全面,使处理的目的达至最佳效果。一般情况下,把湿润的纸质文物置于吸水纸或羊毛毡中干燥和平整时,需要定时更换吸水纸和羊毛毡,以加快处理的时间,一般首次的更换时间约为15分钟,接着为30分钟,然后是2小时不等。

(4)欧洲纸本文物干燥技术中,有一种与东方书画上墙绷干的方法相近似,其方法是:把湿润的纸质文物正面朝上平放于垫有无纺布的案上,然后四边以长条形重物重压,接触面以无纺布分隔并垫上吸水纸,纸本文物内的水分在挥发过程中,因四边被重压固定,纸面会逐步绷平。此法适用于不托裱纸质文物的干燥处理,不适用于脆弱或有明显裂缝的纸质文物。

综观西方多种不同纸本文物干燥技术中,没有所谓的正确与否,而是根据不同纸质文物的实际保存状况,所需的修复处理,以及修复师自身的条件限制而选择出最适合的干燥处理方法。

6.总结

机制纸相比手工纸在湿式处理、干燥后尺寸改变的问题较为明显,而上墙绷平与用压书机平压也会导致纸张的原尺寸发生胀大和收缩。机制纸的变形情况,国内尤以民国时期文献的修复最为突出,很多民国时期的文献在湿处理及重新压平后,其尺寸可增大至数毫米之多。因此,国外一些文保中心对机制纸的修复处理十分谨慎,所采取的方法是:针对这种材质的纸张或书籍,如非必要就尽量不水处理,假若真的有需要,也会选用较少水的处理方法,如雾气或凝胶来处理。另外,有专家指出,增大或缩小后的纸质文献,也可通过纸张遇潮胀大、干燥缩小的特点来还原至纸质文物较接近的原来尺寸。最后,因东、西方纸质文物载体、审美观和艺术欣赏角度的不同,以致装裱和修复过程中的干燥技术一直以来都各自成体系,相关的工具和设备更具有鲜明的地区特色和优点。随着国际上文化和技术交流的日益频繁,学习及借鉴不同地区修复技术及经验,可提升本地区修复人才视野及专业技术的发展。

特别鸣谢澳门文物保存修复学会陈志亮先生及林沛婷小姐对此文章撰写过程的协助!

Comparison between East and West Drying Techniques on Paper Artifacts

Ou Ping, Song Xin

Abstract: Fibers of most paper artifacts will relax and expand after damped or contacting water. Without proper treatment, the dimensions of paper artifacts may change during the drying process, and there may be distortion on the appearance. Among them, the problems of manufactured paper will be more obvious and prominent comparing to hand-made paper. Therefore, the drying methods for the wet-treated paper artifacts are particularly important. According to the characteristics of various paper relics in different regions and different conservation treatment methods, there are two major kinds of drying process, which are flattening with pressure and stretching on the wall, both commonly used in the conservation on paper artifacts in the East and West. This article is going to compare the similarities and differences of drying methods between the East and West on paper artifacts. It will also focus on the differences of techniques, kinds of tools and materials in China, Japan and the Western countries.

Keywords: paper artifacts; drying techniques

生产力在我国古代书籍制度演变中的作用

秦翠英[*]

摘要：本文以古代书籍制度的形成过程，由简牍制到卷轴制，再到册页制这一演变过程为经，以铁器、造纸术、雕板印刷术与书籍的关系为纬，浅谈生产力在我国古代书籍制度演变中的作用，力求探索出书籍制度的演变发展规律，以指导我们的实践，使我们的行动更为自觉，更符合规律性，以益图书事业的发展。

关键词：生产力；书籍制度；演变；铁器；造纸术；雕板印刷术

我国是世界四大文明古国之一，图书在我国历史悠久，从仰韶文化时期的刻划符号到今天的文献智能化代码，已度过了几千年的历史。纵观这段历史，图书的发展从来没有停留在一个水平上，它是一个彼此联系，不断发展的过程，既有连续性，又有阶段性，由文字符号、物质载体、制作工艺等要素决定的书籍制度，更能反映图书的阶段性变化。

我国古代书籍制度的演变发展，大致可分为三个阶段，即简牍制度、卷轴制度、册页制度。我们今天使用的图书，亦不过是册页制的一种形式。辩证唯物主义和历史唯物主义的观点告诉我们，任何社会事物、社会现象，都可以从生产力这个因素上找到它之所以变化的依据，我国书籍制度的演变过程也是这样，不管是文字符号的演进、物质载体的变化，还是制作工艺的成熟，只要用物质的原因来说明这些历史现象，最终都可以从

---

[*] 秦翠英，广西桂林图书馆。

生产力上找到依据。

任何一种书籍制度的产生和演变,总是以一项新的生产技术为基础,以社会需要为前提的,生产力对我国书籍制度演变所起的作用主要表现在两点上:一是生产力的发展,促进社会经济的繁荣,从而带动社会文化和教育的发展,使得社会产生对新的书籍形制的需要,这是间接作用关系;二是以新技术为标志的生产力,为图书形制提供新的生产工具,为文字符号提供新载体、新技术直接作用于书籍,这是直接作用关系。所以,本文想以书籍制度的产生,以简牍制到卷轴制,再到册页制这一演变过程为经,以铁器、造纸术、雕板印刷术与书籍的关系为纬,谈谈生产力在我国书籍制度演变中的作用,力求探索出书籍制度的演变发展规律,以指导我们的实践,以益于图书事业的发展。

1.书籍制度的形成

1.1 生产力的发展催生文字的产生

文字是创造书籍的基本条件,没有文字就没有图书,在仰韶文化时期的一些陶器上,刻划着一些类似文字的符号,从形体来看,甲骨文与这些符号有一定的继承关系。但在那个时期却没有形成成熟的文字。我们知道,仰韶文化时期主要生产工具是石器,生产力十分低下,当时的载体只能用锐利石头、陨铁或木棒这样的工具在软泥陶器上划刻后烧制而成。因它笨重且制作周期长、不易保存,是不适应社会需要和信息传播的。

我国最早的文字是甲骨文,出现于商代,最著名的是殷墟甲骨。当时,商代社会生产力比原始公有制社会有了很大提高,私有制不断成熟发展,在私有制经济背景下战争频繁、大量蓄奴、田猎、迷信等精神生活丰富,使社会产生了对信息记载的强烈需要。从甲骨卜辞的内容来看,大部分是有关战俘数量、田猎所获、卜测吉凶等方面的记录。在生产力发达引起的一系列社会现象中,文字应社会需要产生了。同时,商代高度发达的青铜技术为文字提供了载体——青铜器皿,为简策文化提供了技术与工具——契刻与削治用的合金工具刀。特别是商代在麻纺业发展的同时出现了丝织业,为帛书的出现打下基础。可见,没有生产力的发展,书籍的基础条件——文字及初期文字载体的产生和发展是不可能的。

1.2 文字的发展推动书籍制度的形成

从殷商到战国时期,其文字载体较为原始、尚不固定、多种多样,金石、简牍、缣帛同时并存;文字内容多为档案性质。虽离正规的书籍还有一段距离,但作为表达思想、传播知识的工具来说,它们起到了图书的作用,然而在一千多年的时期内,文字载体发展得很缓慢,以至还没有形成固定的书籍制度,只能说推动了书籍制度的形成,可归结于两点原因:其一,书籍生产工具的落后,商周时期生产力水平的主要标志是青铜器具,而青铜一类金属是当时社会的货币金属,代价昂贵,不利于制作大量的生产工具,致使书籍生产工具滞后;其二,文化垄断,当时掌管书籍的权利在史官手里,士民阶层无权接触书籍,阻碍了书籍的发展。

2.生产力促进书籍制度的诞生和演变

我们所说的书籍制度,主要意味着:有大量的书籍存在,图书载体、文字符号、装帧形制、制作工艺等基本固定统一。

2.1 铁器的使用,生产力的发展使书籍制度得以诞生

到春秋末战国初,社会生产力得到发展。这一时期生产力发展的重要标志是铁器的使用,它使井田制被破坏,出现土地私有现象,拥有巨大经济实力的新兴地主阶级开始在政治上提出自己的要求。周王室衰退,在政治、经济、文化等方面都无力约束天下了。在这剧烈的变革中,许多"士"阶层的思想家、政治家,从新兴地主阶级的利益出发,提出各种政治主张,纷纷著书立说,私人著作大兴,学术文化迅速传播,文化阶层也从贵族发展到士民,再发展到社会下层。这种文化垄断的打破,使大批简策书籍的出现成为可能,并在这个基础上逐渐形成了以简策为主的书籍制度,这是生产力作用社会历史的结果。

当然,大批简策书籍的生产离不开生产工具,这一时期先进的生产技术为这一文化趋势准备了物质条件。我们知道竹简、木牍必须用刀把表面削治平滑才能便于书写,要在这些材料坚硬的表面上刮治,刀刃必须锋

利,战国时期出土的竹简制作工具多数是青铜刀,做出此类削刀必须具有较进步的平炉设备和正确的热处理工艺,这说明战国时期的青铜业已达到这种技术要求,为大批简策书籍的出现提供了良好的生产工具。另外,这一时期的冶铁业有了一定规模,冶铁技术也比较进步,且铁器的硬度比铜锡合金高得多,可轻易地磨出锋利的刀刃,价格也比铜、锡低廉,便于在下层知识分子间普及,这促进了大批简策书籍产生。

同时,生产工具不仅从书籍的物质载体上促进了书籍制度的产生、发展和成熟,也从内容上促进书籍的诞生,我们可以用一些统计数据来说明这个观点。从已知最早文字记录出现的商代到战国末期,甲骨文中的记事文字,首尾一般短的三五字,长的不过五六十字,青铜铭文一般在百字左右,简策文著述则达到数千至数万字①。可见,信息载体上文字著述的字数是逐渐增加的,说明生产工具促使文字内容从短短的档案记录,发展为传授知识、供人阅读的章节,再到有意识地宣传思想、阐述政治观点的长篇大论,使真正的书籍出现。生产工具与书籍关系的这种时间上的同步绝不是历史的巧合,而是反映了生产力促使书籍制度诞生的必然性。

2.2 书籍制度的演变

2.2.1 简牍制度的固定与改革

经过春秋战国几百年的滥觞时期,以简牍为主的书籍制度——简牍制即固定下来。简是写了字的竹片,牍是写了字的木片,将简牍用细绳编连起来,就成为一部简牍书籍。与简牍书籍并存的另一种主要书籍形制是帛书,帛书是写在缣帛上的书,它轻软平滑、面幅宽、易着墨、剪裁方便,是一种较优的文字载体,但由于缣帛成本高、产量少,因而始终没有成为当时的主要书写载体。简牍与帛书合称简帛。

秦和西汉,是简帛书籍制度的鼎盛时期。汉成帝时期刘向等人理出政府藏书一万三千多卷,这些书基本是写在简帛上的。东汉时期,书籍开始出现系统的卷轴制度,这一时期成为了我国书籍制度的第一个演变周期。

---

① 肖东发、陈慧杰:《中国书史上数量统计与规律》,北京:书目文献出版社,1987,第222—238页。

汉代由高祖刘邦建立西汉王朝后,实行"无为而治"为汉初社会经济的恢复打下了基础,之后,经文景二帝,社会生产力迅速提高,至武帝时期,国势已相当强大,出现了我国封建社会的第一个高峰期。国家富庶、经济发展,文化教育事业也迅速发展,新的学术著作和文学著作出现不少,政府公布的法令文件也越来越多,这就使简帛等旧的书写材料与新的社会需要发生了矛盾。"帛贵而简重",而社会需要一种既有简牍之廉,又有缣帛之便的文字载体,促使书籍制度走向改革。

2.2.2 卷轴形制的发源与演变

汉代的社会生产力发展为这一改革准备了物质条件,这就是纸的发明,主要是麻类纤维纸。在唐马总《意林》卷四抄引应邵《风俗通》谓:"光武车驾徒都洛阳,载素、简、纸经凡二千辆。"①表明在西汉后期有用纸写书了,从而使卷轴形制的纸写本成为书籍主流。

卷轴形制发源于帛书。从马王堆汉墓出土的帛书中,有少数形制是卷在竹木条的轴上,表明这是卷轴形制的发轫。由于西汉丝织业的进步,丝帛的生产逐渐增多,帛书也随着增多,开始出现比较系统的卷轴书籍载体,但缣帛因昂贵终不能成为主要的书籍载体,因而卷轴形制的发展是缓慢的,不能取代成熟的简策制度,只有在纸发明后,并至东汉时期,蔡伦改进造纸技术,提高造纸工艺,慢慢出现大量的纸写本书,才使卷轴制度逐渐完善巩固起来,并取代简策成为一种主要书籍制度。四世纪时,东晋桓玄下令"以纸代简",从而结束了一千七百年来的简策文化,纸写书代替了简书,卷轴制代替了简策制,是纸的发明促使卷轴制度发生质的飞跃,是生产力促进书籍制度的演变。

2.2.3 册页制的雏形与变革

汉代纸出现后,有一个竹、帛、纸并行使用时期,书籍制度仍以简策为主,则至晚东汉出现纸制作书籍,它的形制继承了卷轴制,并使卷轴书籍制度从晋代开始,至隋唐时发展到顶峰时期,唐代中叶出现了经折装,它是册页装的雏形。

由简牍制演变成卷轴制,是因为纸彻底地改变了书籍载体,给书籍制

---

① 李致忠:《中国古代书籍的装帧形制》,《文献》2008 年第 3 期,第 3—17 页。

度带来了革命。而卷轴制演变成册页制,是一张纸片在外形上简单的几何形变(即把纸张反复折叠),却用了近千年时间,所以在探讨卷轴制向册页制演变的时候,仍不能不从生产力角度来看这个问题。

经折装是最早出现的从卷轴向册页过渡的一种书籍形式,它形似梵夹装,多数人认为它是在佛教盛行的唐代受到印度贝叶经形式的启示将卷轴装改成经折装的,这就意味着宗教力量推动了我国书籍制度的演变。实际上,推动书籍卷轴制向册制演变的主要力量还是生产力。

西汉末年,佛教就开始传入长安,东汉明帝时,蔡愔至印度研究佛学归来,在洛阳建寺译经,中国就有了汉译本佛经。为何到几百年后的唐代中叶才出现受印度佛经启示的经折装经卷呢?用纸做简单的几何折叠并不是难事,但在西汉末东汉初却没有出现经折装,这说明,任何阶段的书籍形制都不是可以随心所欲地选择的,人们的认识和意志不能超越生产力阶段。在这里,用东汉的旱滩坡纸,东晋纸写本书《三国志》这两个阶段纸的制作工艺,来说明是生产力促使卷轴制演变成册页制。

1974年在甘肃出土的东汉旱滩坡纸,是我国现存最早的写有文字的纸,其纸质细薄,表面平滑,纤维束少见,透眼小而少,这样的纸可用于书写,但没什么耐折度。新疆出土的东晋写本《三国志》残卷,纸质较坚而薄、透眼少、有帘纹的遗迹、纤维束也没有,虽然耐折度还是低,但可以舒卷了。① 从这两个阶段出土的纸可以看出,不断发展的生产技术和生产工具使造纸业从生产初期能书写到能舒卷的纸,说明生产纸的各项技术指标都有所提高。学过图书保护的人会有所了解,纸张的反复舒卷需要一定的耐折度参数,若反复折屈,则要求耐折强度指数更高,那么要制作出用于反复翻检的字书、韵书一类的经折形制书籍,就需待生产技术的进一步提高了。唐代之所以出现经折装,是因为当时社会的生产技术水平已较高,能大量生产出耐折度高的纸张,从而推动卷轴制向册页制演变。

旋风装是经折装的改进形式,它是将单张写好的书叶按顺序排好,放在一张长纸做成的纸底上,再逐叶码齐粘好。而把单张的书叶和折叠成

---

①http://zhidao.baidu.com/link?url = KzmVclaBdWFctM8neBcSz51eHOLvBH4bU _ q5zt95Ixk7sq2NVsgIBs96Vxa7WxJM5XSmVQSlaLjKbS6kEb6AC,2015-04-09。

册两种形式结合起来,就成为一种新的书籍形式——册页制。蝴蝶装的形制就是这样,它是册页的初级形式。宋陈师道《后山谈丛》说:"敦煌石室经卷,唐人所书,亦间有小册,与今之书册同。"①宋代书籍大都是蝴蝶装,可知蝴蝶装形式在唐代已开始萌芽,至宋代开始流行,由于单张书叶是册页制书籍的基本形式,所以后来的雕版印刷技术是册页书最终形成固定书籍制度的主要条件。

唐代是中国封建社会发展的鼎盛时期,民族统一,国家兴盛,经济繁荣,给文化、教育、宗教等事业带来了前所未有的发展。旧的书籍生产方式、书籍形制开始不适应这种发展,呈现挣脱羁绊的趋势。首先,唐代推行均田制,使社会上自耕农剧增,人们需要更准确的历史以确定正确的耕种日期。其次,唐代学校制度比历代都兴盛,官学普遍建立,中央设六学,人们需要大量的识字课本。再次,唐代继承隋代创立的科举制度,以儒家经典为考试内容,人们需要大量的儒家经典复本。另外,唐代诗歌空前发展,诗歌讲究用字用韵,于是供检索用的字书、韵书应运而生,卷轴形式的字、韵书往往因查一字而展卷数次,十分麻烦,于是人们想到要改革它,从而促使了雕板印刷术的产生。

同样,唐代的社会生产力为雕板印刷术的出现准备了物质条件。唐代纸的生产工艺已相当成熟,产地极为普遍,如益州的大小黄白麻纸,四川的竹纸、硬黄纸等;手工业也比较发达,大量的雕版印刷品如字书、历书、经书等能在市场上流通,是因为它能给制印者带来经济利益。因此,雕版印刷术能得以首先在民间出现,是与商品经济发展分不开的。另外,唐代的木刻技术、印章技术及大批纸坊的出现,这些都是雕版印刷出现的客观条件。

雕版印刷技术在唐末五代出现后,在宋代进入成熟,此后,又在元明清得到不断的改进与完善,在近代之前达到鼎盛,其中原因,一方面是大量的单张书叶可以快速地被生产出来,另一方面是社会对它大量快速的需求,加之卷轴书籍给读书人带来使用上的不便,因而它势必走向改革。于是适应文化事业的需要和商品经济的发展的蝴蝶装产生了,并在短短

---

① 蒋元卿:《中国书籍装订术的发展》,《图书馆学通讯》1957 年第 6 期,第 20—25 页。

的百余年普及开来,宋代之后,包背装、线装等册页制书籍也相继兴起。因此,是雕版印刷术的出现,推进了册页制的成熟,促成了卷轴制到册页制的最后演变。

3.结语

我国古代书籍制度发生的两次大的革命,一次在汉代,一次在唐代,一次是有了纸,一次是有了雕版印刷术,都极大地推动了图书事业的发展,这在时间和空间上都不是偶然的。汉、唐是封建社会经济发展的两大高峰时期,书籍制度的演变之所以在这两个时期进行,主要是这两个时期的生产力水平对它发生了作用。一般说来,生产工具直接作用于书籍本身是比较直观的;而生产力通过社会历史、经济活动改变人们的意识作用于书籍,这种作用方式则不那么直观。但只要我们站在辩证唯物主义的立场上来看待它,都会发现它们受物质生活的生产方式制约,由当时社会生产力水平决定。总之,生产力的发展推动着书籍制度的演变,书籍制度的演变反映出生产力的发展。把握好这一发展演变规律,将能更有益于图书事业的保护和发展。

The Role of Productivity in the Evolution of the Ancient Books System

Qin Cuiying

Abstract: With a discussion the formation process of the ancient books system as the longitude which is from the bamboo slips to reel system, and then to the album system, and the relationship among iron, papermaking, printing and engraving books as the latitude ,this paper is going to analyze the role of productivity in the evolution of the ancient books system so as to explore the evolution law of the book system which is used to guide the practice, make the action more conscientiously and more in line with regularity and benefit the development of the book industry.

Keywords: productivity; book system; evolution; ironware; papermaking; engraving printing

书画修缮装裱市场的需求研究

——以南京古籍修复服务为例

秦德斌[*]

摘要：通过对南京地区古籍修复需求的调查研究,探寻古籍修复装裱需求的特点。南京古籍修复需求量很大,很多待修复的古籍价值很高,修复需求具有迫切性;在对现有古籍修复服务模式进行研究的基础上,讨论了不同服务模式的利弊,并根据现实情况提出解决方案,克服现有模式的弊端,为古籍修复装裱需求者提供更好的服务,从而满足他们的需求,并对南京具有代表性的古籍修复市场化模式进行个案分析,提出古籍修复服务的新模式,为其他城市乃至全国的古籍修复服务市场化及其研究提供思路和借鉴。

关键词：南京；古籍修复；需求特点；服务模式

1.绪论

1.1 选题背景

随着我国经济的发展,物质需求不断增长的同时,文化需求也越来越强烈,文化产业也将在 2020 年成为我国的支柱产业[①]。其中,古籍保护传承的问题越来越被重视,引起古籍修复的需求日益增长,尤其是各种古

---

[*] 秦德斌,南京市莫愁中等专业学校。
[①] 范志杰：《发展文化事业促进文化产业政策研究》,财政部财政科学研究所博士论文,2013年5月。

籍因为年代久远,损毁严重,已经到了必须尽快修复才能得以保存的程度,这其中还不乏珍贵的古籍善本。

南京作为六朝古都的文化名城,拥有独特的历史文化背景,明清以来更是作为江浙地区的政治文化中心。特殊的文化历史背景积淀了深厚的文化底蕴,使南京具有丰富的历史文化资源,不仅有著名的名胜古迹,也留存了巨量的古籍文献资料。因此,南京也面临着更多的保护文化古迹,抢救修复珍贵古籍文献的责任。

一直以来,古籍文献主要保存在各类图书馆、博物馆、档案馆中。古籍文献的保护和修复一般由各级各类图书馆、博物馆、档案馆负责修缮装裱,资金由国家划拨。但是由于修复人员数量太少,而需要修复的古籍文献数量太大,致使大量的珍贵古籍善本无法及时得到修复而面临绝版的危险。

显然,现有的古籍修复的体制与服务模式已无法满足巨量古籍待修复的需求。研究和建立新的古籍修复装裱服务模式就非常必要了。古籍修复服务市场化应当是解决这一矛盾的有效路径。当前,关于古籍修复服务市场化发展新路径的研究比较有限。故选择南京古籍修复需求和服务作为研究对象,以期通过对修复装裱需求和服务模式的研究分析,说明传统的古籍修复服务模式已经无法满足现有的古籍修复需求,不能适应文化事业的发展,尝试探索古籍修复服务的新模式,为南京的古籍文献保护事业提供一些借鉴和帮助。

1.2 研究思路和技术路线

1.2.1 研究思路

通过对专业知识的梳理,查阅了大量的文献资料,并对研究对象进行了实际调查,形成了以下研究思路:

首先,通过对南京地区古籍修复需求的调查研究,探寻古籍修复装裱需求的特点,以期说明古籍修复需求量大,很多待修复古籍的价值高,古籍修复需求具有迫切性;

其次,对现有古籍修复服务模式进行研究,讨论不同模式的利弊,并根据现实情况提出解决方案,克服现有模式的弊端,为古籍修复装裱需求

者提供更好的服务,满足他们的需求;

最后,对南京具有代表性的古籍修复市场化模式进行个案分析,提出古籍修复服务的新模式,为其他城市乃至全国的古籍修复服务市场化及其研究提供思路和借鉴。

1.2.2 技术路线

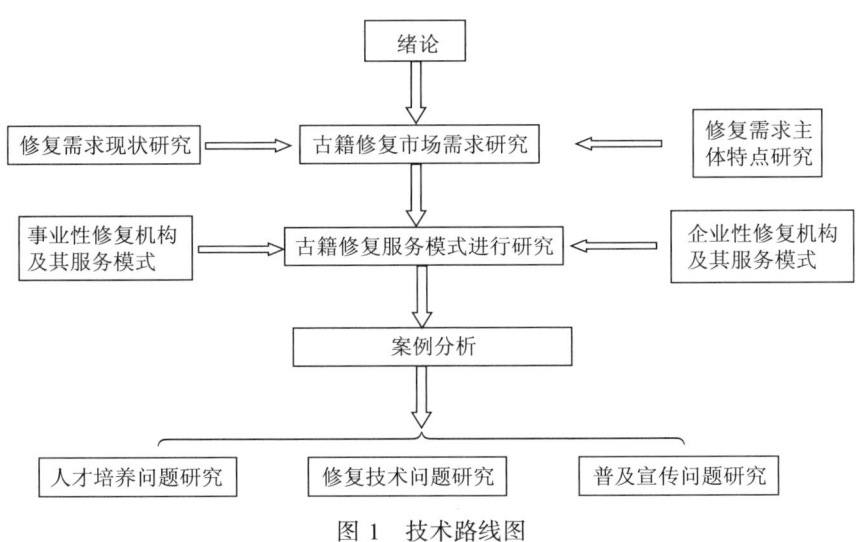

图 1 技术路线图

2.古籍修复需求特点的研究

通过对南京古籍保护和古籍修复现状的调查以及对调查数据的研究分析,南京古籍修复需求特点主要表现在以下两个方面。

2.1 修复需求量巨大

调查数据显示,南京地区的公共图书馆、大专院校图书馆、博物馆馆藏古籍中,具有庞大的待修复古籍。例如,仅南京图书馆馆藏就超过 160 万册古籍,其中,有 30% 是亟待修复的,南大图书馆古籍 25 万册,其中 60% 多的古籍需要亟待修复。除此之外,还有数量不少的其他渠道保存的古籍文献亟待修复。比如,民间收藏的图书、家谱、名人信笺、善本古籍等①,从相对数量上分析,这部分古籍文献相对于图书馆、博物馆的馆藏而言,可谓小巫见大巫,但是,从绝对数量来看,这依然是不可忽视的修复需求。

据数据统计全南京市古籍数量为95万册以上,按照现有的修复人员和现有修复人员的工作效率计算,全南京市古籍修复工作完成需要300多年。由此可以看出,南京待修复古籍数量巨大,存在着相当庞大的修复需求。

2.2 修复需求的迫切性

就南京地区存在着古籍修复需求的主体主要包括三个方面:公共图书馆博物馆、私人收藏者、其他收藏主体。图2反映了三种类型的修复需求者收藏古籍数量的比例关系。

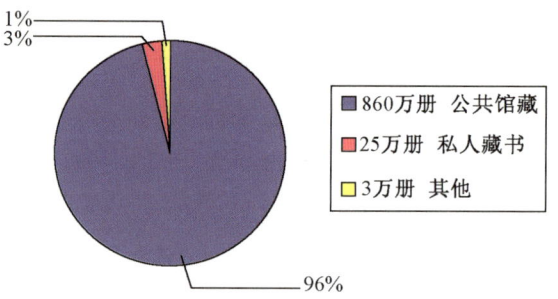

图 2 三类修复需求者古籍收藏数量的比例关系

公共图书馆博物馆及其他专业图书馆是主要的修复需求者。他们馆藏数量大,需要修复的图书古籍多,而且这些需要修复的古籍一般价值较大,有的损毁较严重。因此,修复工作具有迫切性,对修复的质量具有较高的标准和要求。比如,南京图书馆馆藏古籍中就有很多价值颇高,损毁严重,且修复要求高,修复难度大的古籍善本,如表1。

---

①李峰:《书画装裱与修复的形式美》,《山东艺术学院学报》2012年第6期,第61—64页。

表1 南京图书馆部分待修的珍贵古籍及修复质量要求

序号	书名及卷数	作者及版本	损坏状况	修复要求
1	书义矜式六卷	王充耘撰 元刻本	絮化、酸化、虫蛀	(1)修复效果:修旧如旧 (2)修复原则: 修复方法可逆安全、最小干预 (3)修复后成品: 原装订形式不变,片纸不可丢,书页无缺损,去除水渍霉斑等污渍,纸张pH值呈中性
2	诗集传二十卷	朱熹撰 宋刻本	虫蛀、水渍、霉斑	
3	仪礼经传通解三十七卷	朱熹撰 宋嘉定十年(1217)南康道院刻元明递修本	絮化、污损、虫蛀	
4	韵补五卷	吴棫撰 元刻本	絮化、酸化、虫蛀	
5	续资治通鉴十八卷	李焘撰 元朱氏与畊堂刻本	虫蛀、酸化	

尽管公共图书馆博物馆的古籍修复资金由国家支持,但是由于修复技术人员少,所以修复工作的进展缓慢,大量的古籍依然是束之高阁,面临彻底损毁的风险。如果不及时抢救修复,人类有可能永远失去这些宝贵的文化财富①。

私人收藏者是具有古籍修复需求的重要群体。这一群体所收藏的古籍种类繁多,形式多样,其中也有不少古籍文献具有较高的价值。这一群体同样存在着急切的修复需求②。

---

① 蔡嘉清:《文化产业营销》,北京:清华大学出版社,2007,第364—269页。
② 杨健,葛瑞华:《高校图书馆古籍修复业务外包探讨》,《北京师范大学学报》2013年第2期,第93—96页。

表 2　私人藏书的形式与修复需求

序号	种类	修复需求
1	信笺	补缺,装订成册,方便阅读
2	古籍	补缺,或采用金镶玉方式装订,增加古籍厚度、价值
3	家谱	补缺,补字,保持原有装订形式,增加空白页
4	各类纸质凭证	补缺,平整,部分需要装订成拓片,保护文物价值

私人收藏者的古籍修复需求有以下几种状况：

（1）对古籍文献的收藏出于个人的偏好或责任,不追求商业利益①。因此,面对渐渐破损的古籍文献,有急切修复的愿望。希望寻求专业修复技术团队的帮助,有较高的修复质量要求。但是,在现行的事业性的古籍修复自我服务模式下,专业图书馆不对外承接个人的古籍修复业务②。因此,尽管修复需求强烈而迫切,但是无法得到满足。

（2）对古籍文献的保存出于偶然原因,对古籍文献的文化价值乃至经济价值认识不足,也不了解古籍保护的相关知识,加之资金和修复服务的缺乏,因而对古籍修复比较草率随意,甚至破坏了文献的原文原貌③。尽管这些古籍文献属于私人所有,但是就其文化价值而言,它依然是人类的文化财富。为了利于保护这些落于民间的文化财富,向私人向社会提供古籍修复服务已经非常必要了。

（3）古籍善本拍卖在中国已经有多年的历史了。在获得高额溢价的动机驱使下,私人收藏者往往为了能够使拍品有更好的品相,获得更高的估价,也会产生对古籍善本进行修复装裱的强烈需求④。

其他收藏者的修复需求这部分的收藏者散布在全国各地,从个体分

---

①赵小尊,田育星：《适应未来发展的古籍修复理念及方法》,《陕西档案》2013 年第 1 期,第 47 页。

②南京图书馆.馆藏古籍［EB/OL］http：//www.jslib.org.cn/pub/njlib/njlibgczy/njlib_gjwx/200508/t200508022998.htm,2005-8-2。

③张平：《书画装裱研究》,苏州大学博士论文,2009 年。

④中华人民共和国国家统计局编：《中国统计年鉴》,北京:中国统计出版社,2012。

析,他们所收藏的古籍数量虽然不多,但就总量而言,数量也相当可观。其中不乏珍贵的善本古籍,且这些善本古籍很多都有修复的需要。例如北京同仁堂珍藏的古药方、医书等都是具有较大历史价值、文化价值、科学价值和经济价值的古籍文献。还有基层机构所收藏的珍贵文献,例如安徽小岗村珍藏的土地承包制的凭证,这些文献虽然年代不长,但是因其承载了特殊历史时期的政治文化信息,具有很高的珍藏价值。为了减少损坏,延长其寿命,也同样需要修缮和装裱。全国类似这类既非公共馆藏古籍又非私人收藏的古籍所存在的修复需求不可忽视①。

3.古籍修复服务模式的研究

就南京目前情况而言,提供古籍修复服务的主体主要有两类:事业性的修复机构和企业性的修复机构两种。

3.1 事业性修复机构及其服务模式

事业性修复机构主要指专业的图书馆博物馆等国家事业单位,修复人员有固定的编制,修复技术纯熟,精细修复为主,修复的质量相对较高,代表了我国修复市场的最高技术水平,但是修复的效率相对偏低②。在此以南京图书馆为例,阐释事业性修复机构的特点和修复服务模式。

3.1.1 专业化的修复团队,修复水平高

南京图书馆是由 1907 年诞生的江南图书馆与 1933 年成立的国立中央图书馆在新中国成立后合并而形成的。目前,南京图书馆的专业古籍修复人员 14 人,其中包括从事古籍修复 5 年以上的专家 6 人,文献修复工作场地 440 多平方米,并配有纸浆补书机、纸张纤维分析仪等 20 多种现代文献修复专用设备。2010 年入选首批国家级修复中心。经过多年的实践,已形成较为完善的古籍修复工作体系。古籍文献的修复质量相对较高,大多是精品,其修复的方法不仅有传统的修复,更融合了现代的科技,是我国古籍修复工作的领先者。

---

① 孟晓驷:《发展中国文化产业三大战略举措》,《北京大学学报》2005 年第 2 期,第 16—18 页。
② 中华人民共和国文化部编:《中国文化文物统计年鉴》,北京:国家图书馆出版社,2012。

3.1.2 自我服务模式为主,对外提供服务为辅

如前所述,南京图书馆馆藏古籍上百万册,待修复的古籍善本的数量非常巨大,它不仅是古籍修复的需求者,同时也是古籍修复服务的提供者。它拥有一支高水平的专业修复团队,承担着本馆馆藏古籍的修复任务。古籍修复服务以自我服务模式为主,主要服务于自身馆藏。由于图书馆的事业单位性质,决定了南京图书馆对外提供的修复服务并非市场化行为,而是一种非赢利模式。比如,曾为北京文物局图书资料中心修复佛经102部,为南京大学图书馆、第二历史档案馆等组织机构修复大量珍贵的古籍档案。但在这种模式下对外提供修复服务缺乏动力,况且南京图书馆自身大量需要修复的古籍,以现有的修复力量和修复效率根本难以满足自身的修复需求。

3.1.3 古籍修复服务外包

修复需求的大量性和修复服务的有限性之间的矛盾,导致南京图书馆的自我服务模式已经无法适应和完成馆藏古籍修复的要求和任务。因此,南京图书馆开始寻找其他修复途径,已经将部分古籍修复工作外包以满足本馆的修复需要。公共图书馆等事业性质的机构将修复服务外包,突破了原有的服务模式,无疑创新了古籍修复服务模式,为古籍修复企业的产生提供了机会和条件,为古籍修复市场化奠定了基础。

3.2 企业性修复机构及其服务模式

可以说,在相当长的时间内,事业性修复机构以非营利的自我服务模式进行古籍修复一直是我国古籍修复服务的主要模式。但是随着待修复古籍数量的增加,各种修复需求量和需求迫切性的增长,专业图书馆博物馆将修复服务外包——一种具有购买欲望和购买力的需要已经形成,古籍修复服务的市场化条件也就具备了。因此,以营利为目的的修复服务企业也逐步产生和发展。

表3 南京主要的古籍修复服务企业及其业务范围

序号	修复机构	修复人力	业务范围
1	中友古籍图书保护修复中心	约20人	私人藏书、公共馆藏古籍档案、拍卖公司文物修复

续表

序号	修复机构	修复人力	业务范围
2	南京市南京莫愁图书保护修复中心	15人	公共馆藏古籍档案,私人藏书文献,新旧字画装裱

在此以南京中友古籍图书保护修复中心为例,分析企业性修复机构的特点、服务模式及发展前景。

3.2.1 修复技术力量年轻化,创新能力强

中友古籍图书保护修复中心是由江苏省藏书协会和南京中友图书文化有限公司于2008年联合创办的。公司的修复技术人员主要来源于南京市莫愁中等职业学校古籍修复专业的毕业生及经过职业培训的培训生①。从年龄结构可以看出,这是一支年轻的团队,他们具有巨大的发展空间;从学历和能力结构分析,他们具有娴熟的技艺,能够满足修复工作的基本要求。最关键的是,年轻的力量具有较强的创新意识。

比如,由南京大学图书馆副研究员邱晓刚在上世纪90年代初发明的纸浆修补技术,在修复过程中面对存在的问题,积极采取措施弥补修复后造成的古籍脆弱②。莫愁古籍修复中心修复团队,敢于大胆尝试,并在试验中作了一些改进:将传统修复方法融合入纸浆修复过程中,避免重造纤维的脆弱,严格控制羧甲基纤维素作为粘合剂的用量,在纸浆的选用上,也尝试使用原料纸浆作为搅拌纸浆的替代物,虽然使修复成本增加了一些,但在一定程度上避免了由于纸浆修补法的缺陷可能造成的不良后果。另外,他们在修复服务过程中还自创了一些修复器械③,如表4所示。

---

①钟晓宇,钟东:《图书馆古籍修复人才需求与古籍修复人才需求研究》,《大学图书馆学报》2011年第2期,第113—114页。
②复旦大学图书馆编辑部:《中国图书馆古籍工作现状与展望》,《津图学刊》1997年第1期,第86—104页。
③杨正旗:《中国书画装裱大全》,济南:山东美术出版社,1998,第76—99页。

表4 修复器械、作用及其效果

序号	名称	作用	效果
1	玻璃围挡	纸浆修复中防止纸浆溢出	有效避免原纸围挡造成的纸浆溢出,造成书页被放大
2	自动换水设备	纸浆修复中,利用茶海的排水方法将纸浆液倒出	有效避免纸浆修复中,倒液的过程,提高效率
3	纸浆修复溜口	纸浆修复中使用溜口的方法	有效改善纸浆修复造成的书口脆弱

年轻团队的发展空间,敢于创新的实践精神为修复公司的不断发展奠定了基础,也是推动古籍修复事业持续发展的根本源泉。

3.2.2 服务范围不断扩大,盈利模式明晰

南京莫愁图书保护修复中心在创立初期的服务对象主要是公私收藏者,随着各种图书馆、博物馆、档案馆古籍文献修复服务的外包,其服务范围不断扩展,修复服务从以私人收藏为主转变为以公共馆藏古籍图书、档案修复外包业务为主,私人收藏修复业务为辅。随着服务范围的不断扩展,业务量迅速增长。近些年,拍卖公司也成为古籍图书修复公司的服务对象之一。

公司的营利目标明确,组织结构扁平,管理及运营效率相对较高,克服了事业性组织因体制和制度规定造成的修复成本高,修复效率低的状况。根据古籍修复市场需求量的大小以及需求的迫切性、修复质量要求的高低、修复难易的程度来制定古籍修复的价格方案;工资与修复完成的业务量、是否达到质量标准相关联,由效率决定效益;建立客户管理系统,修复技术人员直接与客户沟通,了解修复要求,管理系统还进行修复质量跟踪,以求不断提高修复质量,建立与客户之间的信任关系。在这样的服务模式下,可以较好地满足市场的需求。

综上所述,不难得出这样的结论:只有通过古籍修复服务模式的市场化,才能满足古籍修复的巨大需求量,才能有效地解决国家巨量珍贵的古

籍文献亟待修复的问题,才能保护好属于人类的文化财富①。

根据国家提出的产业发展战略,文化产业在未来必将成为我国的支柱产业,南京由于其特殊的历史文化背景,文化产业的发展应当领先于全国的发展水平②。古籍文献的保护是南京文化事业的重要组成部分,因此,古籍图书修复服务市场的发展是南京文化产业不可或缺的构成。应当说,目前文化产业发展的战略机遇和市场机遇并存,古籍修复服务市场有着巨大的发展空间③。

4. 问题讨论

为了促进古籍修复服务市场化模式的发展,更好地满足大量的古籍修复需求,有些问题还值得进一步的探讨和解决,在此只能提出一些浅显的认识和看法。

4.1 修复人才的培养问题

古籍修复人才短缺一直是困扰古籍修复服务发展的一个重要因素。古籍修复人才培养从学历教育分析,应当具有三个层次,即:

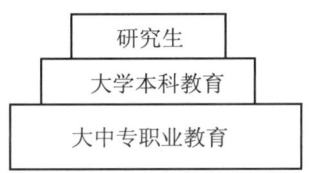

大中专职业教育是培养古籍修复技术人才的基础教育,从人才培养数量上应当是三个层次教育中最多的,培养的是具有娴熟修复技能的技术工人,他们毕业后可直接从事古籍修复工作。从全国的情况分析,在培养古籍修复人才方面,尽管南京已经走在其他省市的前面,但依旧存在不

---

①冯增木:《中国书画装裱大全》,济南:山东美术出版社,2008,第32—89页。
②王恪松:《中国书画装裱的线、形、色》,《上海工艺美术》1997年第2期,第23—56页。
③张志清、陈红彦主编,国家图书馆古籍馆编:《古籍保护新探索》,杭州:浙江古籍出版社,2008。

少问题。

(1) 职业教育规模小,培养人数有限

南京古籍修复的职业教育目前只有莫愁中等专业学校一所,每年向社会只能输送30余人,这30余人大多要面对全国的修复人才缺口,供不应求。显然不符合科学的"三角形"学历教育的层次结构①。

(2) 大学本科教育培养的人才数量多于职业教育

在职业教育培养的人才供不应求的状况下,古籍修复专业的大学毕业生的数量虽然多于职业教育的人数,但在就业时却又面临着另外一个困局:一方面由于古籍修复公司基本都是刚刚起步的新公司,不具规模,条件相对艰苦②。从观念上,大学毕业生也不愿从事技术工人的工作,所以,造成古籍修复公司人才短缺;另一方面,大学毕业生希望能够进入专业的图书馆博物馆档案馆等事业性单位,图书馆等也需要人才,但是又由于体制的原因,每年招收的人数有限,很多毕业生只能改行,最终导致越来越多的人不愿再进入古籍修复专业学习。

(3) 古籍修复研究生专业在南京高校中仍然没有开设

由于南京没有设置古籍修复研究的研究生教育,只有少数高校开设且培养人才数量不多从而导致古籍修复研究领域高端人才的缺乏。造成我国古籍修复领域缺少创新自主的先进技术和设备。

从以上状况来看,人才培养结构的不合理,教育与实际的脱节,造成了古籍修复人才培养的瓶颈。如何破解这样一个困局?一是改革事业单位的用人机制;二是大力发展古籍修复服务市场,促进古籍修复企业的迅速成长,提升古籍修复企业的地位,扩大规模,用更优异的条件吸引人才;三是教育改革,使不同教育层次的人才培养数量比例合理化,符合社会的需要③。

---

① 新华网.我国文物古籍修复人才极度匮乏[EB/OL].http://news.xinhuannet.com/book/2006-03/30content_4363328.htm,2011-10-05。

② 马斯洛:《人类激励理论》,美国:科学普及出版社,1943,第77—98页。

③ 刘威,黄锐:新华社受权播发《中共中央关于深化文化体制改革推动社会主义文化大发展大繁荣若干重大问题的决定》,新华社,2011-10-25。

4.2 修复技术研究的问题

尽管修复专用设备和技术的研究在国内并不是空白,比如,1999年国家图书馆研究员杜伟生先生研究出纸浆修补机,极大的提高了修复效率,且价格相对于国外机器更为低廉。但是,古籍修复技术的研究依然是我们比较薄弱的环节。我们不得不依靠国外进口的先进专用设备和技术来满足现在古籍修复的需要。比如,纸张脱酸设备、脱酸液,图书微生物检测设备等。进口设备技术上有其优势,但是价格不菲,如果进口相关设备会增加修复成本,如果不进口,依靠传统的方法进行修复,一方面效率低、进度慢,另一方面修复效果、精度也相对较差。其实,并不是国内缺乏相关的技术或者技术水平不够,而是没有专门进行这方面的研究。解决这个问题可以从两个方面切入:一是利用研究生教育,培养专用设备和技术研究的高端人才;二是由政府、研究院所、企业合作,组织专门研究攻关,设计建造相关专用设备,提高我国古籍修复的技术支撑水平,降低古籍修复的成本,从而提高效益,促进古籍修复市场的发展。

4.3 普及宣传的问题

可以说,很多人对古籍的价值以及保护古籍的意义的认识几乎是空白。在这样的认识水平下,显然不利于古籍修复服务市场的发展。所以,要加大古籍保护知识的普及,加大宣传以提高大众的认识水平。宣传的方式和途径有多种:古籍修复服务企业可以制作公司网页,利用互联网宣传古籍修复的知识和价值;利用诸如文博日组织宣传活动,通过展板宣传古籍的文化价值和传承意义,通过现场表演古籍修复的技能等①。

另外,在宣传环节,还需要发挥政府的作用,在中国特色社会主义建设过程中,强调传统儒家文化要作为传统文化的核心被吸收,而作为传统文化的载体,纸质文献的保护与宣传,对于中国特色社会主义建设也有独特的意义。需要有关部门投入更多的资金,以公益广告、主题公园、宣传手册,以及在基础教育环节增加对古籍保护的普及与宣传。

---

① 曾洁滢:《浅谈图书馆古籍保护工作》,《科技信息》2006年第3期,第27页。

A Demand Study of Framed Painting Repair Market: Taking Ancient Books Repair Services in Nanjing for Example

Qin Debin

Abstract: With a survey of the demand for ancient books repair in Nanjing, this paper is going to explore the characteristics of the demand for ancient books repairing and mounting. In Nanjing, ancient books repair is in great demand and many ancient books to be repaired are of high value, so the repair needs are urgent. Based on studies of existing service models of ancient books repair, the paper will discuss the pros and cons of different service models, and make solutions to overcoming the drawbacks of existing models and providing better services to meet the needs. In addition, a typical case of the market-oriented model of ancient books repair in Nanjing will be analyzed so as to put forward a new model of ancient books repair service and provide ideas and reference to marketization of ancient books repair service in other cities and even the whole nation.

Keywords: Nanjing; ancient repair; demand characteristics; service mode

中世纪册子本堵头布缝制工艺研究

邱嘉怡　张　怡*

摘要：论文首先阐述了传统堵头布的结构及其所使用的工具和材料，后从各个时期册子本堵头布的不同形制入手，试论证其缝制工艺随册子本的历史发展而不断演变的轨迹。并分析现代生产的堵头布与传统堵头布的差异，为科学修复堵头布提供历史依据。

关键词：堵头布；册子本；缝制工艺

1. 引言

1.1 堵头布的定义

本文"堵头布"一词，对应英文的 headband，endband，或 tailband，也有译作书头带、书头布等，指书脊上、下两端起加固或装饰作用的带状物。堵头布最初直接缝在书脊上，增加了书籍整体装订的强度，后随着形制的演变也出现了简单粘贴的装饰性堵头布。

1.2 堵头布的历史概况

堵头布是随着册子本（codex）的发展而逐渐出现的。册子本大约发源于公元1世纪的地中海沿岸，在其传播和使用过程中，逐渐演变出多样化的装帧形式，相应地也产生了形式各异的堵头布。根据考古发现，现存最早的册子本残片被认定为公元2世纪之产物，而保留了完整装帧的册

---

* 邱嘉怡，中山大学图书馆；张怡，中山大学图书馆。

子本却属于公元3世纪或4世纪,孕育于埃及科普特教会之后的早期修道院,可以说科普特教会是单帖册子本和多帖册子本的摇篮。得益于埃及的沙漠条件,这一地区保存了现存最早的册子本实物。科普特教会把新教传播到了努比亚和埃塞俄比亚,埃塞俄比亚后来封闭了上千年,从而忠实保存了古代册子本的形式。

有鉴于此,本文堵头布的研究由科普特多帖册子本和埃塞俄比亚装帧册子本展开。地中海沿岸多帖册子本的主要特点在于,书芯两头使用上下帖挑线缝制(link-stitch sewing)方法,并由此衍生出无数变种,其书芯各帖之间的连接都非常牢固而持久,书籍的各种使用功能不受约束。堵头布的缝制虽然较为简单但很坚固。然而,上下帖挑线缝制书芯的方法所造成的缺陷也很明显。首先,书脊越来越趋向凹陷,书口得不到保护,针对这点产生了书脊圆背的方法;其次,仅仅依靠书芯缝线的延长线来连接封面板是很脆弱的,单一缝线难以承受住书页不断翻动的拉力,因而随后出现了双线和缝线时多绕几圈的方法,还有在书脊处加布质衬里与封面板连接的工艺。堵头布的缝制也随之变化,包括逐渐采用较粗的绳子、较硬的皮革等材质作内芯支撑;出现单层内芯和多层内芯,单层编织和双层编织等。

随着15世纪末书籍生产业的发展,特别是印刷技术的引进,大大增加了装订工人的工作量:除了基督教和新教的修道院工作坊,私人手工业者也进入到了这个市场。装订工人不仅仅学习吸收过去的书籍装帧,还持续改进着这门技艺。与此同时,更多证据显示出,书业生产的增长对装订的质量产生了负面的影响。据统计,15世纪下半叶大约印制了2.7万种不同版本、总数达1800万册的书籍,如此大量的书籍全部由装订工人亲手装订,没能维持同一水准也不足为奇。在这样的条件下,罗马式装帧册子本中出现的"一体式缝纫堵头布"(integral sewing endband),因其制作工艺能够节约时间成本的特点,在其后的哥特式装帧册子本中得到大量的应用。

2.堵头布的结构与所用材料以及工具

堵头布的结构一般由中心的支撑内芯(core)、绕在内芯上的线圈

(loop)、书脊背面的固定线(tie down)组成,用于缝制堵头布的材料和工具包括内芯材料、线和针。

2.1 内芯材料

作为堵头布的内芯材料大多数为圆型,直径范围约在1/16英寸到1/4英寸之间。19世纪初,扁长型的内芯材料广泛用于制作堵头布。堵头布可由一股或几股内芯材料组成,迄今为止发现在一段堵头布中内芯材料数量最多的是五股,是意大利文艺复兴时期缝制的堵头布。曾用于缝制堵头布的内芯材料有以下这些:

(1)藤(Cane):很少使用。

(2)卡条(Card Strips):粘贴在一起的卡片。

(3)肠线(Catgut):类似于卷起的羊皮纸,非常强韧。

(4)绳子(Cord):不同的粗细,通常采用缝制书芯所用的绳子。这是最早出现的内芯材料类型,也是被认为是最耐用的一种类型。

(5)皮革(Leather):最好使用明矾鞣制的猪皮。作为内芯材料需要良好的柔韧性,皮革并不是理想的内芯材料,植鞣革容易硬化和变脆。

(6)卷纸(Rolled Paper):不耐用。有时纸张卷绕在一根线外以增强韧度。

(7)牛皮纸(Vellum):耐用但没有什么柔韧性。

以上这些材料可单独作为内芯材料,也可以组合在一起作为内芯材料,如包裹着绳子的皮革。

2.2 线

用于缝制堵头布的缝线的长度由内芯材料的大小、书脊的宽度或弧度以及缝线缝入书帖的数量来决定。曾用于缝制堵头布的线的类型有以下三种:

(1)亚麻线:采用与缝制书芯相同的亚麻线,但染制成各种不同的颜色。早期最常见的颜色有浅蓝色、粉红色、褐色和淡黄色。

(2)丝线:用于东方的书籍常采用鲜艳的颜色,包括粉红、紫色、红色、绿色和银色。欧洲书籍从12世纪开始采用丝线缝制堵头布。

(3)皮革条:主要采用与封面皮革颜色一致的皮革,最好沿着皮革的纹理方向裁切成条。

2.3 针

缝制堵头布采用一般的手缝针即可。当采用皮革条缝制堵头布时需用针眼大的手缝针。有些类型的堵头布在缝制的过程中还需使用弯针。

3.传统的堵头布类型

3.1 科普特晚期册子本堵头布

3.1.1 缝制方法

先在封面板上靠近书脊首尾两端的部位各穿凿两个洞；穿好线的针从封面板内侧孔洞穿出，留下线头；绕一圈再从原洞穿出；在封面板的顶端穿过线圈，再从封面板内侧原洞穿出，形成交叉线 A 和 B，用针把 B 挑过 A，从 B 的两端穿过去，再从封面板内侧原洞穿出；从之前的最后一根线穿出，同样从封面板内侧原洞穿出，再重复之前的步骤。形成科普特册子本堵头布的特殊纹样。直至纹样覆盖两个洞之间的一半距离，就可以穿下一个洞了。

封面板部分堵头布缝制完后，接着到书芯的堵头布缝制，包括简单连针法和延伸连针法。简单连针法第一针从一端书帖的中心页内页穿出，围着前一段线绕过，再从下一帖中心页内页穿出，重复之前步骤。延伸连针法与前者的区别在于，从第二帖中心页内页穿出之后，围着前一帖的所有线绕过，再接着穿过下一帖中心页内页，以此往复。从而形成比简单连针法稍微复杂一些的纹样。

3.1.2 特点

(1)缝制在书脊衬布上。
(2)缝制的起点和终点均固定在封面板靠近书脊部位的首尾两端。

3.2 埃塞俄比亚装册子本堵头布

3.2.1 缝制方法

准备两条强韧、坚硬、细长的皮子。先在一条皮子的端口 5cm 处戳个洞，能够容纳另一条皮子穿过；再在第二条皮子上戳一个洞，让第一条皮子穿过去。由此交替重复让两条皮子互相穿过，就形成一条编织带。

在封面板与书芯相连处，将用于缝制堵头布的线打结。穿过编织带的底端，从侧面穿过第一帖的中心内页的 1/2 英寸处，拉紧线后，就把编织带的一端固定了；对着书脊，把针从书芯高度或书芯边缘下方一点穿出来，然后穿过封面皮，从编织带的两条皮子之间穿回去，这就形成了第一个针脚；从下一帖的中心页穿出书脊，这一针比第一针矮大概 1/2 英寸的距离，再从下一帖中心页穿回去，又形成一个针脚；由此重复，可以在书脊背部看到上下两排整齐的针脚。

3.2.2 特点

(1) 无封皮包裹的埃塞俄比亚装册子本，不缝制堵头布。有封皮的册子本一般都有堵头布，其缝制是在上完封皮之后进行。

(2) 堵头布由两根 6—10mm 宽的带子编织而成，两头分别比书脊宽度长 40—60mm，下摆垂在封面板和书芯之间。

(3) 缝线穿过书帖和封皮，使堵头布与书芯、封皮三者连接起来，从书脊的外表面可以看到堵头布的缝线。

3.3 伊斯兰册子本堵头布

3.3.1 缝制方法

用一条硬一点的皮子作堵头布内芯，宽 1/4—1/2 英寸，长度比书芯厚度稍长一些。先把书芯固定在夹书器上；缝线打结，从第一帖中心内页穿出去，在皮质内芯上绕一圈，再从书脊穿进下一帖中心内页，每一帖的中心内页都重复这一步骤，到最后一帖线从穿出书脊，剪除多余的线仅留线头并打毛固定。至此堵头布的经线部分已完成。纬线的缝制则通过把两种颜色的线反手系在一起，交错从经线上穿过而完成。

3.3.2 特点

(1) 波浪形纹样。

(2) 以条状皮带为内芯。

(3) 经线从每一帖的中心页穿过，固定皮带内芯；两根不同颜色的线交织穿过经线，成为纬线。

3.4 拜占庭册子本堵头布

3.4.1 缝制方法

在封面板上下两端分别斜着打 3 个孔洞,形成一个封面板外侧不可见的通道(tunnel)。中间的孔距离书脊 1/2 英寸,旁边两个孔分别距离中间 1/4 英寸。

把两根绳子内芯垂直叠着放在书顶,缝线从封面板顶部最远端的孔洞穿进去,绕两根内芯穿回原洞,打结固定。缝线从两根内芯之间走过(形成第一根经线),绕上层内芯三圈,往第一根经线处拉,绕其一圈从第二根内芯下方穿回孔洞。重复之前步骤:每绕上层内芯三个圈,就围绕经线穿回封面板内侧,每根经线都被绕过三次。就会形成规则的纹样。

堵头布书芯部分的走线从书帖中心内页穿出,先绕上层内芯一圈,再绕下层内芯一圈,再从书帖内页穿回。

3.4.2 特点

(1)堵头布比此前各个时期的要高出很多。
(2)内芯多为粗绳,也有皮革,一直延伸到封面板的边缘。
(3)缝线穿过封面板上打好的凹槽或孔洞,把内芯固定在封面板上。
(4)最常见的一种类型是,两个尺寸一致或稍有不同的内芯一个叠在另一个之上。
(5)缝线斜着绕过下层内芯,垂直绕过上层内芯。
(6)这种堵头布的结构强度很大,极大地增加了整体装订的稳定性。

3.5 加洛林装帧堵头布

加洛林装帧堵头布有三种亚型:a 无内芯支撑,b 有内芯支撑且为人字形纹样,c 有内芯支撑且为垂直纹样。

3.5.1 缝制方法

以 b 亚型有内芯支撑的堵头布为例,首先把缝制堵头布的线和第一帖内页的缝书线反手打结,打结后拉紧,滑到缝书的针眼处,针从此眼穿出书脊衬里。此时可借助钳子来操作。把书芯放在夹书器上,面对着书头。从比书头低一些的位置穿回来;再把两根绳子内芯压在缝线上,靠着标签;把缝线穿过两根内芯之间,但不穿过标签;缝线绕过上层内芯,压在下层内芯之下,像一个"8",重复绕"8",直到接近下一帖的中心页;然后穿过这一帖的锁线针眼到书脊上,再从书头边缘穿过皮质标签,压在两根内芯之下,重复前述步骤。到最后一帖完成时,与前一根线反手打结。

3.5.2 特点

(1)边缘裁切过后开始缝制,意在加固书头和尾端未经书芯缝线之处。

(2)无内芯支撑的堵头布类型基本与科普特册子本一样,区别在于加洛林装帧的堵头布是缝在一块皮质衬里小标签上的。

(3)皮质衬里使用和封皮一样的麂皮。宽度和书脊一致,高度覆盖书脊的一部分(40—70mm),并凸起30—50mm成为标签,然后和书脊处的封皮连结。

(4)上完封皮后,修剪衬里标签和书脊处封皮,并将二者的边缘缝起来。

3.6 罗马式装帧堵头布

罗马式装帧的堵头布缝制和加洛林装帧堵头布在全书制作流程中的步骤类似,即都是在书芯部分缝制完后进行。

3.6.1 缝制方法

罗马式装帧堵头布常见由撕裂带组成的双内芯,撕裂带紧靠着书脊斜面,缝线从书帖中心内页穿出,经过书脊衬里,从上层内芯下方绕其一圈再绕下层内芯一圈,穿入原帖或下一帖中心内页,则可分别形成直线型和人字型纹样。

单内芯堵头布的第一层缝制,缝线从书帖中心内页穿出,经过书脊衬里,从内芯下方绕其一圈再穿入下一帖中心内页。如此往复,形成简单的堵头布纹样。第二层可在其基础上进行交叉编织。

3.6.2 形制特点

(1)双内芯,人字形缝纫或垂直缝纫,与加洛林装帧的类型相似,但增加了有色的线来装饰。同时小标签衬里有彩色纹样,边缘的刺绣也更加精美。

(2)单内芯,第一层缝制仅素织,而后再用彩色亚麻线或丝线在第一层之上再编第二层,形成复合型堵头布。

（3）用作内芯的通常为和缝书芯的压带一样的白色皮子。其中一半是双芯（撕裂带类型），剩下的是单带作内芯,还有用软皮和轻微旋扭的皮子做内芯的。

3.7 哥特式装帧堵头布

中世纪装帧中,堵头布发挥着和缝纫压带相似的连接封面板的重要作用,同时保护着书脊脆弱的首尾两端。由于各种堵头布的缝纫在书籍装订中所处的步骤不同,可将其区分为七种主要的亚型：

（Ⅰ）一体式堵头布。缝书芯的缝线在书脊的首尾两端走线,首尾两端即形成堵头布。缝线从书帖内页穿出,绕内芯一圈,再绕一圈穿入下一帖。从前一帖的线圈下方穿过,绕两帖线圈穿过下一帖,就形成一个跨绳（end span）。其数量一般是书帖数的一半。其特点包括：一般无装饰,也不影响书芯边缘的裁切修整,因其紧挨着书芯边缘的斜面,避开了刀锋。

（Ⅱ）单层编织堵头布。如罗马式装帧中的单内芯单层编织堵头布,不同之处在于哥特式装帧的堵头布一般没有标签。是复合堵头布Ⅲ型和Ⅳ型的第一层编织基底。

（Ⅲ）马鞍型堵头布（在首层缝线之上）,是对前两种亚型堵头布的调整,最直接地解决了装订者在处理封皮包裹时要面对的头尾问题。比起将封皮多出的部分修剪成标签的形状,或者简单地将其粘贴在堵头布上,把多出的封皮折叠盖住堵头布,并采用马鞍式缝线固定的方法,更能加固封面和堵头布的连接。

（Ⅳ）底层基础编织,第二层刺绣。在罗马式装帧中已有出现,第二层刺绣采用交叉针法（cross stitch）,一针可以同时穿多达8根线,根据线的色彩数量不同,可以演变出无数的纹样。

（Ⅴ）底层基础编织,第二层编织带,这种堵头布在中世纪晚期的欧洲大陆盛行。编织带一般为皮质,穿过封面皮,有时也穿过书帖内页。

（Ⅵ）单层刺绣堵头布。由于堵头布的缝制是一个很费时的过程,为了节省时间,装订工人做了很多将其简化的尝试。其中最明显的就是减少固定线（tie-downs）,不再每一帖都缝固定线。另外,刺绣也不再作为一个单独的步骤,而是利用不同颜色的线来达到装饰的目的。

（Ⅶ）粘贴式堵头布。这是最省力的一种堵头布,既没有内芯支撑,也不用缝线固定在书芯上。

4.传统缝制的堵头布与现代生产的堵头布的区别

对于现代装帧的精装书籍,堵头布仍是其重要的组成部分,但是现在已全都由机械生产制得,这与传统手工缝制的堵头布相比,无论在制作工艺,还是功能作用上都是完全不同的。

4.1 制作工艺的不同

传统缝制的堵头布是一项高劳动强度、细致的工序,需人工一针一线地将内芯材料沿着书脊的顶部缝在书芯的头、尾两端。19世纪开始,为了降低图书制作成本,堵头布只是用布条包裹住绳子制成。现代所用的堵头布完全由机械生产制得,仅是一条带有棱线的布条,加工时直接将其粘贴在精装书裁切后书芯后背的两端,将有棱线的一边外露在书的上下切口上,布头的平面部分与书背粘牢在一起。

4.2 功能作用的不同

对于传统缝制的堵头布,其功能首先是加固书脊的书头和书脚,加强书芯与封面板的连接。因为传统的堵头布在缝制的过程中缝线会缠绕着内芯材料然后频繁地从上而下穿入书芯书帖的中缝形成"锚位"穿过书脊,最后内芯材料的两端穿入封面板中,这样就增强了书芯头、脚与封面板的结合力。其次是装饰的作用。堵头布的出现可以有效填补书芯和封面板之间的高度差,而且各种不同缝制类型的堵头布形成了各自独特的外观,美观大方,起到了装饰图书的作用。再次是保护书头的作用。当书籍是书脊朝外竖直放置时,堵头布可有效减少因常用手指钩在书脊的顶部边缘拉出图书而造成的对书头的损坏。

与传统精心缝制的堵头布相比,现代精装书籍的堵头布由于是直接粘贴在书芯的两端,并没有与书芯缝制在一起,因此已失去加强书芯头、脚与封面板连接的作用。其作用主要有:第一,盖住书帖折痕,使各帖之间牢固联结;第二,装饰书籍外观。

5.结语

传统堵头布起着保护书头和书脚的作用,在取用书籍时受力也较多,历经岁月磨砺,难免受损。受损的堵头布也给修复者提供了将其拆解并重建其模型的机会。不同时期的册子本有其特点,修复人员在面对部分或全部缺失的堵头布时,应优先考究其时代和类型,选用相近的材料,在重建其模型的前提下,对受损的堵头布进行补全或重新缝制。

参考文献:

[1] J. A. Szirmai. *The Archaeology of Medieval Bookbinding* [M]. Aldershot: Ashgate Publishing Limited, 1998.

[2] Jane Greenfield, Jenny Hille. *Headbands: How to Work Them* [M]. New Castle, Del.: Oak Knoll Books, 1990.

[3] Monika Gast. "A History of Endbands Based on a Study by Karljackel" [J]. *The New Bookbinder*, 1983(3):42-58.

A Study on the Sewing Techniques of Medieval Codices' Headbands

Qiu Jiayi, Zhang Yi

Abstract: The paper firstly describes the structure of the traditional headband, and the tools and materials with which the headband would be sewn. To prove the argument that the headband sewing types change accordingly with the codices in different periods, the article observes and studies several headband types, from the early multi quire Coptic codices to gothic bindings. It also analyzes the differences between modern and traditional headband in order to repair the damaged ones probably.

Keywords: headband; codex; endband sewing

凝胶在书画文物水渍去除之研究

宋 鑫 陈志亮[*]

摘要：书画文物在悬挂展示、储存或平放观赏时，常因一些不可预测的情况而导致水渍，因而影响到书画文物的外观及美感。当前有效解决书画文物上的水渍的方法大多是重裱。但频繁的重裱，除了增加人力及物力的成本外，对书画文物的原真性及古朴韵味也会构成一定的影响，同时违反了文物修复的最少干预原则。本文将探讨借用食品工业用凝胶的某些特性，加以适当的调配后，在不重裱的前提下，有效移除书画文物上的水渍。

关键词：凝胶；水渍；书画文物

1. 前言

书画文物水渍形成之原因主要是书画文物在长期的收藏及展示过程中，空气中的颗粒物或与之接触物件的一些可被水溶的物质迁移并停留在书画文物内，以及因纸张纤维老化降解所产生的物质等，以上这些，若有水分滴于书画文物上时，会被纸张迅速吸收，并同时溶解纸张内可溶于水的物质，然后往外部迁移。滴下的水分将从外往内逐步干燥，而书画文物内可水溶的物质也因此被固定下来，最终形成一个明显的圈。一般来说，书画文物上水渍的特点是，水渍多呈不规则的圆形，边缘颜色较深，多呈黄棕色。

---

[*] 宋鑫，成都杜甫草堂博物馆；陈志亮，澳门文物保存修复学会。

2.国内书画文物水渍的清除方法

当前,最有效解决书画文物上水渍的方法便是重裱。重裱即揭裱重装,过程中先用水或配以适当的化学试剂对整件书画文物进行清洗,尽量去除影响美观的水渍,裱件清洗完成后揭除褙纸和画芯旧的命纸,然后按所需重新配纸、托底并装裱成特定的形式。虽然水在一定程度上是可以去除书画文物上的水渍,但每次大量地淋水清洗,其实对纸张和画面或多或少都会造成一些损伤。而频繁的重裱,除增加人力及物力的成本外,对书画文物的原真性及古朴韵味也会构成一定的影响,因此,假若为了去除水渍而对书画文物进行揭裱重装,此做法有违文物修复的最少干预原则,必须持审慎的态度。

曾有书画文物修复师指出,遇有水渍的文物,可先稍微润湿水渍及水渍圈外的范围,然后用吸水纸从水渍圈的中心向外逐步吸水,过程中,因中心位置的水分较干,外围的水分向内渗透,同时把那些可溶性的污染物往中心位置迁移。这样,原本向外扩散的可水溶污染物质便往内迁,使有水渍的书画文物"恢复"并接近原来的外观。这种方法对书画原貌的改变最少,但恢复效果具不确定性,再次喷水润湿或会造成失胶并出现空壳的问题,还可能扩大水渍的边界范围。

另外,同行修复师对书画文物上水渍清除的处理方法各异,现整理归纳如下。当书画文物遇有水渍、油渍、昆虫排泄物等的污渍时,有的修复师处理方式是:先进行墨色稳定性试验,若书画文物表层有固体污渍,可用马蹄刀刮除,然后以 70—75℃ 的热水淋洗后揭裱,水温高低视画芯污渍程度而定。针对书画文物上水渍等一系列污渍的去除,一些修复师使用表面活性剂或化学试剂进行处理,例如:洗洁精、肥皂水、过氧化氢、乙醚、小苏打、高锰酸钾—草酸等,上述方法均先局部处理后再用清水整体清洗,以去除所有的残留物质,后将书画揭裱重装。此外,对于画芯有个别水渍而裱件又相对完整的情况,有些修复师的处理方法是:先拆卸天、地头的杆,然后进行局部水渍清除,局部处理完成后再把整个裱件清洗湿润,自然风干后上墙绷平,最后把天地杆重装回去。此方法处理后,需仔细观察裱件的各个部位有没有空壳现象,如发现空壳,可用针筒注射稀浆加固,并垫上吸水纸压干压实。

以上多种水渍清除的方法中,没有绝对的正确与否,需视乎画件情况及修复师自身条件等因素来综合考虑。但需要特别指出的是:(1)用水清除画件上的水渍或其他污染物时,必须确保画件上墨色的稳定性;而水温的高低、淋洗次数的多寡,以及清洗方式等都会直接对画件构成影响。(2)使用化学试剂虽可有效去除书画文物上的一些污渍,但一些强氧化剂会对纸质文物造成明显的损伤,并会影响书画文物的长久保存,因此,应用前须慎思。(3)对于不揭裱的情况下清除水渍的方法,要特别注意裱件上有没有空壳的现象发生。

3.西方纸质文物水渍的清除方法

西方的修复理论认为,相比其他的修复处理而言,文物清洗是众多修复步骤中要求最高、最严格的。许多修复师往往较关注文物清洗的方法和技术,而易忽略清洗的程度及其必要性。因此,有意见认为:需让文物修复决策者认识到,并非所有能实施的修复处理都必须要实施。其次,文物清洗后的"白"不等于"洁净",也不等于"美",而需持正确的修复伦理观与文物审美观去衡量。

一般用于纸质文物清洗及漂白的方法众多,如:水、日光法、过氧化氢法、二氧化氯法、氯胺T法、硼氢化钠法、亚硫酸钠法、连二亚硫酸钠法等①。除上述方法外,也可借助现代设备和物理方法来去除纸质文物上的水渍及其他污染物,现简述如下:

(1)真空抽气桌清洗法——把有水渍的纸质文物预先润湿,然后正面朝上置于厚吸水纸上再放到真空抽气桌上,启动真空抽气桌并用聚酯膜密封纸质文物四边,以减少漏气,提升真空抽气桌压力的同时,向纸质文物上喷洒适量的雾水,或用吸管对纸质文物上的水渍进行局部清理。过程中,雾水溶解纸质文物内可水溶的污染物质,并因压力的作用而往下带出至吸水纸上,达到去除的目的。此法优点是可局部清除纸质文物上

---

① Marian Peck Dirda and Leslie Hill Paisley,"Stain Reduction Discussion",*The Book and Paper Group Annual* 20(2001).

的水渍,同时也适用于书画文物清洗;缺点是需要较大的设备、费用投资,及较大的工作空间。

(2)虹吸法——虹吸技术是利用不同高度液体的气压差进行抽吸,使液体缓慢浸润到纸张表面,减轻液体对画面的冲击和侵袭力,可防止纸张被过度清洗及颜料脱落,实现微损保护处理①。虹吸法可清洗书画文物上的水渍,其关键是使用了一种特殊的黏胶无纺布,该无纺布最初的设计是用于冷却液的过滤,以及在医学上用于伤口处理等。因这种材料具有较强的毛细作用及高扩散速率,因而被选用于纸质文物的清洗处理上。使用虹吸法清洗纸质文物时,把黏胶无纺布置于有机玻璃板上,并斜躺于上下各一个的大水槽,黏胶无纺布两端各自放入槽内。上水槽内为洁净的、用于清洗纸质文物用的去离子水或蒸馏水,下水槽为收集自上水槽流经纸质文物后所溶出污浊的水。清洗过程需全程观察纸质文物的变化以及下水槽所收集污水的情况,待无污水流出,清洗便告完成。许多古旧书画由于传统清洗方法可能使破损的画芯发生位移、二次污染、色泽脱落等,若使用虹吸法对书画文物进行清洗,对于一些遇水易洇的书画文物,尤其合适。

4.凝胶在书画文物水渍上的应用

食用凝胶是一种多糖类的产物,大量应用于日常生活之中,如:美容、医药和食品工业等。因凝胶具有锁住水分、缓慢渗透、又能与文物表面平整吸附的特性,此材料也大量使用于文物修复工作上,而常用于纸质文物修复的食用凝胶有琼脂和结冷胶。

琼脂(Agar-agar)属植物胶,是从石花菜中提炼而来,除用于微生物培养外,中国广东地区的书画装裱师傅传统以来便有使用石花菜替代小麦淀粉浆糊作为黏合剂使用的习惯,日本及欧、美国家的修复师也使用一种海生植物布海苔(Funori)或其提炼物纯布海苔(Jun Funori)来作为绢画修复过程中临时面膜的黏合剂和绘画作品表面颜料层加固之用。修复工

---

① 南京博物院编:《传统书画装裱与修复》,南京:译林出版社,2013,第200—201页。

作者经常把石花菜、琼脂、布海苔和纯布海苔相互混淆,其实,上述四类均属红藻门。石花菜是红藻门的石花菜目的石花菜科;而琼脂是红藻门的石花菜属(Gelidium)或江蓠属(Gracilaria)的细胞壁内的支撑结构物质所提炼而成,其提炼的凝胶产物名琼脂糖(Polysaccharide Agarose)①;布海苔是从红藻门的海萝属(Gloiopeltis)的细胞壁内的支撑结构物质所提炼而成;而纯布海苔是红藻门的海萝属(Gloiopeltis)的 furcata 种细胞壁内的支撑结构物质经纯化而成,其纯化过程去除了盐份,使产物具无色、无味、导电率低及稳定性高等特点②。

干的琼脂粉不溶于冷水,却易溶于沸水之中,凝胶化温度最低为85℃,当温度下降至约40℃接近常温时便开始凝固成胶状,冷冻后的琼脂质地硬,在6%或以下的浓度时,均表现出高的凝胶强度。此外,琼脂具有生物惰性,不与任何物质起化学反应,在强酸及强碱的条件下也呈稳定状态。琼脂凝胶的制备相对简单,只须按需要称取适量的琼脂粉及冷水,然后把混合物放入微波炉或锅具中加温至85℃,待其完全溶解、冷却后便形成凝胶。凝胶化后,可根据纸质文物修复处理需要而加入溶剂、螯合剂、氧化剂或其他的清洁剂等,以让其发挥所需的功能,因琼脂比较柔软且具弹性,修复处理后可整块清除,不留痕迹③。

结冷胶(Gellan Gum)属微生物胶,台湾地区称之为结兰胶。结冷胶是美国 Kelco 公司于上世纪八十年代初研发出来,是伊乐藻假单胞菌(Pseudomonas elodea)所产生的一种胞外多糖,具有安全无毒、用量少、稳定性好、凝胶透明度高、可生物降解等优点。结冷胶要形成稳定的凝胶,与溶液中阳离子的存在有关,当中以二价的钙、镁离子较为适合,此外,结冷胶的胶凝温度为 20—50℃,胶融温度为 65—120℃④。据徐文娟等在

---

①Cindy Lee Scott, "The Use of Agar as a Solvent Gel in Objects Conservation", *AIC Objects Specialty Group Postprints*, Volume Nineteen(2012):71-83.

②Thomas Geiger and Françoise Michel, "Studies on the Polysaccharide JunFunori Used to Consolidate Matt Paint", *Studies in Conservation*, Vol. 50, No. 3(2005):193-204.

③Cindy Lee Scott, "The Use of Agar as a Solvent Gel in Objects Conservation", *AIC Objects Specialty Group Postprints*, Volume Nineteen(2012):71-83.

④蔡铮,侯世祥,赵斌斌:《结冷胶在药剂学中的应用》,《中国医药工业杂志》2008 年第 6 期,第 460—462 页。

《西方现代保护修复方法在中国纸质文物中的应用》一文中指出"对于渗透到纤维缝隙的表面固体颗粒可用凝胶体进行湿性清洁。用凝胶体对作品进行表面清洁时,凝胶体需要具备柔韧性、成膜特性、生物惰性和化学稳定性,而 Phytagel™ 具备了这些特性。Phytagel™ 是高分子多糖构成的惰性生物凝胶体,凝固温度为 27—30℃,pH 为 6.5—7.0。该清洗方法既有力学—物理过程,又有化学过程,Phytagel™ 可以接触到渗透入载体纤维缝隙的固体沉积颗粒,将它们并入自己的结构。这种方法的优点是透明的胶凝体方便持续监视清洗情况。"①文中所提及的 Phytagel™,与 Gelrite、Nanogel-TC、Kelcogel、AppliedGel 一样,均为不同供应商给予结冷胶不同的商品名称。

据文献记载,意大利的档案及书籍文化遗产保存修复中心(ICRCPAL)早于 2003 年研究出使用一种微生物胞外多糖的凝胶,对纸质文物进行湿法清洗,该方法的优点是可以在一个恒定及受控的情况下释放水分到待处理的纸质文物上,除了把水对纸质文物的溶涨影响降到最低外,还可把纸张表面和内部的可水溶污染物及一些导致纸张纤维降解的酸性物质予以去除,其效果与传统水清洗处理相同②。在文物修复上,结冷胶可以锁住水分、缓慢渗透、延长反应物在文物作用部位的停留时间,这种可控制水分之特性,可以提高修复效果和达到局部修复的目的。譬如说,揭除书画文物的覆褙纸时,可以把淀粉酶加入结冷胶中,然后平整覆盖于以小麦淀粉浆糊为黏合剂的书画文物背部,待反应后,可较容易揭去覆褙纸。又如,为了钝化纸质文物上用鞣酸铁墨汁书写而产生腐蚀的部位,可以把植酸钙加入到结冷胶中,然后敷于待处理的纸质文物表面,处理后有腐蚀部位的纸质文物可被有效钝化。再如,局部处理书画文物上氧化斑的去除,可在结冷胶中加入适量的氧化剂或还原剂,然后置于待处理的书画文物表面,由于结冷胶的高透明度,可通过一直观察来决定

---

①徐文娟,王春红:《西方现代保护修复方法在中国纸质文物中的应用》,《文物保护与考古科学》2008 年第 3 期,第 40—43 页。
②Simonetta Iannuccelli and Silvia Sotgiu, "Wet Treatments of Works of Art on Paper with Rigid Gellan Gels", *The Book and Paper Group Annual* 29(2010).

清洁处理的程度。

书画文物在悬挂展示、储存、平放观赏时，常因一些不可预测的情况而导致水渍，因而影响到书画文物的外观及美感。当前有效解决书画文物上的水渍方法大多是重裱，但频繁的重裱，除增加了人力及物力的成本外，对书画文物的原真性及古朴韵味也会构成一定的影响，同时违反了文物修复的最少干预原则。因此，一种可以在不重裱的前提下，有效清除书画文物上的水渍的方法，将会是重要的修复研究方向。考虑到结冷胶有缓慢释放水分的特点，不但可吸走纸质文物上不美观的水渍，处理完毕后可便捷移除，而且在纸质文物上不留下任何的痕迹和损伤。结冷胶的使用，其优点显然易见，即在不揭裱的前题下，既安全又有效地清除书画文物上的水渍，而使用上的困难与挑战在于结冷胶水分释放的多寡上。笔者对书画样品上的水渍作反复试验后，总结如下：

（1）使用结冷胶处理前，必须把待处理的书画文物弄平整，以确保接触面的平坦，这样水分才能均匀释放出。

（2）由于书画文物尺寸一般较大，使用结冷胶作处理时，结冷胶的覆盖面积必须大于等于书画文物的尺寸，否则会形成一侧清洁、另一侧较污秽的面，并将会形成明显的分界线。考虑到实际应用过程中，结冷胶不及书画文物的尺寸大时，可用拼接的方式来处理。

（3）当结冷胶水分的释放量较多、其尺寸又小于书画文物时，新的水痕或会形成；结冷胶水分释放量与其含水量与渗水量的速度有关，可透过对结冷胶的浓度、厚度或添加阳离子来提升硬度以作调整。

（4）书画文物上的水渍，由于一般情况下水渍圈的外围累积有较多的水溶性污染物质，因此，若要彻底清除会相对较困难。

（5）使用结冷胶处理后，书画文物表面虽无明水，但会略呈湿润状态，需垫无纺布和吸水纸压干压平整。

（6）结冷胶于纸质文物上的应用有"涂刷"和"敷垫"两种方法。涂刷法需适当加温使其变软至半流动性，然后用刷涂上；敷垫法即直接置放于待处理纸质文物上即可。

（7）若书画文物的天、地杆上有水渍需要清理，因天、地杆的木材有渗色的可能性，故需要先拆除天、地杆后才可作处理。

（8）结冷胶与琼脂混合后所调制的凝胶，其透明度更高，便于观察修复过程的实际变化情况。

5.结语

水渍是一种广泛存在于古旧书画文物上的问题，若每遇水渍的处理均揭裱重装，将对书画构成过多不必要的干预。此次研究指出，结冷胶能在不重裱的前提下适当去除书画文物上的水渍，此方法可减少书画文物因水渍造成的外观影响。传统书画文物的清洗技术，大多以物理方法为主，而结冷胶的使用，则是将生物技术应用于书画文物清洗上，是一个物理化学的清洗过程。最后，结冷胶作为一种新型的修复材料，其优点和效益仍在不断探索之中。

特别鸣谢林沛婷小姐在此文章撰写过程中的协助！

Studies of Removing Water Stains with Gel on Chinese Scroll Paintings

Song Xin, Chan Chi Leong

Abstract: Water stains often occur on Chinese scroll paintings due to unpredictable situations while hanging for display, keeping in storage or inspecting on table. Therefore, the original appearance and beauty of the paintings may be affected. Currently, the most effective solution to water stains on the painting artifacts is re-mounting. However, frequent re-mounting is not only increasing the cost on manpower and material, the paintings might also be different from the original appearance. The practice of re-mounting violates the conservation principle of minimum intervention. This article will discuss the method and benefit of the use of gel from food industry for removing water stains on Chinese scroll paintings without re-mounting.

Keywords: gel; water stains; scroll paintings

试论古籍修复原则

宋 玥[*]

摘要：中华文化源远流长，古籍作为中国上千年历史的见证者，流传至今日早已破烂不堪，需要修复的古籍浩如烟海。而在修复工作中，修复原则作为指导思想必不可少。在古籍修复原则这方面，一些学者、专家都有论述过，"整旧如旧"是前人总在说的修复原则，但这两个"旧"的具体定义是什么并不明确。所以具体的、完善的古籍修复原则仍没有确定下来。杜伟生老师在修复原则方面的论述最为详细和全面，并提出了八项原则。本文就古籍修复展开讨论，试论古籍修复的几项原则。

关键词：古籍；修复；原则

古籍，这一承载了中华民族上千年文化的载体已经流传了无数个春秋，带领我们领略先人们的生活、历史与智慧。虽说纸寿千年，但仔细看来，真正能保存完好上百年的古籍又有多少？更不用说那些寿命还不到一百年的却已经破烂不堪的书籍了。作为后人，我们不光要保存好这些珍贵的历史文物，还要对其进行修复，以保证让他们有朝一日重见天日，让更多的人了解历史、看到先人们智慧的结晶。

1.古籍的定义

古籍修复该怎么修？换句话说就是古籍修复的原则该是怎样的。在

---

[*] 宋玥，中国社会科学院研究生院文博中心。

试论古籍修复原则之前,我们需要先了解一下古籍的定义。《古籍修复技术规范与质量要求》中古籍的定义是"中国古代书籍的简称,主要指书写或版印的1912年以前具有中国古典装帧形式的书籍。"但不可否认的是时代在不断地发展,近些年图书馆也在不断从普通古籍中提善,也许几百年之后,我们现在的书籍也可能被称为古籍,成为那时人们保护与修复的对象。所以我们不应将古籍的定义死死限定于1912年这个时间点之前,只能说一切对人们有价值的书籍都是我们保护、修复的潜在对象,是未来工作的重点。我们不应绝对地、静止地理解古籍这一定义,而是应该用相对的、发展着的目光去看待。

2. 古籍修复

2.1 古籍修复的目的

那么古籍修复是怎样的?首先我们应该了解一下古籍修复的目的,这一点必须要明确。在我看来,修复的目的就是使古籍恢复到能正常使用的状态,即通过修复,可以使古籍正常地陈列、展览,也可以供人们阅读、研究。

2.2 古籍修复简史

古籍修复,自古以来就是一种传统。可以说从有书籍的那一天起,古籍修复就开始发展了。关于古籍修复的最早记载就是北魏贾思勰所著的《齐民要术》,其中在《杂说第三十》记载:"书有毁裂,郦方纸而补者,率皆攣拳,瘢疮硬厚。瘢疮于书有损。裂薄纸如薤叶以补织,微相入,殆无际会,自非向明举之,略不觉补。裂若屈曲者,还须于正纸上,逐屈曲形式取而补之。若不先正元理,随宜裂斜纸者,则令书拳缩。"①可见至少在北魏时期,人们就已经掌握了书籍修补的技巧,不用剪出来的方块纸补书而是用撕下的薄如韭菜叶的纸,既要对其纹理,又要将边缘微搭,好似没有补过一样。又如明代周嘉胄在《装潢志》中也有记载古书画洗、揭、补等技巧,"补缀,须得书画本身纸绢料一同者。色不相当,尚可染配;绢之粗细,

---

① 贾思勰:《齐民要术》,上海:上海教育出版社,2007。

纸之厚薄,稍不相侔,视即两异。故虽有补天之神,必先炼五色之石。绢须丝缕相对,纸必补处莫分。"①其中要求补纸薄厚、颜色均需与原作相配,就如同女娲补天先要炼成五色石一样。如此生动的比喻,可见当时人们对修复技术掌握之熟练。除了这些记载外,唐代张彦远的《历代名画记》、宋代吴自牧的《梦粱录》、明代宋濂的《元史》等也都有提到与书画修复、装裱相关的内容。

3.古籍修复原则

3.1 古籍修复原则的完善

那么古籍修复的原则是什么？在我看来,随着人们对古籍认识的不断加深,古籍修复原则也在不断发展变化。举国家图书馆进行的四项较大的古籍修复工作为例,即《赵城金藏》、敦煌遗书、《永乐大典》和西夏文献。修复《赵城金藏》之前,赵万里先生批评过去将每一书改为新装的修复方法,并提出"保存原样"的修复原则。修复敦煌遗书时,国家图书馆又在借鉴国外修复经验的基础上提出了四个修复原则:(1)在指导思想上严格贯彻"整旧如旧"的原则,尽可能保持遗书原貌。(2)在修复方法上,坚决摒弃传统的通卷托裱方式。(3)在外观效果上,要求修复时附加的裱补纸与原卷必须有明显的区别。(4)在保留处理上,要求修复工作本身是可逆的。《永乐大典》的修复工作中"整旧如旧"是最基本的原则。在西夏文献的修复过程中,修复档案建立完善。②

3.2 杜伟生老师提出的古籍修复原则

杜伟生老师在古籍修复原则方面的论述是最为系统和全面的。在《古籍修复原则》一文中,杜老师详细地阐述了古籍修复的八大原则,即安全性原则、真实性原则、最少干预原则、可逆性原则、可识别性原则、适宜性原则、相似性原则和规范性原则。其中安全性原则包括工作环境、修复措施、修复材料和信息以及人员的安全。真实性原则即保护文献的真

---

①周嘉胄:《装潢志》,商务印书馆,1939。
②杜伟生:《国家图书馆古籍修复工作60年》,《图书馆工作与研究》2008年第9期,第59—63页。

实性,其中包括文献的内容和装帧。最少干预原则就是尽量减少修复面积及所用材料,防止过度修复。可逆性原则要求修复技术和修复材料均可逆,这要求我们要慎用新技术和新材料。可识别原则告诫我们一定要对古籍拍照留档,也要注意修复材料的可识别性。适宜性原则包含三个方面,修复人员、环境、修复材料和技法。相似性原则指的是修复材料和修复技法的相似性。规范性原则规范了交接制度、档案、保管及验收①。比如在修复档案中需要包含藏品名、数量、尺寸、修复负责人、修复起始日起、修复完成日期、修复前外观及装帧形式照片、修复前主要装帧参数文字描述、修复前破损情况照片、修复前破损情况文字描述、主要修复方法和措施、所用粘合剂信息、所用补纸和补料信息、所用染料信息、修复流程描述、修复后照片等项。

3.3 古籍修复原则

前人总说古籍修复要做到"整旧如旧",但这两个"旧"字分别代表了什么意义?是指将书恢复到刚装订完成的样子么?肯定不对,不论我们再怎么做这本书也不可能回到几百年以前的样子。是指这本书到手时是什么样子就要修复成那个样子么?显然也不对,按这么理解那干脆就不用修了。所以,"旧"的含义有很大的歧义,每个人对其的理解都是不同的。还有这个"如"字,很明显这就是相像的意思,即把"旧"修成像"旧"的一样。但这个相似度到底是多少?像"旧"的 30%、40%还是 70%、80%,亦或是 100%?这些都很难界定,所以"整旧如旧"如果在今天继续作为古籍修复的一项原则,那就太随意、太不负责任了。但我们需要思考的是如何才能做到前人所说的"整旧如旧"呢?

首先,我认为任何古籍的修复都需要有一个前提,即要对即将修复的古籍进行科学分析,这也是进行古籍修复工作的一个前提,即在掌握充分科学依据的情况下,具体问题具体分析。

我们需要这个大前提来判断如何对一本书进行修复,比如一本书究竟不要修复,当前的技术手法和科技手段是否支持修复者修复它。若是当下的修复手段不能保证将其修复好,不如根本就不修,有时不作为也是

---

① 杜伟生:《古籍修复原则》,《国家图书馆学刊》2007 年第 4 期,第 79—83 页。

一种作为。周嘉胄在《装潢志》中也提到："不遇良工，宁存故物。"①

还需要具体分析需要修复的古籍是否是出土文献，如果是出土文献，清洗工作一定要做好。太仓明墓中就曾经出土过四本木板古书，刚出土时被误认为是牛粪，可见出土时古籍状态之差。所以，在古籍进行修复之前，修复工作者首先要具体分析，对于出土的书籍来说，清洗、除臭和消毒才是首要任务。②

另外，我们还需要判断一本古籍的破损程度，若是轻微破损，不影响我们对它的保存和使用，那么这本书是不需要修复的，毕竟过度修复对古籍没有任何好处。若是破损严重，那就需要考虑该如何修补，甚至是否需要托裱。比如书叶上如果有油渍，且部分沾到油渍的地方已经发脆、开裂，那么我们不光要对这些开裂的地方进行修补，还应该在一些油渍颜色较深的地方背面覆一层结实的薄皮纸，这样可以预防这些地方开裂，还不会影响外观。

再比如南方和北方气候条件差异较大，所以一些具体的修复手法也有区别，在对古籍进行修复之前，气象、环境条件也要考虑周全才可以。

关于善本和普通本是否要区别对待的问题，国家每一年都在从普通本中提善，所以原则上是不应该区分善本和普通本的修复的，但在实际操作中，肯定是要加以区别，先重点抢救急需修复的善本。

在了解了杜伟生老师所论述的八个古籍修复原则后，我也有了一些感悟和启发，并在这里浅谈古籍修复原则，即安全性原则、真实性原则、最少干预原则、可逆性原则和可识别性原则这五项原则。

（1）安全性原则

首先安全性原则不言而喻。凡事都讲究安全第一，古籍修复工作中既要保证工作人员的安全，古籍的安全，机密信息不泄露，还要保证修复过程的安全，避免对古籍进行保护性的破坏。但实际上，修复环境及工作人员、信息的安全我认为不属于古籍修复原则中需要考虑的内容。修复环境、工作人员的安全保障是先于修复工作的，所以在进行修复的过程中

---

①周嘉胄：《装潢志》，商务印书馆，1939。
②潘美娣：《太仓明墓——出土古籍修复记》，《图书馆杂志》1987年05期，第9页、第14—16页。

不对其进行考虑,换句话说,若是在图书馆或博物馆中,修复环境、工作人员的安全是由馆内相关责任人负责的,信息的安全也是要靠专人负责。所以这里说的安全性原则是指修复材料和修复技术的安全性。其中修复材料主要指的是浆糊和纸张。在修复中,最常使用的粘合剂就是小麦淀粉浆糊,可以说从古至今,人们都在使用这种粘合剂,这也是最传统的浆糊,只要保证制作过程中的卫生条件良好,这种浆糊甚至可以食用,其安全性自然不用多说。现在还有一种化学浆糊,甲基纤维素的使用,但毕竟算是新研发的粘合剂,它的效果虽然好,但我们还不知道它有没有什么弊端,毕竟粘合剂需要经过岁月的考验和磨练才能判断其是否优良,所以在古籍修复中一定要慎用新材料。修复用纸不能用机械纸,要选用合适的皮纸、竹纸等等。

（2）真实性原则

真实性原则在我看来就是尽量保持古籍的原貌,原书大小、颜色、页数等等是不可以改变的。因此,在修复纸张的选择上就要求我们选择与原书颜色相似、质地相似甚至帘纹也相似的。修复技法也尽量采用传统的方法,这样才不会太突兀。所以我认为相似性原则在一定程度上是包含在真实性原则之中的。在修复过程中,常常会见到书页上有一些褶皱。这种褶皱不是在书籍的翻阅过程中造成的,而是在书籍印刷时就产生了的,很有可能是在印刷前书叶不注意被折了一个小角,但后来印刷时并没有展平,因此一些字就被印在了褶皱上。若将这样的褶皱抻开展平,上面的字就会"分家",这肯定不是我们所愿意见到的。因此,为了保证古籍的面貌不被改变,我们有时需要忽略这些褶皱,即在褶皱较小的时候,采取"不作为"的方式,不将这样的小褶打开。但如果褶皱过大,已经严重影响了修复工作,那么采取的办法就是在不破坏字的前提下,从书叶背面将褶皱中多余部分取下,再将断口处粘连起来,这样从正面看起来没有任何变化。所以真实性原则告诉我们要学会在修复中判断。

换个角度来讲,真实性原则和"整旧如旧"有些相通的地方。再比如一些书籍底部会印上该书的书名等信息,那么在将书拆开修补再重新装订后,底部的字需要和原来一样对上才可以。若是底部的印字没有对齐甚至完全对不上,这将是书籍信息的一大缺损,不但没有使古籍得到修复，反而缺失了重要的信息。

(3) 最少干预原则

最少干预原则不等于不干预，它要求修复的面积尽量小，所用的修复材料也要尽量少。将一张补纸贴上后，要根据破洞的大小将多余的补纸撕下，使破洞与补纸的搭口控制在 2 mm 以内。最少干预原则也要求我们避免画蛇添足，在修复中，一项最基本的工作就是补破，但如果书叶破损导致文字、栏线的残损时，我们只需要把破损处补上就可以，至于画栏补字这种行为则需要避免。

(4) 可逆性原则

可逆性原则讲究修复技法的可逆和修复材料的可逆。现在修复用的小麦淀粉浆糊就是很好的粘合剂，制作较为简单，用清水沾洗，浆糊随时可以方便取下，而且不会对书籍造成破坏。

(5) 可识别原则

可识别原则要求修复工作者在修复前一定要拍照留影，认清哪里是修补过的，若将来有对古籍不利的材料需要依据照片取下。所以在修复档案登记表中修复前外观及装帧形式照片是建议 10 张以上的。

可识别原则要求后补上去的材料一定要可以识别出来，即增添部分在色调或制作上最好和原件略有区别，视觉上应稍居次要和陪衬的地位，即"后退原则"。① 也就是人们常说的补纸"宁浅勿深"。

4.结语

正如莎士比亚说的"一千个观众眼中有一千个哈姆雷特"，古籍修复原则至今也没有一个定论，随着人们对古籍修复认识的不断加深以及经验教训的总结，古籍修复原则也在不断发展、完善。

---

① 王方，王允丽：《由"乾隆大阅甲"的修复谈文物的修复原则》，《文物保护与考古科学》2005 年第 4 期，第 56 页。

参考文献：

[1] 胡泊,赵大莹.国家图书馆古籍的修复与利用[A].2011年海峡两岸档案暨缩微学术交流会论文集[C].中国档案学会、中国文献影像技术协会、台湾中华档案暨资讯微缩管理学会,2011:14.

[2] 中华人民共和国文化行业标准 WH/T 23—2006 古籍修复技术规范与质量要求[S].北京:中国标准出版社,2009.

[3] 郭宏.论"不改变原状原则"的本质意义[J].文物保护与考古科学,2004(16).

[4] 朱煜.浅谈古籍修复三要素[J].河南图书馆学刊,2015(05):92—94.

[5] 马海鹏.论文献修复原则[J].中国博物馆,2000(04):80—85.

[6] 刘家真著.古籍保护原理与方法[M].北京:国家图书馆出版社,2015.

[7] 吴菲菲.对于古籍修复工作中"划栏补字"的几点思考[J].当代图书馆,2015(02):39—41.

[8] 李玮.清代书联的修复与思考——谈西方现代修复原则在中国纸质文物保护中的应用[A].江苏省博物馆学会.小康目标后的江苏博物馆事业——江苏省博物馆学会2011学术年会论文集[C].江苏省博物馆学会,2011:7.

A Discussion on Principles of Conservation on Ancient Books

Song Yue

Abstract: The Chinese ancient books, as a witness to the thousands of years' history of China, were already badly broken today and need repairing works. As for the principles of conservation on ancient books, many scholars and experts have discussed before, but the principle "Conserve the book until it looks as old as before" does not have a clear interpretation. So the specified principles of conservation on ancient books is still unknown. Du Weisheng mentioned eight conservation principles in his book, which is considered as the most detailed and most comprehensive principles. This paper try to discuss the principles of conservation on ancient books.

Keywords: ancient books; conservation; principles

微阅读环境对古籍保护与修复社会氛围构建的影响分析

唐 艳[*]

摘要：微阅读环境初步形成，微阅读的平台日益多样化，其中，微信迅猛的发展态势，促使微信阅读在国民阅读中所占的比重剧增。各类组织机构积极利用微信平台，推出相应的服务和宣传策略。本文拟通过收集不同类型古籍保护相关公众号的内容，了解各古籍保护与修复中心对微信公众号的利用情况，统计相关阅读数据，探讨微阅读环境对构建古籍修复与保护社会氛围的影响。

关键词：古籍保护与修复；微信公众号；国家古籍保护中心

数字时代酝酿了多样化的阅读方式，微阅读应运而生。目前，学界并没有明确界定微阅读的含义，一般认为，微阅读是指"利用微短时间进行阅读的方式，不限阅读内容，不限阅读媒介，不限阅读环境，随时随地进行阅读"[①]，狭义的理解则是"在较短时间使用便携式终端设备（如手机、平版电脑等）通过浏览篇幅短小的文字、图片"[②]的阅读方式，如口袋书、手机报、微博、微信等。随着微阅读环境的初步形成，各行业开始充分利用微阅读开展宣传推广或提供服务。各古籍保护与修复中心采取了多样化

---

[*] 唐艳，中山大学资讯管理学院。
[①] 胡永强：《微阅读时代高校图书馆创新服务研究》，《图书情报工作》2014年第18期，第45—49页。
[②] 温晓明：《图书馆微阅读服务发展策略初探》，《图书馆学研究》2012年第23期，第90—92页。

的措施,促进行业发展。本文基于微信公众号的服务,分析古籍保护与修复工作的社会推广,探讨微阅读环境对构建古籍修复与保护社会氛围的影响。

1.微阅读环境的发展及现状

中国出版科学研究所从1999年开始持续开展"全国国民阅读调查",2009年发布对2008年国民阅读情况的调查报告,已经初步展露出数字媒介阅读的发展,"包括在线阅读、手机阅读、手持式阅读器阅读等数字媒介阅读开始普及,成年人各类数字媒介阅读率为24.5%"①。从历年的"全国国民阅读调查"的结果,选取相关数据,制成表格1即2008—2015年全国国民数字化阅读和手机阅读调查结果一览表,可大致了解2008年以来数字化阅读的发展势态。

表1　2008-2015年全国国民数字化阅读和手机阅读调查结果一览表

年份	数字化阅读方式接触率(%)	手机阅读接触率(%)
2008	24.5	12.7
2009	24.6	14.9
2010	32.8	23
2011	38.6	27.6
2012	40.3	31.20
2013	50	41.9
2014	58.1	51.8
2015	64	59.4

注:资料来源:中国出版网·全国国民阅读调查专题 http://www.chuban.cc/ztjj/yddc/

从表格1可以窥见,数字化阅读在国民阅读中的比重迅速增长,8年

---

①中国出版网:《去年我国成人数字媒介阅读率为24.5%,网络在线阅读比例最高》,http://www.chuban.cc/ztjj/yddc/2009yd/200904/t20090422_47510.html,2016-09-05。

内翻了两番多;其中手机阅读接触率从2008年的12.7%,到2015年已经增长为59.4%,8年间翻了四倍多,手机阅读接触率的上升趋势,反映了微阅读行为的快速普及,以及微阅读环境的初步形成。

2009—2016年的"全民阅读调查"结果中,以下几条结果有助于把握微阅读行为的发展历程,从手机阅读的普及程度和阅读时长来看,早在2009年,"网络在线阅读和手机阅读是数字化阅读方式中的主流"①,即该年数字化阅读方式中,手机阅读约占二分之一。随后几年,手机阅读人群的基数增长之外,手机阅读的时长也在增加,2011年"手机阅读人群平均每天进行手机阅读的时长接近40分钟"②,到2014年,"我国成人日均手机阅读时长首次超过半小时",而2015年,"我国成年国民日均手机阅读时长首次超过一小时"③。由此可知,国民微阅读的次数以及时间日渐增加。

其次,作为微阅读的终端设备之一,智能手机的普及,为微阅读的开展提供了基础设备,智能手机提供了更为便利的阅读条件,促进了微阅读快速普及。智能手机的用户规模和手机网民数量侧面表现微阅读的群体规模。2015年6月,艾媒咨询(iiMedia Research)发布了《2015—2016年中国智能手机市场研究报告》,统计了国内2014年至2016年第一季度,各季度智能手机用户规模以及手机网民数量,详见表格2和表格3。

表2 2014-2016年中国智能手机用户规模(亿人)

年份	第一季度	第二季度	第三季度	第四季度
2014	5.32	5.56	5.71	5.82
2015	5.92	6.01	6.09	6.17
2016	6.24	——④	——	——

---

①中国出版网:《数字化阅读持续增长低年龄、高学历人群是数字化阅读的主力军》,http://www.chuban.cc/ztjj/yddc/2010yd/201004/t20100419_68763.html,2016-09-15。
②中国出版网:《手机阅读人群增长迅速 每日手机阅读时长近四十分钟》,http://www.chuban.cc/ztjj/yddc/2012yd/201204/t20120426_105912.html,2016-09-15。
③杜羽,刘彬:《第十三次全国国民阅读调查结果公布》,《光明日报》2016年4月19日09版,http://epaper.gmw.cn/gmrb/html/2016-04/19/nw.D110000gmrb_20160419_1-09.htm,2016-09-15。
④"——"表示暂无数据。

表3　2014-2016年各季度手机网民用户数量一览表(亿人)

年份	第一季度	第二季度	第三季度	第四季度
2014	5.9	6.05	6.19	6.33
2015	6.45	6.57	6.68	6.79
2016	6.9	——	——	——

注:资料来源:2015—2016年中国智能手机市场研究报告,http://www.iimedia.cn/41787.html,2016-09-15。

从表格2和表格3可知,中国智能手机的用户数量庞大,近几年每个季度的用户群体都在增加;另外,手机网民用户数量高于智能手机用户总量,即使用非智能手机的手机网民也占有一定的比例。智能手机功能的多样化,各种应用程序的开发,数字化阅读平台日益增加,为微阅读普及提供诸多可能性。

近几年的微阅读平台也在发生变化,如2012年,除了新闻信息平台外,热度较高的数字化阅读平台是博客和微博,2013年的调查报告显示"过去一年,博客和微博相关阅读内容增势强劲"[1];至2015年,微信的阅读平台已经迅速开疆扩土,"我国成年国民日均手机阅读时长首次超过一小时。其中,51.8%的成年国民通过微信阅读,在手机阅读接触者中,有87.4%的人进行过微信阅读,人均每天微信阅读时长为22.63分钟"[2]。2016年8月18日,腾讯公布《2016年第二季度及中期业绩》,在"业务回顾及展望"的经营资料显示,截至2016年6月30日,"微信和WeChat的合并月活跃账户数达到8.06亿,比去年同期增长34%"[3]。可知,近年来微信已经成为微阅读的重要平台之一。

微阅读环境的初步形成,阅读平台的多样化倾向,对古籍保护与修复

---

[1]《我国18-70周岁手机阅读接触率首次突破三成 每日手机阅读时长超四十分钟》,http://www.chuban.cc/ztjj/yddc/2013yd/201304/t20130418_140006.html,2016-09-015。
[2] 杜羽,刘彬:《第十三次全国国民阅读调查结果公布》,《中国社会科学网》转载《光明日报》2016年4月19日,http://book.cssn.cn/ts/ts_sksy/201604/t20160419_2973904.shtml,2016-09-15。
[3]《腾讯公布2016年第二季度及中期业绩》,《搜狐网》2016年8月17日,http://mt.sohu.com/20160817/n464731982.shtml,2016-09-15。

的社会推广产生了不同程度的影响。

2.古籍保护与修复社会推广的适应性演变

古籍保护与修复界根据数字化阅读方式的演变,不断丰富社会推广的形式,有各古籍保护中心网站的建设,如国家古籍保护中心的官方网站"中国古籍保护网"(http://www.nlc.cn/pcab/gsbhzx/),囊括了古籍保护与修复相关内容,从政策法规、古籍普查、人才培养、环境建设、古籍保护知识、专项保护、数字资源等。此外,在"各省保护中心"链接中,以在地图标注的形式,共享了29个省市古籍保护中心的网页链接,其中,除了宁夏回族自治区、新疆古籍保护中心的网页无法打开,青海古籍保护中心网页即省(区)图书馆主页外,其他网页链接都能正常转入地方古籍保护中心的网页,初步构建了古籍保护知识与实践的共享平台。这个平台为意欲了解古籍保护修复的读者提供了便利,但是在古籍保护与修复的社会推广上主动性较弱;此外共享平台的范围有限,如缺乏市级古籍保护中心的链接等;缺乏与读者互动的平台。

随着博客和微博成为微阅读的热门平台,各古籍保护中心开通微博,展示古籍保护的相关工作,宣传古籍保护的社会意识,如"国图古籍保护实验室""苏州古籍保护中心""天津古籍保护中心"在不同年份开通了微博。如天津古籍保护中心较早开通微博(2011年2月24日),有"世界图书馆博览""珍本古籍介绍""天津图书馆历史""古籍仿制""古籍修复""纸质展品制作""古籍""善本""文物保护""古籍鉴定"等标签。

从2011年2月24日发布第一条微博,到2015年7月31日,天津古籍保护中心共发布了343条微博,主要内容有天津图书馆历史、现状及未来规划的图文介绍;有古籍修复室及其服务(含对外服务,如古籍修复、古籍仿制等)的展示;"讲座快讯"发布"民国文史客厅"系列讲座信息;"典籍欣赏"分享关内外稀见文献图文;古籍知识的普及介绍;古籍修复与制作欣赏(含国内古籍修复现状介绍、近代文献酸化成因、古籍修复过程、文献修复前后的照片、馆内专家介绍、对保护民国文献的呼吁);图书史话和藏书史话;转发其他图书馆的展览活动等;讨论相关专业问题,转发或讨论国内外新闻等。目前,该微博有粉丝2286人,其中世界图书馆博览、古籍知识介绍、保护民国文献的呼吁等内容的微博,获得评论和转发频次较高,展现了与粉丝的互动。又如"国图古籍保护实验室"的微博,内容覆盖范围很广,呈现交叉学科的特征,直接跟粉丝微博往来,讨论不同纸质的原材料,对植物科属的分析等。但随着微信迅猛的发展态势,微信迅速占领"手机三宝"的首位,部分古籍保护中心的微博在2015年逐渐趋于暂停状态。于是,古籍保护与修复相关微信公众号逐渐出现在读者的订阅号。

3. 古籍修复与保护相关公众号分析

在微信"添加朋友"的检索栏中,以"古籍"为检索词,检索公众号名称及账号主体中含"古籍"二字的公众号有95个,排除个人、出版机构及文学等与古籍保护修复内容无关的账号后,古籍保护与修复相关公众号可分为以下三类。

一是各古籍保护与修复中心的公众号,以介绍古籍保护相关内容及本单位工作为主,如"国家古籍保护中心""中大图书馆古籍修复中心""中国古籍保护协会""复旦大学中华古籍保护研究院"等。

二是省市图书馆账号主体中包含古籍保护与修复中心的公众号,内容包含但不限于古籍保护与修复相关内容,如"广东省立中山图书馆""湖南图书馆""厦门图书馆""首都图书馆""四川省图书馆""青岛市图书馆""浙江图书馆""辽宁省图书馆""山西省图书馆"等。

三是宗教或民族的专门古籍公众号,也是有古籍保护修复内容但不限于此,如"佛教古籍""藏文古籍""吉林省民族宗教研究中心"等微信公众号。不同类型的公众号各有侧重和创新,本文以"国家古籍保护中心""广东省立中山图书馆""佛教古籍"三个公众号为例,分析不同类型公众号开展古籍保护与修复社会推广的特点。

3.1 国家古籍保护中心公众号内容及影响分析

2016年6月15日"国家古籍保护中心"微信订阅号正式开通,设有"芸台书话""古保论坛""资讯动态"三个专栏,各专栏下分别设不同专题。"芸台书话"精选部分国家珍贵古籍,"逐叶赏析古籍背后的有趣故事",分享给读者,目前该专栏有两个专题,分别是"鱼玄机诗"和"随园诗稿";"古保论坛"则主要介绍古籍保护与修复的相关知识,有以下四个专题"古籍防霉""古籍装具""修复用水"及"害虫防治";"资讯动态"内容相对丰富,下设"新闻公告""古籍服务""书卷多情""视听古籍"四个专题,其中"书卷多情"图文并茂地向读者展示诸多古籍保护与修复专家学习工作的经历和感悟,促使读者增加对古籍保护与修复的认识。通过统计国家古籍保护中心公众号下,不同专题的推文数量和阅读量,制成表格4不同专题推文数量与阅读量一览表。

表4 国家古籍保护中心不同专题推文数量与阅读量一览表

专栏	芸台书话		古保论坛				资讯动态			
专题	鱼玄机诗	随园诗稿	古籍防霉	古籍装具	修复用水	害虫防治	新闻公告	古籍服务	书卷多情	视听古籍
总推文量(篇)	8	5	4	4	2	8	17	3	12	1
总阅读量(人次)	2958	1574	1568	2436	896	2381	14579	24324	8115	713
总点赞量(次)	73	42	28	36	17	51	322	392	279	13
文均阅读人数(人/篇)	369.8	314.8	392	609	448	297.6	857.6	8108	676.2	713

注:资料来源:国家古籍保护中心微信公众号

因为国家古籍中心微信公众号开通时间较短,共推文64篇,其中不同专题推文数量不同,如"视听古籍"今年10月13日才开通,由国家古籍保护中心要求古籍保护各方面工作的领军人物,讲述他们在"古籍保护工作中的心得体会",与"书卷多情"采用图文并茂的文章模式相对比,"视听古籍"从视觉和听觉结合的角度展现相关内容,增加了读者的阅读选择,两个栏目获得的总点赞数量多,读者在留言板的留言,体现了读者对古籍保护修复人员辛勤工作的了解和钦佩。"新闻公告"类文章较多,推送古籍出版、珍贵古籍展览、古籍讲座、古籍保护研修班、古籍保护修复调研和工作纪实等等信息,及时展示古籍保护与修复的动态。

从国家古籍保护中心公众号不同专题的文均阅读人数来看,"资讯动态"栏的文均阅读人数最多,"芸台书话"的文均阅读人数相对较低,且在每篇文章具体的阅读人次上,呈现出递减趋势,如"鱼玄机诗"系列八篇文章,第一次推送的文章阅读量达 733 次,至第八次推文阅读量仅 194 次。"古保论坛"各专题的文均阅读人次相对稳定,对该领域文章感兴趣,阅读热情保持平稳状态。"古保论坛"推送了关于古籍保护如古籍的防霉、去霉,书虫的防治,不同材质古籍装具的利弊等文章,古籍修复如修复用水时代差别等,其实这些内容并不仅仅是古籍保护修复相关人士需要了解和掌握的,对一般读者而言,家藏图书中也会遇到生虫发霉的现象,了解相关常识有助于保护读者自己的图书。

其中,《高能福利!"全国古籍普查基本数据库"和"中华古籍资源库"正式发布》是该公众号阅读量最多的一篇文章,截至 2016 年 10 月 20 日,共有 21090 次阅读,得到 342 个赞。该文分别介绍了"全国古籍普查登记基本数据库"和"中华古籍资源库"第一批古籍的收录情况,图文并茂地介绍使用方法,即读者登录国家图书馆网站"中华古籍资源库"栏目或"中国古籍保护网",用身份证号注册,然后登录,或使用读者卡登录,就可以在这两个数据库中进行检索和全文阅览。首先,从该推文的标题看,"高能福利"具有较强的吸引力,引起读者阅读的兴趣;其次该文推荐的两个数据库对广大读者,尤其是相关专业的师生学者,以及爱好阅读古籍的人而言,具有超强的实用性。在该文的留言版上,诸多肯定和赞赏的声音,诸如有读者认为是"嘉惠学林的盛举","怒转!文献学同学的福利","希望这些资源公益化,让更多人对民族精华、文化瑰宝有更多的认识","对于地方院校和民间学者是个福音"[1]等。可知在微阅读时代,推送文章时标题要具有吸引力之外,文章内容具有核心吸引力。

3.2 其他公众号古保内容推广的社会影响

其他公众号主要是指公众号推送内容包含但不限于古籍保护与修复

---

[1] 国家古籍保护中心:《高能福利!"全国古籍普查基本数据库"和"中华古籍资源库"正式发布》,2016 年 9 月 28 日,http:// mp. weixin. qq. com/s? __ biz = MzI5MTE2NjI5NQ = = &mid = 2247483695&idx = 1&sn = 0a8aabe2d93b9fca008cb2735954d685&chksm = ec158017db620901f088222a47bdfaf39b3e23ff4ed0117d1bf2a71fb7126490d6f5bfd3d6c5&mpshare = 1&scene = 2&srcid = 1001ueP0XrqRVBBca4UWtyEz&from = timeline&isappinstalled = 0#wechat_redirect,2016-9-28。

内容,即上文所述的第二类和第三类公众号,有各省市图书馆公众号和宗教或民族古籍主题的公众号。各省市立图书馆的公众号服务于图书馆的多项工作,古籍保护与修复是其中的一部分,故古籍保护与修复内容所占的比重有限。

以广东省立中山图书馆公众号为例,为了进行同时期推文情况比较,时间限定在 2016 年 6 月 1 日至 2016 年 10 月 20 日,推送古籍保护与修复内容的文章共 7 篇,主要发布该馆古籍展览信息,古籍体验活动图文信息,该馆影印版古籍获奖消息,关于公布第二批广东省古籍重点保护单位和第二批广东省珍贵古籍名录的通知,"我与中华古籍创客大赛作品展"的展览信息,2016 年"中华古籍保护志愿服务宣传推广活动·广东行"的启动仪式、学习情况及圆满结束情形。其中,《探秘古人的书香生活:"书香古韵"——中华古籍之魅力读者体验活动》,一文推送了该馆的古籍体验活动,让读者亲自感受古籍的制作过程,如雕版印刷、传拓、古籍装订等①。这些文章的总阅读量 2262 次,文均阅读人次 323.1 人/篇。

广东省立中山图书馆公众号推送关于古籍保护与修复内容的共同点是,除了发布获奖消息和转发广东省人民政府的通知外,其他推送活动都具有读者可参与性,如古籍体验活动,古籍展览、古籍保护志愿服务宣传推广活动等。在"中华古籍保护志愿服务宣传推广活动·广东行"留言板上,有读者表示强烈的参与意愿。

其他诸如宗教古籍公众号也有古籍保护及修复的内容,以"佛教古籍"为例,佛教古籍公众号于 2014 年 2 月 25 日开通,前期发布了关于古籍整理、古籍保护、古籍修复的诸多文章,为了保持同时段的对比,本文相关数据的时间限定在 2016 年 6 月 1 日至 2016 年 10 月 22 日。佛教古籍公众号内有"重要资讯""精彩推荐""方向探索"三个板块,下设 14 个专题,与古籍保护与修复直接相关的专题有"佛教古籍保护班""评佛教古籍保护班""佛教古籍定级标准""古籍整理软件""敦煌文献古籍装帧"

---

① 广东省立中山图书馆:《探秘古人的书香生活:"书香古韵"——中华古籍之魅力读者体验活动》,2016 年 6 月 2 日 http://mp.weixin.qq.com/s?__biz=MzA3MjM3NjYxOQ==&mid=2652490067&idx=5&sn=71fad84cb8a6b6e58f3ac13c27897fcf&scene=2&srcid=0602KbYaYdljkAqnF7Bcn1J4&from=timeline&isappinstalled=0#wechat_redirect,2016-09-29。

"开放古籍平台""古籍损毁现状调查""古籍数字化"等8个专题，各专题下有一篇文章，共8篇文章，总阅读量是7423人次，文均阅读人数927.9人/篇，得到了152个赞，可知佛教古籍微信公众号有一定数量的读者群。

在该公众号的"历史消息"中，有20余篇关于古籍保护与修复的文章，转载文章数量比原创文章多，内容涉及各地古籍保护与修护的工作动态，原创文章如《佛教界人士将加入全国古籍保护专家委员会，以利交流渠道的畅通》，转载如《山西启动修复金代华严经等21件国家一级佛教古籍》《山西古籍的保护与传承》《青海搜集抢救藏医药古籍1552种》等文章。多次转载国家古籍保护中心微信公众号的相关内容，部分转载文章的阅读量较原文阅读量高，如转载国家古籍保护中心"古保论坛"《发霉藏书的去霉》一文，国家古籍保护中心原文阅读量为474人次，在佛教古籍公众号下阅读量达540人次。从某种角度上看，其他微信公众号转载国家古籍保护中心微信公众号的文章，有助于吸引不同阅读倾向的读者，促进不同专业领域的交叉，同时扩大古籍保护与修复的社会影响。

上文的分析可知，不同类型的微信公众号在版块设置各有特点，推送古籍保护与修复相关的文章频率不同，行文风格也存在差异，都在一定程度上促进了古籍保护与修复的社会推广。国家古籍保护与修复中心微信公众号虽然开通时间短，但专题分类简洁明了，推送的文章图文并茂，篇幅适度，内容充实，被转载频次较高。省市级图书馆作为公共图书馆，在其微信公众号内以服务读者为主，并积极举办读者可参与的古籍展览、古籍体验等活动，让读者更深切地感受古籍的魅力，了解古籍修复行业，意识到保护古籍的必要性，在藏书利用过程中，养成爱护图书的习惯。宗教或民族专题古籍的微信公众号，首先具备了有共同兴趣的稳定读者群，这类公众号推送关乎民族文献、宗教文献的同时，推送该专题古文献的保护与修复相关内容，读者也会给予一定的关注。亦即，不同类型公众号针对不同的读者群体，开展了不同层次的古籍保护与修复知识推介，初步形成了专业层面、浅层次及交叉学科的微阅读网络。

4.小结

综上所述,微阅读普及的社会环境中,古籍保护与修复界利用各种微阅读平台,开展古籍保护与修复的社会推广。从建设网站到开通微博,再到各类微信公众号的文章推送,从展示到主动推荐的转变,宣传了古籍保护与修复相关知识,丰富了社会推广的形式。从微信公众号推送古籍保护文章的阅读量看,具有较稳定的读者群,读者的留言反馈,体现了读者对古籍修复保护工作的认识,以及保护古籍社会意识的萌发,产生了一定的社会影响。利用微信开展古籍保护修复的社会推广,还有较大的拓展空间,如交叉学科的参与度有限,部分公众号的推荐直接是网页链接,展示内容与舒适的微阅读体验存在一定差距,涉及古籍保护与修复的微信公众号数量有限等。综合利用各微阅读平台的优势,发挥微阅读环境的积极作用,有助于促进古籍保护与修复良好社会氛围的形成。

Analysis of the Influence of the Micro-reading Environment on the Construction of Social Atmosphere of Ancient Books Preservation and Conservation

Tang Yan

Abstract: Micro-reading environment has formed initially and micro-reading platform has become increasingly diverse. The rapid development of WeChat's momentum promotes the proportion of WeChat reading increase significantly. All kinds of organizations actively use WeChat platform to introduce appropriate services and promotional strategies. In this paper, the use of WeChat Public platform by preservation and conservation centers of the ancient books is to be studied by collecting the contents of different types of WeChat Public platform related to ancient books conservation. Related reading data is to be counted to analyze the influence of WeChat platform on the preservation and conservation of ancient books.

Keywords:ancient books preservation and conservation; WeChat Public platform; National Ancient Book Protection Center

"金玉其相"

——宋元散叶装帧新议

万 群[*]

摘要：中国古书向以宋元版为珍贵，然而宋元时期书籍的形制在漫长的古籍装帧史中应有其特殊性。本文以整理天津馆藏周叔弢先生捐赠宋元残页项目为契机，展开包括宋元古书散叶遗存状况调查、宋元书籍装帧文献梳理、再到金镶玉蝴蝶装技艺方法等专题探究，目的是想厘清相关文献信息，参与和推动古籍修复专业交流。

关键词：宋元散叶；古籍修复；金镶玉蝴蝶装

1. 引言

中国古代书籍装帧形制的演变与发展有着漫长的历史。迄今研究所知，大抵经历过简策装、卷轴装和册叶装三大不同阶段，然而这些装帧形制究其能达到极尽美善之根本，却应归根于书籍制度的变迁、书册材质的兴废，以及相递承继且兼具锐意精神的历代装潢匠人。潘景郑于《古籍修复与装帧》序中曾言："装潢之业，文化辅车，千百年来，相依相存，不可偏废。举凡图书文物，深赖装潢以维护之。载籍所录，卷册缥缃，金镶玉嵌，有由来矣。所惜前人著书立说，夸炫装袭之美，不涉技艺之微，诚憾

---

[*] 万群，天津图书馆。

事也。"①

近年,随着"中华古籍保护计划"在全国范围内的顺利实施,沉寂多年的传统古籍修复技艺被列为国家级非物质文化遗产。伴之而来,各地针对古籍文献修复与保护的专题科研项目陆续开展,涉及中国古代书籍装帧技艺研究日渐深入。有鉴于此,天津古籍保护中心与国家古籍保护中心合作启动了"天津图书馆藏珍贵古籍整理、保护与研究项目",其中部分整理内容为天津馆藏周叔弢先生捐赠66件木板残叶。笔者在过去的两年多时间里,就这批珍贵"宋元散叶"的历史形成,保护修复技术的方法以及未来装帧设计的科学性等展开深入实践,遂引发了从宋元古书散叶遗存状况调查、到宋元书籍装帧文献梳理、再到金镶玉蝴蝶装技艺方法等专题的探究,目的是想厘清相关文献信息;丰富项目研究成果;参与和推动古籍修复专业交流。兹以原始资料为依据,取证实物,附以图像,就教方家。

2.宋元古书散叶遗存成因分析及状况调查

中国古书向以宋元版为珍贵。原因是这一时期出版了大量书写讲究、刻印精美的书籍,形成了独特的宋元书式风貌,为后世藏家所追崇。明末清初常熟藏书家钱谦益就酷爱收藏宋版书,曹溶称其"所收必宋元版,不取近人所刻及钞本,虽苏子美、叶石林、三沈集等,以非旧刻,不入目录中。"②

由于年代久远,传世的宋元版书迨至清代已成稀世之珍,人们为了能直观地了解宋元书式风貌便采取许多有效方法,譬如诞生于清末民初的"影印本",即是源于近代印刷技术的进步,而仿造出仅较真迹略逊一等却几可乱真的"影印本",以杨守敬所辑《留真谱新编》、缪荃孙辑《宋元书影》为代表,是数量众多且极具版本校勘价值的样本目录册。与此同时,收藏界也出现了集中搜集古书残本或残页,编排成册的现象,这种做法就

---

①潘美娣:《古籍修复与装帧》,上海:上海人民出版社,1995。
②清曹溶:《绛云楼书目题辞》,北京:中华书局,2006。

今而言也是非常困难的。笔者于沈津先生《古书中的残本残页事》一文中获知古书散叶遗存成因及评介，撮其梗要如次：

"由于一般的残本书或残页的利用价值很低，即使是贱值售卖也较困难，于是有聪明的有心者想出了一个绝妙的法子，即将数十种乃至百余种不同版本的残本汇集起来，每种一页，无论宋、元、明，那它的价值就大不一样。这种事，多是书贾所为，以民间苏州文学山房为例，1953年，文学山房的主持人江静澜、澄波父子就将卖不掉的明刻残本160种拆开，辑成《文学山房明刻集锦初编》，取明刻本每书一页，皆配有说明，总共配成了三十余部，每部四册。不多时，消息传出，各家争藏而全部售罄。这部《集锦初编》请了也是苏州人的大学者顾颉刚先生作序，序云：'苏州文学山房夙为书林翘楚，江君静澜及其文郎澄波，积累代所学，数列朝缥缃如家珍，每有所见，随事寻求，不使古籍有几微之屈抑。近年故家所藏，大量论斤散出，江君所获之本，屡有残篇，积以岁月，得明刻百六十种，存之则不完，弃之则大可惜。爰师观海堂杨氏《留真谱》之意，分别部居，装成三十余帙，俾研究板本学者得实物之考镜，不第刻式具呈，即纸张墨色，亦复一目了然。其于省识古文献之用，远出《留真谱》复制之上，洵为目录学别开生面之新编。得是书者，合版本图录而观之，有明一代刻书源流，如指诸掌矣。'"

沿寻沈先生文章线索，按图索骥，笔者就目前散存各处的珍贵宋元残页部分信息做了追踪（主要依据收藏单位提供或查检文献资料整理），仅就调查陈述如下：

（1）"我经眼的残页集锦仅有几种，最早是在六十年代初，上海图书馆藏的一套《宋元精椠粹编》，为近人俞诚之所辑，计50页。另一种为陶湘辑《宋元明本书影》，有107页之多。"

按：经查上海图书馆藏"书影"都是残页，其中陶湘辑《宋元明本书影》一页即一种，皆托裱成单片，装为一函，书函为蓝布月牙式函套，套外签题《宋元版留真》，单片背面写有书名（有些不知书名）、版本，应出陶湘的鉴定，但定得是否准确则不一定，只可作为陶氏的个人意见看待。内容则无从谈起，什么书都有，只要是宋元本就收了。另一种著录为潘宗周辑藏,同样也是单片,前后备两片夹板存放,这类东西的装潢一般都不考究。查到的第三件只几张残页,并无装池。

(2)"七十年代中,我陪顾师廷龙先生去宁波、杭州,在浙江图书馆见《小百宋一廛藏宋元刻集锦》,一册,计101页"。

按:《小百宋一廛书叶》是1957年张宗祥先生捐赠浙江图书馆①。所收古籍零叶著录于《浙江图书馆古籍善本书目》中,计有五十八种,一百十三叶②。2015年,笔者曾在浙江省图书馆见到了该书。正如书名所示,其中绝大部分为宋刻本的零叶,整部以单片册页装集锦的形式,放置于精致木匣内。张宗祥先生在辑集时,将其对于各叶的版本鉴定结论,扼要留题于经过装裱的册页页边处,记"宋刊""元刻"等字样。这部被称为善本留真谱的《小百宋一廛书叶》搜罗完备,编次得当,故其以特色的古籍零叶形式入选了《国家珍贵古籍名录》。

(3)"又《郑振铎日记》1943年4月16日所记,他那天去徐紫东处购得宋元本残页七八页,又有他书若干种,共500元。可惜没有记下是什么名目。"

按:未查得下落。

(4)"我也知道北京大学图书馆也藏有两部类似集锦的本子,可惜没有机会去目睹,以增长见识。"

按:北京大学图书馆收藏集锦册内仅有两页是宋版,其余大多为明清古籍零叶,因此并未入藏存放,仅若《中国版刻图录》《宋元书影》等常用书一般置于工具书架上,方便随时鉴定使用。其装帧方式是以每页版心向外对折,不经裁切、未下纸捻且以四眼线装订成册,外以夹板护持。

(5)"1986年,我在美国作图书馆学研究时,曾在美国纽约市立公共图书馆见到一函《宋元刻本集锦》,有20页,但不知为谁人所辑,询之东亚部的一位老先生(杭州人),也不知何时入馆,更不知来源为何了。那时,我在哥伦比亚大学东亚图书馆的善本书库中,见到了傅增湘当年售与

---

①李性中:《浙江图书馆捐赠史述略》,《图书馆研究与工作》2007年第4期。
②浙江图书馆古籍古籍部编:《浙江图书馆古籍善本书目》,杭州:浙江教育出版社,2002。

美国人的书数种计……192元,除'共计'外,上面的字皆为傅增湘手书,当为傅氏售出时所写。还有一册题为《零玑断璧》,为宋刻残页,当年售价100元。"

按:这部分内容,限于条件暂未作调查。

2013年的世界博物馆日,在国家博物馆举办的珍贵古籍展览上,笔者又意外发现几幅宋版残页,经请教黄燕生先生得悉,该馆现藏20件宋元刻本残页亦是傅增湘先生旧藏,装裱单张册页形式(图1),难得的是这些珍贵残页均已被鉴定版本,墨笔题识,当是从傅增湘先生得出的答案。此外知道的便是天津图书馆藏周叔弢先生捐赠66张珍贵的古书散叶了。

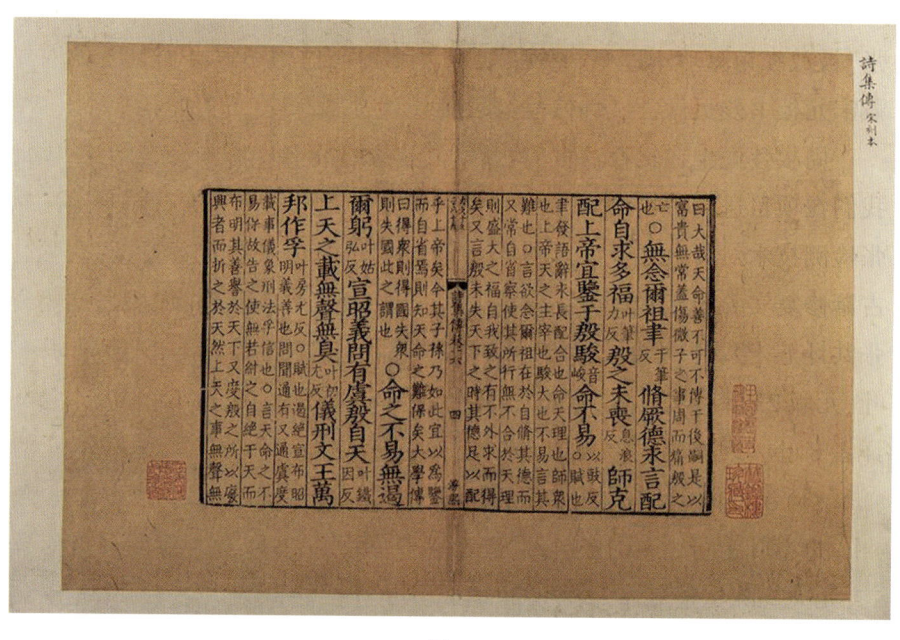

图1

从已知宋元散叶事实调查中,我们不妨得出进一步结论,既这种集中搜集宋元古籍残页的现象,总体数量虽然不多,但其中每张必是出自精于古籍鉴定的藏书家版本学家之手,如张宗祥、潘宗周、陶湘、傅增湘、郑振铎、周叔弢等,他们都是曾活跃在中国近代藏书史上的大家。正因有了这些藏书家极高的鉴赏力和爱书、惜书、藏书、护书的胸襟见识,才使得传统古籍善本收藏中保留下如此极富特色的品类,这也为研习宋元古籍版本学提供了最直接的"留真谱"工具书,理应引起学界更多的重视与保护。

3.天津馆藏周叔弢捐赠珍贵散叶述略

周叔弢先生(1891—1984),安徽东至县人。著名民族实业家、民主爱国人士和古籍文物收藏家。其所藏宋椠元刊、明清佳刻及抄校稿本等,以质精量多饮誉海内外。周叔弢作为藏书大家,素喜宋元版古籍,当年周先生将毕生搜集的宋元版书无偿捐献给了国家图书馆,完成了其收藏夙愿。1982年当时的天津人民图书馆从天津艺术博物馆接受到"周叔弢先生捐献木版书本残页样",合计66幅(其中一幅是照片)。此后这批珍贵"样张"被放在馆藏珍本库中,直到笔者有幸对其进行整理,并有计划的对馆藏宋元板书残页做尝试性修复与装帧设计,以取得有价值的经验。

周叔弢先生在辑存这批木板残样时,未曾将各叶版本鉴定结论,因此我们在项目进行中始终将考详每件残叶版本视为研究重点,同时运用纸张检测技术对每页文献残片进行酸碱度测试和纸张纤维分析,着意强化古籍修复实验与版本研究之间的紧密配合。经初步鉴定馆藏弢翁捐赠样张共计五十八种,大部分为宋元刻本零叶,其中不乏稀见本,计有宋版15叶、元版23叶、蒙古本1叶、明版9叶、影印版7叶、照片1张、版本暂不详者8叶。现将鉴定举要如下:

(1)汉刘向《说苑》二十卷两叶

每半叶十行,行十七字,细黑口,双鱼尾,左右双边。存后序叶一至二,元大德陈仁子刻本。纸张纤维成分100%竹纤维印本,《国家珍贵古籍名录》-3-07126有著。

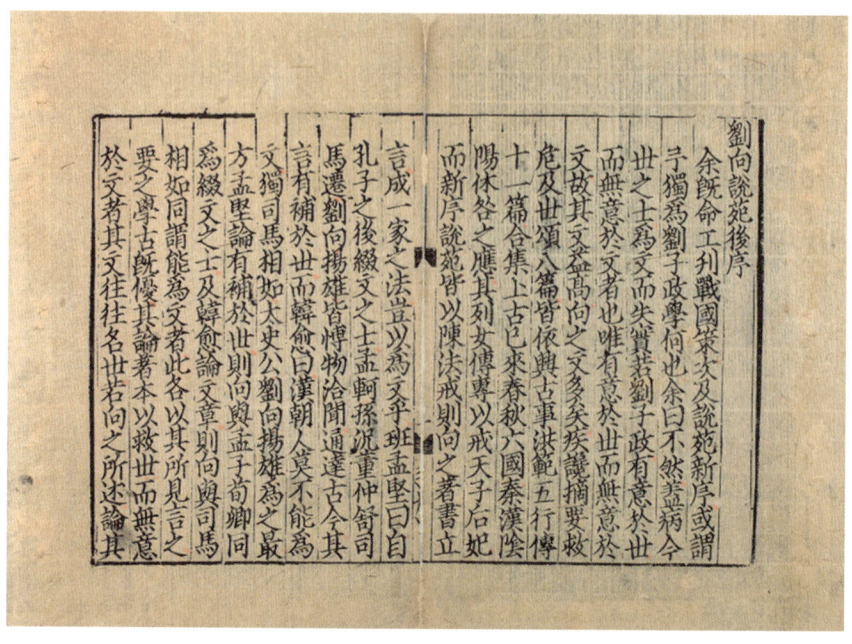

图 2-1

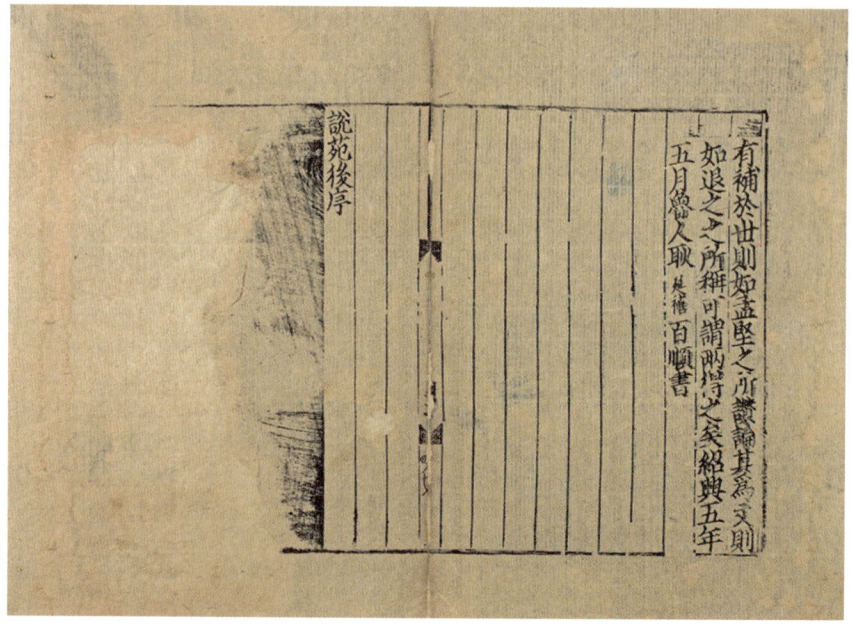

图 2-2

(2)宋陈阳《乐书二百卷目录》二十卷三叶

每半页十三行,行二十一字,白口,双鱼尾,左右双边。存卷一四九叶七(末叶);卷二百叶十三;卷一五八叶三,元至正七年(1347)福州路儒学刻本。纸张纤维成分均为100%构皮纤维。

图 3-1

图 3-2

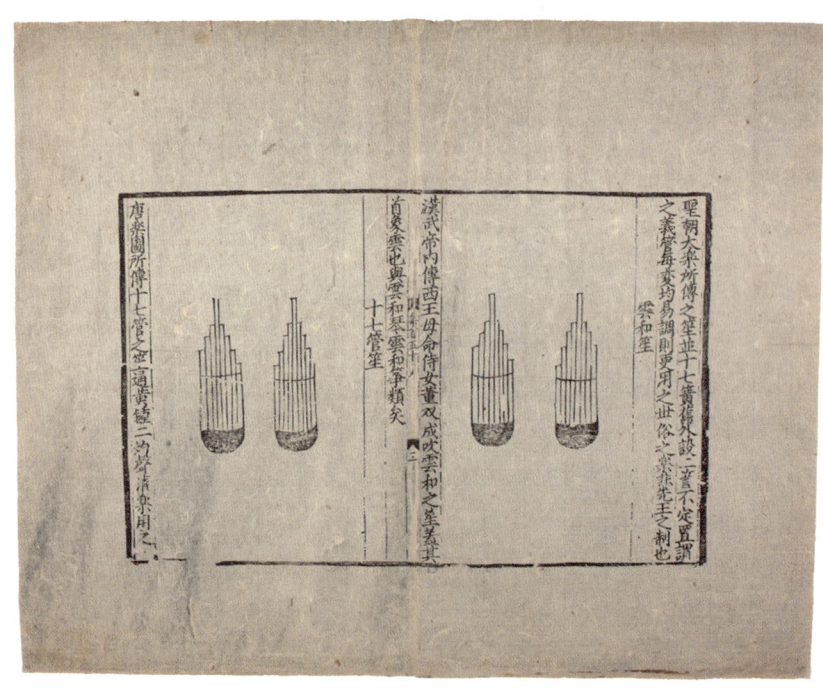

图 3-3

(3)宋袁枢《通鉴纪事本末》四十二卷一叶

每半页十一行,行十九字,白口,单黑鱼尾,左右双边。存卷一叶七十八,版心上记数字,下镌刻工章泳,宋宝祐五年(1257)赵与𥛃刻本(图4)。纸张纤维成分100%构皮纤维。此纸镌工精雅,纸墨俱古,加之字大行宽,赏心悦目,是典型的宋刻大字本,现存世二十余部,天津馆亦存十五、三十三卷两册,《天津图书馆古籍善本书目》-1-95。

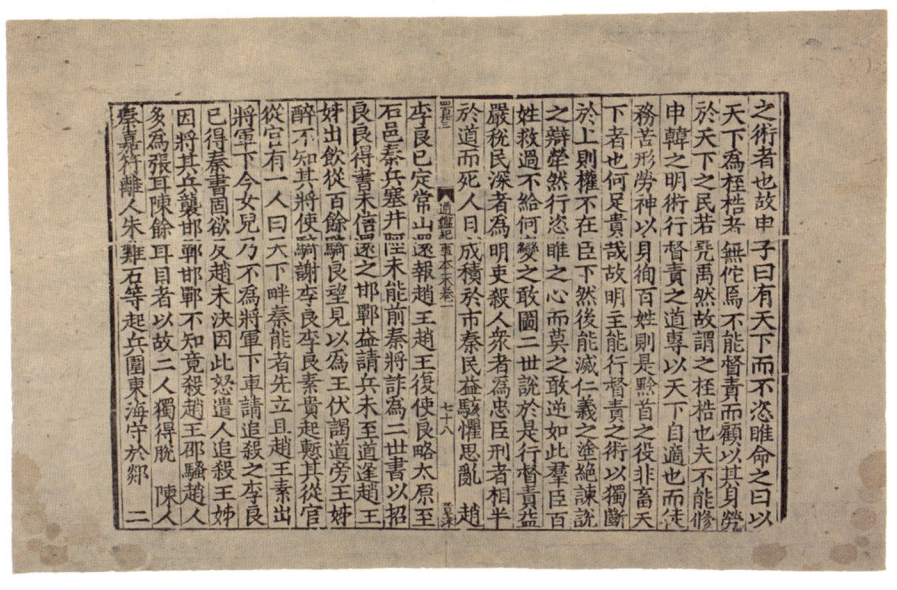

图4

(4)宋朱熹《诗集传音释》十卷一叶

此元许谦音释本。每半叶十二行,行二十三字,小字双行,细黑口,双黑鱼尾,四周双边。《诗经·小雅》的一叶"註疏",元至正十二年(1352)宗文精舍刊本(图5)。录文"君子于役不知其期……"。纸张纤维成分100%竹纤维。此本罕见,仅严绍璗《日藏汉籍善本书录》-66著录,日本足利学校有藏,残存卷首及卷一。

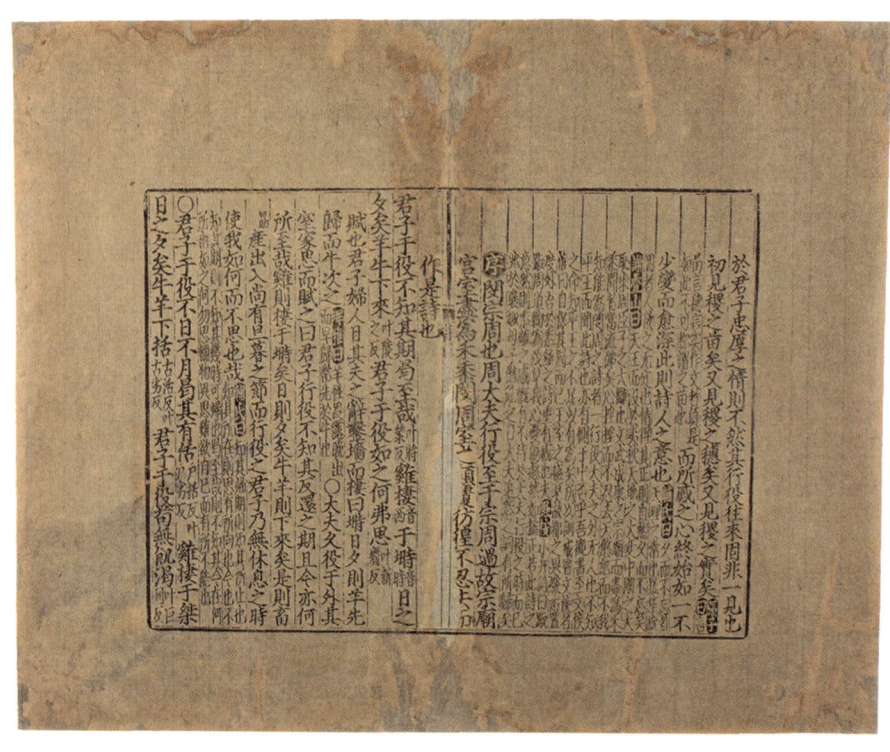

图 5

（5）宋张君房《云笈七笺》一叶

此纸为完整刻经版刷印，全版字三十行，行十七字，四周单边，版框右侧框外印有"承 云笈七笺九十三 八九"10 字。今存"真相论""阴阳五行论"部分，经版高 22cm、宽 56.7cm，纸长 63cm、宽 26cm。蒙古乃马真后三年（1244）刻道藏本（图 6）。"台湾故宫"存三卷，见《故宫宋本图录》-141。所用纸张纤维 100%构皮，墨色沉厚，字体方硬整肃。经同《中国版刻图录》第 264 图版所印"蒙古乃马真后三年刻道藏本《云笈七笺》。

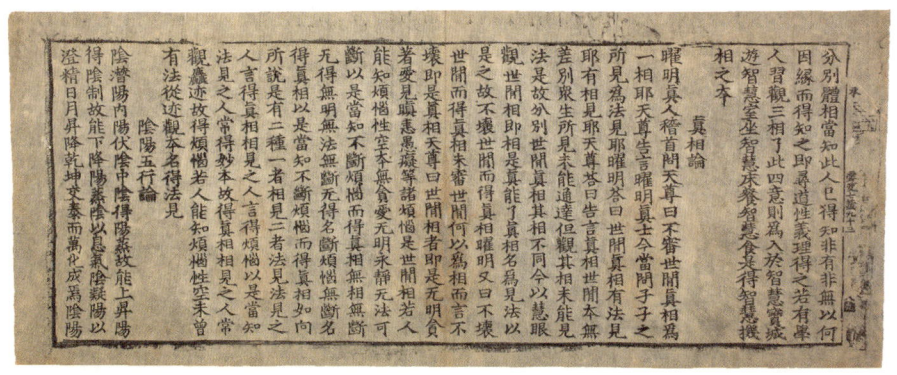

图6

（6）唐杜佑《通典》二百卷一叶

每半页十四行，行二十六字，小注双行同，白口或黑口，双鱼尾，左右双边。存卷七十五末页，有刊记两行"抚州临汝书院刊 湘中李仁伯校正"，框高 21.8cm、宽 16.7cm。元大德十一年（1307）抚州路刊本。有刻工，损字不清（图7）。纸张纤维为构皮加竹纤维混合成分。此本罕见，仅严绍璗《日藏汉籍善本书录》-657 和《"央图"书志初稿》-231 著录，国内无藏。

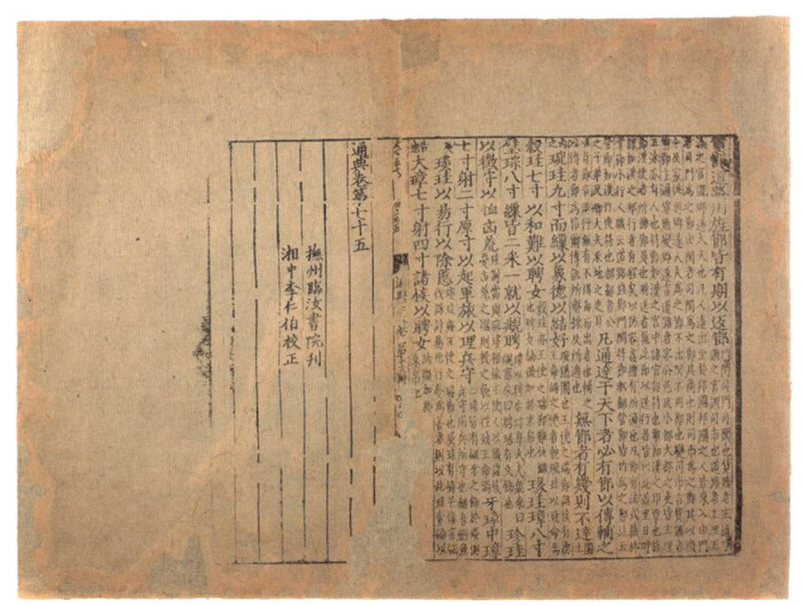

图7

叆翁残叶版本经过初步鉴定后,就需考虑怎样将"留真"叶合装成"谱"了。由已获散叶存藏实例可归纳出四种(表1),这些装帧形式无论是材质上还是风格上,都存在着不同。究竟哪一种是最适合、最理想的方式呢?笔者从意大利人凯散·布兰迪的现代文物修复理论中找到了依据,他主张:"一件艺术品,我们必须要思考它要传达给未来什么东西。只要想到这一点,我们在实施修复这个行为之前,就会被迫地对这件艺术品到底是什么意思进行再认识。通过这件艺术品的物质面和该艺术品所具有的两极性即美学性价值、历史性价值来进行再认识。"①因此,我们首先当从文献史料及存世实物中明晰宋元时期书籍的装帧。

表1

序号	装帧形式	实例
1	分散单张存放或叠放	天津馆藏周叔弢散叶
2	线装或毛装	北京大学图书馆藏
3	托裱单张册页有函套或匣	《小百宋一廛书叶》《宋元明本书影》等
4	金镶玉装	古籍拍卖会上有见此形式

4.宋元书籍装帧史料与后世改装样式测评

宋代雕版印书盛行,书籍装订开始由卷轴而为叶子,遂形成真正意义上的册页形式——蝴蝶装。《明史·艺文志》云:"文渊阁藏书,皆宋元所遗,无不精美,书皆倒折,四周向外,此即蝴蝶装也。"叶德辉《书林清话》云:"蝴蝶装者,不用线订,但以糊粘书背,夹以坚硬护面,以版心向内,单口向外,揭之若蝴蝶羽翼。"宋王洙《谈录》云:"作书册,粘叶为上,虽岁月久脱烂,苟不易去,寻其次第,足可抄录,屡得逸书,以此获全。"张萱《疑曜》云:"今秘阁中所藏宋版诸书,皆如今制乡会进呈试录,谓之蝴蝶装,其糊经数百年不脱落。不知其糊法何似。偶阅王古心《笔录》有老僧永光相逢古心,问僧,前藏经接缝如线,日久不脱何也?光云,古法用楮树汁

---

① 凯散·布兰迪:《文物修复理论》,意大利非洲与东方研究所出版社,1963。

飞面白芨末三物,调和如糊,以之粘纸,永不脱落,坚如胶漆,宋世装书即此法耶。"①上述文献资料,可以充分证明,宋、元两代图书大多采用"蝴蝶装"这种形式。

蝴蝶装的做法:先将书页面向内对折,集若干叶为一叠,戳齐后,在书叶背面折缝处用浆糊相互粘连,再用一张硬厚纸裹背粘于书脊作为前后封面即可。蝴蝶装盛行于宋代,它适应雕版印书一版一叶的特点,且文字朝里,版心集于书脊,这有利于保护版框以内的文字和后来进行改装。国家图书馆今藏宋刊《文苑英华》,其书衣上注明"景定元年十月装背臣王润照管讫",足可见证宋蝴蝶装之原形。蝴蝶装书籍装式虽美,然缀叶如线,翻检过多,终易脱落。

随着雕版与装订技术的进化,人们将原有的宋元版蝴蝶装书籍形式变换,就在此多变化、不定型的漫长过程中,"黄装""金镶玉装",以及"蝴蝶装金镶玉"无疑当属特殊形式下的装帧创新。今天它们又都不同程度影响着天津馆藏毲翁珍贵散叶的最终装帧式样。

(1)"黄装"是被改进了的蝴蝶装(图8)。其创始人是自号"佞宋主人"的清代杰出藏书家黄丕烈。黄丕烈生平无声色犬马之好,性喜聚书,他在收书藏书、读书治学的同时,亦对书籍文献的修护作出了贡献。他改进了蝴蝶装书籍的装帧方法,将书背粘连改为两张书叶的背面书口部位互相粘住。书背的处理不再像蝴蝶装那样涂满浆糊,而是直接用书皮包裹,从而避免版心部分因虫蠹损坏。② 此外,黄装的另一个优点是书册易展开平放,如国家图书馆藏宋版《忘忧清乐集》。

---

① 李景新:《中国书籍装潢小史》,《书林》1937 年第 5 期。
② 杜伟生:《中国古籍修复与装裱技术图解》,北京:北京图书馆出版社,2003。

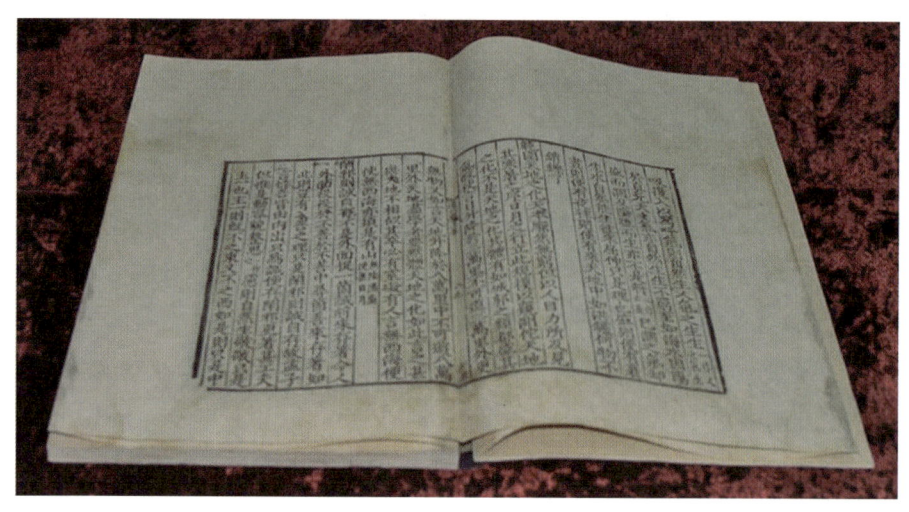

图 8

（2）提到"金镶玉"，这对今天从事古籍修复工作的人员来讲十分熟悉。它是前辈能工匠人在遇到善本书籍损坏、书品过小、或未经裁切稿本等状况时，为了使其耐用延年而创造的一种智慧技法。其修理时以白纸衬于旧书叶里面，上下露白。旧书色黄，衬纸色白，内黄外白，故得名之。明代大藏书家高濂在其养身巨著《遵生八笺》卷十四"论藏书"中有过这样描述："宋人之书，纸坚刻软，字画如写，格用单边，间多讳字。用墨稀薄，虽着水湿，燥无烟迹，开卷一种书香，自生异味。"又云："宋板书刻，以活衬竹纸为佳。而蚕茧纸、鹄白纸、藤纸固美，而存遗不广。若糊褙宋书，则不佳矣。余见宋刻大板《汉书》，不惟内纸坚白，每本用澄心堂纸数幅为副，今归吴中，真不可得。"①

高濂所言从文献角度，当属装修宋版书籍衬纸最早、最清晰的记录。根据事物发展的规律分析，金镶玉装也会有一个发生发展的过程，那么"活衬竹纸"即可谓金镶玉装法之雏形。金镶玉装式外呈鲜艳，间或操作复杂、费工费料，所以旧时除善本珍本外，一般普通版本书籍很少采用。

---

① 清永瑢等撰：《四库全书总目》，北京：中华书局，1965。

（3）"蝴蝶装金镶玉"是对古籍修复整旧如旧原则和保持善本书籍艺术代表性的有效诠释。它反映了我国传统装订技术与时俱进的一种态度。肖振棠等著《中国古籍装订修补技术》第五章详细记述了这种书籍装订方法。因其与弢翁散叶装帧直接产生关联，此处详录以备参考：

"蝴蝶装的书籍，如果书品过小，也可用金镶玉的形式把它装订起来，以弥补书品过小的缺陷。其做法如下。

根据书叶的数量裁好纸叶，纸叶要比书叶四周大于镶出的部分，将纸叶喷潮压平，每三四十叶一叠在中间折一道印，按照下脚镶出大小，将纸往回折一道印。将修整好的书叶展开，正面向下铺在纸葛板上，在书叶的中缝抹一道稀浆糊，浆糊抹的越细越少越好，将一叶纸按照中缝和下脚折印粘在书叶上。全书粘完后，上面用夹板压住，等浆糊干后，按照书叶数量和镶出天头、下脚书脑的宽窄裁一些纸条。将书叶每四五十叶一叠正面向下横放在葛板上，用夹板压住一半，另一半翻到夹板上，然后往下掀一叶书，用一张重色的纸条照在书叶下，在镶出的纸边上，轻轻少抹三、四点稀浆糊，粘上纸条，一头粘完，将书叶转过照样粘纸条，上下粘完后，将书顺放粘书脑。全部粘完后，上面放一块木板，板上压一块石头，等粘的纸条干后，即折叶（正面向内），用铁锤在石头上轻锤一遍，齐一齐下脚，加副页，在压书机内压实。按照前面蝴蝶装做法在中缝背面的纸上刷浆糊，等浆糊干后，用夹板压住书口，在书脑处将两面镶出的纸轻轻点上三点浆糊粘住，这样掀开时就不露纸条了。经过裁切、包书皮即完成。"①

5.新式"金镶玉蝴蝶装"的"旧学""新识"

前文我们对宋元书籍、宋元版散叶装帧史实逐一做了探讨，进而围绕蝴蝶装、黄装、金镶玉装、蝴蝶装金镶玉的起源、演变之文献与实物进行爬梳，厘清了相关"旧学"。透过上述综合论析，目的是制定出针对"天津馆

---

① 肖振棠，丁瑜：《中国古籍装订修补技术》，北京：书目文献出版社，1980。

藏周叔弢捐赠宋元残叶"项目的整体性、科学性并兼具历史性的装帧修护方案。

天津馆藏"宋元残叶"需要修复解决的问题：一是每张残叶相临叠加存放，珍贵文献之间相互磨蹭，极易产生新的损害；二是残叶最外面以硬黄草纸板夹护，草纸板呈酸性，直接影响到珍贵文献保护本身；三是部分"残叶样张"曾经前人修补过，呈现补纸脱落、修复方法粗糙、纸面不平、补纸选配不当等实际问题；四是"残叶"经取样纸张检测均显酸性，严重的需考虑进行纸张脱酸处理。以上状况均是亟待得到科学规范解决的"新识"。

然而，本项目完成的66件遗珍残叶未来将以何种形式存在？这点始终都是个关键问题。考虑到项目的整体性，首先明确必须放弃原始散叶状态，希望合订成册。再经以往书籍装帧"旧学"的积累，明确宋元书叶宜选择蝴蝶装形式，何况这66叶残纸原就取自不同时期的版刻书册，纸张材质薄厚有别、大小宽窄殊异，装订合体极难统一。最终，经过反复调研、论证模拟，决定采用古籍修复业内亦不常做的金镶玉蝴蝶装装式。该形式适合在同一册内展示不同版本且书叶参差不一的蝴蝶装书籍。

有必要指出的是，到目前为止，新式金镶玉蝴蝶装应是对保存珍贵善本零叶各自相对独立，且最小干预的最具创新意义的方法。

新式金镶玉蝴蝶装是在以往文献记录或实物印证的基础上加以改进，即保留了原有蝴蝶装金镶玉的优点，同时打破了金镶玉一纸一镶的固有模式，规避了原做法成书裁切后垫衬纸条和衬纸相互分离，需靠浆糊把两面粘住的不足（图9）。灵活采用了"拉手"和一纸两面分镶的巧妙做法，取得了理想效果。新式金镶玉蝴蝶装操作步骤（以项目实践为例）：

图 9

（1）准备：首先把散叶修补好，按照顺序依次将正面向内折好、捶平。接下来选择与每张残叶纸性颜色相同的补纸裁出宽 5cm，长与书叶宽同的纸条，作为连接书芯与镶衬纸之间的"拉手"。随后，根据书页尺寸大小准备好镶、衬用纸，项目选用安徽红星特级净皮（纸张平均厚度 82.8μm）和棉料（纸张平均厚度 69.8μm）做镶衬纸，纸裁得要比残叶中最大幅、明洪武内府刻《元史》一页大些（整纸长 61cm、宽 49cm），镶衬纸数量是书页的两倍，纸的四周要裁齐切光，以正面冲外按中缝对折一道印痕，取同书页数量净皮做镶面纸，搓齐书口，压平待用。

（2）铺镶：先把正面朝里对折好的书叶，逐一像连口一样在版心背面抹一道 1.5mm 细浆做书页与镶纸之间唯一固定线，如果不实将会直接造成书页脱落。全部粘结完毕，压平待干。之后把"拉手"纸回折使其厚度同书芯折叠厚度，捶平浆口。取之前全部镶面纸，精确成书订线位置直线扎眼，并将与书叶"合体"的拉手纸部分点三四点稀浆糊，依次粘贴到书脊订线位置的筒页镶纸外面，唯此法方能使镶衬纸部分有别以往，保持完整,这也是新法善巧之处。粘贴时需特别观察每页展开效果,尽量使书页均匀,上下比例得恰。

(3)挖衬:完成了简单镶活的书册,就要重点处理书页叠放一起不平的问题。以往金镶玉做法是垫衬纸条或回折宽大纸边。那么,新法巧妙地将衬与挖分成两步,即先按相邻两张残叶厚薄分选备好衬纸,薄为棉料厚为净皮,若前后两张相差明显则各取半张,随时变化增减。其后将衬纸一一铺入对应镶面纸里,折缝处对齐。以书页半版映出影形,在衬纸上前后分别扎眼、做记,取出衬纸挖去各自书影部分。接下来,把挖芯后衬纸嵌回镶面纸内,用骨刀在镶面纸上轻轻按压,这时关键要在过程中随时用手感觉纸面厚薄,必须做到书页纸边与衬纸挖线紧密贴合,达成书册整体平实耐观。

(4)装册:装册过程通常需要经过粘贴、压实、订纸捻、裁切、包角、装书皮、订线、函套加工等步骤,此不赘述。

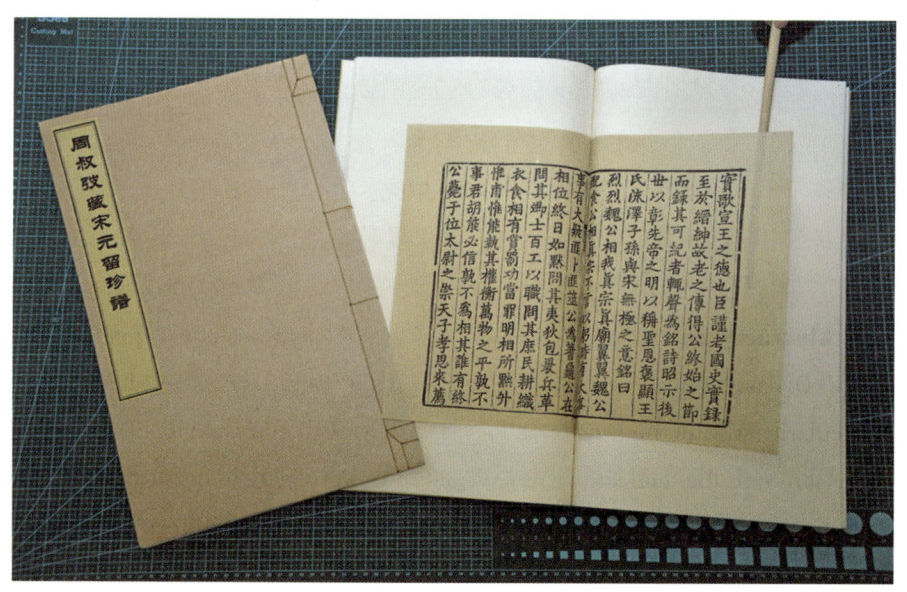

图10

至此,一部尽心追求书籍装潢"护帙有道,款式古雅,厚薄得宜,精致端正"①之境界的珍版古籍零叶书册,旋告完成。

6 结语

"夫书之有装,如人之有衣。且一代有一代之衣冠,一代亦有一代之文物,观衣冠而知家风,察文物而知雅尚。"②昔年笔者专心研习修复技艺时,日日沉浸于追溯考详"宋元散叶"故实中,也因此对我国传统文化典籍的发展有了一个全面认识。创新式金镶玉蝴蝶装是在汲取前人基础上,因循古法,旁搜群籍而得,久又方成是篇。惟见闻未周,深冀借此引起同道关注,更宜努力对延续千年之传统古籍修复技法产生积极意义。

New Discussion on the Binding of Book Leaves from Song to Yuan Dynasty

Wan Qun

Abstract: The most preciousness Chinese ancient books are from Song to Yuan Dynasty, however the books' shape and structure have their particularity way of binding and layout during this long period. This article seem sort out the collection from Tianjin Library which donated by Zhou Shutao as a chance to do some research about the present preserve condition of the leaves from Song to Yuan Dynasty, collect the article and research about these book leaves' binding and layout, the techniques of the blouse with gold

---

①孙从添:《藏书纪要》,上海:上海石竹山房,1915。
②张铿夫:《中国书装源流》,《岭南学报》1950 年第 6 期。

set in jade and butterfly binding(金镶玉蝴蝶装). The writing is aimed at clarifying the information of this area, and promoting the exchange of ancient books conservation.

Keywords: book leaves from Song to Yuan Dynasty; conservation; Gold Set in Jade and Butterfly Binding

谈试修本制度在珍贵古籍修复项目中的应用

——以《文选》、新疆珍贵民文文献修复项目为例

杨洁[*]

摘要：本文针对传统修复模式在修复珍贵古籍项目中存在的不足与风险，分析并总结了试修本制度在《文选》修复项目及新疆珍贵民文文献修复项目中的诸多经验成果。提出了古籍修复试修本制度的定义、阐述其包含的内容及具体实施的过程。另外，论述了试修本制度的优点及对珍贵古籍修复工作的意义和必要性。

关键词：试修本；样书；珍贵古籍；古籍修复

在传统古籍修复工作中，大多是依据修复人员的修复经验制定修复方案，然后直接开展修复工作。古籍修复的重点和修复人员的注意力都集中在古籍书叶等的修复过程上。但对于许多珍贵古籍来说，修复对象具有包含历史信息丰富、破损情况复杂、装帧形式发生过变化等特点。单纯的书叶修复虽然修复了古籍，但往往同时破坏甚至抹去了很多珍贵古籍身上百年来积淀的历史信息。面对复杂而严重的破损问题，单单依靠经验进行修复也往往会增加修复风险，有时还会由于修复方案选择不当而造成对古籍的二次破坏。因此，应重视修复前的准备工作，加强对古籍全方位的信息保存记录及对修复方案的论证探讨。最大程度、最稳妥科学地完成对珍贵古籍的修复。

---

[*] 杨洁，山东省图书馆。

1.初次尝试实施古籍试修本制度

2011年山东省图书馆古籍修复中心开展了馆藏珍贵宋刻本《文选》修复项目。山东省图书馆馆藏的宋赣州州学本《文选》是馆藏五部宋版古籍之一,是存世最早的六臣注《文选》版本,被列入国家第一批珍贵古籍名录的珍贵古籍。几百年来辗转数代人收藏,并推测清代曾进行过一次修复。在此次修复过程中《文选》装帧形式发生过变化。前人用厚过书叶约两倍的纸对书叶进行了整托。正是由于前人这次不恰当的修复加速了《文选》的破损速度。本着对古籍稳妥负责的态度,在开展的《文选》抢救性修复项目中,我们首次提出了"古籍试修本制度"的概念。

1.1 试修本制度的含义

"试修本制度"是对珍贵或破损情况复杂的古籍,在实施具体修复工作之前,开展一系列用于记录古籍历史信息、论证修复方案的系统工作。

1.2 试修本制度包括的内容

古籍试修本制度在此次修复项目中主要是在修复准备工作中实施。主要包括以下两方面工作。

1.2.1 挑选合适的古籍作为试修本,进行试修本修复

首先以馆藏《文选》的破损程度、破损类型、书叶纸张性质等多方面因素为依据,挑选馆藏清刻本《周如砥陈情疏》作为试修本。然后严格按照事先制定好的各种修复制度、安保方案、修复流程及操作,对试修本进行修复。在修复过程中查缺补漏,不断修改完善原有方案流程。

1.2.2 制作多种装帧形式的样书并论证其合理性,用以确定馆藏《文选》最终的装帧形式

由于馆藏宋刻本《文选》装帧形式发生过变化,因此,对《文选》原有装帧形式一直存在很大的疑问。方案一是修复后恢复《文选》原有初始的蝴蝶装形式。方案二是装订成目前我们所见的册页装形式。方案三是装订成最有利于古籍保护存放的其他装订形式。为此,对《文选》书叶进行扫描打印,分别将其制作成蝴蝶装、册页装、黄装、蝴蝶装金镶玉、挖衬五种形式的样书。用以论证并最终确定其装帧形式。

2.丰富与拓展古籍试修本制度

2016年9月中山大学图书馆古籍修复中心举办了第一期全国西方文献修复技术研修班。在此期间主持并指导学员修复了五部新疆民文文献古籍。这五本书都是列入国家第一批珍贵古籍名录的珍贵古籍。此次修复项目是全国首次对珍贵的新疆民文文献开展修复工作,几乎没有可以参考借鉴的资料、方法和经验。在修复工作中存在许多问题和修复困难。为了更加稳妥科学合理地完成修复任务,项目启动之初,中大图书馆修复中心的专家老师就要求必须贯彻执行古籍试修本制度。通过实施试修本制度,修复工作中存在的问题困难都得到了较为圆满的解决。与此同时,古籍试修本制度也得到了一次很大程度地丰富和拓展。

2.1 修复对象破损情况分析

此次修复的五部新疆民文文献分别是《穆赫塔沙茹》《苏菲阿拉亚尔》《买吉木艾依苏勒坦》《卡拉巴丁》《夏热赫塔·瓦菲克》。其中《穆赫塔沙茹》为阿拉伯文手抄本,《买吉木艾依苏勒坦》为察合台文石印本,其他三本为波斯文手抄本。五本古籍自身都保留着新疆民文古籍的许多显著特征。五部待修古籍的破损情况严重而且复杂,但同时也存在很大的共性。

2.1.1 待修古籍外形及装订结构破坏严重

初见待修的五本新疆民文文献古籍,其装帧形式与西文精装书的外形结构近似。但书壳与书芯都已经部分或完全断裂分离。特别是《苏菲阿拉亚尔》《买吉木艾依苏勒坦》《卡拉巴丁》三本书的书壳和书芯已经完全分离成两部分。完全无法根据古籍的现有状态信息确定原书书芯与书壳的连接方式及其原有装帧形式。

2.1.2 书壳破损严重

首先,书壳破损最为严重的是书脊部分。书脊上下两端存在严重缺失,仅残留中间少部分,个别古籍甚至整个书脊都断裂缺失。书脊残存部分的牛皮也有明显的老化开裂现象。因此无法确定待修新疆民文文献书脊部分原有的样式。

第二，书壳表面及边缘的牛皮破损严重。特别是《买吉木艾依苏勒坦》，其书脊为牛皮材质，在与后封面板连接处完全断裂。书壳上下封面版四周边缘3—4 mm宽的纸板已完全暴露出来，看不到有牛皮或漆纸的包裹痕迹。而上下面板表面又粘贴漆纸。因此无法确定面板是用整块漆纸包裹还是由牛皮包边后上下面板帖漆纸。

除此之外，这五本古籍的上下面板都存在不同程度的面板缺失和断裂情况。其中《卡拉巴丁》的上下面板及其与书脊连接的上下四角处尤为严重。

2.1.3 书芯破损严重，搭头布缺损

待修古籍的书叶大都四角磨损严重，存在大量的油污和水渍。书背处多磨损断裂、开线，书叶有脱落现象。其中《苏菲阿拉亚尔》的书芯已经开线成散叶状，无法确定原有缝缀方式。其他四本待修古籍书背处有四个书眼痕迹，可判断其中中间两个为缝线书眼。其中《穆赫塔沙茹》《买吉木艾依苏勒坦》《夏热赫塔·瓦菲克》书芯上下两端书眼处有零星彩色线绳的痕迹。特别是在《穆赫塔沙茹》两端书眼处彩线保留相对较多，可以看到麦穗状花纹，由此可推断待修新疆民文文献存在麦穗状手工缝制的搭头布。

通过以上对待修对象的现状描述及分析可以看出，一方面，修复对象很多重要的形态信息严重缺失。同时，又留有大量各种珍贵而且有价值的历史信息。面对如此复杂而又充满不确定因素的修复项目，修复人员无不感到修复工作无从下手。因此在修复项目中实施试修本制度显得更加必要而且有意义。

2.2 试修本制度的实施过程

2.2.1 制作待修新疆民文文献仿真本

修复对象仿真本是以待修古籍作为仿真对象，为了最大程度保存和记录待修古籍所有现存信息而通过各种拷贝，复制方法制作而成的古籍复制本。因为对于新疆民文文献此类珍贵古籍来说，不仅它们的文字内容具有重要的文献价值，同时古籍自身存在的所以信息也都具有重要的历史价值。然而，未来的修复工作必定会对待修古籍现存的历史信息进

行一定程度的影响和干预,甚至有消除部分信息的可能。所以,修复人员有责任记录保留并保护这些珍贵的信息痕迹。即在修复前的准备工作中先制作五部待修古籍的仿真本。最大程度地呈现修复人员所能看到的各种现有状态、情况。其中包括:

(1)古籍破损情况。如书叶的水渍油污、书叶四角磨损成圆角的状态、书脊处牛皮破损位置及形状、封面板缺损位置及断裂情况等。这些都可以通过扫描、复制、人为做旧等方法完成。

(2)各种可观察测量到的古籍结构特点和信息。包括书壳、书芯的长、宽、厚;书芯的书眼数量及位置信息;书芯配帖的数量、每帖包含书叶的数量;书芯缝缀方法。特别是具有新疆民文文献独有特点的环衬、书叶、纱布等相互之间的粘贴位置、尺寸、方法。在修复前的准备工作中,应尽可能的将以上各种信息详细测量并记录下来。再将其全面地反映在制作的仿真本上。

例如,《卡拉巴丁》。通过拆解书壳内侧粘连的环衬、纱布及书叶发现,纱布左右两侧各与半张书叶连接,粘贴宽度为 5 mm。这两个半张的书叶又与部分环衬粘贴在一起,即纱布是夹在环衬与书叶之间的。不同于常见西文古籍的纱布粘贴位置是在封面板与环衬之间。这应该是新疆民文文献自身结构的独特之处。这些特点信息在书壳的修复工作完成之后是无法再从书壳上直观看到的。因此,《卡拉巴丁》原书仿真本就重点复原了这一重要内容,为今后的新疆民文文献研究工作积累了珍贵的信息资料。

(3)古籍自身现存的各种前人修复痕迹。在仿真本中应尽可能地复制古籍在传承过程中所产生的各种修复痕迹。如书芯的二次装订痕迹、书叶脱落后被重新粘回书芯的痕迹、加固书芯与书壳连接处的痕迹、修补破损书脊的痕迹等。在仿真本中应充分复制前人修复的方法、位置、大小等历史信息。

2.2.2 按各种备选修复方案对试修本进行试修工作,最终确定最佳的修复方案

由于此修复项目中的修复对象是珍贵而且稀少的新疆民文文献。寻找与之相近似的古籍作为试修本是不可能的。因此,这次选择的试修本

是可以最大程度地反映修复对象破损现状的仿真本样书。对试修本进行试修主要采取如下两种方式：

（1）模拟整套修复流程及方案。将事先制作的仿真样书为试修本，完全按照预定的修复流程及方案对其进行修复。修复过程主要包括书叶修复、书芯重新缝缀复原、缝制搭头布、补全书壳上下封面板、加固面板断裂、修补书脊牛皮缺失部分、加固残留老化书脊、组合连接书芯与书壳等。通过试修，论证修复方案的可行性并找出问题解决问题，最终达到优化修复方案及流程的目的。

例如对《夏热赫塔·瓦菲克》仿真本的试修。修复人员为了论证修复方案的效果并熟练修复方法及流程。花了大量的时间根据事先制定好的修复方案对仿真本进行试修。首先按照原书的缝线方式缝缀书芯，并在书芯上下两端缝制麦穗状搭头布，处理各种前人留下的修复痕迹，修复仿真本破损并断裂成四块的封面板。最后将仿真本的书芯与修复后的书壳连接装订在一起。

（2）针对个别修复疑难问题模拟操作多种修复方法。这种试修方式相对灵活简单。首先选择相同或近似材质的材料制作多个修复模型。以修复模型作为试修本对象。然后逐一按照预先提出的多种修复方案对修复模型进行试修。最后通过对试修模型修复后效果的直观对比，就能选择出其中较好的修复方案。从而有效地解决修复疑难问题。使修复方案的选择更加直观、科学可靠、合理。

例如对《卡拉巴丁》封面板缺损情况的试修工作。针对这一修复难题，最初共制定了两个修复方案。方案一是在原封面板破损处逐层添加材质近似的厚桑皮纸至原封面板厚度，以达到补全的目的。方案二是将厚桑皮纸与分层揭开后的薄纸板交错粘合添加在封面板缺损的地方达到补全封面板的目的。首先选用材质和厚度都与原书封面板相似的纸板，做成仿真模型。然后分别按照两个方案对仿真模型进行修复形成两个修复样本。分析并评估这两个修复样本的修复效果。最终选择了破纸与纸板相结合的修复方案。

2.2.3 制作各种装帧形式的样书呈现修复对象修复完成后的状态形式

由于所修新疆民文文献破损程度严重，多为零散的书壳与书芯。通过对其现存情况信息的推断,无法准确地确定其应有装帧形态。因此应根据具体情况制作各种可能类型的装帧形式的修复后样书。

(1)制作能够反映所修新疆民文文献初始形态的样书。因为按照修旧如旧、最小化干预的修复原则,对待修新疆民文文献的修复工作是将其修复还原为我们所看到的合理形态,恢复古籍基本的结构功能。但对已经产生的不可逆又不影响自身功能的破损不做处理不进行复原。因此修复后的古籍并不能充分反映新疆民文文献的特有装帧形式。通过制作古籍初始形态复原本,弥补了这些不足。充分地将其原有形态及特点表现出来。其中包括书壳封面板的样式、书脊上下两端的样式、书壳与书芯的连接方式等。

例如《买吉木艾依苏勒坦》,经过观察推断此书应该是一本牛皮与漆纸相结合的新疆民文文献。即用牛皮包裹书脊部分,并对封面板四周进行包边,最后在上下面板上黏贴漆纸。但由于古籍历经百年,封面板四周的牛皮包边已经完全破损缺失。修复人员无法确定的包边用的牛皮的大小、厚度、颜色等方面的信息。因此在修复中并没有对此进行修复复原。因此在复原样书中,修复人员参考相关伊斯兰文献装帧形式的材料,对样书书壳进行了牛皮包边加漆纸的处理,并还原了新疆民文文献书脊两端所特有的书帽结构。

(2)制作修复对象修复后装帧形态样书。针对古籍自身各部分结构的组合连接方法、现存形状等具体问题。制作修复后古籍装帧形态样书。通过样书直观地表现修复对象在修复完成后可能的状态和装帧形式。通过对样书牢固性、美观性、合理性等多方面论证最终选择恰当的方案对修复对象完成装帧复原工作。

例如《苏菲阿拉亚尔》,原书由于破损情况严重加之进行过不恰当的修复,书芯破损断裂成散叶,书叶边缘及四角缺损严重呈圆弧状。一种修复方案是仅修复书叶与书壳,保留书叶的散叶及书叶圆角状态。另一种方案是对书叶及书壳的圆角及边缘进行修复扩大,从而充分保护书叶。并将书叶配帖缝线,复原成一本四角为直角的完整古籍。修复人员就按照方案二的处理方法制作了一本古籍复原后的样书。充分直观地呈现了修复方案中设想的完整古籍状态。修复人员根据此样书论证了该方案的合理性和可行性。最终确定按此方案装订复原古籍。

3.试修本制度的作用及意义

通过对试修本制度在以上两个不同类型的修复项目中实施过程的分析研究,我们可以看出试修本制度是贯穿在整个修复准备工作中的一个系统联系的工作。试修本制度是对传统修复工作的有益扩展和提升。

3.1 完善了对珍贵古籍的保护工作

在试修本制度中制作修复对象仿真本的主要目的就是记录古籍修复前信息。这是保护古籍修复前原始状态信息的一种有效的手段。最大程度地保护了古籍自身的各种历史信息和痕迹。仿真本还使得古籍的修复前和修复后可以同时呈现在世人的面前,体现对古籍历史价值的重视。也再次说明古籍修复工作的意义不仅是修好古籍,更是为了保护好古籍。

3.2 磨合熟练修复流程,提高修复方案科学化程度

对各种破损情况复杂、修复困难的修复项目,试修本制度通过各种方式的试修,从修复工作的安全性出发,检验修复制度、修复流程的合理性、安全性和可行性。并查缺补漏完善整个修复方案。保证了修复项目的顺利开展和完成。是从修复工作的科学性出发,为修复工作选择最为恰当可靠的修复手段和修复方法。通过试修本的修复演练,修复人员明确了责任分工及各个修复阶段的工作重点、难点。

3.3 弥补了修复工作的遗憾和不足

古籍修复工作是在修旧如旧、最小干预的原则下开展工作。因此修复工作往往不能将古籍复原成古籍初始的装帧形式。试修本制度中开展的样书工作弥补了这些遗憾。通过样书可以将古籍初始装帧样式或者百年来经历的装帧形式的变化都重新展现在世人面前。

4.结语

试修本制度是宋刻本《文选》修复项目的一大创新。同时也是新疆珍贵民文文献修复项目中的一大亮点。从《文选》项目中的初次提出小

试牛刀,到新疆珍贵民文文献修复项目中的全面应用,大展拳脚。试修本制度已经更加全面和成熟。实践证明试修本制度是可以使用于各种不同类型的珍贵古籍修复项目的。因此在今后的古籍修复工作中,应重视修复前的准备工作,将试修本制度更多地运用其中。使古籍修复工作能够更加科学、全面地为古籍保护工作服务。

参考文献:

[1] 潘美娣.古籍修复与装帧[M].上海:上海人民出版社,2013.

[2] 杜伟生.中国古籍修复与装裱技术图解[M].北京:中华书局,2013.

[3] 张平.古籍修复案例述评[M].北京:国家图书馆出版社,2012.

A Discussion on Application of Try-to-repair System in Rare Book Conservation Project: Taking *Wenxuan* and Xinjiang Literature as Example

Yang Jie

Abstract: Based on the defects of project and risk which in the traditional repair mode for the precious ancient books, this paper analyzes and summarizes the experience and achievement which come from the application of trying to fix in some repair project; and puts forward the definition of it, and expounds the content and the implementation process it contains. In addition, this paper discusses its advantages and its significance and necessity in ancient books repairing work.

Keywords: trying to fix; the sample book; precious ancient books; ancient books repairing

谈谈藏文古籍的修复

——以纳格拉藏经的修复为例

杨利群　杨敏仙[*]

摘要：云南少数民族古籍资源丰富，在这些少数民族古籍中，藏文古籍的数量较多，是我国古籍资源中的一朵奇葩。如何保护和修复藏文古籍是公共图书馆古籍修复工作人员的一项重要职责。本文以修复云南迪庆藏族自治州香格里拉县格咱乡纳格拉崖洞发掘的藏文古籍为例，阐述藏文古籍的修复方法和步骤，尤其是人工纸浆修补法的提出，对今后少数民族古籍的修复具有重要的意义。

关键词：藏文古籍；修复方法

1.背景

云南少数民族古籍资源丰富，云南的25个少数民族中，彝、藏、纳西、傣族等民族的先民创造了本民族的古老文字，并用这些文字写下了许多古籍文献。老彝文、藏文、东巴文、老傣文、傈僳文、白文、壮文等都是云南几种颇具特色的古老文字。云南少数民族古籍文献达10万余册(件)，在这些少数民族古籍文献中，彝文古籍和藏文古籍的数量较多。云南少数民族古籍文献多存于民间，虽然一部分被各图书馆、博物馆等收藏，但

---

[*] 杨利群,云南省图书馆;杨敏仙,云南省图书馆。

除了少数馆能提供较好的恒温、恒湿等储藏条件外,大多数古籍文献的储藏条件很差,达不到古籍文献保护的条件。加之一些在民间也经常翻阅使用,很多文献均有不同程度的破损,有些腐蚀相当严重,有的残缺、毁损。为了使这些少数民族古籍文献能充分发挥其应有的价值,并进一步延长其寿命,对云南少数民族古籍文献进行修复很有必要。

近年来,云南省图书馆古籍修复中心的工作人员针对云南少数民族古籍文献资源丰富这一优势,重点研究少数民族古籍的修复技法,已取得了明显的成效。

2010年迪庆藏族自治州图书馆考察队在迪庆藏族自治州香格里拉县格咱乡纳格拉崖洞发掘出藏经12种、7000余张,并将其入藏于迪庆藏族自治州图书馆。云南省图书馆馆长王水乔得知这一消息后,积极组织云南省图书馆的修复工作人员去迪庆藏族自治州图书馆对这一批破损的藏文古籍进行实地考察。云南省古籍保护中心工作人员在调研过程中,发现在纳格拉藏经洞发现的这批藏文古籍破损极为严重,云南省图书馆修复工作人员就这一批藏文古籍的破损情况、纸质特性进行了深入的研究,同时邀请了国图古籍修复专家杜伟生及西藏自治区图书馆古籍保护中心藏文保护专家前来指导,在国家古籍保中心和西藏图书馆的支持下,研究出一套可行的修复方案,在修复过程中采用人工纸浆补书法,利用狼毒草根肉熬制的汁与纸浆混合后进行修补。2014年云南省图书馆通过举办多期藏文古籍修复技术培训班,通过边学习边修复的形式抢救性修复了藏文古籍近1200片。

现将2014年在迪庆藏族自治州举办的藏文古籍修复技术培班和2014年国家古籍保护中心在迪庆藏族自治州举办的全国第三期少数民族古籍修复培训班对迪庆藏族自治州图书馆收藏的藏文古籍进行修复的情况做简要介绍。

图 1-1 藏经发掘地(迪庆藏族自治州图书馆和军摄)

图 1-2 洞内散落的藏文古籍

图1-3　国家图书馆古籍保护专家前来指导

　　藏文古籍不仅形式特殊,其他如装潢艺术、书籍名称、文章特点等都别具一格,与众不同,有着浓厚的民族特色和明显的时代烙印。藏文古籍的装帧受到佛教文化的影响,书籍呈长条形,活页状,有梵夹装,也有线装,书籍的版本长短宽窄不一。对于长条散叶的藏文古籍按次序重叠起来,不进行装订,往往上下使用夹板作为前后封。迪庆藏族自治州图书馆收藏的藏文古籍属于不加装订的长条散叶,书长为57—58cm,宽为20—21cm,双面有字的手写本。经藏学专家鉴定,迪庆藏族自治州图书馆收藏的藏文古籍属于中华大藏经的《甘珠尔》部分,经书多为波罗蜜心经、大藏经和大宝积经,也有少部分祭祀经书,书叶大部分破损严重。

2.破损鉴定

　　对古籍的破损情况进行鉴定这是进行修复工作的首要环节。由于每部书破损的情况不一样,所以必须对所要修复的书进行破损情况鉴定后,才能采取相应的修复方法。藏族为游牧民族,其文化以宗教信仰为主,多有祭祀、祈福等仪式,加之藏族喜爱烤火,烬毁情况较多。一些藏文古籍破损主要表现为纸张发黑、发黄,书叶边脚毁损,首尾部脱落,残缺严重。部分书籍的保存条件差,出现粘连、霉蚀、烬毁及纸张老化、絮化现象。迪庆藏族自治州图书馆收藏的这批古籍主要存在粘连、霉蚀、烬毁、絮化的情况。有部分书叶烬毁处有明显的焦脆痕迹,轻轻触碰便有掉落现象,有的书叶被火烤过又被水浸而冷热交替便皱褶成团,有的甚至粘连成书砖,损毁非常严重,属于重度破损。

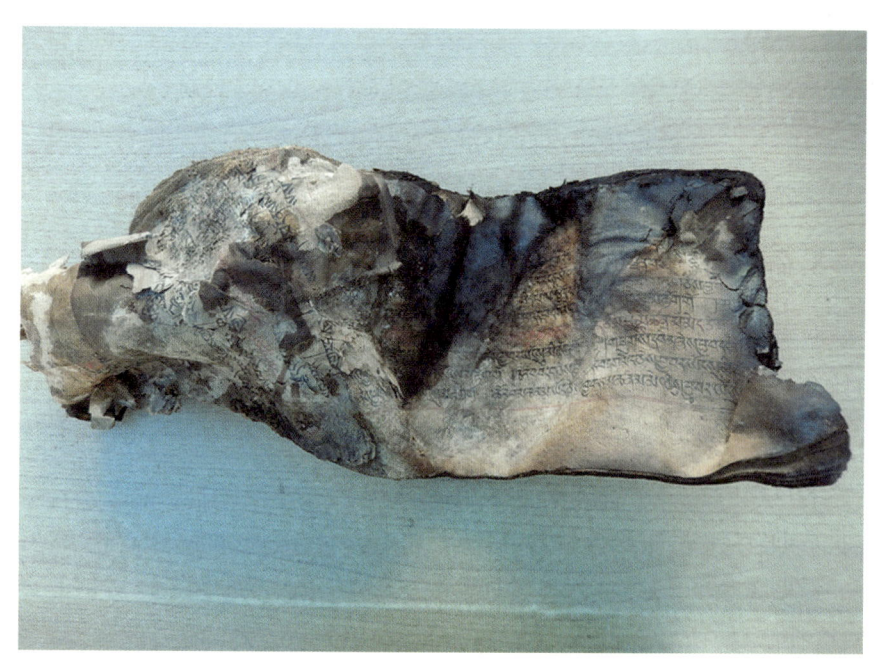

图 2-1 修复前的部分藏文古籍

图 2-2 修复前的部分藏文古籍

3.确定修复方案

对藏族古籍的破损情况进行分析,研究是什么导致古籍的破损,应采用什么方法进行修复。在研究过程中,云南省图书馆邀请了全国知名的古籍保护专家张志清和古籍修复专家杜伟生前来指导,杨利群老师对这批藏文古籍的纸质进行了反复的试验,发现这批藏文古籍纸质特殊,耐水性非常的好,书叶经开水浸泡 10 小时后,纸质纤维无分散且字迹不掉色。

根据藏文的纸质情况和破损程度定制定的修复方案为:揭、清洗展平、接补修复、挖衬修复、夹接修复、人工纸浆修复。

4.准备工作

4.1 配纸

藏文纸质韧性较好,具有很强的耐水性,据迪庆本地的几位藏学研究专家说藏纸在制作的过程中加入了狼毒草的成份,有防虫的功效。杨利群老师曾到西藏尼木寻找藏文古籍修复用纸,但没有找到既含狼毒草成份又适合修复迪庆藏族自治州图书馆破损古籍的藏纸。这次的修复用纸选用韧性较好的构皮纸(含构皮纤维的成份较多,但还有其他皮料纤维)来代替藏纸进行藏文古籍修复。

4.2 染色
取国画原料赭石、藤黄和墨调成和书叶相近颜色后上于补纸上待用。

4.3 选用工具
藏文古籍的修复工具和汉文古籍没有太大差异,根据具体情况选定使用工具。这次的工具中比汉文古籍多加了手术刀或马蹄刀。

4.4 浆糊调制
由于藏纸较厚,在修复过程中所采取的浆糊不能等同于汉文古籍的清浆糊,要达到补纸与藏文原书的很好粘合就必须采取较稠点的浆糊。

5.修复步骤和方法:

5.1 对于轻度(四级、五级)破损藏文古籍的修复

5.1.1 清洗、展平
对于纸张皱褶、粘有泥块并伴有霉蚀,但书叶无撕裂也无破洞,但已无法翻阅或阅读困难的藏文需进行清洗展平。方法:用开水浸泡后,再用小羊毛刷轻刷,洗去书叶的灰尘(减少霉菌滋生,同时也起到轻微脱酸的作用)。在清洗的过程中,要注意不要用力,避免使书叶纸张受到二次破坏。在清洗时,通过水槽内水的浑浊情况,判断是否行多次清洗。清洗后的书叶需在修复桌上进行展平,晾至水份八成干且书叶不变形时进行压平。

图 3-1 清洗展平藏文古籍(迪庆藏族自治州图书馆和军摄)

图 3-2 清洗展平藏文古籍(迪庆藏族自治州图书馆和军摄)

5.1.2 加固、修补

对于纸张皱褶、粘有泥块、轻微断裂或有细小洞孔的书叶，先用 5.1.1 的方法将书叶去霉、展平、吸水后在断裂处用薄纸加固，缺损洞块处取厚薄一致的补纸修补。

5.2 对于中度(三级)破损藏文古籍的修复

对于烟熏火燎的书叶，书叶纸张因火烤受损，缺损处属焦脆状态，先将书叶焦脆处用刮刀轻轻削出斜面，再将其清洗展平，取补纸沿削出的斜面粘于缺损处，并将补纸多余的部分均匀剔除。

5.3 对于重度(一级、二级)破损藏文古籍的修复

据迪庆藏族自治州图书馆馆长李永明说，这一批藏文古籍来源于一个山洞，当被发现时，部份书叶被火烧，有的缩卷成团，有的已结成书砖（猜想这种破损情况有可能是书叶刚刚被火烧烤后，即时浇上了冷水；因为冷热交替导致书叶皱褶成团，有的经水浇后，霉变结成砖块）。这部份藏文古籍属于重度破损，修复起来相当的困难，修复时要针对书叶破损的具体类型，破损的具体位置及破损面积的大小，采用不同的修复方法进得修复。

5.3.1 浇洗

对于书叶结成书砖的藏文古籍，先用开水将书砖表面泥块和脏污之处浇洗一遍，使少部分水分浸入书砖，使其软化。

5.3.2 浸泡

用毛巾将书砖四周包好裹严，用细绳将毛巾固定好，把包好的书砖放于盆或桶内，加水将其淹没，浸泡时间不少于一天。

5.3.3 揭开

取出浸泡书砖，小心揭开书页，将焦脆处和腐烂粘连处轻轻剔除并稍稍晾晒。

图 4　揭分书叶

5.3.4 修补方法

5.3.4.1 镶衬修补法(汉文古籍修复常用技法)

这种修复方法主要是针对书叶的四周大面积破损,书叶中间小面积破损及书叶发生絮化的藏文古籍。洞孔形状比较规则的破损古籍而采取的修复方法。方法如下:

(1)对即将镶衬的书叶的破口处用马蹄刀轻削,把烟熏、火烧发黑、发脆书叶破口处削薄,尽量选择对书叶上文字干涉较少的一面来削。在削书叶时,应最大限度的保留书叶上的文字,削成斜面,让搭口变薄一些。

(2)取比书叶稍大的补纸,量好书叶尺寸后,将书叶放于补纸上对好页面尺寸,用铅笔沿书叶破损处画线,在补纸上勾画出破损部位的轮廓,然后用剪刀沿着画线向外移 3—5mm(外移距离宽窄,要根据破损的形状而定,形状不规则的内移距离多一点,避免镶衬时,因误差导致补纸无法与书叶搭实)剪下需要的补纸。

(3)在破洞的周围涂上浆糊,再把补纸粘在相应的破损部位,在书叶与补纸重合的地方用马蹄刀或手术刀将补纸刮薄,再用羊毛刷顺着纤维的方向轻刷,将纤维理顺,必要的时候垫张吸水纸,用手轻轻按抚,将纤维压实即可。

图 5-1　镶衬修补法

图 5-2　镶衬修补法

5.3.4.2 挖衬修补法

这种修复方法主要是针对书叶破损面积较大,留下的书叶仅只有整张书叶面积的三分之一左右,洞孔形状也比较规则的破损古籍而采取的修复方法。方法如下:取一与原书叶大小相当的补纸,在书叶破口处涂上浆糊后,把补纸粘在书叶上,补纸与书叶重合的部位保留2—3mm,其余的用镊子剔除。采用这种方法修补时,书叶及补纸的处理方法与5.3.4.1中的(1)和(3)相同。

图6 挖衬修补法

5.3.4.3 夹接修补法

这种修复方法主要针对书叶外围大面积破损,破损部位的形状相对规则,书叶只剩下半截,且书叶比较厚的少数民族古籍所采取的修复方法。对于被火烧后,只剩下半截的书叶采用补纸夹书叶的修补方法,对于其他原因造成缺损的书叶采用书叶夹补纸的修复方法进行修补。方法如下：(1)量好书叶的尺寸(这里指的是书叶经修复后所需的尺寸)，根据所量的尺寸选取相应的补纸；(2)用铅笔沿书页破损处画线，在补纸上勾画出破损部位的轮廓，处理方法同5.3.4.1中的(2)相同；(3)将剪下的四层补纸从书叶粘接的部位从中剖开，上下各两层，剖开的宽度为1—1.5cm，将削过的书叶夹到所剖开补纸的合适位置，并在书叶破损处和补纸剖开的夹层上涂浆糊，用毛刷轻刷后翻面，在另一面的书叶和补纸上依次涂上浆糊；(4)用镊子把多余的补纸剔除，书叶与补纸重合的宽度留3—4mm。再用手术刀或马蹄刀把夹书叶的补纸的外层刮去2—3mm，让书叶与补纸重合部位的厚度有一个过渡。

图7-1 夹接修补法

图 7-2 夹接修补法

5.3.4.4 人工纸浆修补法

人工纸浆修复方法主要针对书叶厚度达到 0.2mm 以上(本次修复迪庆藏族自治州图书馆收藏的大部分藏文古籍文献的厚度是在 0.2—0.6mm),书叶外围大面积破损,且书叶的破损部位的形状不规则;书叶两面有字,有字的部位小面积破损;书叶絮化的破损的少数民族古籍文献所采取的修复方法。具体方法如下:

(1) 根据书叶缺损面积的大小取适量的补纸放入搅拌器加水进行搅拌,使其搅拌成细腻的纸浆。也可直接采用造纸厂现成的纸浆。本次我们在人工纸浆补书的过程中所采用的纸浆是造纸厂按我们的要求专门调配,纸浆可晾干备用。纸浆在使用之前需加入少许聚丙烯酰胺溶液,聚丙烯酰胺是一种常用的造纸助剂,水溶呈胶体状,有一定的粘度。将其加入纸浆内进行搅拌,能使纸浆中的纤维均匀地分散并悬浮在水中,可以改善纸浆上网的匀度,同时可增强纸浆与书叶破损部位的粘合度。使用时将聚丙烯酰胺通过加水溶解再加入搅拌好的纸浆溶液内,每次加量少许,通过多次调制并试补,直至达到要求为止。聚丙烯酰胺的质量比例范围需借助相关浓度检测仪器进行检测才能得出。

（2）在清洗书叶的水槽上驾一张可以漏水的滤网，在滤网上平铺抄纸的竹帘，将已清洗展平的书叶平铺于竹帘上，周围缺损的地方用厚塑料平铺挡住，防止周围缺损的地方溢出纸浆。

（3）将搅拌好的纸浆浇于书叶的缺损处，浇纸浆时，尽量要保持浇上去的纸浆经压平后与原书的厚度近似，并尽可能地不让纸浆把书叶上的字迹覆盖。

（4）缺损部位的纸浆浇完后，用启刀配合镊子调整破损部位纸浆的均度，待均度合适后，用棕刷轻轻将纸浆墩实。

图 8-1　人工纸浆修补法（迪庆州图书馆和军摄）

图 8-2 人工纸浆修补法(迪庆州图书馆和军摄)

(5)在补好的书叶上下各垫一张化纤纸,用棕刷轻刷修补处后,在化纤纸上下各垫一张毛毡,放入压书机重压 10—15 分钟(与纸浆补书机修补后的书叶的重压时间相近),取出晾至水份八成干,再采用普通方法压平即可。由于本次培训班学员多,而压书机只有一台,一张书叶修复好以后放入压书机仅压 3—5 分钟便取出了,也不影响纸浆的压实效果和纸浆与书叶接口处的粘合度。

图 9-1　人工纸浆修复书叶的压平

图 9-2　人工纸浆修复书叶的压平

图 9-3　人工纸浆修复书叶的压平

图 9-4　人工纸浆修复书叶的压平

采用人工纸浆补书主要是利用纸浆填补古籍破损,经过干燥、压平,形成稳定、牢固的补纸,实现破损部经修补,最少干预书叶上的文字。利用人工纸浆补书修复古籍,与传统手工修复技术相比,修补痕迹不太明显,修补后的纸张具有良好的柔韧性,使用纸浆补书修复古籍,补洞准确、美观,修复质量好。另外纸浆补书修复古籍不使用浆糊,不增加生虫危险,特别是不增加书叶厚度,不需要锤书,对原书没有损害。但纸浆补书不易掌握,尤其是纸浆的厚薄不易控制,修补速度缓慢,效率不高。

本次所修复的藏文古籍纸质特殊,据迪庆本地的几位藏学研究专家说,藏纸在制作的过程中加入了狼毒草的成份,具有防虫的功效。在本次采用人工纸浆修补藏文古籍时,也尝试加入用狼毒草根肉熬制的汁与纸浆混合后进行修补。对于藏纸的研究还有待进一步考虑。希望今后国家古籍保护中心在这一方面给予支持和帮助。

6.书叶的修剪

书叶经修补、压平好以后,必须进行修剪。修剪方法与汉文古籍的修剪方法相同。

7.装帧形式

藏文古籍的装帧受佛教文化的影响,书籍呈长条形,活页状,梵夹装,也有线装,书籍的版本长短宽窄不一。对于长条散叶的藏文古籍按次序重叠起来,不进行装订,往往上下使用夹板作为前后封。迪庆藏族自治州图书馆收藏的这一批藏文古籍属于散存文献,不需要进行装订。

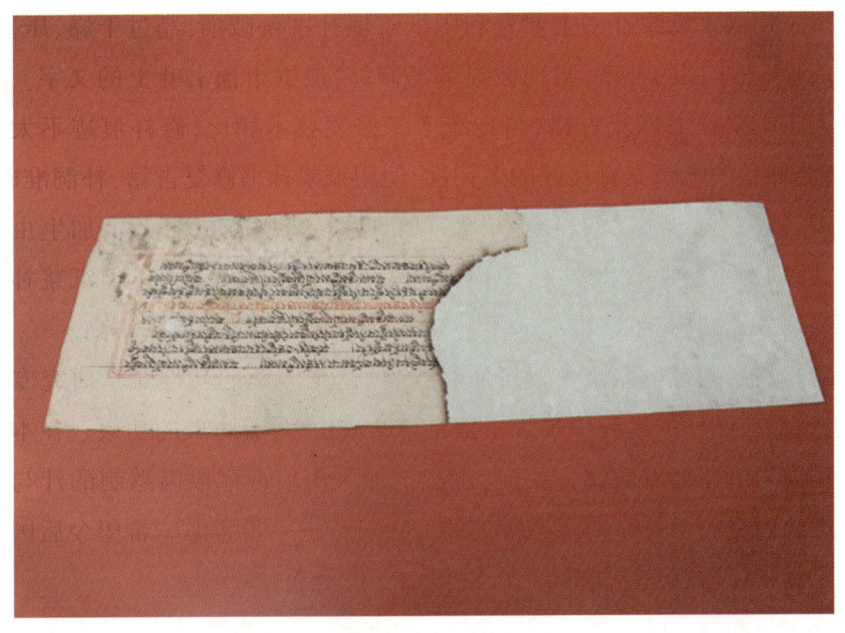

图 10-1　修复后的部分藏文古籍(迪庆藏族自治州图书馆和军摄)

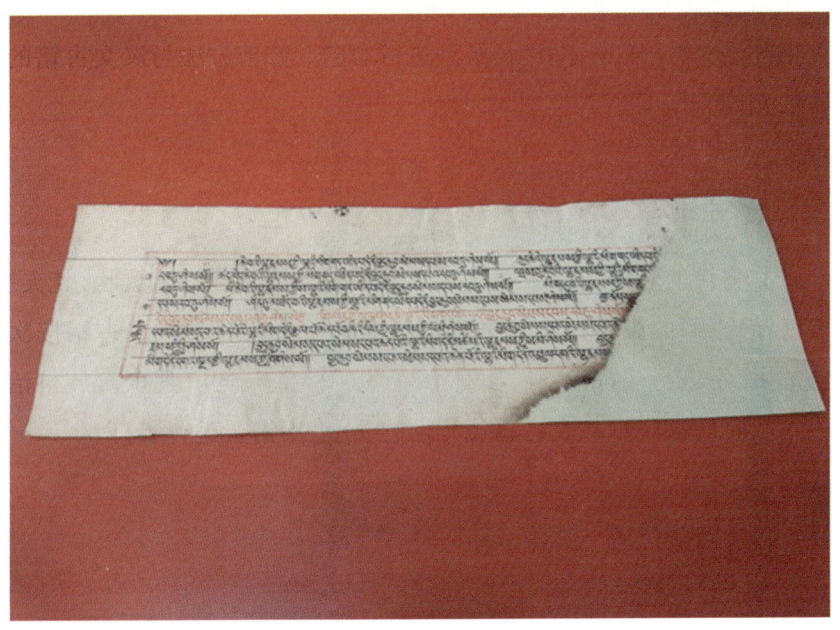

图 10-2　修复后的部分藏文古籍(迪庆藏族自治州图书馆和军摄)

图 10-3 修复后的部分藏文古籍（迪庆藏族自治州图书馆和军摄）

8.总结

经修复后的藏文古籍书叶平整，字迹清晰，无洇化，无褪色。修复后恢复了其阅读功能。真正实现了"最小干预"和"整旧如旧"。反映出云南省古籍修复中心每一位老师和学员高超的修复技艺。修复整体效果，应当予以肯定。存在的不足之处是由于我馆没有纸张检测的相关仪器进行详细地纸张纤维分析，配纸只能是目测配纸。对迪庆藏族自治州图书馆收藏的这一批藏文古籍的修复是云南省图书馆古籍修复人员的一次新实践，开启了国内藏文古籍修复的先河。藏文古籍的修复过程，与汉文古籍修复案例和其他民文古籍修复案例有共性，又有其个性。云南省古籍修复中心经过多年来的努力，在修复导师杨利群的带领下，其他民文古籍，如傣文、东巴文古籍的修复也将有新的突破。希望今后国家古籍保护中心给予人才财力的大力支持，以确保云南省的民文古籍修复工作向着科学、规范的方向持续发展。

参考文献：

[1] 普学旺,李克忠主编.云南民族古籍与历史文化研究[M].昆明:云南美术出版社,2013.

[2] 沈峥,甄昕宇.云南少数民族古籍修复研究[J].云南民族大学学报（哲学社会科学版）,2011(02):60—63.

[3] 李万梅.藏文古籍文献的科学保护与抢救[J].图书与情报,2011(04):125—128.

[4] 孙丽芹,桑旦扎西.藏纸文化初探[J].西藏科技,2009(02):30—33.

[5] 李海朝,于钢,祁正兴.狼毒根与藏纸纤维特征研究[J].造纸科学与技术,2009(02):6—8,23.

[6] 阿华.藏文古籍文献述略[J].青海民族研究,2001(03):65—70.

[7] 徐丽华.藏文古籍载体述略[J].青海民族学院学报,2002(02):111—114.

[8] 徐丽华.云南藏文古籍概述[J].中国藏学,2002(02):90—96.

[9] 张志清,陈红彦主编.古籍保护新探索[M].杭州:浙江古籍出版社,2008.

[10] 童芷珍著.古文献的形制和装修技法[M].上海:上海科学技术文献出版社,2002.

[11] 潘美娣著.古籍修复与装帧[M].上海:上海人民出版社,1995.

On the Repairing of Tibetan Ancient Books: Conservation on Ancient Books Found in Nakela Cave

Yang Minxian

Abstract: In Yunnan Province, a great number of ethnic minorities ancient books are preserved and the Tibetan ancient books occupy a larger number. It is very important for professional staff to preserve and restore these heritages in public libraries. With the Tibetan ancient books in Yunnan that have been found in Nakela Cave at Geza village of Shangri-la County in Diqing as an example, this paper is going to analyze the restoring methods and procedures, especially the proposal of using artificial pulp, and it will be fundamentally significant in this fields.

Keywords: Tibetan ancient books; restoring methods

从拓片修复实践兼谈文献保护理念

杨 涛[*]

摘要:为整理修复北京市文物局图书资料中心所藏珍贵碑帖,并为拓片数字化提供帮助,自2015年起,天津图书馆古籍修复中心启动了碑拓修复与保护工作的系列研究。截至目前,该项目已完成各类拓片整理1182种3398件。本文将就项目保护与修复过程中拓片的"方案制定""技术处理""装帧装具""项目管理"等问题进行阐述。进而深入探知碑帖拓片修复的特殊性,管窥当今文献保护理念于拓片整理的现实意义。

关键词:碑帖;拓片修复;保护理念

1.引言

"文献"一词在《中国大百科全书》中定义为"记录有知识和信息的一切载体"[①]。而那些以碑碣、石壁为载体,于其上雕镌文字、刻写图案,赋予其文化信息的文献,则被称为碑刻文献或石刻文献。它们与其他载体形成的文献一起,见证了人类的文明史,是人类活动信息的记录。

拓片又称"拓本"或"脱片",它是进行碑刻文献鉴定研究的主要对象,是用纸和墨从铸或刻的器物上捶印出其文字或图案的印刷品,是我国长期使用的最有效的文献复制手段。现知存世最早的拓本是清光绪二十

---

[*] 杨涛,天津图书馆。
[①] 中国大百科全书总编辑委员会编:《中国大百科全书·图书馆学·情报学·档案学》,北京:中国大百科全书出版社,2004。

三年(1896)在敦煌藏经洞发现的《温泉铭》和《化度寺邕禅师舍利塔铭》。拓片与其他纸质文献同样,面临着因年久脱浆、纸质酸化等因素带来的诸多问题,理应获得科学有效的保护和修复。

提及文献的保护,我们自然先要明晰相关的原则与理念问题。中山大学林明博士在其《中国古代文献保护研究》一书中指出:对于文献修复,除了美观大方外,对文献保护的实际功能与旧貌的恢复才是最主要的。① 国家图书馆杜伟生先生也曾在《国家图书馆古籍修复工作60年》中提到:"随着敦煌遗书、永乐大典、西夏文献等文献修复工作的顺利完成,国家图书馆逐步形成了一套比较系统的古籍修复原则。即:安全性原则、真实性原则、最少干预原则、可逆性原则、可识别性原则、适宜性原则、相似性原则、规范性原则。"②而马海鹏先生曾在其《论文献修复原则》一文中提出文献修复应掌握的一般原则是:(1)在保证文献绝对安全的前提下方能实施修复;(2)要根据原件性质制定修复方案和与之相适应的补救应急措施;(3)保护文献固有面貌和任何历史痕迹;(4)修复使用的各种材料,都不能对文献有任何副作用。③

由此可见,"修旧如旧""流程规范""最少干预""过程可逆"已经成为现今文献保护工作者的普遍共识,同时也是我们开展文献修复工作所坚持的基本理念。

2015年10月起,天津图书馆古籍保护中心与北京市文物局展开合作,参与其图书资料中心所藏珍贵碑帖拓片的整修项目。这是我馆自成为"国家级古籍修复中心"以来,对外承接的最大规模的文献抢修任务。两年里共计修复拓片1182种3398件,并如期配合完成了上述拓片的数字化拍摄。

下面我将就项目"保存状况与修复方案制定""修前著录与取样分析""保护修复技术与方法"等方面进行适度整理,探寻拓片保护工作项目管理内涵。同时,希望通过拓片修复实践案例的分析,管窥"修旧如

---

①林明编:《中国古代文献保护研究》,桂林:广西师范大学出版社,2012。
②杜伟生:《国家图书馆古籍修复工作60年》,图书馆工作与研究,2008年第9期,第59—63页。
③马海鹏:《论文献修复原则》,《中国博物馆》2000年第4期,第80—85页。

旧""最少干预"等文献修复理念在实际工作中的体现。

2.项目简述

2.1 保存状况与修复方案制定

2.1.1 保存状况

北京市文物局所藏珍贵拓片，内容涵盖了自秦汉至民国的各个历史时期。碑刻类别包括摩崖、塔铭、碑碣、刻石等，其中不乏《琅琊台石刻》《曹全碑》这样的名碑精拓，更有《三希堂法帖》《淳化阁帖》这样的佳刻丛帖。可谓品类繁杂、珍贵异常。

经北京市文物局的前期著录及整理，这批拓片划分为"诗文""法书""碑碣""墓志""甲骨""金文"六大类。每种拓片均被依类编号，叠放在牛皮纸档案袋中，并在档案袋外注明所存拓片的编号及题名。

经了解，北京市文物局的这批拓片，其装帧形式可粗分为已裱和未裱单纸。在点收1182种拓片的工作过程中，我们对数据进行了统计。已裱拓片136种，其中包括诗文类24种、法书类47种、碑碣类65种。已裱拓片仅占全部拓片总量的11.5%。

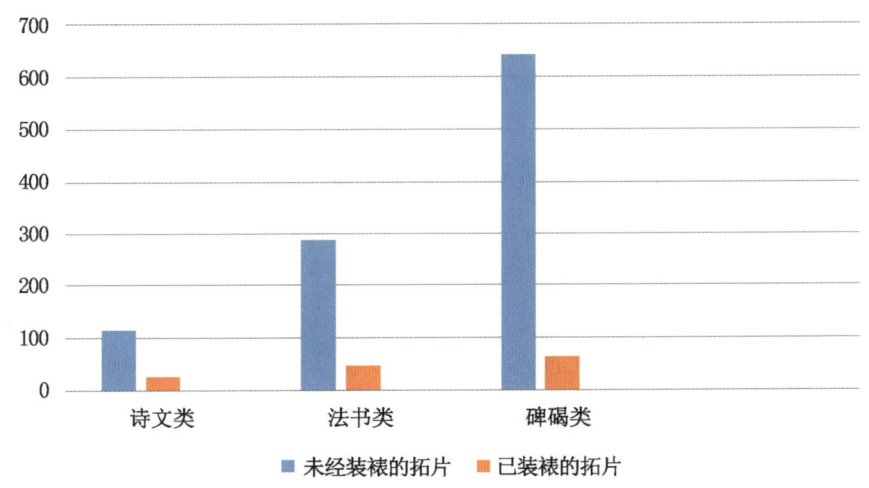

图1 北京市文物局各类拓片装裱情况

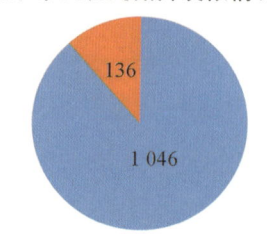

图 2　北京市文物局总拓片装裱情况

如此大量未经装裱的拓片,其保存状况自然是不容乐观的。为此,修复方案的制定需首先考虑符合 88.5% 未裱单纸的要求。此外,存放拓片的牛皮纸档案袋 pH 值呈酸性,且质地坚硬,不仅不利于拓片的长期存放,还极易在取阅时对拓片的边角造成损伤。

由于采取折叠存放的方式,据查部分未经装裱的拓片已经出现严重的磨损、撕裂等情况。而装裱过的拓片也造成了大量折边断裂或边角开裂等损坏现象。

图 3-1　拓片破损状况

图 3-2　拓片破损状况

2.1.2　制定修复方案

通过前期沟通,我们首先了解到,北京市文物局希望借这次图书资料中心所藏拓片数字化的机会,将其进行一次全面的修复整理。这样既可以满足数字化工作的需要,同时也可保全文物不会受到二次损害和污染。

为此,在项目之初我们便通过深入的走访调研,编写了《北京市文物局图书资料中心藏拓片数字化项目之修复整理工作标准》和《整理修复计划草案》。对接下来拓片修复阶段的工作进行了细致规划和合理安排。

拓片修复过程大致可以分为修复前、修复中和修复后三个阶段。

修复开始之前,我们先要为这批拓片建立起一套完备的修复保护档案,记录下完整的修复过程。除去完成纸面格式著录外,我们还对拓片进行了修复前的拍照和纸张取样检测。这种从外到内的详细记录,不仅可以为修复人员提供重要的修复依据和线索,还为今后的查阅者提供更为全面的认识和帮助。

修复过程就是对拓片进行补破、平整、清洁等相关技术处理,保护纸张纤维不受损害和污染的过程。考虑到这批拓片随后还要进行数字化拍照,故除修补破损以外,我们还对拓片进行了加固,确保今后的拍照和取阅安全。

为改善拓片大小不一、查找不便的问题。我们根据拓片的尺幅和种类设计了三种折叠尺寸。如下表所示：

表1　不同拓片种类对应的拓片尺寸

折叠尺寸	对应拓片种类
42cm×30cm	诗文、碑碣
37cm×25cm	法书、墓志
30cm×18cm	甲骨、金文

拓片修复完成后，依据标准折叠。这样不仅可以使外观整齐、统一，而且便于查找。需要说明的是，三种尺寸均考虑到北京市文物局书库有效书架的实际情况而定，符合其存藏的实际需求。

装具方面，我们设计并定制了与标准尺寸相应的无酸材料加工函套，替代原来的牛皮纸档案袋。专属设计的函套有效预防了拓片的磨损，还具有了更加优越的抗老化性能，进一步满足了馆藏要求。

图4　修复后的拓片

为方便取阅,我们还为拓片和函套设计了专属题名签,获得了北京市文物局的认可。这也间接满足了文献修复工作需呈现文物自身传统美学性的原则。

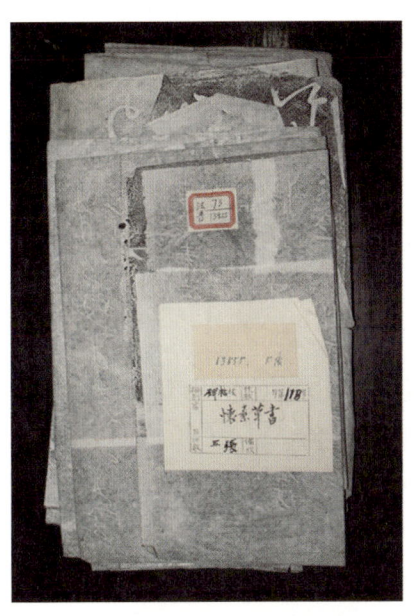 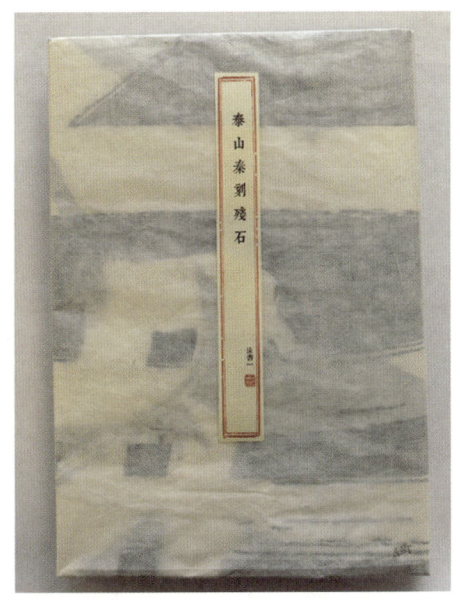

图5　拓片修复前,修复后

2.2 修前的著录与取样分析

依照《整理修复计划草案》,我们在着手拓片修复之前,需先对拓片进行著录和纸张取样。

2.2.1 修前的著录

根据规范性原则,我们选择参考收藏拓片大馆的著录款目,初步实现了适用于本次项目的修复档案著录格式。

修复档案包括两部分:拓片基本信息和拓片修复信息。

拓片基本信息主要包括题名项、责任者项、书体行款、题跋印记等15项基本数据。除北京市文物局提供的数据以外,我们还选择性的套录国家图书馆、北京大学图书馆的已有数据。这样做既学习了标准碑帖的著录方法,同时也提高了数据质量,节省了时间。

拓片修复信息主要是修复人员进行工作记录,包括修复历史、残损描述、修复装裱方案、修复照片等 14 项数据。多角度地记录拓片修复的全貌。其中"修复照片"更是生动记录了整体修复经过。

2.2.2 取样分析

为了使古籍修复工作更具科学性和严谨性,早在 2012 年天津图书馆就引进了各类先进的化学和物理纸张检测仪器,建立起天津市古籍保护中心实验室。通过实验室的取样分析,我们得知这批拓片的用纸多种多样,其纤维成分包括:檀皮、三桠皮、竹、木浆等。

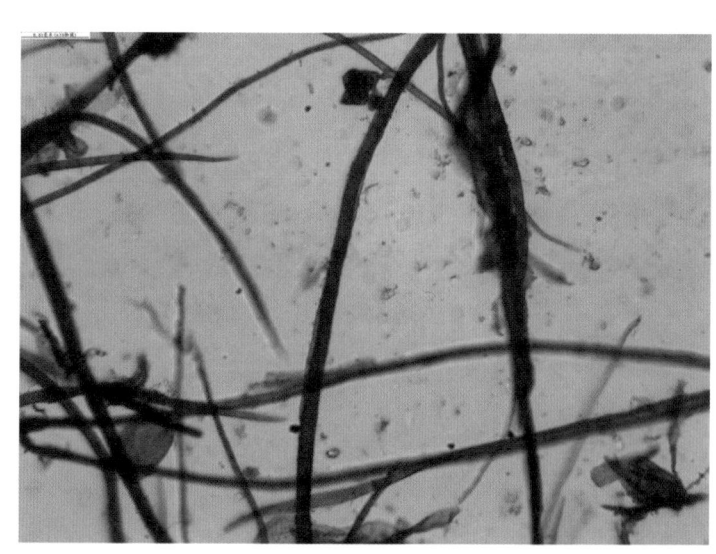

A 纸样品纤维

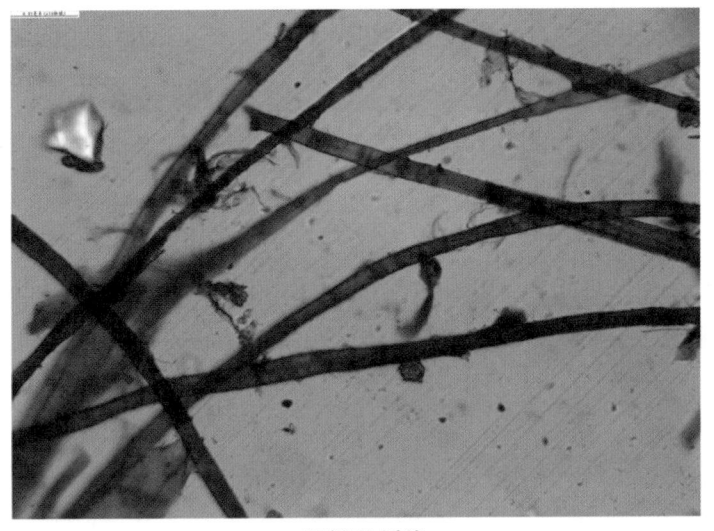

B 纸样品纤维

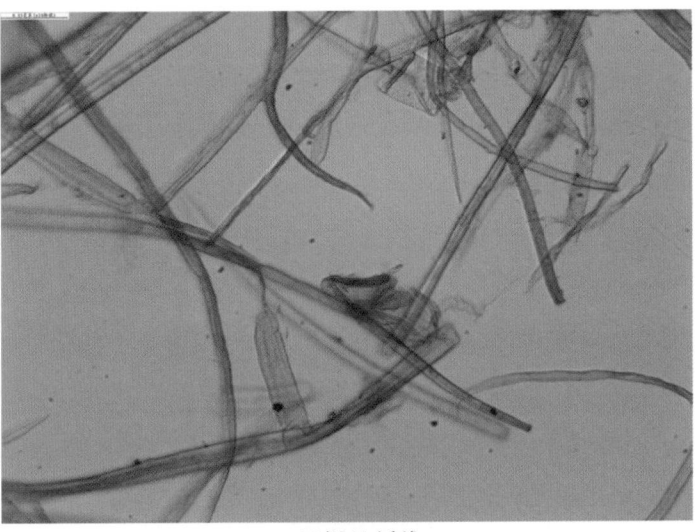

C 纸样品纤维

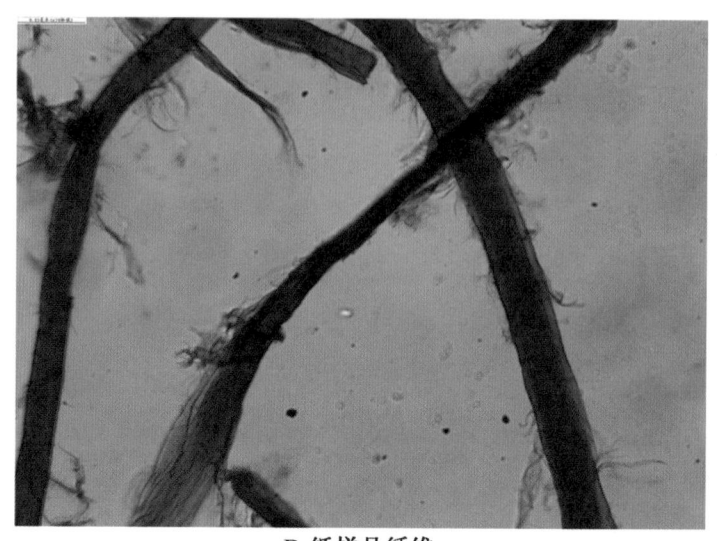

D 纸样品纤维

图 6　不同古籍纸纤维测试

注：A：诗文 2《汉·大风歌》，纤维成分：70%檀皮+30%稻草
　　B：法书 79《悟溪铭》，纤维成分：三桠皮
　　C：法书 66《北周·枍泉寺斋戒记题名》，纤维成分：竹纤维
　　D：诗文 35《宋·朱济市灵岩妙空禅师诗》，纤维成分：木浆

这些数据不仅对拓片补纸的选配具有重要的指导意义，待全部分析完成后，我们还会将数据提供给北京市文物局。相信这些数据将会对其今后拓片的整理与鉴定发挥应有的作用。

需要指出的是，档案著录和取样分析这两项工作是可同时进行的。这样做的目的是为了防止拓片因多次铺展，造成意外损坏。

2.3 保护修复技术与方法

2.3.1 已裱拓片的修复

在这批拓片中，已裱拓片的装裱样式包括折叠式、册页式、书式等，其中以折叠式装裱数量最多。本着最少干预原则，我们保留了拓片的装裱样式，仅对破损处进行修复。原折叠式拓片修复完成后，按照前文提到的标准尺寸进行折叠。如拓片较小,则依原痕折回,再放入纸袋中。册页式和书式拓片则在进行修复后,保持原装帧,放入纸袋。纸袋按标准尺寸设计,采用纸性柔软的皮纸制作。即可保护拓片在取阅时不受损伤,又能兼顾拓片的整齐美观。

图 7　待修复的书式拓片

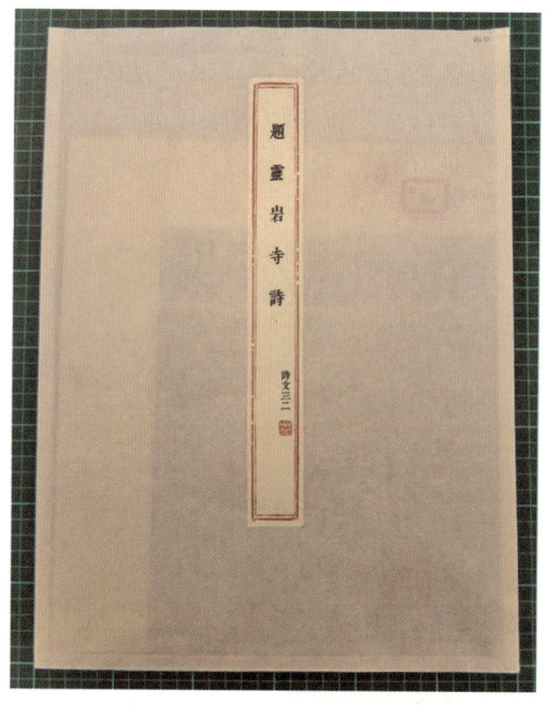

图 8　修后装袋的已裱拓片

2.3.2 未裱拓片的加固

未经装裱的拓片除补破外,还需进行装潢加固。

传统的拓片装潢形式有挂轴、横披、折叠式、手卷、册页、书式等六种主要样式①,这与书画的装裱形式大致相同。然而每种形式不足之处也会十分明显。挂轴、横披不便携带;折叠式的边角容易断裂;手卷不适于大幅拓片;册页、书式等割裱形式又存在容易缺漏倒置、失去原碑行气等难点问题。因此,在综合前文所述各项原则理念的基础上,经过反复审慎考量,我们决定采用镶衬法对这批拓片进行加固处理。

镶衬法是国家图书馆根据多年经验摸索出的一套修整拓片的有效方法。具体做法是先将拓片喷湿整平,并对破损处进行修补,再在拓片背面镶上局条,然后用略大于拓片的衬纸从背面翻转过来镶在正面的局条上。

---

①陆宗润:《碑帖拓本的装裱与修复》,载《全国第二届碑帖学术研讨会论文集》,北京:文物出版社,2012。

由于衬纸与拓片之间并未使用浆糊粘连,所以加固后的拓片非常柔软,易于折叠。就算年深日久,外面的衬纸出现破损,也无需揭裱,只要更换一张新的衬纸即可。这种做法不仅可以对拓片进行有效的加固,还为以后的修复工作留下了余地,体现了这一修复方法的可逆性。①

图9 经镶衬法修整后的拓片

2.3.3 拓片信息缺失的解决办法

除上文所述之外,在修复实践的过程中,我们还会不定期组织交流会,沟通经验,

解决修复过程中所遇到的一些疑难问题。例如在实际拓片修复过程中,会遇到拓片信息缺失的情况,通常表现为纹饰缺失或内容缺失。下面就以此次修复的两件拓片为例进行简要介绍:

---

① 冀亚平:《从馆藏拓片的装裱形式谈拓片的保护性装潢》,载《融摄与传习——文献保护及修复研究》,北京:中华书局,2015。

(1)纹饰的缺失——碑碣360《宋·大观圣作碑》

《大观圣作碑》亦称《大观碑》或《御制八行八刑条例》。北宋大观二年(1108)由宋徽宗赵佶撰文并书写,李时雍摹写上石。楷书二十八行,行六十八字。额题"大观圣作之碑"六字,为权相蔡京所写。碑文详细记录了宋代的教育制度。此碑碑体高大,刻工精细,字体具"瘦金体"特点。

该拓片碑额、碑阳分拓两纸。当我们将其与相关资料进行比照时发现,手中的拓片与原碑相比缺少了碑额两侧的"二龙戏珠"和正文外的花草纹饰。

前人重视碑文的史料价值,但碑额周围的纹饰往往捶拓不全。花草纹原本环绕碑文,分隔碑额与正文。现在这种缺失的状态,给碑额的拼接工作造成了困扰。经过讨论,我们决定在碑额与正文之间加镶一条"隔带","隔带"宽疏以查见为佐。这样即能解决碑额拼接的问题,又能忠实的反映原碑的位置细节,保存了石刻文献原始形态的真实性。

图10 完整的《大观圣作碑》

图 11　修复后的《大观圣作碑》

（2）内容的缺失——碑碣 377《宋·融州贡士库记》

《宋·融州贡士库记》，南宋绍定元年（1228）刻。唐麟撰、毛奎书、罗君贤题额。受纸幅所限，该拓片纵向拓成四纸，需拼合。在修复过程中我们发现，在拓片第二纸与第三纸之间有着极为明显的文字缺失。根据中间残字推定，缺失处宽度约为 1.4cm（半个小字的距离）。如果说《大观圣作碑》是因前人轻视纹饰的史料价值故意为之，那这种碑文内容的缺失则是对文献价值的极大破坏。

图 12　拓片中间明显的文字缺失

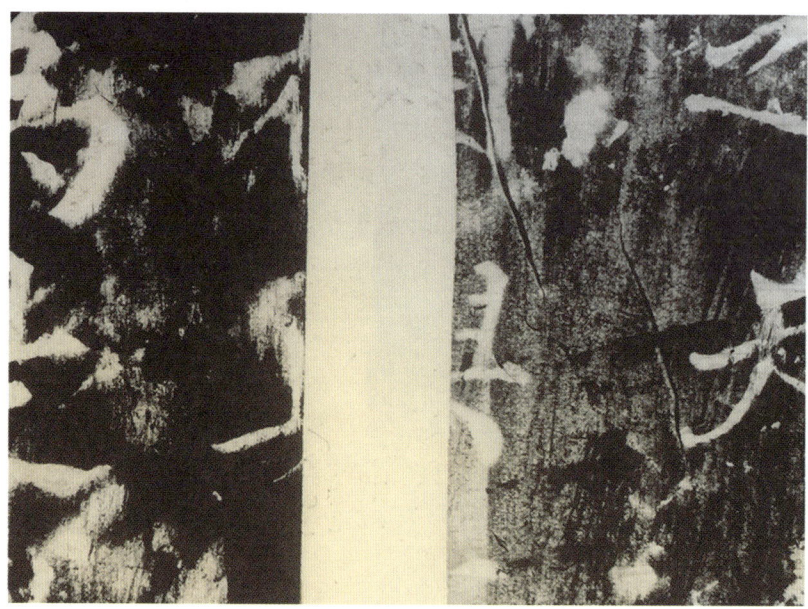

图 13　修复后的《融州贡士库记》

经过大家的集中讨论,并向业内老师求教后。我们决定在第二纸与第三纸之间让出 1.4 cm 的空白距离。这段空白在今天看来也许并不那么美观,但它留下了我们对碑帖旧貌的认知和今后专家学者对其进行考证的余地。

2.3.4 丛帖的修复整理

以法书 336《清·三希堂法帖》为例,其修复方法为镶衬法。上文已经述及,这里我们主要针对其整理过程进行阐述。

《三希堂法帖》全名《三希堂石渠宝笈法帖》。清乾隆十二年(1747)梁诗正等奉敕校刊,搜集内府所藏历代名人真迹钩摹入石。摹刻精良,卷帙浩繁,堪称丛帖中之巨制。道光十九年(1839)又加刻花边。北京市文物局所藏的这套《法帖》为有花边版。展开这套丛帖,我们发现,《法帖》被分为 45 叠,每叠 11—12 件不等。顺序混乱,无法取阅。

为恢复该《法帖》的原有顺序,发挥其应有的文献价值。我们对每件拓片的位置进行了详细的记录,并依照北京燕山出版社 2007 年出版的影印本《三希堂法帖》进行逐件核对。最终,厘清了这套丛帖的顺序,还推断出拓片原本的混乱,可能有着某种内在的原因。如《法帖》第 81、82、83、84 件,对应的是原第 10 叠第 4、3、2、1 件。由此或可推知,该《法帖》可能保持了自阅古楼内捶拓下来的顺序,多年以来未被整理。经过此次修复,我们将整理前后的顺序对照形成表格,纳入修复档案中,为今后的研究提供资料。

图 14　清整中的《三希堂法帖》

表 2　整理前后顺序对照表(部分)

整理后顺序号	三希堂原始顺序号	整理后顺序号	三希堂原始顺序号
1	第 12 叠中 08 号	16	第 12 叠中 02 号
2	第 12 叠中 09 号	17	第 12 叠中 03 号
3	第 12 叠中 07 号	18	第 07 叠中 02 号
4	第 07 叠中 12 号	19	第 07 叠中 02 号
5	第 07 叠中 11 号	20	第 07 叠中 04 号
6	第 07 叠中 10 号	21	第 07 叠中 05 号
7	第 07 叠中 09 号	22	第 41 叠中 08 号
8	第 12 叠中 04 号	23	第 41 叠中 07 号
9	第 12 叠中 05 号	24	第 41 叠中 06 号
10	第 12 叠中 06 号	25	第 27 叠中 03 号
11	第 07 叠中 06 号	26	第 04 叠中 01 号
12	第 07 叠中 01 号	27	第 04 叠中 02 号
13	第 07 叠中 07 号	28	第 04 叠中 03 号

续表

整理后顺序号	三希堂原始顺序号	整理后顺序号	三希堂原始顺序号
14	第 07 叠中 08 号	29	第 41 叠中 04 号
15	第 12 叠中 01 号	30	第 41 叠中 09 号

3. 结语

本文通过对北京市文物局拓片修复项目的回顾,对修复过程中拓片的"方案制定""技术处理""装帧装具""项目管理"等问题进行了简要阐述。进而从侧面反映了文献保护理念在拓片项目中的现实意义:在项目伊始,订立《北京市文物局图书资料中心藏拓片数字化项目之修复整理工作标准》和《整理修复计划草案》,对此后的拓片修复工作进行细致规划,这是"流程规范";保留已裱拓片的装裱样式,仅做基本修复,这是"最少干预";采用镶衬法对未裱拓片进行加固,充分体现了修复操作的"过程可逆";对拓片信息缺失问题的处理,维持了文献载体形态的"真实性";而整理《三希堂法帖》,并对其原有顺序进行记录,保留文献的原始信息及文献价值。

综上所述,文献保护理念是隐含于拓片修复工作中的思想先导,是修复工作者开展修复工作的规范与准绳。只有在上述这些理念的引导下,才能真正做好保护及修复工作,使珍贵文献得以世代传承、焕发光彩。

On the Literature Protection Idea from the Perspective of Repairing Rubbings

Yang Tao

Abstract: In order to arrange, repair and digitize many precious inscription rubbings of Beijing Municipal Administration of Cultural Heritage, Tianjin Ancient Books Protection Center has carried out a series of research works on rubbings repair and conservation since Oct. 2015. Up to now we have completed 1182 kinds of various types of rubbings, a total of 3398 pieces. This article elaborates several important processes of this rubbings project such as "establishing repair scheme", "technical treatment", "binding and folding case", "project management", etc., mainly explores particularity of rubbings repair and practical significance of ancient literature protection idea.

Keywords: inscription rubbing; rubbings repair; protection idea

《赵城金藏》修复研究拾遗

臧春华*

摘要：1949 年，4000 余卷破损严重的《赵城金藏》入藏北平图书馆。"《赵城金藏》展览座谈会"上形成的修复意见对《赵城金藏》修复具有重要指导作用。虚云法师、李济深先生、巨赞法师是《赵城金藏》修复用纸主要募捐者。韩魁占等 4 位揭裱能手是《赵城金藏》主要修复者。《赵城金藏》修复起于 1949 年，止于 1965 年，前后共计 17 年；1957 年后修复进度较快。《赵城金藏》修复对当今古籍修复具有重要借鉴意义。

关键词：《赵城金藏》；北京图书馆；古籍修复；修复研究

《赵城金藏》（以下简称《金藏》）是一部刻印于金代的"大藏经"，因藏于山西赵城广胜寺而得名。1933 年被发现，1942 年在八路军保护下得以安全转移。1949 年 4 月 30 日，4000 余卷《金藏》入藏北平图书馆（以下简称北图）。随后，北图便开始了十余年的《金藏》修复工作。

近年来，《金藏》修复研究取得积极进展，主要集中于三个方面：一是张平、林世田、杜伟生等论述《金藏》修复原则与方案；二是杜伟生、张平等论述《金藏》修复人员与材料；三是杜伟生、张平、马琳等阐述《金藏》修

---

* 臧春华，安徽省图书馆。

复过程、技术方法及经验教训。① 纵观以上研究，笔者以为仍有如下几点有待补充和深究：一是《金藏》破损状况论述不详细；二是对1949年召开"《赵城金藏》展览座谈会"的作用认识不充分；三是《金藏》修复用纸募捐者应当予以凸显；四是《金藏》实际修复者有待明确；五是《金藏》修复进度不明确，修复起止时间众说纷纭；六是《金藏》修复的重大意义有待阐释。

1.《赵城金藏》破损状况

1.1 辗转保藏及破损原因

山西广胜寺乃千年古刹，秘藏《金藏》几百年。1933年，经苍成和尚发现，《金藏》逐渐为世人知晓。1942年春，受日军"登塔游览"之威胁，广胜寺主持力空和尚请求八路军太岳支队转移《金藏》。经肩扛、担挑、骡驮，《金藏》辗转存放于棉上县(今山西沁源县)深山中废弃的煤窑洞里。"煤窑下部有积水，顶部有渗水，洞内很潮湿。"虽然"不时地搬出经卷在太阳下晾晒"，但是这一放置就是4年多。1946年秋，因煤窑条件太差，有些经卷已经发霉，太岳行署决定转移《金藏》至涉县温村一座天主教堂并派张文教保管。张发现部分经卷已严重损坏，决定以火炕烧锯末来烘烤潮湿的经卷。随后，他又将《金藏》转移至涉县长乐村一户人家四面通风、不易受潮的阁楼中。两年多后，也就是1949年4月，华北人民政府要求张文教押运40多箱《金藏》经涉县、邯郸至北平，交北平图书馆。②

纵观7年的《金藏》辗转保藏之路，长达4年之久的潮湿煤窑洞保存当是《金藏》产生霉蚀等破损的主要原因。

---

① 张平、吴澍时：《古籍修复案例述评》，北京：国家图书馆出版社，2012，第18—20页，第42—44页；林世田：《虚云老和尚与〈赵城金藏〉的修复——虚云老和尚佚文之三》，《禅》2011年第5期；杜伟生：《〈赵城金藏〉修复工作始末》，《国家图书馆学刊》2003年第2期，第55—59页；马琳：《从国图档案看〈赵城金藏〉在国图的保存与保护》，《山西档案》2014年第1期，第34—36页。

② 张崇发：《〈赵城金藏〉沉浮录》，《山西文史资料》1997年第6期，第103—109页。

1.2 破损数量与类型

1949 年入藏北图的《金藏》共计 4330 卷又 9 大包,"多数潮烂断缺,或丢失签题""十之三四可以打开,十之五六不敢打开"。① 此外,少数经卷"引首及木轴、竹签亦多遗落"②。据张平先生研究:《金藏》存在粘连、霉变、撕裂、鼠啮、缺损等多种破损。霉变导致的粘连现象最为严重,粘连无法展开的卷子占 60%以上。霉变严重的经卷看上去就像一根木炭。③

因此,可以说,《金藏》60%以上存在严重破损,其中以霉蚀、粘连最为严重。

2. "《赵城金藏》展览座谈会"的指导作用

1949 年 5 月 11 日,北图发请柬邀请领导、专家、学者参观《金藏》展览并提供修裱与保藏意见。④ 5 月 14 日下午 4 时,"《赵城金藏》展览座谈会"在北图接待室召开,于力、范文澜、王冶秋、马叔平、向达、韩寿萱、周叔迦、晁哲甫、巨赞、季羡林、张文教、程德清、王重民、赵万里出席。⑤

《"〈赵城金藏〉展览座谈会"纪要》⑥详记座谈会内容,其中涉及《金藏》修复意见者可参见表 1。

由表 1 可知,座谈会集中讨论了《金藏》所需修复人员与材料,修复计划与用时、修复预算与花费、修复程度与原则等重要问题。今日,反观《金藏》修复人员与纸张、修复原则与程度、技术方法、修复效果以及修复工期等诸多方面,"《赵城金藏》展览座谈会"所达成的修复意见确实为《金藏》修复工作的开展提供了重要指导。

---

①《北京图书馆馆史资料汇编(二)》编辑委员会:《北京图书馆馆史资料汇编(二)》(1949-1966)》,北京:北京图书馆出版社,1997 年,第 479 页。
②杜伟生:《〈赵城金藏〉修复工作始末》,《国家图书馆学刊》2003 年第 2 期,第 56 页。
③张平,吴澍时:《古籍修复案例述评》,北京:国家图书馆出版社,2012,第 18 页。
④杜伟生:《〈赵城金藏〉修复工作始末》,《国家图书馆学刊》2003 年第 2 期,第 55 页。
⑤《北京图书馆馆史资料汇编(二)》编辑委员会:《北京图书馆馆史资料汇编(二)》(1949—1966)》,北京:北京图书馆出版社,1997,第 478 页。
⑥同上,第 478—485 页。

表1 "《赵城金藏》展览座谈会"上《金藏》修复意见相关列表

序号	发言人	要点	座谈会纪要等
1	王重民	会议目的	提供《金藏》保管与修整等意见
2	赵万里	修复人员	本馆有技术人员孙长振先生专门能装修旧书,他领导技工一定能胜任这一工作。不过仍感人手不敷,因本馆各部分应装之书太多,绝非三四人可以办理,所以这一工作还得值考虑。人工的问题可以找些新人装普通书,而用有技术的旧人由孙先生领导整理此经
2	赵万里	修复用纸	纸拟用迁安纸(俗称高丽纸),山西毛头纸,广西纸和湖南棉纸。此四种纸皆适用于整理此经,又有奉化棉纸也可以适用
2	赵万里	修复计划与用时	假如能找四位专家整理,据孙先生估计,每人每月可整理十卷,四人为四十卷,一年为四八〇卷,须十年可完成
2	赵万里	修复次序	暂决定先选易着手的整理
2	赵万里	保藏措施	暂时用装档案的柜子存放,将来装修好了之后,尚需预备专用的箱架以便保存
3	王重民		本馆荣负保藏之责,将努力修整它,使与本馆原存一九二卷并为一体
4	巨赞	修复用纸	如用广西纸,本人可以请香港人士捐助若干,以襄善举
5	晁哲甫	修复预算	装修需要一批钱,此为国宝,政府当然不惜花费一点。望馆方作一预算,再作考虑
6	于力	修复程度	望作预算时不妨从简,一切节省。如与原来善本一样,不免奢费。今天战争犹未终了,一俟全国解放,经费充足,再重新装修饰。今天一定要求其堂皇,则无此必要
7	晁哲甫	修复预算	预算务须从简而仔细,或分出阶段
8	王重民		物力恐也来不及,所以只好分阶段来作

续表

序号	发言人	要点	座谈会纪要等
9	赵万里	修复原则	于老谈装潢问题很多宝贵意见。过去本馆装修的观点是将每一书完全改为新装。此办法始而觉得很好,其后则发现它不对。一本书有它的时代背景,所以自廿三年(1934)后决定不再改装,以保存原样,所以装修一书有时用不上太多材料。馆藏《赵城金藏》即保持其原来面目。今天成问题的是人力,而不是财力,因所费恐不太多
10	马叔平	修复用时	整理《赵城金藏》如需款太多,不妨分年,甚至分成十五年整理也未尝不可
11	王重民		希望各位对于《金藏》修整继续给予协力

3.《赵城金藏》修复用纸募捐者

《赵城金藏》破损严重、数量巨大,所用纸张为构皮纸且厚薄不均①。因此,募集大量适宜的修复用纸是开展《金藏》修复工作的一大前提。

1949年5月14日"《赵城金藏》展览座谈会"上,巨赞法师②允诺可请香港人士捐助广西纸若干。1949年5月20日,北图致函巨赞法师和北海菩提学会:拟恳大力推动华南及香港佛教界同人,惠捐今后5年修复《金藏》所需湖南棉纸300刀、广西纸550刀左右。③

随后,巨赞法师便找李济深④先生商量。李是广西人,又是佛教徒,非常愿意出力。于是给广西、广东佛教界写信,请佛教徒募捐。⑤ 同时,

---

① 张平,吴澍时:《古籍修复案例述评》,北京:国家图书馆出版社,2012,第18页。
② 巨赞法师(1908—1984),俗姓潘,名楚桐,字琴朴,生于江苏江阴。当代名僧、佛教学者。新中国成立后任中国佛教协会副会长等。
③ 杜伟生:《〈赵城金藏〉修复工作始末》,《国家图书馆学刊》2003年第2期,第57页。
④ 李济深(1885—1959),原名济琛,字任潮,生于广西苍梧。原国民党高级将领,我国著名民主主义革命家。新中国成立后任中央人民政府副主席等。
⑤ 张崇发:《〈赵城金藏〉沉浮录》,《山西文史资料》1997年第6期,第111页。

李济深致函虚云法师①,利用他在海内外佛教界的巨大影响募款。②

1950年2月22日,虚云法师致信李济深,云现已在穗购妥广西纱纸760刀(76000张),暂存广州一高深居士处,恳请嘱托当局运京。1950年3月2日,虚云法师再次致信李济深,云广西纱纸合港币3826元,因高居士处房屋无多,难于久存,奉恳早日派人提取。③ 1950年6月22日,北图呈函文物局,呈报巨赞法师募购广西纱纸已经运抵北京。④

1949—1950年,北图一次性募集到价值港币3826元⑤的《金藏》修复用纸,其中虚云法师、李济深先生和巨赞法师功不可没,而华南地区及香港地区千万佛教徒的惠捐之功亦当永记。

4.《赵城金藏》修复者

1949年5月,北图有4位修书技工,但应修之书太多,人手严重不足。况且,《金藏》修复与常见古籍修复存在较大技术差别。因此,招募合适的《金藏》修复人员成为修复工作开展的又一重要前提。

在"《赵城金藏》展览座谈会"上,赵万里提及北图孙长振先生专门能装修旧书,他领导技工一定能胜任《金藏》修复工作。

经北图积极寻觅,1949年6月16日,技工张炳文、工徒萧顺华到馆服务。随后,7月1日技工萧子安到馆,8月1日工徒谢庆丰到馆。⑥

---

①虚云法师(1840—1959),俗姓萧,名古岩,字德清,晚年自号虚云,原籍湖南湘乡,生于泉州。我国近代禅门泰斗。
②马琳:《从国图档案看〈赵城金藏〉在国图的保存与保护》,《山西档案》2014年第1期,第35页。
③林世田:《虚云老和尚与〈赵城金藏〉的修复——虚云老和尚佚文之三》,《禅》2011年第5期。
④杜伟生:《〈赵城金藏〉修复工作始末》,《国家图书馆学刊》2003年第2期,第58页。
⑤以1949年底港元与人民币牌价1:1500及1949年1斤小米折合老人民币100元计算,价值3826元港币的760刀广西纱纸合人民币5739000元、合小米57390斤。这是一笔巨款。见武力:《中华人民共和国成立前后的货币统一》,《当代中国史研究》1995年第4期,第9页;陈明远:《温饱及小康:从缺穿少吃到丰衣足食》,太原:山西人民出版社,2009,第126页。
⑥杜伟生:《〈赵城金藏〉修复工作始末》,《国家图书馆学刊》2003年第2期,第56页。

20 世纪 50 年代初,北图①从琉璃厂请来李世尧师傅。李一个人修了一年,觉得《金藏》修裱工程太大,辞职走了。②

1954 年 1 月 16 日,文化部社会文化事业管理局在讨论《北京图书馆一九五四年工作计划》时,指出《金藏》应抓紧装裱。③ 当年,北图再次决定组织揭裱工匠抢救《金藏》,6 月④从琉璃厂文艺山房裱店请来揭裱能手韩魁占。那时只有其一人装裱《金藏》。⑤

1957 年 5 月,政协委员李一平针对《金藏》修复工作,指出北图每天只叫一个人裱贴,这样的速度要十年才能裱完。可是这样下去,《金藏》就会霉烂完了。⑥ 随后,北图积极响应:当年 7 至 9 月⑦,从琉璃厂请来张永清、张万元、徐朝彝三位揭裱师傅。⑧

粗略观察,以上所列人员当为《金藏》实际修复人员。但通过列表分析,可能并非皆是,详见表 2。

表 2 《赵城金藏》实际修复人员相关列表

序号	姓名	修复时间	序号	修复人员相关记录
1	孙长振	—1956 年	1	50 年代初李世尧一个人修了一年就辞职了
2	张炳文	1949 年 6 月—1960 年	2	1954 年仅韩魁占一人从事装裱工作

---

① 北平图书馆 1951 年更名为北京图书馆,1998 年更名为中国国家图书馆。
② 张崇发:《〈赵城金藏〉沉浮录》,《山西文史资料》1997 年第 6 期,第 109—110 页。
③《北京图书馆馆史资料汇编(二)》编辑委员会:《北京图书馆馆史资料汇编(二)(1949—1966)》,北京:北京图书馆出版社,1997 年,第 37 页。
④ 同上,第 1762 页。
⑤ 林为民:《古书大夫——访北京图书馆揭裱能手韩魁占》,《北京晚报》1981 年 6 月 19 日第(1)版。
⑥ 马琳:《从国图档案看〈赵城金藏〉在国图的保存与保护》,《山西档案》2014 年第 1 期,第 35 页。
⑦《北京图书馆馆史资料汇编(二)》编辑委员会:《北京图书馆馆史资料汇编(二)(1949—1966)》,北京:北京图书馆出版社,1997,1755、1760 页。
⑧ 李万里:《〈赵城金藏〉八百年沧桑记》,载中国人民政治协商会议全国委员会文史资料研究委员会,《革命史资料》编辑部编:《革命史资料》(17),北京:中国文史出版社,1987,第 221 页。

续表

序号	姓名	修复时间	序号	修复人员相关记录
3	萧顺华	1949年6月—	3	1955年因技工生病停工仅完成46卷①
4	萧子安	1949年7月—1951年6月	4	1957年5月之前一段时间仅有一人装
5	谢庆丰	1949年8月—1950年6月	5	1957年6月批准增加裱工3人,正物色工人②
6	韩魁占	1954年6月—	6	1961年8月一间房里4名装裱技工在装修③
7	张永清	1957年7月—	7	1962年两位修裱人员请病假各半年,仅完成指标的83.5%④
8	张万元	1957年7月—	8	1963年装裱室里摆着两张大裱案,韩魁占与张万元、张永清与徐朝彝分别合作⑤
9	徐朝彝	1957年9月—1965年8月	9	1963年因人员变工、病假、切纸刀订货迟到等仅完成522卷⑥

注:(1)"修复时间"均以其在馆时间⑦为参照。

(2)依照上文,孙长振当领导《金藏》修裱工作,实际参与不多。萧顺华:"是专门从事修裱善本书的,突然让他裱经卷……因此裱了不长时间,

---

①《北京图书馆馆史资料汇编(二)》编辑委员会:《北京图书馆馆史资料汇编(二)(1949—1966)》,北京:北京图书馆出版社,1997,第659页。
②杜伟生:《〈赵城金藏〉修复工作始末》,《国家图书馆学刊》2003年第2期,第58页。
③孙世恺:《书海珍宝——访北京图书馆善本部》,《人民日报》1961年8月10日第4版。
④《北京图书馆馆史资料汇编(二)》编辑委员会:《北京图书馆馆史资料汇编(二)(1949—1966)》,北京:北京图书馆出版社,1997,第749页。
⑤师有宽:《在北图学习的回顾——追忆恩师张士达先生》,载国家古籍保护中心编:《古籍保护研究》(第一辑),郑州:大象出版社,2015,第199页。
⑥《北京图书馆馆史资料汇编(二)》编辑委员会:《北京图书馆馆史资料汇编(二)(1949—1966)》,北京:北京图书馆出版社,1997,第777,795也。
⑦《北京图书馆馆史资料汇编(二)》编辑委员会:《北京图书馆馆史资料汇编(二)(1949—1966)》,北京:北京图书馆出版社,1997年,第1751、1754、1761、1763、1762、1755、1760页。

就停下来。"①

纵观表2,1949年《金藏》修复之初修复人员有4人之多,1954年仅有1人,1957年9月,又增至4人,此后修复人员虽有生病请假,但基本维持在4人。同时,李世尧、韩魁占、张永清、张万元、徐朝彝当专职修复《金藏》,其他人员仅为参与,且修复时间不长。

5.《赵城金藏》修复进度与起止时间

1949年5月,在"《赵城金藏》展览座谈会"上赵万里引述孙长振的估计:若能找4位专家整理,每人每月可整理10卷,4人为40卷,1年为480卷,须10年可完成。而《金藏》实际修复进度则可详见表3。

表3 《赵城金藏》修复进度列表

年代	1949—1953	1954	1955	1956	1957	1958	1959
数量(卷)	不详	88	46	96	约280	482	548
年代	1960	1961	1962	1963	1964	1965	合计
数量(卷)	约544	546	约459	511	约387	262	约4249

注:(1)表中修复数量多见于北京图书馆年度工作总结及统计②,部分数量则依照相关情况推算,存在一定误差。

(2)1949—1953年《金藏》修复数量不详。参照1949年7月14日至1950年6月、1954年3月15日至1955年4月26日两段时间提取《金藏》400余卷之记录,③同时联系1954、1955年修复88、46卷之数,可以得出1954年3月15日至1955年4月26日13个月修复数约为73卷,那么1949年7月14日至1950年6月当修复300余卷。

(3)依据工作总结记录,46卷《金藏》修复数仅以1955年前3个季度为计。但鉴于修复工作的不确定性,当年修复数不再推算。

---

① 张崇发:《〈赵城金藏〉沉浮录》,《山西文史资料》1997年第6期,第109页。
②《北京图书馆史资料汇编(二)》编辑委员会:《北京图书馆史资料汇编(二)(1949—1966)》,北京:北京图书馆出版社,1997年,第649、657、659、676、690、694、708、716—717、733、749、795、836页。
③ 杜伟生:《〈赵城金藏〉修复工作始末》,《国家图书馆学刊》2003年第2期,第59页。

（4）参照1957年7月张永清、张万元入馆，9月徐朝彝入馆，加上韩魁占全年在馆，以累积修复28个月计算，1957年修复数约为280卷。

（5）以1960年上半年《金藏》修复272卷计算，全年修复数约为544卷。

（6）1962年，《金藏》修复仅完成指标的83.5%。参照1961年《金藏》修复550卷之指标，1962年修复数约为459卷。

（7）1964年《金藏》修复即将进入收尾阶段，参照1963、1965年511、262卷修复数，约定1964年修复数为二者平均值，约为387卷。

由表3可知，1954—1956年《赵城金藏》修复数量较小，修复进度缓慢；1957年后，通过增加修复人员，修复数量较大，进度较快。此外，1954—1965年《金藏》修复总数约为4249卷，参照《金藏》总数4330卷又9大包，1949—1953年《金藏》修复数量当不过80余卷又9大包。但依表3注（2）1949年7月14日至1950年6月修复300余卷之推算，1951—1953年《金藏》修复数当极少。

依上推理，《金藏》残卷9大包数量不小，且破损程度较高、修复难度较大，修复进展缓慢。按照从易到难的《金藏》修复次序，此部分很可能放在了最后，以至于1965年修复数仅为262卷。

另外，关于《金藏》修复的起止时间，多年来众说纷纭①。综合"《赵城金藏》展览座谈会"的召开、《金藏》修复人员的招募以及《金藏》的修复进度，其广义上的修复开始时间当为1949年5月座谈会之召开，实际开始时间当为1949年6—8月张炳文、萧顺华等应招入馆；而大规模修复时间当始于1957年7—9月韩魁占、张永清等4人合作修复；至于其修复结束时间当为1965年。因此，《赵城金藏》之修复时间起于1949年，止于1965年，前后共计17年。

---

① 张崇发：《〈赵城金藏〉沉浮录》，《山西文史资料》1997年第6期，第110页；扈石祥、扈新红：《〈赵城金藏〉史迹考》，《世界宗教研究》2000年第3其，第48页；杜伟生：《〈赵城金藏〉修复工作始末》，《国家图书馆学刊》2003年第2期，第58页；张平、吴澍时：《古籍修复案例述评》，北京：国家图书馆出版社，2012，第20、42页。

6.《赵城金藏》修复意义

新中国成立初期,北京图书馆花费 17 年时间修复《赵城金藏》4000 余卷。时至今日,其修复意义值得重新阐释和借鉴。

6.1 彪炳史册的新中国首个重大古籍修复工程

《赵城金藏》贵为"国宝",总数 4000 余卷,60% 存在严重破损。《金藏》霉蚀、粘连严重,且为卷轴装,修复难度大、技术要求高。在修复过程中,《金藏》修复得到各级领导、专家学者乃至佛教人士的高度关注和大力支持。经过多位修复人员长达 17 年的艰辛修复,《金藏》修复平整、面貌一新。毋庸置疑,《金藏》的修复是新中国首个重大古籍修复工程。该修复工程尽管存在不足和遗憾,但以全书数量之大、破损程度之深、关注程度之高、参与人数之多、修复过程之曲折、修复工期之漫长等,足可彪炳中国古籍修复史册。

6.2 "保持原貌"修复原则具有里程碑式意义

在"《赵城金藏》展览座谈会"上,赵万里指出北图过去修书皆"改为新装",后发现不妥,1934 年后决定"不再改装,以保存原样"。然而,《金藏》与一般古籍不同,乃卷轴装。当时业内通行的卷轴装裱多是改装外观,增加天地边和褾纸,可谓豪华装修。① 尽管如此,座谈会依旧确立了"保持其原来面目"的《金藏》修复原则。究其原因,既有北图多年"保存原样"修复传统的影响,亦有专家学者的坚持,更有当时经费不足、修复材料紧张以及简单修复以提高修复效率等方面的考虑。

17 年的"国宝"《金藏》修复之路始终贯彻"保持原貌"原则,这对北图古籍修复工作的影响是巨大的。经过几十年的发展,当时针对《金藏》修复所提出的"保持原貌"已经演变为"整旧如旧",并在中国古籍修复界得到普遍认同和推广,成为古籍修复的根本原则。由此可推断,"保持原貌"的《金藏》修复原则在中国古籍修复技术理论发展史上具有里程碑式意义。

---

① 张平,吴澍时:《古籍修复案例述评》,北京:国家图书馆出版社,2012,第 42—43 页。

6.3 "《赵城金藏》展览座谈会"征求修复意见模式具有借鉴意义

1949年5月,借举办《赵城金藏》展览之际,北图向专家学者征求《金藏》修复意见。经过座谈,"《赵城金藏》展览座谈会"形成了招募修复人员、拟定和捐助修复用纸,估算修复进度与工期,指出修复次序和保藏措施,制订修复预算,强调修复程度和原则等一系列《金藏》修复意见和办法。后来,这些修复意见绝大多数应用于《金藏》修复实践,是《金藏》修复工程取得成功的重要理论指导。

如今,我国古籍修复事业迎来重要发展时期,珍贵古籍修复项目日益增多。通过召集专家学者研讨,以确定修复原则、制订修复方案、指明技术方法、明确修复次序、选定修复材料、安排修复人员、制订修复预算、估计修复工期等,这应当是珍贵古籍修复项目运作的必要准备和必经之路。无疑,1949年"《赵城金藏》展览座谈会"征求《金藏》修复意见的模式具有重要借鉴意义。

Gleanings from Research on Repairing *Zhao Cheng Jin Zang*

Zang Chunhua

Abstract:More than 4000 reels of *Zhao Cheng Jin Zang* that seriously-damaged were stored up in National Library of Peiping in 1949. Opinions on repairing work of the Exhibition Forum of *Zhao Cheng Jin Zang* played an important guiding role in repairing *Zhao Cheng Jin Zang* later. Master Xu Yun, Mr. Li Jishen and Master Ju Zan were main raisers for repairing papers of *Zhao Cheng Jin Zang*. Han Kuizhan and other three remounting experts were main restorers of *Zhao Cheng Jin Zang*. It took seventeen years to repair

Zhao Cheng Jin Zang from 1949 to 1965, and the repairing progress went faster after 1957. The repairing work of *Zhao Cheng Jin Zang* had important references for nowadays ancient books restoration.

Keywords: *Zhao Cheng Jin Zang*; Beijing Library; ancient books restoration; research on repairing work

论古籍修复新理念

曾少文[*]

摘要：在新形势下，随着社会的进步和经济的发展，古籍修复理念出现了新的变化。在古籍修复领域中科技创新理念有效地推动古籍修复技术水平的发展和提高，同时也推动着我国图书馆古籍修复行业的发展；修复技艺融入国学理念丰富了国学文化内涵；技术与业务合作交流理念传承和发展修复技艺。

关键词：古籍修复；新理念

理念，是人们对于客观事物或事件的某种看法或认识，是由思维活动所产生的。理念作为思维活动的产物，在形成以后，会相对稳定，并潜移默化地渗透到人们的思维、行动及社会活动中去，常常会作为新的思维活动的起点，而对今后的工作思考、决策、选择及其行为活动产生重要的影响力。[①] 在现代化的进程中，古籍修复不仅需要科学技术创新理念，而且还需要知识理论创新理念，特别是技术交流与合作理念的创新。

1.科技创新理念

"科技创新一般是由知识创新和技术创新两部分组成的，知识创新是技术发明和创造的基础，技术创新是指在生产实践经验和运用科学原理

---

[*] 曾少文，广西桂林图书馆。
[①] 易利华：《院长岁月》，北京：中国协和医科大学出版社，2008，第335页。

的基础上发展起来的各种方法、技能、工艺流程体系的创新。"①古籍修复的科技理念包含两个方面,一方面是修复的科技技术创新理念,科技技术创新理念是以知识、信息形态表现的技术理念;另一方面是修复技术运用手段的科技成分。

1.1 古籍修复事业中的技术创新

1.1.1 知识理念的创新

创新理念需要知识更新,首先是知识内容的创新。古籍修复作为传统的手工业,伴随着古籍的产生与繁荣已经经历了上千年的发展历程。在今天科技高速发展时代,重视知识面的广度和经验的积累,古籍修复知识理念向科技知识和跨领域学科更新。如:物理、化学、造纸学、美学和环境学、版本学、古汉语、生物学和修复人员对修复过程产生的修复档案、修复方案报告、专家审核意见等这些以文字、图片、表格、多媒体等多学科领域的知识,以及古籍数字化的方法和手段等,包括新仪器、新设备的操作能力等。物理学、化学、分子生物学和计算机科学等自然科学理论的引入使古籍修复焕发出新的生机和活力。

1.1.2 知识传承方式创新

现代社会的发展和现代古籍修复事业的发展以及信息技术的发展,促使古籍修复强化、转变和扩大其功能,以适应信息社会发展的需要。新时期,古籍修复传承方式在新的载体与手段面前,与传统的传承方式相比,发生灵活多样性的转化,其传承方式更具主动性、灵活性和选择性的优势。2007年5月25日成立的中国国家古籍保护中心超常规举办培训班,创新了古籍修复事业中传统的传承方式。2007年至2015年,国家古籍保护中心先后开办了古籍普查培训班、古籍编目培训班、古籍修复培训班、西方文献修复技术培训班、民族文字古籍鉴定与保护研修班、古籍鉴定与保护高级研修班、古籍修复技术师带徒培训班、古籍保护与修复技艺非遗传承人群普及培训班、少数民族古籍修复技术培训班、全国传拓技术高级培训班等。我国还在高校开展了培养古籍修复人才的试点工作,如

---

① 李婷,董慧芹:《科技创新环境评价指标体系的探讨》,《中国科技论坛》2005年第4期,第30—31、36页。

南京市莫愁中等专业学校、金陵科技学院的古籍文献修复专业的中专和大专教育、北京职工大学的本科教育、北京大学等高校的本科、研究生教育。为进一步做好古籍保护工作,加快古籍修复人才队伍建设,培养古籍修复技艺传习骨干,弘扬古籍修复这一国家非物质文化遗产技艺,各地成立国家级古籍修复技艺传习所,如国家级古籍修复技艺传习中心——四川古籍修复中心传习所、湖南传习所、李仁清传习所、首都联合职工大学国图分校传习所、广东传习所等。同时各地国家级古籍修复技艺传习中心传习所还分别成立创新性古籍修复技术师带徒培训班,使古籍修复传统技艺薪火相传、代有新人。

知识传承方式创新志在进行分层次培养古籍修复人才,逐步搭建合理的人才梯队。知识传承方式的拓展,深化了古籍修复教育的内涵。

1.1.3 传统修复技术的创新

近年来,在科技创新理念的指导下,古籍修复技术在前人的基础上通过工作实践和技术创新打破了纯手工操作的格局。其表现在:

(1)设有专门的古籍修复工作室,配有自控式杀虫防霉机、厚度仪、进口切纸机、纸张抗张强度试验机、白度测定仪、耐折度仪、干燥箱、纸张水份仪、纸张纤维测量仪、酸度仪,高像素数码相机等设备;而书芯压平机、纸浆补洞机、纸浆补书机、切纸机、自动压书机、晒纸架等这些新发明的设备,都是实践的产物,都是技术创新的产物,能帮助修复人员提高修复效率,使修复工作事半功倍。

(2)在修复材料加工制作上实行科学检测、制定标准和按需定购,使修复材料的质量得到保证,从根本上杜绝不良修复材料对古籍文献的负面影响。如善本古籍的纸张酸性检测。

(3)粘接技术方面:在修复古籍时要使用化学制浆糊如羧甲基纤维素或者自己调制的专用浆糊,将修复粘接技术提高了一大步。

(4)干燥技术方面:有远红外线干燥法、微波干燥法、真空冷冻干燥法等。

(5)丝网加固技术:蚕丝树脂网无色、微透明,对于两面书写的古籍文献的加固有独到的作用。它具有强度适宜,重量轻、厚度薄、手感好,透明度好,不影响阅读,耐老化性,具可逆性等特点。

（6）修复后的古籍制作电子影像、古籍修复后的数字化前处理工作等。

由此可见,现代一系列优良设备、工具及材料的配备无疑将是确保古籍修复工作顺利实施的"硬件"。

1.2 古籍修复技术运用手段创新

随着现代高科技的发展,大量的科技成果如新材料、新设备在古籍修复中投入使用,如数码影像、电脑、纸张抗张强度试验机、白度测定仪、耐折度仪、干燥箱、纸张水份仪、纸张纤维测量仪、酸度仪等参与观察那些肉眼无法看到的古籍载体内部的变化情况,从而研究古籍载体材料的特性,认识其损毁规律,寻找更好的保护手段,为提高修复古籍的技术方法提供理论依据。如纸浆补书机的应用,使修复效率大大提高。"纸张纤维测试"的使用,可以初步判定纸张纤维的老化程度,确定纸张的相对形成时间,为修复用纸提供正确的依据。先进的技术手段为修复工作保驾护航,力求最大限度还原古籍原貌,修旧如旧。

由此可知,将科技创新理念引入古籍修复行业,其所带来的变化和进步将是不可限量的。

2.古籍修复艺术鉴赏

为宣传、展示古籍保护成果,传承中华优秀传统文化,培育公众古籍保护意识,2013年3月习近平同志在十二届全国人大一次会议闭幕会上讲:"中华民族具有5000多年连绵不断的文明历史,创造了博大精深的中华文化,为人类文明进步作出了不可磨灭的贡献。经过几千年的沧桑岁月,把我国56个民族、13亿多人紧紧凝聚在一起的,是我们共同经历的非凡奋斗,是我们共同创造的美好家园,是我们共同培育的民族精神,而贯穿其中的最重要的是我们共同坚守的理想信念。"2014年9月11日在前往塔吉克斯坦专机中,习近平同志万里高空聊传统文化时说:"学习和掌握其中的各种思想精华,对树立正确的世界观、人生观、价值观很有益处。学史可以看成败、鉴得失、知兴替;学诗可以情飞扬、志高昂、人灵秀;学伦理可以知廉耻、懂荣辱、辨是非。"在此情况下弘扬国学传承经典,成为社会文化的主流。

古籍是中华文明传承和发展的重要载体,从古老的甲骨卜辞、青铜铭文、碑铭石经,到书写在简帛、纸张上的钞本、稿本、钤印本、活字本、四色套印本、蓝印本、经折装、金镶玉、名家藏书印、批校题跋等,它用文字、图案记载历史,通过不断整理著述来传承文化,维系着中华文明的薪火相传。文字与典籍,就是中国之精神,民族之灵魂。

而古籍修复具有艺术性所特有的非物质文化遗产属性,是民俗文化积淀的产物,传承国学文化通过古籍文献特展,古籍版刻工艺、装帧形式、修复技法演示,碑拓技艺演示与传拓体验活动等让读者在家门口即可享受一场海内外珍本古籍的饕餮盛宴,体验传统文化的魅力等。通过显性文化元素来展现古籍修复的精神魅力,让公众畅享中华民族悠久文化遗产的独特魅力,提高文化艺术素养、审美能力、创新能力,从而推进中华优秀传统文化创造性转化和创新性发展。正如习近平同志指出的"中国优秀传统文化的丰富哲学思想、人文精神、教化思想、道德理念等,可以为人们认识和改造世界提供有益启迪,可以为治国理政提供有益启示,也可以为道德建设提供有益启发。""今天,我们提倡和弘扬社会主义核心价值观,必须从中汲取丰富营养,否则就不会有生命力和影响力。"

3.技术与业务合作交流理念

3.1 隐性知识和显性知识的交流方式

古籍修复技术交流为越来越多的修复机构所重视,主要通过新人对熟手的观察、模仿来实现,方式包括师带徒学习、修复培训班实践课、视频资料的观看、日常工作中的互相学习和从业人员间通过各种方式进行的交谈等来完成。从隐性知识到显性知识的外化主要是通过修复档案的记录、个人修复经验的文字化(包括工作日志和论文撰写等)、座谈交流的整理等方式完成。从显性知识到显隐性知识的融合主要是通过构建交流平台,利用网络技术和各种会议将修复人员或修复机构存储、整理的相关数据、资料进行系统化集结并扩散。从显性知识到隐性知识的内化主要是指修复人员通过共享平台、培训、学术会议和座谈等方式学习修复技艺,提高个人水平的过程。同许多博大精深的传统技艺一样,古籍修复流派纷呈,不同技术手法与不同类型的文献、不同地区的存藏环境相适应,优秀的古籍修复师在修复过程中因地制宜、因书制宜,充分交流、博采众长。

3.2 开展国际性技术与业务合作交流理念

3.2.1 制定了明确的古籍保护总体发展战略和科学技术发展规划理念

如今很多国家都制定了明确的古籍保护总体发展战略和科学技术发展规划。如我国政府以保护和弘扬为主题的"中华古籍保护计划",2007年开始全面实施;美国政府提出的"挽救美国的财富计划""维护美国行动计划",旨在激发公众对古籍保护的关注,加强各地域人民的地域认同感、自豪感和参与感,从而达到挽救过去、保护未来的目的;法国推出的"国家文化遗产(科技)研究计划",由政府投入,集中了53个研究团体,进行科研项目攻关,涉及理论、技术和具体保护工程;意大利则有国家大学科研部遗产保护研究3年计划(2003—2005年),参加项目单位多达350个,其中有64个分布在国家研究委员会、大学和文化遗产部的主要研究机构中,预算总额达3亿欧元;日本和韩国先后推出了"文化立国"计划,主要内容是如何更好地保护和利用文化遗产;欧盟科技发展第六框架计划确定文化遗产保护和相关研究,作为增强经济实力和凝聚力的战略重点;国家政府间组织ICCROM(国际文化遗产保护与修复研究中心)的首要战略,就是提高社会对古籍保护价值的认知,使人们认识到古籍保护的价值与自然或环境保护的价值具有同等的重要性,并与自然或环境保护挂钩。①

3.2.2 加强深层合作理念

近几年来,世界各国政府以及社会公众对古籍保护的整理与研究都给予了更多的关注。由于各国对古籍修复及保护的认识不尽相同,所开展的工作也各有侧重,各国之间打破国家界限深入合作,互派人员进行学术交流与培训,出访美国、加拿大、英国、韩国、中国香港、中国台湾等。加

---

① 仝艳锋:《民族档案文献遗产保护研究——以云南为例》,济南:山东大学出版社,2013,第8页。

强修复成果的展示和技术与经验的介绍,打破保守思想,以合作获取发展。对某一古典文献的共同研究,对共同感兴趣的内容作深入的研讨,对古籍编目、家谱、尺牍、修复、馆藏等专题进行专业的研究,普查流传在海外的中华古籍,古籍藏品的防火、防盗管理,估计藏品的保存环境,古籍文献的纸张老化,古籍性质的鉴定等具体问题,我们可以通过互相交流,一起采取适当的工艺和方法进行保护。如2001年,中国国家图书馆和英国国家图书馆正式达成合作开展国际敦煌项目(IDP)的协作,它是一个国际合作的范例。① 既探讨古籍修复本身的基本原则,又研究古籍修复事业宏观发展战略。在合作过程中学习,交流中更多地建立国际合作项目,参与到国际项目中。又如国家图书馆于2012年设立的"海外中华古籍调查和合作保护项目"取得了很多成果。通过国家间古籍保护领域长期的、经常的以及稳定的交流与合作,我们不仅可以逐步建立起古籍保护的国际化标准,包括纸张、粘合剂、工具的国际标准,保护技术和装备的国际化标准,甚至可以推行古籍修复师的国际化以及设立古籍修复师国际联盟等。

由此可见,不同的研究方向和不同特点的技术形成互补,吸收其他国家先进的图书保护理念和科技成果,传统古籍修复技术才能进步和发展,从而推进国家间进行深层次合作。

4.新理念是古籍修复事业发展的动力

中国的典籍文献是几千年来华夏文明之瑰宝,具有极其珍贵的文物价值、学术价值、艺术价值,是人类文明发展史上不可替代的财富。多年来,我国政府把握科技理念、技术与业务合作交流理念的主旋律,对古籍保护与修复发展极为重视。《国务院办公厅关于进一步加强古籍保护工作的意见》(国办发〔2007〕6号)文件中提出了"构建大保护理念"的设想。2007年,国务院办公厅发布《关于进一步加强古籍保护工作的意见》,提出在"十一五"期间大力实施"中华古籍保护计划"。中华古籍保

---

① 田丰:《我们浅谈古籍保护工作的国际化》,《图书馆工作与研究》2010年第8期,第89页。

护计划的内容主要有五个方面：一是统一部署，从2007年开始，用三到五年时间，对全国公共图书馆、博物馆和教育、宗教、民族、文物等系统的古籍收藏和保护状况进行全面普查，建立中华古籍联合目录和古籍数字资源库；二是建立《国家珍贵古籍名录》，实现国家对古籍的分级管理和保护；三是命名"全国古籍重点保护单位"，完成一批古籍书库的标准化建设，改善古籍的存藏环境；四是培养一批具有较高水平的古籍保护专业人员，加强古籍修复工作和基础实验研究工作，逐步形成完善的古籍保护工作体系；五是进一步加强古籍的整理、出版和研究利用，特别是应用现代技术加强古籍数字化和缩微工作，建设中华古籍保护网，使中国古籍得到全面保护，这些项目取得了很多进展。可以说古籍修复新理念对于古籍修复事业来说是一笔宝贵的无形资产和财富，更是一种前所未有的发展动力。

2007年2月，文化部在京召开了全国古籍保护工作会议，正式启动中华古籍保护计划。5月，中国国家古籍保护中心在国家图书馆成立。我国的古籍保护事业进入到前所未有的快速发展时期，江苏、广东、北京、常熟等省市古籍保护中心纷纷建立。中华古籍保护计划实施以来，为了加强对古籍保护工作的管理，推动各古籍收藏单位改善古籍保护条件，提高古籍保护工作水平，促进我国古籍保护工作健康、持续开展。2008年3月1日，国务院批准了51个"全国古籍重点保护单位"，12家图书馆为国家级修复中心。古籍保护的整体体制机制建设和资源整合已经趋于完善，古籍存藏数量较多的大馆设施设备等硬件水平也达到很高的水准。2014年，为进一步加强古籍保护人才培训工作，国家古籍保护中心决定在全国设立古籍编目、鉴定、修复、传拓等高级古籍保护人才培训机构。2015年经国家古籍保护中心组织申报、考察、评审后挂牌。经专家组的考察评审，12家图书馆为国家古籍保护人才培训基地，1家国家级古籍修复技艺传习中心（附设21家传习所）。并与多所高等院校合作培养古籍保护专业硕士，建立古籍保护研究院，探索出了一条培训基地、高等院校、传习所三位一体的古籍保护人才创新培养之路，培养了一批具有较高水平的古籍保护专业人员。举办古籍保护培训班339期，培训超过1.5万人次。①

在各图书馆、博物馆、档案馆、寺庙、研究机构等收藏单位积极配合下,加强古籍的保护和修复力度古籍的普查、保护、修复工作进展顺利。其中修复工作尤为突出,在不到几年的时间内全国已建立修复室共计247个,总面积达16392平方米,修复室设备设施先进,修复管理的科学化程度高。2007年,全国古籍修复人员还不超过100人,而且学历偏低,到2016年国家古籍保护中心成功举办19期古籍修复技术培训班,加上各类古籍修复培训班,共培养出来上千名古籍修复人才,而且一半以上都具有研究生学历。到2015年,全国收藏单位专门从事古籍修复的人已超过800人,较2007年国务院办公厅发布《关于进一步加强古籍保护工作的意见》前翻了8倍,②大大促进了我国古籍修复事业的发展。

2007年"中华古籍保护计划"实施后,各级政府对古籍保护工作的重视程度迅速提高,并很快惠及民营机构,民营机构社会知名度和业务量都发生了质的飞跃,业务范围扩展到基层公共图书馆、博物馆和高等院校,并开始承接各地区古籍公藏单位的修复工作。修复对象也从早期的普通线装古籍,扩大到档案、字画、钱币、碑帖拓片,甚至珍贵的写、刻善本。2015年1月14日,中共中央办公厅、国务院办公厅印发了《关于加快构建现代公共文化服务体系的意见》,提出要鼓励和引导社会力量参与公共文化服务体系,建立健全政府向社会力量购买公共文化服务的机制,推广运用政府和社会资本合作等模式,促进公共文化服务提供主体和提供方式多元化。古籍保护工作作为公共文化服务体系的重要组成部分,践行上述政策是其未来的发展方向和必由之路。国家古籍保护中心设立国家级古籍修复技艺传习所,聘请修复大师为传习导师,是对古籍保护工作中鼓励、是引导社会力量参与公共文化服务的充分肯定和积极助力,也是古籍保护工作的进一步发展的新理念。与此同时,2016年国家古籍保护中心办公室还积极组织《中华古籍保护计划"十三五"时期规划纲要》的编制工作,扎实推进古籍保护各项事业的全面发展。

---

①何谋忠:《我国古籍修复技术的发展》,《学术纵横》2015年第8期,第75页。
②王斯璇:《修书人的"现代化"》,《瞭望东方周刊》http://www.lwdf.cn/article_1380_1.html,2015-07-30。

总之,古籍修复对古籍保护事业而言,不再是为保护而保护,而是含有为了实现其文献价值活动的意识理念。这种理念包含有科技、文化、合作交流等,是一个系统工程,更是一种新的意识理念。

On the New Concept of Ancient Books Restoration

Zeng Shaowen

Abstract: With the progress of society and economic development in the new situation, the concept of ancient books repairing changes. The concept of scientific and technological innovation effectively promotes the development and improvement of technical level of ancient books repairing. At the same time, it also promotes the development of the library's ancient books repairing industry in China, the combination of repair skills and traditional Chinese philosophy so as to enrich Chinese culture connotation, inheritance of concept of cooperation and communication, and development of the repair skill.

Keywords: ancient books repairing; the new idea

古代古籍保护方法在现代的沿用以及启示

张 霓*

摘要：我国有着悠久的历史和灿烂的文化，千百年来，大量珍贵的历史文献延绵千古得以保存，其中一个极重要的原因就是，古代人民在长期实践中，反复筛选，积累和形成了丰富而有效的古籍保护方法。认真总结这些方法，剔除糟粕取其精华，对我国当代的古籍保护事业也会有非常大的启发。

关键词：古籍保护；保护方法；古代；现代

1. 古籍用纸

书在古代是非常珍贵的物品，所以古代对于书的保护，是从印制一开始就存在的，首先就是选纸的问题。搞清楚古籍所用的纸，对于修复工作来说是十分必要的，也是保护和传承古籍的重要条件。我国大量年代久远的古籍之所以能完好地流传至今天，除适宜的保管方法外，还与纸张质量较高密切相关。古籍用纸，其原料质量较好。从流传至今的晋、唐、宋、元、明、清文献用纸的原料看，主要有麻、韧皮、竹等。

众所周知，纸是构成书籍的主要材料。纸，《说文解字》的解释是"纸，絮一苫也，从糸氏声。"我国历代书籍用纸主要有白麻纸和黄麻纸两种。其主要成分是由多种不同的植物纤维为原料，并根据原料的不同而生产出不同的纸张。麻纸名称的由来，大概是在制作原料中麻的成分很

---

* 张霓，中国社会科学院研究生院文博中心。

多。麻纸有白、黄两种，白麻纸正面洁白光滑，背面略显粗糙且有草棍纸屑粘附，质地薄细、坚韧，耐久性很强，如不潮湿能经久不变质，黄麻纸色略显黄，有的较白麻纸略厚，看起来似更粗糙一些，但其性能均相同。无论白、黄麻纸，纸纹（俗称"廉子纹"）都比较宽，约有二指左右，也有的纸纹不太明显。麻纸对风吹、日晒有很大的抗性，故宋代多用麻纸印书，流传至今千余年，犹完整如新。金代和元代初期的印书用纸，据传本所见，采用黄麻纸较多，其粗细、薄厚及坚韧性能，与宋末麻纸无多大区别；到元末，印书所用麻纸的纸纹，宽度仅有一指左右，直到明代初期，多采用麻纸印书。

古代重要的典籍、文书很多是用黄粟染制而成的黄纸形成的。其原因除了古人认为黄色是神圣、庄重的象征外，在于黄粟具有防蛀性能。《续资治通鉴长编》卷189言："嘉祐四年（1059）二月置馆阁编定书籍官，别用黄纸印写正本，以防蠹败。"《麟台故事》卷2："嘉祐四年置馆阁编定书籍官，其后又置编校官四人，以《崇文总目》收聚遗逸，刊正讹谬，而补写之。又以黄纸写别本，以防蠹败。"赵希鹄《洞天清录集》也有"染以黄梁，取其辟蠹"之说。

另外再明代以后，古籍多用竹制或棉纸印成。竹纸，因其制作原料主要是竹子而得名。纸性稍脆，韧性较绵纸差。竹纸在宋、元时期就有出产，至明初时，间有印书使用，数量不多；自明世宗嘉靖以后直到清末，用竹纸印书者最为普遍。明代前期印书多用棉纸，从传世所见本中有如下区别：明嘉靖（1522—1566）以前所产棉纸比较细薄，到隆庆（1567—1572）、万历（1573—1629）以后，纸质略显粗厚，且用于印书大为减少。清初，还有少数用棉纸印书，以后就更少见了。

我国古籍用纸，按其制作原料和主要特性，基本分为棉纸和竹纸两大类型。从表列时序看，相互交错产生、使用、更替，优者延续数代至今仍在生产、使用，其他品种，或某时代、某地区，或染色可作书皮、书签，其中某些品种早已不再生产、使用，但传世古籍却为我们留下宝贵的佐证。了解纸张时代、性能，是版本鉴别的重要环节之一，而在修补古籍中，配纸恰当、讲究，亦是提高装修质量的关键所在。

2.古籍装具与装帧技术

使用一定的装具保存文献是古代文献收藏的又一重要手段。古代的装具还有夹板、函套、书匣和书柜等。夹板为木质,有两板装、三板装与扶立装三种,它们对于减少机械磨损延长文献寿命非常有利。书套由纸板糊以白纸再衬以绫或锦缎制成,有四合套和六合套之分。书匣即木制盒子,书柜也为木制。书套、书匣、书柜既可减少机械磨损,减少变形,又可防光、防尘、防空气污染物,而且函套、书匣、书柜内的温湿度是相对稳定的。古人对装具的质量要求也较高,通常都选用变形性小、不生虫的木材制作。叶德辉《藏书十约》言:"北方多用纸糊布匣,南方则易含潮,用夹板夹之最妥。夹板以梓木、楠木为贵,不生虫,不走性,其质坚而轻。花梨、枣木次之,微嫌其重。其他皆不可用……宋、元旧刻及精抄精校,以檀木、楠木为匣袭之。"孙从添《藏书纪要》也有类似的记载:"至于书柜,须用江西杉木或川柏、银杏木为之。紫檀花梨小木易泛潮,不可用做"。

古代文献保护措施寓于装帧技术之中。古籍装帧在我国有着悠久的历史。装帧的目的除增加美观外,更主要的还在于便于利用、长期或永久保存。而我们在进行修复工作的时候,一点要保证不改变其装帧形式,整旧如旧。

3.防虫、贮藏

蠹虫是古籍文献损毁的一大生物因素。《说文》解"蠹"为"木中虫也",蠹虫是蛀蚀书籍衣物等小虫的泛称。纸张易遭虫蛀,因此古人通过药物处理纸张使其具有防蠹性。古代常见的防蠹纸依处理药物的不同有潢纸、椒纸和万年红三种。在纸张上涂布某些药粉,也具有很好的防蠹效果。

使用能挥发特殊气味的物质或一些有毒物质置于装具内外或书中,是古代常用的另一种藏书避蠹方法。孙从添《藏书纪要》说:"柜顶用皂角炒为末,研细,铺一层,永无鼠耗。恐有白蚁,用炭屑、石灰、锅锈铺地,则无蚁。柜内置春画辟蠹石,可辟蠹鱼。"叶德辉《藏书十约》载:"橱下多置雄黄石灰,可辟虫蚁,橱内多放香烈杀虫之药品。古人以芸草,今则药草多矣"。北宋科学家沈括在其著作《梦溪笔谈》中云:"古人藏书避蠹用芸香。芸,香草也。今人谓之七里香者是也。叶类豌豆,作小丛生,其叶极芳香,秋后叶间微白如粉污,避蠹殊验。南人采置席下,能去蚤虱","芸香即七里香,山谷谓之山矾,非枫胶香也。眉下县石鱼,商山必栗香,作书轴,白鱼不犯。盖檀、降香作轴,皆不蠹也。寻常宜用桐杉,胶则易蒸,糊则生蛀,以苦楝子末生面粘子,犀玉虽贵,纸何以能胜耶"。因芸香能避蠹,所以有人称书房为"芸阁""芸署""芸省",称书房的窗户为"芸窗",称藏书台为"芸台",称书籍为"芸编""芸峡",称书签为"芸签"等。由于芸香具有较好的防虫效果,古代藏书家往往在藏书房周围种植芸香,既能防蠹又可美化环境。

靠植物自然挥发有效成份防蠹,因其挥发速度很慢,有时效果不佳,满足不了防蠹的需要。为提高防治效果,早在春秋战国时,古人就已经知道利用这些植物燃烧产生的烟熏蒸书房。在使用烟熏时,植物中的杀虫有效成份可在短时间内全部挥发到空气中,同时燃烧这些植物还要产生大量二氧化碳,它能使书房中空气的组成发生改变,氧气浓度大大降低,使药效得到进一步提高,防蠹效果较好。这一方法一直沿用到现在。

我国古代劳动人民在文献库房建筑方面有着极为丰富的经验。库房建筑是保护文献的最基本的物质条件,其好坏将长期影响文献的保存寿命,因此古人对库房要求较严。而用在我们现代来说专室须达到现代图书馆保护古籍的要求。如恒温恒湿、防水、防火、防盗,并考虑到采光、通风、防止污染和有害生物等。随着社会的进步,藏书楼因其自身局限性逐渐被现代图书馆建筑采用钢筋混凝土结构或砖石结构取代,在选址上远离水塘、江河、湖海等潮湿地带及低洼地带,粮库、药材库以及食堂、旅店、住宅等易滋生害虫的区域也会远远避开。为了防火,新式图书馆内部的各个分区一般用防火墙隔离;书库内的电器有电闸在库房外单独控制;高层建筑还设有防雷击措施;馆内配备一定的消防设备,除普通泡沫干粉灭火器外,有的还建立了烟感自动灭火系统。为了防盗,图书馆还设有红外线自动报警系统以及闭路电视监控系统等。现代图书馆除建立符合密闭、隔热、防潮要求的库房外,还采用空调设备、除湿机等控制温湿,善本库力求创造恒温恒湿的室内环境。古代通风和晒书的办法,对于维持空气流通,去除潮气都很重要,而且经济简便,今天某些图书馆仍在采用。光线中的紫外线对古籍纸张纤维性的内部结构有破坏作用,时间久了就会发黄、褪色、变脆。北魏贾思勰《齐民要术》就有关于"不见日处曝书"的记载,可见古人早就意识到这一点,因此藏书多放于柜中或遮光处。今天图书馆除了沿用传统之法外,善本库还避免了使用日光灯,因为日光灯开启时也有一定的紫外线。空气中的污染物对古籍也有一定损害。随着现代工业的发展和环保工作的滞后,某些城市的空气污染日趋严重,不仅二氧化碳、硫化物、氮化物含量激增,而且带来了酸性浮尘,这对古籍起着酸化、腐蚀作用。

4.古籍的传播对古籍的保护

其实古人对书籍的传抄、翻刻也是一种对古籍的保护措施。众所周知的是古代书籍资源的珍贵,得到善本更是难上加难。书是用来读的,虽得善本,却因为太珍贵而不舍得时常翻阅,也使得书失去了本身的价值。面对这种情况,古代不少藏书家都选择了抄书或者翻刻使得善本得以保存和流传下来,比如,毛氏汲古阁的影宋本在今天看来依旧十分令人惊叹,是当代藏书家爱不释手的东西。

随着科技的发展,我们现代对于书籍的保护和流传已久用不到手抄这种古老的办法了。而前人的思想可以流传下来,也就是如今的古籍善本再造,以及古籍数字化。国家图书馆出版社建社以来,特别是近十几年,坚持将古籍影印作为出版主业方向,视为赖以生存、发展的基础和支柱。几代出版人践行着"揭示文献,嘉惠学林,传承文明"的追求与梦想,影印出版了24000多种古籍,一方面为学术研究提供了丰富的原典性史料,促进了学术研究的深入开展;另一方面让珍贵的古籍和民国文献化身千百,为古籍和民国文献的再生性保护提供了可能。为此,2009年在原新闻出版总署首次对出版社的评估定级中,国家图书馆出版社被定为"一级出版社",被授予"全国百佳出版社"称号。国家图书馆出版社古籍影印图书销售码洋、出口码洋均在业界领先,成为古籍影印出版领域的权威和龙头出版社。除了国图出版社,还有很多出版社在古籍影印方面卓有成就,开辟了自己的特色。如,上海古籍出版社坚持古籍整理和学术著作与普及传统文化读物并重,排印和影印并举,大中小型图书合理安排的出书框架。还注重出版物的文化含量与提高经济效益相统一,加强多层次的标志性品种与扩大规模效应相统一,从而积极主动地贯彻"适应市场,引导市场"这一宗旨。上海古籍出版社的图书在海内外学术界、读书界产生良好的影响。多种图书分获国家图书奖、全国古籍整理优秀图书奖、金钥匙奖、上海市优秀图书奖等。另外,凤凰出版社、巴蜀书社、岳麓书社等,这几年在古籍整理方面也做得很有成绩。

除了出版影印之外,古籍数字化也是对古籍的一个重要的保护措施。古籍数字化是从利用和保护古籍的目的出发,采用计算机技术,将常见的语言文字或图形符号转化为能被计算机识别的数字符号,从而制成古籍文献书目数据库和古籍全文数据库,用以揭示古籍文献信息资源的一项系统工作。简言之,就是利用现代信息技术对古代文献进行整理与研究,并以电子数据的方式提供使用。数字化古籍检索方便,易于保存,有传统的纸质出版物无法替代的优势,深受学术界和用户的欢迎!中国古籍的数字化自上世纪90年代兴起后,取得了一系列重要成果。用古籍数字化资源能有效地降低纸质古籍的流失,减少人为的使用性损伤机率,使历经岁月沧桑的古籍得到真正的休息和保护,通过复制转存,还可以相对真实的、永久的保存古籍原貌!世界上有许多伟大的民族,也创造了同样辉煌灿烂的文明,但是都没有流传下来,只成为了历史的遗迹,其重要原因就是文明体缺乏连续性,无法流传。因此,加强古籍数字化是古籍再生性保护的有效措施。通过数字化工程,为全球华人,为学术界提供良工利器,提供更贴近现代学术的典籍资源,与学术界互动,推进传统文化的现代化进程,通过对传统文化的深入了解与接触,能够增强我们的民族自尊心和对本族文化的自信心,取其精华弃其糟粕,弥合文化的断层,增强民族凝聚力,使中国传统文化获得健康的发展,推进社会的稳定与和谐进步。

参考文献:

[1] 罗茂斌.中国古代古籍保护方法研究[J].思想战线,1996(02):87-

92.

[2] 杨柳.浅谈古籍保护中的若干方法与注意问题[J].农业图书情报学刊,2011(03):114-116,119.

[3] 韦力.古籍用纸与古书作伪[J].艺术市场,2004(09):114-115.

[4] 梁桂英.古籍保护方法综述[J].韩山师范学院学报(社会科学版),2005(02):94-97.

[5] 王桂平.我国古籍数字化的现状及展望[J].图书情报知识,2000(04):50-51,54.

The Use and Inspiration of Traditional Methods of Protecting Ancient Books in Modern Times

Zhang Ni

Abstract: Our country has a long history and splendid culture. For thousands of years, a large number of precious historical documents for ages are preserved. One of the most important reason is that through the long-term practice, ancient people accumulated and formed rich and effective methods of the protection of ancient books. To summarize these methods, remove the dross and learn from the best will have great inspirations on the protection of ancient books in China.

Keywords: protection of ancient books; methods of the protection; ancient

浅谈东莞对木鱼书的滋养与保护

张笑艳[*]

摘要：木鱼歌自明代始流传在广东地区，在东莞尤其受欢迎，是东莞最常见的民间艺术形式。木鱼书，即木鱼歌歌本。本文浅谈木鱼书的特点、东莞人对木鱼书发展的贡献，以及对此文化遗产的保护。

关键词：民间艺术；木鱼书；东莞；保护

木鱼书乃是民间文化艺术木鱼歌的歌本、文本，唱木鱼歌必有歌本。木鱼的体裁，源于唐代的变文。变文在宋元之间流入江南，结合江南当地的人和事，运用江南方言，谓之弹词。弹词，在明代中叶流入珠江三角洲。弹词结合岭南故事，插入粤方言，成为木鱼歌。

关于木鱼歌的史料文献记载很少，以屈大均《广东新语》最具代表性，其曾如此介绍木鱼歌："粤俗好歌，凡有吉庆，必唱歌以为欢乐……其歌之长调者，如唐人《连昌宫词》《琵琶行》等，至数百言、千言，以三弦合之，每空中弦以起止，盖太簇调也，名曰摸鱼歌。"因此，木鱼歌也称作"摸鱼歌"。

木鱼歌自流行起便深受农村妇女的喜爱，在东莞尤其受欢迎。木鱼书作为东莞民间艺术的重要组成部分，近年来得到越来越多学者以及文化机构的重视。莞城图书馆作为东莞市内唯一一所以艺术、文史类图书和古籍收藏研究为特色的专业化公共图书馆，其收藏研究的古籍及民国

---

[*] 张笑艳，东莞莞城图书馆。

文献,始终专注于岭南地区稀见珍本、珍贵古籍大型丛书、莞人著作,及具有研究价值的文史资料。目前,我馆收藏明清古籍 149 种(合 2368 册),包含明代善本 7 种(合 94 册)、清代善本 10 种(合 140 册),其中明隆庆六年(1572)谢廷杰刻本的《王文成公全书》为馆藏版本最早的一套善本。此外,馆藏民国时期文献 115 种(合 827 册)。值得一提的是,木鱼书作为莞城图书馆的特色馆藏,馆藏数量达 348 种(合 1332 册),当中年份最早的是清同治四年(1865)五桂堂藏版的《原本金叶菊全集》,存卷 2 卷至 4(缺卷 1);而现藏莞刻最早的,是清光绪十二年(1886)莞城萃英楼刻本的《琥珀姻缘花姐全本》。此外,也不乏莞城萃英楼藏版的《金刀记》、莞城会源堂藏版的《三合明珠宝剑》等属木鱼书中之珍品的版本。

1. 木鱼书概况

1.1 木鱼书的内容

木鱼书的刊本、抄本很多,有记载可查的约有五百部,四五千卷之多,内容多样而良莠杂陈。有从佛经故事和宝卷改编的,如《目连救母》《观音出世》等;有从演义小说改编的,如《仁贵征东》《钟无艳》等;有从元明清杂剧、传奇、小说等改编的,如《白蛇雷峰塔》《梁山伯牡丹记》等;有直接取材于社会生活的,如《三姑回门》《老糠记》等;还有反映旧民主主义革命时期历史事件的,如描写反美华工禁约的《金山客自叹》《华工诉恨》,揭露帝国主义侵略的《国事诉根源》《西瓜园焚烧劣货歌》等。然而,木鱼书毕竟产生于古代社会,书中内容也难以避免出现与现代文明不符的内容,如神仙打救、一夫多妻、男尊女卑、多子多福等。新中国成立前的东莞妇女大多目不识丁,但却知晓不少历史知识,归功于他们以木鱼歌与木鱼书作为教材学识字,学习知识,启发心智。

1.2 木鱼书特点

与一般的古籍文献不同的是,木鱼书有着浓郁的"民间"气息,从以下几点可见一斑。第一,印刻量大,印刷粗糙。木鱼书作为一种通俗读物,是当时社会底层的妇女的精神粮食,广受欢迎,因此书坊采用低廉的原材料,廉价的刻工,大量刻印,低价出售,故错字极多,质量一般较差,导致了现存木鱼书的酸化程度较高。第二,版本信息混乱。木鱼书的正文多采用木刻印刷,可木刻板成本高且工作量大,为谋取最大利益,书坊间常向别家购买刻板,采用互相转用刻板的方法,铲除原书坊堂号后补上自家的,并更换本书坊制作的封面。有时除旧堂号的工作不彻底,导致残留信息与封面信息不一致的情况也是常有的。鉴于此,我们常可发现木鱼书的正文用纸与封面封底用纸基本不一致的情况,封面用纸多为机制纸,书芯用纸多为质量较差的手工纸。第三,粤方言读物,口语化强。作为一种产生于珠三角地区的特有文化,木鱼书的作者绝大多数为广东人,文中用词大量使用了粤方言,忠实记录了百年前粤语通俗方面的使用情况,很多如今不常用、不为人知的粤语使用方法,都通过木鱼书鲜活地呈现出来,如"唔系"(不是)、"畀"(给)、"冇"(无)、"狂"(害怕、惊慌)等,接地气的表达更加贴近群众生活。第四,七彩封面,浓厚的商业气息。与一般的古籍文献最大的不一样的是,同一种但不同册的木鱼书封面常采用不同颜色的纸印刷,以蓝色、红色、紫色为主,内容可以是风花雪月,也可以是书中场景,亮丽的封面摄人眼球,吸引民众。随着木鱼书在民间受追捧,民国年间,封面内容从起初简单的题名、册数、书坊名号、内容纲要,开始加入书坊宣传等商业广告,医药广告最为多见,尤以"欧家全"药店广告最为常见,宣传的药品包括有"卫生药精精""退热头刺散""心胃气痛散""癣癫皮肤水"等。

1.3 木鱼书的价值

虽为民间艺术,木鱼书具有很高的文学、历史、民俗和音乐价值。木鱼书的唱词中,诗歌创作的赋、比、兴手法被普遍运用,长篇唱词擅于叙事抒情,修辞手法上多用夸张、讽刺、谐音、比喻、拈连。体裁有赋、韵文等样式,讲究平仄、押韵。因此,不难看出其从古典文学汲取了大量的养份。如,《玉碎珠沉》取材于《警世通言》中的《杜十娘怒沉百宝箱》;《泪湿青衫》有白居易《琵琶行》的基础。此外,木鱼书艺人多在重大民族节日或民间各种喜庆场合,用方言、口语演唱,因而他们的唱词往往是侧重于喜庆吉祥。因此,木鱼书蕴含着大量的民俗学信息和价值,保护木鱼书,对推动古典文学研究有现实意义。再者,木鱼书行腔委婉跌宕而富宣泄效果,又是粤剧中的一个曲牌,保护木鱼书对促进粤剧繁荣是相得益彰。

2. 木鱼书与东莞

清末东莞诗人邓尔雅有《东莞竹枝词》:"南音体例若弹词,书熟刚同饭熟时。从古稗官能化俗,家家解诵摸鱼儿。"生动地描写了东莞妇女一边煮饭一边唱木鱼歌的情景。

据东莞上了年纪的人回忆,解放前的东莞,每逢佳节、农闲的时候,在榕树下、厅堂中,妇人们都会围坐在一起,请识字的人按着歌本唱木鱼歌。一听到木鱼歌声,大家就围而听之①。上世纪50年代,东莞广播站还对木鱼歌进行录音。据杨宝霖回忆说,儿时木鱼歌还未消失,在放学回家的路上,东莞莞城的大街小巷还经常可以听到木鱼歌。教书的先生、商店的老板、卖菜的小贩、耙田的农民,谁都能哼上几句。稍为富裕的人家,往往请以唱木鱼书为职业的盲艺人上门演唱,一唱就是半日,有时连唱几天。

东莞木鱼歌,必用纯东莞话演唱。东莞木鱼歌唱法有两种,一是"读歌",二是"雅唱"。读歌其实也是唱,有高有低,有拖腔,但节奏较快,不如雅唱慢节长声,元坠徐疾,婉转低回。莞人唱木鱼书,多为读唱,尤其唱长篇;职业艺人,必用雅唱,唱之必用三弦伴奏。因演唱者都是盲人,故而木鱼歌在东莞也被称为"盲佬歌"。可惜,曾经最为流行的"读唱"现今还会的人极少,而掌握"雅唱"者更是寥寥无几,除了杨宝霖先生二者皆通外,难觅第二人。

杨宝霖先生是东莞著名的文史学者,专注木鱼歌的研究已有数十载,先后发表了《东莞木鱼歌初探》《〈花笺记〉研究》等学术论文,是目前研究东莞木鱼歌的权威学者之一,其著作反映了东莞是木鱼书传唱、出版的重要地区之一。在其笔下,我们不难发现东莞对于木鱼书的发展有着极大的贡献。

2.1 最负盛名的木鱼书为莞人著作

木鱼书最负盛名的是《花笺记》和《二荷花史》,《金叶菊》则次之。东

---

① 王检养,梁近东主编:《莞城千年文化》,北京:中国大百科全书出版社,2006,第311页。

莞谚语云:"想傻,读《二荷》;想癫,读《花笺》;想哭,读《金叶菊》"。

《花笺记》又名《静净斋第八才子花笺记》《绣像第八才子笺注》《第八才子笺注》,故事讲述苏州吴江县梁生偶遇杨将军之女杨瑶仙后一见钟情,展开追求,二人情定终身并在花笺上立下山盟海誓。后梁生考中探花,奈何不知情的父亲为其做媒,聘了尚书刘史部之女为妻,为不辜负瑶仙,梁生拼死沙场。二女闻讯泪湿衣襟,悲壮表示非其不嫁,后发现梁生未死,二女还奉旨均嫁予梁生,皆大欢喜。

清代的南方曾有过"十才子书"的说法,《花笺记》名列第八,一时声名大噪,扬名海内外。《花笺记》历经三百多年后,仍有27个不同的版本流传于世,可以窥见三百多年来《花笺记》出版的盛况①。杨宝霖先生对《花笺记》中大量的东莞特有的方言以及内容进行考究,认为《花笺记》是东莞横坑人钟映雪的著作。

1927年,著名文史学家郑振铎在巴黎国家图书馆看到《花笺记》,后著文《巴黎国家图书馆所藏中国小说与戏曲》,认为《花笺记》"颇脱出一般言情小说的窠臼"。作为一本文学价值比较高的作品,《花笺记》一度被翻译成英文、德文等多国语言,世界著名诗人歌德盛赞为"一部伟大的诗篇",曾在日记表述:"二月三日《花笺记》。晚上自修,续读《花笺记》。"②并随后把自己的阅读感受与所见所闻创作出一组极具"中国韵味"的诗歌《中德岁时诗》,可见《花笺记》当时在文坛的流行与影响之深。

此外,《二荷花史》被木鱼书研究者评定为"第九才子",同样出自钟映雪之手③。可见,东莞人民在木鱼书的文学创作史上作出了极大的贡献。

2.2 莞人爱创作木鱼书

据杨宝霖先生考究,莞人不仅喜唱木鱼歌,而且创作的木鱼歌也多。如东莞厦朗树本堂《李氏族谱》载李郁科著有全部《三国志》歌本。莞城华翰堂刻本《新辑雅调李玄玄小青记外集》,封面刻"东官怜香子手著"。

---

①王检养,梁近东主编:《莞城千年文化》,北京:中国大百科全书出版社,2006,第310页。
②杨武能:《歌德——"魏玛的孔夫子"》,《社会科学战线》1983年第3期,第290—298页。
③谭正璧,谭寻编:《木鱼歌、潮州歌叙录》,北京:书目文献出版社,1982,第5—6页。

除了清晰的自报门户,表示该书为莞人创作之外,有些使用诸如"闲情居士"之类的笔名来创作的木鱼书,我们也可以从文字表述与内容中辨为莞人创作,如:省城五桂堂刻有《贵娇探病全本》一种,封面右方直行刻"莞城李贵姐节义新书"。卷上第一节《书窗习业》有云:"大清粤内羊城府,东莞城中姓李人。父号有名李茂喜,亲娘朱氏极贤人。"这里很清楚表述故事发生于莞城。又如广州五桂堂有《节义传芳雪梅记》,全书末云:"若问此书谁手订,萌溪处士著来文。后遇龙溪人瞩目,照本增题一二分。"萌溪、龙溪,东莞地名也,今为茶山镇之下朗和石龙镇。《节义传芳雪梅记》为东莞人作,可以明言。而乾隆四十三年明秀堂刻本《万宿梁萧》卷中,也出现众多东莞特有的方言,如"王婆假意讲白水,开声叫句秀才郎"中的"白水",莞语"撒谎"的意思。

2.3 木鱼书在东莞的出版盛极一时

在广东明、清两代刻木鱼书的书坊,最盛为广州,次则莞城,佛山稍逊。存世的东莞木鱼书,未发现机器版印刷①,且都没有"正字南音"或"南音"二字②。据统计,东莞有九家出版木鱼书的书坊,包括有静净斋、萃英楼、福文堂、会源堂、翰华堂、明秀堂以及另外三家已难以考究其堂名的书坊,共刻印木鱼书一百多种、抄本三十种(同一书名,不同版本,作一种)。据杨宝霖先生考证,存世的木鱼书最早刻本,分别是康熙五十二年(1713)东莞寮步镇横坑村的静净斋(钟映雪斋号)印刻,且有康熙五十二年朱光曾作序的《第八才子花笺》(法国巴黎国家图书馆藏);乾隆癸丑年(1973)东莞翰华堂刻印的《新订九才子二贺》(英国伦敦大学图书馆藏)③。值得一提的是,尽管木鱼书的质量与刻工质量不高,但上文提及的存世最早的木鱼书刻本这一版本是例外。此版本全书是标准的仿宋体字,秀劲美观,误字极少。存本是后印本,虽个别字已漫漶,但仍不掩其秀美④。

至民国末年,东莞刻印木鱼书的,只剩萃英楼,且其在解放以后,不再

---

①王检养、梁近东主编:《莞城千年文化》,北京:中国大百科全书出版社,2006,第359页。
②王检养、梁近东主编:《莞城千年文化》,北京:中国大百科全书出版社,2006,第360页。
③东莞群众艺术馆编:《东莞木鱼书》,北京:大众文艺出版社,2006,第5页。
④王检养、梁近东主编:《莞城千年文化》,北京:中国大百科全书出版社,2006,第358页。

刻印。

3.东莞对木鱼书的保护——以莞城图书馆为例

木鱼歌在东莞,经明清两代、至民国、解放初,历四百余年,拥有数以万计的爱好者。可惜世易时移,风气流变,如今东莞木鱼歌的袅袅歌音,几成绝响,往日盈箱积棱的东莞木鱼书,今日也成断简零编,踪影难觅。探究木鱼说唱的消亡,不是一两个缺陷的问题,而是从创作枯竭,出版不继,演出固步自封、保守,受众流失、萎缩,营运不灵,无法进入文化主流圈的商业运作,从内容到形式不可逆转的全面和全方位的消亡①。

鉴于其濒临消亡的境况,木鱼歌更被列入"国家级非物质文化遗产名录"。莞城图书馆自开馆以来一直以保护地方文化为己任,多年来关注并致力于木鱼书的搜集与保护,并在以下几个方面大力开展工作。

3.1 搜集、收藏

除了官方机构藏书,相当一部分的木鱼书藏在民间私人手中。为了大力搜集木鱼书并让其得到最为妥当的保护,莞城图书馆与江门、广州、佛山等私人藏书家及二手书买卖书商一直保持着良好的合作关系,馆藏大部分木鱼书均通过零散采购方式所得。所有的木鱼书存放在使用24小时恒温恒湿系统的书库里,从硬件上对木鱼书进行科学的保护。

3.2 宣传推广

为大力传承并推广这一宝贵的文化遗产,让木鱼书、木鱼歌的知识传播给更多的人,莞城图书馆多次举办活动对木鱼书进行推广。如2012年,莞城图书馆自办"'摸鱼歌未阕,凉月出林间'——馆藏东莞木鱼书精品展",并邀请杨宝霖先生连开四场关于东莞木鱼书的讲座,系统地对东莞木鱼书的历史、流传、唱法、取材、体制、语言、刻印等进行详细讲解,增强大家对东莞木鱼书的认识与重视。2015年,莞城图书馆在一年一度的馆重点活动"晒书大会"上,晒出馆藏珍贵木鱼书,当中包括馆藏年份最早的清光绪十二年(1886)莞城萃英楼刻本的《琥珀姻缘花姐全本》,还邀

---

① 任百强:《广东木鱼说唱史研究》,香港:中国评论学术出版社,2010,第270页。

请了东莞知名文史学者张铁文亲临现场为书友解说木鱼书的整体脉络，以及有省级非遗、木鱼歌传承人李仲球亲自演唱木鱼歌，让读者从讲、学、赏三种不同方式，感受木鱼书的传统民间文化。

3.3 修复木鱼书

经过几百年的流传，且经受"文革""除四旧"等文化运动，现存的木鱼书大多有虫蛀破损、书叶焦脆、酸化严重等情况出现。木鱼书最初的装帧形式多为包背装，民间多对木鱼书进行简单的修补，并改为四线装订的形式。民间不规范不科学的修复将会对木鱼书造成损伤，而抢救、保护并延长木鱼书的生命也已成为木鱼书保护工作的一个重点。为此，2015年9月，莞城图书馆在广东省古籍保护中心的支持与帮助下，成立市内唯一一所"古籍文献修复室"，并设有专业的古籍文献修复师岗位，目前已启动木鱼书修复项目。

3.4 研究、出版

东莞的文史权威学者杨宝霖先生是莞城图书馆的荣誉馆长，自莞城图书馆开馆之日，其便将个人工作室（自力斋）设在莞城图书馆，并带动、培养一批本地文化研究的后起之秀，积极开展东莞地方文史的研究工作，对东莞木鱼书进行提要、点校是其工作室一直在开展的重要工作之一。据透露，馆方计划将会对馆内的木鱼书的整理成果结集出版，并出版木鱼书图录，以飨读者。

可喜的是，除了莞城图书馆的努力，其他单位也早已意识到木鱼书、木鱼歌的重要性，如东莞群众艺术馆长期有关于木鱼书、木鱼歌的展示，其"非遗学堂"更多次举办关于木鱼歌的推广讲座；东坑镇成立的木鱼歌培训基地也是成绩斐然；民间组织及个人对木鱼书、木鱼歌的保留与发展问题也是日益关注。木鱼书作为东莞民间文化的重要组成部分，抢救工作是刻不容缓的，而做好保护与发展工作更是漫长而任重道远。

On the Protection of Muyu Shu in Dongguan

Zhang Xiaoyan

Abstract: Muyu Ge populared from Ming dynasty in Guangdong area, especially in Dongguan city, which is one of the cultural heritages. This article refers to the Muyu Shu general introduction, contribution of Dongguan people, and the protection applied.

Keywords: folk art; Muyu Shu; Dongguan; protection

论古籍保护的几种方式

张 玥[*]

摘要：古籍保护可以分为两个阶段，一个是古人在古籍的制作阶段就做好的保护措施，这些措施中，有一些被时间证实是有效的，另一些则是有伤害性的。无论是有效保护或是伤害，都成为了既定事实，无法更改，我们只能对古人的方法进行总结，对古籍所受的损伤进行修复。第二个阶段，是后人对古籍进行的保护，不仅是修复，对古籍的推广也是很重要的保护手段。

关键词：古籍；古籍保护；古籍修复

古籍保护，是对古籍的内容和载体进行保护。所以古籍的保护，是区别于单纯的古籍修复的。这些保护，有些是后人进行的，有些甚至是在古籍制作之时就有的。

1.古籍制作之时的保护措施

1.1 防虫处理

由于古籍材料的特殊性，极易遭到虫蛀的危险，因此在古籍制作中便会出现一些保护措施，用以防虫，比如加入一张有砒霜成分的万年红纸，有效地防止虫蛀。但是这些原始的化学手段，后来被证明对古籍本身也

---

[*] 张玥，中国社会科学院研究生院文博中心。

是有一定的伤害性的,可以说是一个硬币的正反面。当时若要防虫,便有可能伤害纸张,甚至对人体有害。

1.2 批量印刷

古籍印制,是为了传播古人的智慧结晶,是文献资料的载体。批量印刷,将相同的内容复制到几百,甚至上千本古籍中,分散到个人的手中,收藏于不同的地方,便是一项有效的保护措施,最大程度上降低古籍损坏带来的影响,也符合经济学中常说的"不要把鸡蛋放在一个笼子里"的理论。

1.3 为古籍保护而演化出的不同装帧形式

长久以来,中国古籍的装帧形式在不断地变化发展,究其原因,大概是对于更好的装帧形式的追求,也是为了先辈的智慧结晶能够更好地保存。装帧,于古籍保护而言也是不可分割的一部分。

春秋伊始,使用丝织品作为文字载体,亦可称为帛书。由于简牍太过笨重,且是由一片片的连接而成,使用在记载各类信息上多有掣肘,人们开始使用丝织品,即帛书。帛书的长度可以依书写的内容而定。为书写的方便,在帛书书写之前一般会打出界栏,分为两种,竖栏和横栏。① 经过研究,缣帛在用以书写之前都会经过一些处理,以方便书写,避免文字洇染问题。

以竹为载体称为简册装,以木为载体称为木牍。《尚书·多士》就有记载"惟尔知惟殷先人有册有典,殷革夏命。"也就是说,简册出现不晚于殷商时期。简,一般是一种细长的竹质片状物(也有小部分其他材质);牍,一般是一种长方形木质薄板。

竹简的制作方法上,在竹子砍下来以后,截取竹节之间距离大的竹子,截取成竹筒形状,再将竹筒一步步地片成细长的薄皮,一般被称之为竹篾。竹篾要经历杀青、刮削和打磨,最后进行修治编联,进行书写。编联之前先在竹简上打契口,用以固定竹简的编绳。编联成为简册便是最

---

① 冯胜君:《从出土文献谈先秦两汉古书的体例》(文本书写篇),《文史》2004 年第 4 期,第 28—29 页。

早的典籍形式，是后来纸质典籍最初的式样的来源。

在纸张出现以后，装帧形式才慢慢发展得越来越适宜翻看和使用，纸张以其绝对的优势，成为了典籍的绝对载体，书籍的代名词。

卷轴装于公元前5世纪出现，公元1世纪以后的几百年内盛行。从简策的形制演化而来的，是一种卷成柱状的装订形式。制作方法就是在末尾粘上一根轴，再将其余部分卷在轴上。一般来说是由缣帛成书或者纸质书叶为主体，再用一种托裱的工艺使其更加结实。一般用坚韧丝织品或者纸张进行托裱（这种覆背一般是双层甚至更厚以达到坚韧的效果），可以起到很好的保护作用。卷轴装在阅读之时，一般需要平铺于桌上，左手展卷，右手回卷，边展边看。这种方法费时费力，而且不便于查找某项藏于卷轴之中的信息。后来卷轴装便普遍用于绘画作品而不是古籍。

卷轴装翻动不易，且容易损坏，不适宜古籍的阅读和保存。在卷轴装的弊端日渐暴露之下，旋风装产生了。在唐代，诗歌创作时，必须经常翻看类书和韵书，为了防止书籍受到损坏，工匠在卷轴装的基础上，对书籍的装帧进行了改良。这种装帧方式的特点就在于，书的底板要比书的内页略宽且用来做底板的纸张通常会比较厚。然后再将书的内页按顺序粘在底板纸上。书的内页朝向上，朝着一个方向旋转。在翻看书籍的时候，速度就像一阵旋风刮过一样，取名为旋风装。

在旋风装的演变过程中，经历了三种不同的装帧形态：龙鳞装（又称"旋风叶卷子"）、叶子（又称"旋风叶"）、旋风册子（又称经折装）。龙鳞装书底为长条形，首页全幅裱于书底板的右侧，且为单面行文，从第二页起正反两面均可书写。将书写好的书页的按顺序把右侧无字的边沿交错的粘贴在前页的下面的右侧。整个书籍的装帧形态仍是长卷的形式，但是内页却是错落的粘裱于其内；叶子的不同，在于它是将每页书的左侧（或右侧）涂上浆糊，粘合好之后，在粘合的一侧用一根打了三五个眼的破开的细竹管夹住，而后再用麻线加以固定。其中也有的不用竹管，而是把书页的一侧全部粘贴在一根较细木头上；旋风册子是将图书长卷按一定宽度左右折叠成长方形的一叠，封面封底各加一张较厚的纸，不仅可以对图书起到保护作用，还可以书写于其上。

经折装这种佛经装帧形式，学者多认为在唐末五代时出现，宋元以来佛教大藏经更是常用。经折装的出现与佛经有关,是佛教教徒对佛经装帧所作的一种改革。根据记载,中唐时期,装帧形式受隋唐时期印度的贝叶经的影响,纸张形状类似状印度的贝多罗树的树叶。

在古代印度,佛教经典的载体是该国所盛产的贝多罗树的树叶。将树叶裁成扁长条形,晾干,用针在叶面下刺划文字,再涂上颜料,用布进行擦拭,颜料渗进文字的划痕中经久不褪。将书叶按顺序张张堆叠,因晾干的贝叶很容易碎损,所以上下便用木板夹着,来保护里面的梵文经叶,成为梵夹。为了确保书叶顺序不会混乱,在中间或两端连夹板带着书叶一起穿一个或两个眼,再用绳子来绕捆。这种装帧形式后来传至中国,有所改变,并叫做"叶子"。不同之处在于,贝叶经是横着写的,所以梵夹装形成例如上下较窄的扁长条状,而汉字的书写方式则是从右至左竖着写,所以一般改横式为直式,也就是上下高,左右窄,例如国家图书馆所藏的敦煌遗书《思益梵天所问经》。

将印好或者写好的书叶先粘连成长幅,然后再按一定行数或一定宽度连接左右折叠成长方形,然后首尾各粘上一张厚纸做书皮。常见的刻本,一般为单面印刷。敦煌遗书有两面书写的经折装,先是正面由右向左顺序抄写,再翻到背面由右向左抄写。再者,经折装敦煌遗书,书写的时候或由于每一个折面中间位置的三行,上半部各约空出三四个字不写,留出一个小块空白,画一个圆圈,明显是模仿贝叶式叶子。还有的直接像贝叶式叶子那样穿洞,但是书叶却是粘连的,并非一张张散叶,穿洞其实并没有产生实际作用只是显示对贝叶式叶子的一种模仿。

由于卷轴装检阅不便,叶子易丢失,经折装折缝处又难免断裂,旋风装页码折叠处容易撕裂,变为散页,于是古籍装帧形式逐渐发展,进入册叶形态。北宋时期,将每张纸有文字的一面都对折起来,然后将每张纸的折缝处粘连在一张纸上,成为一册书。这样的装订方式,翻阅起来有如翩翩欲飞的蝴蝶,因此称为蝴蝶装①。蝴蝶装是我国最初的图书的册页装订形式。以书页的版心为中缝线来进行反折,所以有字的一面在里,没字的一面在外。入宋以来,由于折叠处容易损伤文字,且不易整齐,于是在

---

① 刘国钧:《中国书的故事》,北京:中国青年出版社,1955。

中间留一个空行,刻记书名的卷数、页数,其间并刻鱼尾以作为折叠的轴心,又在左上角刻篇名,以便检查。将整本书的内页以左右两个半对齐的方式折叠好,再将折好的全部书页以折叠边为脊墩齐,然后将书脊用浆糊逐页粘连成册,再把书籍的边沿裁剪整齐成书,最后在书脊表面附以硬纸做封皮。至此,完整的蝴蝶装形式的书就装帧完成了。《明史·艺文志序》云:"文渊阁藏书皆宋元所遗,无不精美,书皆倒折,四周向外,虫鼠不能损,此即蝴蝶装也"。蝴蝶装作为宋、元两朝书籍的主要装帧形式,是书籍装帧历史上的一大进步,它不仅改变了人们沿用千年的卷轴装的书籍形态,更重要的是适应了雕版印刷的一页一版的特点。雕版印刷术在北宋时期已经发展到了高峰,这一时期几乎全国各地都盛行着蝴蝶装。出于美观和保存方便,蝴蝶装一度盛行。

蝴蝶装在盛行了一段时间后,很多问题日渐凸显。比如说在翻页的时候,要连续翻过两个背面空白,才能看到一页,比较费时,而且费力。在这样的背景下,一种更为方便的装帧——包背装就出现了。

包背装又称裹背装。由其不见线眼而得名,所以包裹书背就是其最大的装帧特点。这一种装帧形态与蝴蝶装非常地相似,但是与蝴蝶装最大的不同就在于内页的对折方法,包背装则是无字面相对的正折法,而蝴蝶装是字字相对的反折法,一下子就解决了翻出空白面的问题。包背装的装帧过程为,首先将书页的版心向外对折,然后,以对折边的对边为书脊,将折好的内页对齐、压实。接下来就是,打眼,用纸捻穿订成册。再用一张稍稍大于书籍内页的纸贴于书背,最后将边沿裁剪整齐,就装订完成了。这种装帧起始自南宋,流行于明、清两代,明清两代的内府书或其他官书,通常都采用包背装。

古书的包背装,外观上与现代的平装、精装书非常相像。不同之处在于,古书包背装的内页是单面印刷,折叠后装订,而现代平装、精装书则是双面印刷,以单页为个体装订成册。单单从外表来看,两者区别并不是很大。包背装是在书籍内侧竖钉纸捻以固定书页,平装、精装书则是在书脊上横向锁线以固定书页。虽然解决了蝴蝶装的空白页问题,但是包背装的固定物是纸捻,经不起反复翻阅,若是经常翻阅,仍然很容易出现脱页的情况。为了解决这个问题,一种新的装订形式逐渐兴盛起来,这就是线装。

明末以后,由于包背装的弊端,慢慢地线装书成为主体。古线装与包背装的装订方法,其前面的工序几乎完全一样,都采用版心向外正面折页的方法。古线装不仅装订牢固,其装订方法,不论是在订联方式、封面装帧、书名的表达形式还是书角造型等方面都有着与平装、精装截然不同的特点。从订联方式来说,线装书的订联线痕是完全暴露在封面和封底的外面,订联方式也较多样,大致分为:有四目骑线式、太和式、宋式四目式、坚角四目式、龟甲式、唐本式、麻叶式等几种线装,是我国雕刻版书籍的主要装帧方法,也是我国当前书籍装帧形式中较古老的装订方法之一。近千年来,线装书经历代编书者和刻书者的不断探索①,形式上达到典雅端庄,使用上牢固长久,经久不衰。今天在众多的书装形式中,线装书仍然是独放异彩,受到国内外许多读者的喜爱。

2.当前的保护措施

2.1 修复是保护的一部分

古籍修复是针对古籍的破损情况进行修补和恢复,在修旧如旧的基础上尽力使其能够还原到破损前的状态的一种古籍保护的措施。

根据本人在国家图书馆的数月实习经验来看,古籍修复是根据古籍的破损和修复的需要分为轻重缓急的不同层次的。

有些破损程度极为严重的古籍是需要抢救性修复的,一般来说,抢救性修复的古籍是以破损面积大、破损严重且破损的蔓延趋势相当强劲的古籍为主,也就是说,如果不尽快开展修复,很有可能将永远地失去这些古籍。这样的古籍现在在修复中占了相当的一部分,毕竟古籍基数量大,人员较少,从需要抢救性修复的古籍入手,就已经占用了一部分人员。抢救性修复最大的特点就是针对性,根据古籍目前最需要对付的问题,进行针对性的修复,毕竟救急如救火。这一类古籍也因为受损严重而容易损失一部分宝贵的资料。

---

①刘建忠:《试述古代书籍装帧形式的演变与特点》,《新世纪图书馆》2006年第4期,第78—80页。

保护性修复,应该算是一种比较常规的修复手段了,常规来说,每年都会有计划地对馆藏古籍进行修复。这些古籍大部分受损程度不算太重,所承载的历史资料较为珍贵,这一类的古籍可以在修复的基础上进行一定程度的保护,在保持原状的基础上对其进行修整,力求延长古籍的寿命。

预防性修复,也就是走在时间的前面,在古籍还未发生问题的时候对其进行干预。例如,纸张色彩不均,便可以在深色的部分背面托上一层薄薄的皮纸,可以预防纸张因为薄脆而碎裂的问题。如果书口处有裂开的倾向,也可以用细长的白棉纸条进行溜口,预防书口的开裂。另外,对发黄的书页进行脱酸处理,也可以预防将来纸张因为发酸而变脆。这些很多是根据古籍修复的经验总结中得出的,有一些小小的问题在古籍上,极有可能慢慢发展为无法挽回的大问题。然而,在预防性的修复中,最容易遇到的问题是过度修复。因此在工作中还需要掌握一个适度的原则,避免过度修复,比如,明明纸张没有破损,却一定要在背后托一张纸,打着预防的旗号过度修复实际上是对古籍的一种破坏。有很多的过度修复是不可逆的,对古籍的破坏更甚于不作为。

总而言之,无论是抢救性修复、保护性修复还是预防性修复①,本质上都是为了古籍能够更好更久地保存下去,也就是古籍保护的一部分。

2.2 古籍推广对古籍的保护

传播就是某种意义上的保护,在考古学中,有公众考古学这一门学科,是专门研究考古学如何推广自身,如何走入大众的生活,以便更好地开展考古工作。众所周知,古籍保护是为往圣继绝学,为万世开太平,功在当代利在千秋的一项事业。然而,这样一项事业对大部分人来说是陌生的。群众对古籍保护事业的不理解对这一项工作的开展会是很大的阻碍,一方面专家学者在小众的领域里不断地钻研努力,为了古籍的保护和修复穷毕生之力;而另一方面,普通大众则在领域外漠不关心,甚至在一无所知的情况下指手画脚。那么古籍保护的工作将很难大面积高速地开展起来。为了防止这种情况的发生,对古籍的推广和对古籍保护事业的

---

① 杜伟生:《古籍修复原则》,《国家图书馆学刊》2007年第4期,第79—83页。

推广都同等重要。

一般来说,我们提及到宣传推广,最先想到的便是通过媒体,拍摄一些纪录片,详细地介绍古籍的保护和修复,让大家对这一项事业有初步地了解,不至于一无所知。

另外还有举办展览,让来参观的人们通过展览对其有进一步的了解,举办讲座,让讲座观众了解一些基本的情况。还有,就是出版相应的书籍,不过,该方法的覆盖面应该不如媒体广,毕竟根据我国的具体情况,愿意读书的人还是在时间或是学历上要有一定的保证。

近年来,根据科技的发展和教育的普及,也发展出了一些很不错的方法。

(1)古籍数字化对古籍内容的保护

古籍数字化是对通过科技手段对古籍内容的保存,俗话说"纸寿千年",即便通过传统手段再努力进行保护和修复,到了一定的年限之后,载体烟消云散,古籍也就不复存在了。于是这时候对古籍进行数字化载入成为了现有的科学技术水平下最好的手段了。通过扫描和录入,将古籍的影像资料和文字内容转化为数据存入数据库。这样一来,无论天灾人祸,抑或是古籍的寿数已尽,都不会妨碍后人通过数据库查找到这些资料,欣赏这些古籍的风韵。不仅有数据库可供查阅,还有相应的书籍和图录的出版。也许,最好的保护便是复制,而不仅仅是修修补补。

(2)高校设立古籍专业

一个行业若要可持续发展,最重要的还是在高校设立相应的专业,培养专门的人才,保证有着源源不断的青年从业人员,才会最大程度上壮大这个行业,避免后继无人的尴尬。目前,有相应专业的高校数量正在日渐增加,但依然不能够改变绝对数量的稀少。如果能够更多地在高校开展古籍方向的专业,对于古籍的未来是有百利的。另外,学习这个专业的人多了,大家对这一行业的误解才会越来越少。

(3)各地建设图书馆对古籍的保护

目前,国内各大图书馆数量和占地面积上还是很有优势的,只不过在人均占有数量上依旧有些落后。如果能够更多地在基层建立图书馆,为各大图书馆分担一些压力,增加就业,更有利于古籍的传播和保护。

On Several Ways to Protect Ancient Books

Zhang Yue

Abstract: Protection of ancient books is a two-phase process. The first-phase was executed byancients during the book production, some of which are proved valid, while some are harmful. However, it has become an established fact that is unchangeable, so that we can only absorb the essence and discard the useless of ancient methods, and do all we can to recover those are impaired. The second-phase is conducted by descendants, not only recovery, but also promotion.

Keywords: ancient books; protection of ancient books; conservation of ancient books

"互联网+"教学模式在古籍修复
人才培养中的辅助性教学探究

朱亚芳[*]

摘要：我国亟待修复的古籍数量庞大，但修复人员极为匮乏。笔者对现有古籍修复人才培养模式的优劣进行了分析，认为提高在职古籍修复人员的素养尤为迫切。在"互联网+"背景下，将互联网的优势与人才培养需求相结合，从提高培养效率，整合教学资源的角度，提出了新的"互联网+"教学模式，并探索该模式的具体实施策略。

关键词：互联网+；古籍修复；人才培养

古籍是中华民族历史传承的重要载体，是人类珍贵的文化遗产，具有文物价值、文献价值和艺术价值。在历史长河中，由于保存条件的限制，我们的珍贵典籍屡遭厄运。除了自然的磨损老化，还会遭受虫蛀、霉蚀、鼠啮、水浸等不同程度的损毁，古籍的抢修工作迫在眉睫。

根据国图普查统计，我国公藏机构的古籍藏书量已达5000多万册，待修古籍的数量占了三分之一。2007年国务院办公厅出台《关于进一步加强古籍保护工作的意见》（国办发〔2007〕6号），启动"中华古籍保护计划"，提出加强古籍修复工作，培养一批具有较高水平的古籍保护专业人员。

随后国家古籍保护中心开始加大了培养力度，修复人员数量从2005

---

[*] 朱亚芳，华东师范大学图书馆。

年的不足100人增加到了300人①,2013年已超过700人②,现在估计有千余人。但是新培养的修复人员需要经过多年历练才可以独立进行修复工作。而有经验的老师傅人数甚少,年龄层次偏高,修复人才的中坚力量严重缺失,古籍修复事业面临断层风险。因此,着重提高在职人员的专业素养,培养高素质高学历的修复新人,是古籍修复人才培养的重中之重。

1. 古籍修复人才培养的现有模式和弊端

1.1 传统师徒相授模式

我国古籍修复人员的培养一直是以师徒相授的模式进行,主要采用口传心授、言传身教的方式将老一辈的经验进行传承。但受传统观念影响,师傅对于核心技术总是有所保留,只是教给徒弟一些基础的修复技法,像"借尸还魂"等高超技艺早已失传③。而且过去总把古籍修复视为匠人手艺,文化程度较低,导致修复水平局限于技术操作层面难以有所突破。另外,受南北地方差异和个人习惯差异影响,不同师傅教授的方法也不尽相同,大多仅凭一些约定俗成的方法和自己的经验来进行教学,导致修复手法多样,修复水平参差不齐。

因此,师徒相授模式培养的修复人员专业素养较低,缺乏科学性和规范性,人数也只是冰山一角,远远不能满足古籍修复事业的发展需求。

1.2 培训班短期集训模式

20世纪60—80年代,我国以培训班的形式先后培养了三期古籍修复人员,已成为现在古籍修复事业的中流砥柱④。此后一直到2007年"中华古籍保护计划"的实施,古籍修复人才培养才开始大规模采用培训班的模式进行。由国家古籍保护中心联合各省古籍保护中心,定期开展全国古籍修复技术培训班。主要针对各大收藏机构的在职人员进行古籍

---

① 胡万德,孙鹏:《古籍修复人才培养现状调研报告》,《图书馆论坛》2012年第3期,第175—178页。
② 周蓉:《古籍保护工作人才培养的现状及思考》,《新世纪图书馆》2014年第2期,第64—67页。
③ 陈红彦:《古籍修复与人才培养》,《国家图书馆学刊》2008年第3期,第68—71页。
④ 张建国:《谈古籍修复与人才培养的新途径——以院校合作办学培养古籍修复人才为例》,《图书馆工作与研究》2015年第7期,第91—94页。

修复理论与实践的集中培训。

短期培训能暂时缓解人员短缺的现状,但是也存在人数受限、时间过短,学习基础不扎实,知识体系不完善等问题。由于人数限制,每期培训班平均在一个省市只能选派一名学员参加,同一个人再有机会参加培训往往需要间隔数年。受时间限制,课程设置也不够全面,繁琐的技术要点无法全部消化,造成学习效率的低下。

1.3 国家级古籍修复技艺传习中心师带徒模式

2013年6月,国家古籍修复技艺传习中心成立,由中国非物质文化遗产传承人杜伟生担任导师,国家古籍保护中心的8名修复人员拜杜老师为师。随后,又在辽宁、天津、云南、山东等多省市设立传习所,由古籍修复方面知名专家担任传习导师,这是对传统师徒相授模式的一种革新,拓展了理论知识的传授。

但每家传习所拜师学艺的人数基本在个位数,也多是图书系统的在职人员,受众面小。而且国内知名修复专家人数有限,不能在全国进行均匀分配,往往一个专家需要兼顾两到三所传习所,教学时间相对有限。

1.4 院校合作办学培养模式

2003年,教育部和文化部联合下发了《关于开展培养古籍修复人才试点工作的通知》(教高厅函〔2003〕20号),指出可采取"分层培养、长短结合"的原则,以培养技术熟练的操作人员为主(主要是高职层次),适当培养一些高级修复人才(主要为本科层次)。随后,一些试点学校如南京市莫愁中等专业学校、南京艺术学院、首都联合职工大学国家图书馆分校等陆续出现,2005年后,已有50多所院校开办古籍修复专业。但是开办的多是专科院校,只有一小部分为本科。随着学历的大幅提升,各大博物馆系统、图书馆系统的就业门槛已逐渐提升到硕士研究生学历,只有部分为本科。这与古籍修复专业开设的本科、专科学历无法进行对接,造成古籍修复人才就业形式严峻,人才流失严重。

在高学历、高素质人才培养的需求下,复旦大学、中山大学等四所院校在2015年开始招收古籍保护方向的硕士研究生,推进高学历教育,培养高层次人才,形成金字塔式人才培养模式。

但高学历的培养目前还处于起步阶段,招生规模较小,教材体系方面还不够完善,不能满足紧缺的高层次修复人才需求。而且对于很多在职修复人员,受时间、地域的限制无法进行报考。

2. "互联网+"教学模式在古籍修复人才培养中的可适性

为了提高在职修复人员的专业素养,建立高效、适用的培养模式,笔者提出了"互联网+"教学模式,在线下培养的基础上,发展在线教育,利用便捷的网络学习平台,进行自主性学习研究。

"互联网+"是指互联网与各大行业的融合。2015年4月,《国务院关于积极推进"互联网+"行动的指导意见》颁布,提出要利用互联网与教育相结合,促进教育事业的发展。而"互联网+"教学模式的发展,不仅可以提升知识的传播速率,还可以促进教育资源的公平获取和资源共享。在古籍修复人才高素质、高效率培养的需求下,"互联网+"教学模式可以展现它极大的适用性。

2.1 便于在职人员提升专业技能

随着这些年古籍修复人才的重点培养,古籍修复的新生力量已逐渐成为岗位上的主力军。在掌握基础的古籍修复知识之后,还需要新知识新技术的不断补充和工作实践中的不断积累来提升修复技能。而现有的学习机会相对较少,学习资料较为有限。因此,在职人员学习机会的拓展是在职人员素养提升的紧迫任务。

"互联网+"教学模式的应用,可以给大家提供一个广阔的网络学习平台,建立专门的网络教学课程资源库、修复案例资源库,以及在线交流平台。不仅可以跟业界专家学习修复技术,还可以找寻相同案例借鉴他人的修复经验,对于遇到的难题也可以向大家寻求技术指导。

古籍修复网络教学资源库的建设,不仅可以打破时间、空间的局限,灵活运用修复资源,还可以提供一个高效率、大容量的学习环境。

2.2 便于社会力量的融入

由于用人机制的限制，多数单位古籍修复人员都是个位数，甚至有些市级单位有藏书量，但没有设置修复岗位，也有单位采用外包等途径修复古籍。比如浙江大学图书馆，就曾采用项目招标的形式，将古籍交于民间商业机构华宝斋富翰文化有限公司完成修复。还有在国家古籍保护中心建立的传习所里，其中的四川西部文献修复中心传习所就是民营单位，这些都是将社会力量融入古籍修复的重大举措。未来，会吸引更多社会力量加入古籍保护行列，这是古籍修复事业发展的新方向。

但是民营修复机构招收的修复人员一般学历较低，纯粹是技术性地进行修复操作。如果要进一步将社会力量与古籍修复融合，提升修复人员的专业素养，将古籍修复标准化、规范化是大前提。

网络资源库的建立，可在理论课程中将修复标准、修复原则、修复材料等进行明确规定，在实践课程中进行运用普及，形成"在线学习，标准把关"的学习模式。不仅可以规范修复操作，还可以有效促进社会力量的融入。无论是民间机构的修复人员，还是古籍修复的业余爱好者、藏书家，都可以系统地进行在线学习，在课程学习后还可以考取古籍修复师的技能等级证书，不断进行自我素养的提升。这就可以充分调动社会力量，全民参与到规范化的古籍保护行动中去。

2.3 便于学习课程的拓展

古籍修复技艺涉及多个学科知识，比如版本学、古汉语、造纸史、纸张分析等，只有对各学科知识都融会贯通，才能对破损书籍进行全面分析，制定科学合理的修复方案。随着科学技术的发展，古籍修复用纸开始借助测厚仪、测酸仪、显微镜等仪器进行检测和分析，这比传统人工测量法更具准确性和科学性。修复技术质量和效率的提升，需要科学技术的推动，只有不断提升修复人员的科研能力，才能研发新的修复技术和设备。

过去由于文化程度和学习条件的限制，修复人员的理论知识比较薄弱，很难从效率、科学角度有所创新和提升。现有的教学模式也只是进行基础的课程教学，无法全面地进行多学科多领域的深入教学。

而"互联网+"教育模式可以将多学科的优质课程资源整合于网络平

台,建立较为完善的知识学科体系,打破传统修复人员在科研领域的局限。尤其是在较少涉猎的微生物、纸张分析等课程上,进行深入学习和研究,促进修复用纸的科学化、安全化。古籍修复理论知识的普及,必将提升修复人员的科研能力,从而促进古籍修复事业的蓬勃发展。

2.4 便于在课堂中辅助教学

如今,多媒体技术应用广泛,通过互联网获取的图片、视频可以便捷地运用到多媒体课件中进行课堂教学。古籍修复实践课程步骤繁琐,无法重复教学,知识点难懂难记,用图片、声音、视频等形式直观生动地教学,更易于学生理解,也便于课后的反复学习记忆。但是现有的网络资源较少,图片、视频清晰度较差,内容也并不完整,给教师备课带来不便。

古籍修复教学视频资源库的建设,可以提供优质的学习资源。老师可以将获取的图片和视频作为教学素材,穿插入课堂教学中,减轻备课负担,提高授课效率。学生可以选取网络课程进行自主学习,作为课堂学习的巩固和补充。因此,"互联网+"教学与传统课堂教学相结合,可以实现线上线下的优势互补,拓展教学深度和广度。

3. "互联网+"教学模式在古籍修复人才培养中的实施策略

3.1 构建古籍修复网络教学资源库

古籍修复网络教学资源库的建设,需要一定人力、物力,以及资金的投入。可由文化部联合各大古籍保护中心,集合古籍修复相关领域专家将古籍修复理论和实践课程按照统一的录制方案进行录制。资源库版块的设置可以分为理论基础课程、实践基础课程、案例讲解课程、讲座、研讨会和答疑解惑板块等(见图1),资源获取者可根据自身需求,找寻不同板块的知识进行在线或下载学习。

古籍修复理论课程可以设置版本学、造纸史、古汉语、纸张分析、微生物等课程,邀请相应学科领域专家进行视频课程的录制。提供便捷的学习环境,扩充专业知识,促进修复人员研究水平的提升。

实践基础课程的设置可按初级课程、提高课程、研修课程等不同修复水平设置,适应不同层次学习者的需求。通过直观的视频授课方式,逐步提高修复技艺。

案例式视频教学可以选取虫蛀、霉蚀、脆化等具有代表性的破损书籍,从破损信息的采集开始,将修复过程的每一个操作步骤和操作手法进行详细讲解,起到一个示范和借鉴作用。

此外,面对面的经验交流,也有助于提升修复水平。目前,关于古籍修复的研讨会、讲座也在全国各个地区间断性地展开。将研讨会、讲座等开展的内容按照平台要求进行录制,制作完成后提交至国家古籍保护中心,由他们统一进行发布,供不同区域的人员相互观看学习,充分提升资源利用率。

针对在平台学习中遇到不理解的问题和工作中遇到的修复难点,可以在资源库的答疑解惑板块进行提问,由修复专家或其他擅长人员进行解答帮助。

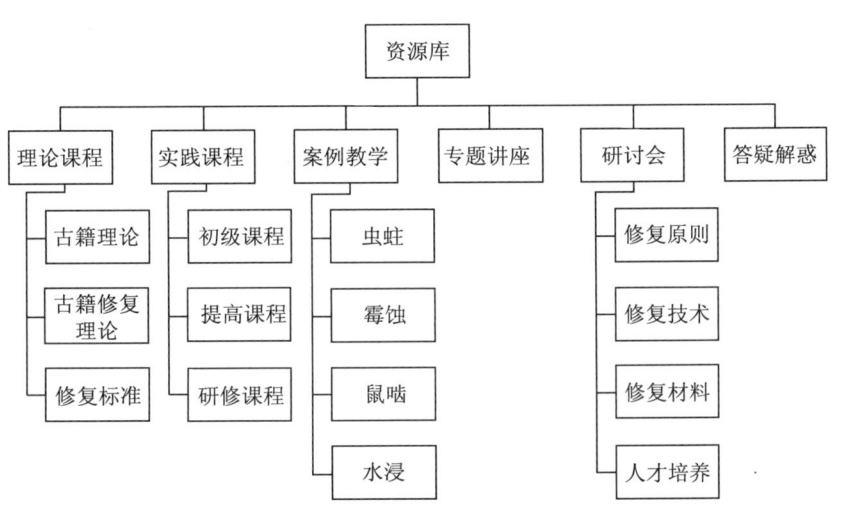

图1 古籍修复技术网络教学资源库

3.2 构建网络交流平台进行信息交互

古籍修复技术的提升是一个修复经验不断积累的过程。利用网络媒介,建立修复经验交流平台,实现修复人员之间的信息交流,让业界同行可以便捷地获取他人修复经验,实现资源共享。

如今,微信、腾讯QQ等拥有众多用户群体的通讯软件,已成为大家获取资讯的主要手段之一。而腾讯QQ、微信等即时通讯软件开发的群组聊天功能,也成为群体交流的主要方式。建立古籍修复人员交流群,让各地区各单位的修复人员实现无距离地经验交流和资讯分享。

微信公众号的推广,也提供了广阔的信息交流平台,只要加关注,便可以接收关注账号推送的所有讯息,还可以进行转发与分享。国家古籍保护中心已建立自己的微信公众号,定期推送古籍修复、古籍保护方面的资讯。这是一个可以全民获取的便捷方式。当下与古籍相关的微信公众号有很多,但是完全推送古籍修复的却极少。如果可以建立一些专门的"古籍修复"公众号,定期推送古籍修复理论和技艺方面的讯息,让大家利用碎片化的时间进行知识获取,形成移动式的网络学习环境。

3.3 建立网络直播平台

在线视频课程的教学虽然有它优越的便捷性,但是缺少课堂的互动性。根据网络课程的学习反馈,选取古籍修复实践中较难掌握的知识点,利用网络课程直播平台,开展实时讨论,将学习过程中的疑难点进行及时的解答。也可以邀请专家开展在线专题讲座和研讨会,针对修复相关的学术问题进行探讨,比如脱酸技术的研究与应用、修复用纸分析、胶粘剂的研究分析等。此类研讨会因为不受时间、地域限制,能大大提升各地区各单位修复人员的参与度,普及面较广。

只需在网站首页发布直播的课程和时间,老师用视讯方式进行在线直播,学员通过音频或文字传输与老师和其他学员间进行互动讨论,课堂的教学情况可以进行同步录像,错过直播之后还可以观看录播课程视频。

3.4 构建古籍修复档案数据库

古籍修复档案的全面记录,能有效保存古籍的破损情况、修复材料、修复工艺等信息,是后人进行二次修复的有效依据,也是后人借鉴前人经验的宝贵资料①。目前各大收藏机构所使用的修复档案在形式和内容上并不统一,主要采用纸质文档和电子文档的形式进行记录。这样的模式不利于古籍修复规范化的管理,也不便于信息的传播与分享。如果建立一个古籍修复案例数据库,制定统一的修复档案格式,将各大修复单位的修复档案统一进行数字化管理,实现资源的便利保存和经验分享。通过关键词检索,还可以找到与自己所修古籍有相似性的档案作为参考,在总结前人经验的基础上制定最佳修复方案。

3.5 构建古籍修复资格认证考核平台

2004年,文化部制定了《图书资料业务人员(文献修复师)国家职业标准》,规定了古籍修复师的从业资格认证和技能等级认证制度。随后又制定了《古籍定级标准》《古籍修复技术规范与质量标准》《图书馆古籍修复人员任职资格》等一系列行业标准,推进了古籍修复人员培养的规范化进程。

与标准配套的修复资格认证考核制度,也在逐步实施和完善,但还未进行普及。为了提升学习效率,加快资质认证的步伐,可以借助网络构建专业的修复技术考核平台,设立考试相关学科的课程和题库,进行在线学习。通过在线学习检测,实践操作巩固后可进行网络报名,参加实际考核。之后工作中可按照考核的等级资质进行相应破损等级文献的修复,以免修复不当对古籍造成二次破坏。

3.6 电子期刊的阅读推广

随着古籍高素质人才培养的呼声越来越高,大家逐渐开始重视理论研究。其中对古籍修复最早的研究著作始于1986年,在2006年后,刊发论文数量呈快速增长趋势,在古籍修复原则、修复技术、修复用纸、档案管理、人才培养等多个研究方向进行论述②。

但是古籍修复相关文章大多刊载在图书情报领域的期刊,古籍方面

---

①杨敏仙:《简述隐性知识在古籍修复工作中的作用》,《云南档案》2012年第11期,第38—39页。

②刘爱华:《国内古籍修复研究文献计量分析》,《图书情报论坛》2014年第4期,第47—51页。

的版面较少。如果可以设立专门的古籍刊物,鼓励修复人员积极进行理论研究和论文发表,促进同行间研究成果的交流共享。从而提升大家的科研水平,促进公藏单位修复人员的职称评定,打破修复人员低职称低素养的局面。

4.互联网教学模式的风险规避

4.1 做好充足的前期准备

邀请不同学科的业界专家进行授课,在正式录制前列好教学大纲,准备好全面的授课课件,保证内容规范,结构完整,尽可能将知识点讲细、讲系统。配备专业的摄影摄像器材、电脑设备、网络设备,保障录制工作的硬件设施完备。

4.2 保证录制质量

在录制方面,制定统一的技术规范。摄制组与授课老师提前进行沟通,明确拍摄内容的着重点。在拍摄光线、角度,视频格式,音频录制,画面色彩等方面统一按照指定的技术要求进行。实践课程的拍摄,要注意修复操作细节的抓拍,使观看者看得更为真切。避免因为拍摄问题,造成资源的浪费,保证视频录制的质量和效率。

4.3 后期制作

由后期制作团队进行后期整理、编辑和制作。根据授课老师的授课要点进行剪辑,突出授课重点,使剪辑更为精准,排版规范。画面风格简单真实,符合教学目的,不能过于花哨。镜头切换合理,涵盖老师讲课镜头、学生课堂镜头、PPT 授课内容镜头等。

4.4 审核

每次制作完成的视频,统一提交国家古籍保护中心,进行相关学科知识和录制画质的审核,保证资料的准确度和画质的清晰度。避免错误信息的录入,给大家造成错误的教学和示范。保证平台资源安全,内容规范合理,促进古籍修复网络教学的普及和有效利用。

5.总结

古籍修复人员需要多途径、多渠道的培养,在已有培养模式的基础上,辅以"互联网+"教学模式培养,形成"线上学习,线下巩固"和"线下学习,线上补充"的学习模式。整合教学资源,建立完善的知识体系,逐步提升修复人才的科研能力。在修补材料、技法、设备等方面加大研发力度,开辟新的研究方向。在科学化修复的基础上,逐步开展预防性保护工作。

A Study of "Internet+" Mode as an Auxiliary Teaching Method in Training Ancient Books Restoration Talents

Zhu Yafang

Abstract: China has huge numbers of ancient books to restore, but restorers are extremely scarce. The author analyzes the modes of training of existing ancient books restorers, that improving literacy of the in-service restorers is particularly urgent. By combining the advantages of the Internet and the needs of talent training and improving the efficiency of training and the integration of teaching resources under the "Internet+" background, this paper puts forward a new "Internet+" teaching mode, and explore the concrete strategies of the model.

Keywords: Internet +; ancient books restoration; talent training

硕士教育中的古籍保护与修复课程安排

赵晨浩*

摘要:古籍保护与修复人才培养中的硕士教育模式还存在着许多不足,专业定位有欠妥当,课程结构不合理,学年时长不足。在未来的课程安排中,应首先尽快将古籍保护与修复专业放在遗产保护学科下,增加课程类型,尽量延长实践时间,并在高校和合作单位的双方探讨、监督下制定系统的课程。

关键词:硕士教育;古籍保护;课程安排

自2007年"中华古籍保护计划"实施以来,我国基本上形成了高校教育、在职培训和师带徒,并以前两者为主的古籍保护与修复人员培养模式,在一些重点古籍保护单位,培养了一批中青年从事古籍的保护与修复。其中,高校教育是适应招聘市场需求和人才高学历化趋势的模式,相比培训课程,它时间长,有连续性,相比师带徒,它是教师资源不足和现代化教育大背景下的必然趋势。但作为刚刚兴起的学科,它还有很多的不足。

目前招收古籍保护与修复方向专业硕士的高等学校主要有中国社会科学院研究生院、复旦大学、中山大学和天津师范大学。这四所学校将古籍保护与修复专业放在了不同的院系之下。中国社会科学院研究生院将其划分在文物与博物馆方向,复旦大学为复旦大学图书馆的图书情报专

---

* 赵晨浩,中国社会科学院研究生院文博中心。

业,中山大学放在了资讯管理学院中,天津师范大学将其放在历史文化学院中的博物馆方向。也就是说,这四所学校对古籍保护与修复专业到底该划归到哪一个学科中的意见并不一致。总的来看,中国社会科学院研究生院和天津师范大学将其归在文博方向,而复旦大学和中山大学则将其放在图书馆之下。这两种分类都有其自己的道理,古籍确实是文物的一种,而作为古代图书,划在图书馆学之下似乎也无可厚非。"西方古籍保护学科并未单列而是置于书籍保护与纸张保护两个学科中,而这两个学科又属于大的遗产保护学科。这样的学科设置保证了今后从事古籍保护的从业人员具有综合知识,同时又具有专业特长,能够更好地针对古籍保护修护中的具体问题进行相关的有效操作"①古籍保护与修复学科像其他任何一类文物保护与修复学科一样,是一门综合性的学科,是理论与实践的高度结合。在学科划分设置上,不应该仅仅将重点放在"古籍"这个载体上,它实际上还是一门技术性的学科。文物与博物馆方向这一学科本身范围已经很大,即使只看文物这一个子方向,它还能大致粗分为鉴定和修复,而鉴定作为一门偏向文科的传统学问,并不像保护与修复那样依赖于动手操作。图书馆学中虽然也有图书保护的内容,但古籍和现代图书的保护技术不尽相同,更不要说古籍修复技艺的特殊性。而且古籍不仅包括一般的印刷书籍,还包括大量的手稿、舆图、简帛、碑帖等。因此,无论是将古籍保护与修复学科放在文物与博物馆之下还是图书馆学之下都是不太合适的。当然,这也是在古籍保护形势严峻而我国高校的学科设置还不够完善的情况下不得已而为之的做法。不仅是古籍的保护与修复,其他类型的文物,如陶瓷、青铜器、书画等也面临这样的问题。"欧美的经验是根据保护对象的材质划分专业并由此进行相关的教育培养,在文化遗产保护框架之下,古籍保护专业方向根据修护对象的不同被细分为艺术品保护、绘画保护、书籍保护、纸张保护、摄影材质保护、雕塑保护、物品保护(object conservation)、手工艺品保护、木质保护、文本保护等不同的专业方向。"②虽然如此细致的划分暂时还做不到,但我国高校

---

①向辉:《职业化之路:国外古籍保护专业教育之经验及其启示》,《图书馆学研究》2016 年第 1 期,第 7—12 页。
②同上。

的学科设置,应向西方国家学习,尽快将遗产保护这门大学科在有能力的高校中设立起来。只有先把学科划分设置规范化,才能在接下来的教育中安排合理的课程。

高校中,尤其是硕士阶段的古籍保护与修复人才培养还处在起步阶段,课程设置还不够完善。设置的课程主要有典籍史、版本鉴定和修复实践等,基本集中在文科领域,学生的本科学习背景也偏向文科。对古籍保护与修复的学习仅安排这些课程是远远不够的。学生的学历虽然得到了提高,但知识结构还是不够合理。"古籍修复不是简单的装裱,还需要了解中国造纸术、印刷术、古代文学、文献学、版本学、艺术、美术、佛学等传统文化以及生物、化学等现代科学知识。"古籍保护与修复的课程,应该至少包含古籍整理、美学、生物、物理和化学基础、数字化技术、修复伦理和修复实践等。

古籍整理中的古汉语、典籍史、版本学、校勘学等是了解中国古籍的基础,也是未来实际工作中不可或缺的知识工具。具备古籍整理能力的人员,能更好地将古籍所包含的信息清晰无误的传达出来,为大众服务,延续古籍的文化内涵。这些知识也影响到古籍保护和修复人员在工作中采取何种保护方式和修复方案。比如古籍的装帧形式多种多样,有卷轴装、经折装、蝴蝶装、包背装、线装、毛装等,了解古籍的装帧历史,才能在修复中做到不破坏原有装帧,"整旧如旧"。一个有着传统文化知识的修复人员和一个对面前的古籍一无所知的人,他们最后的工作效果一定是有差异的。高校本身不缺乏古文字、历史文献方面的专家,可以跨院系利用好这一优势,设置系统的古籍整理课程。

美学带给古籍保护与修复人员的,与其说是知识,不如说是一种底蕴和熏陶。古籍不论从它的装帧还是纸张、字体来看,都有它自己独特的美,可以说,古籍保护与修复,就是保留这份美,并让它还能在未来的时间流逝中持续地带给人这种美的享受,这也是传统文化的一部分。学习美学,能让古籍保护与修复工作者更好地体会古籍的魅力,热爱这份工作。不仅是这种思想上的影响,修复的实际工作中也确实需要美学或者说美术功底的帮助。如配补书纸的染色过程中,颜料配比的微小变化就会导致呈现出的颜色与预期的有所差别,而每一本书,甚至是每一页书的不同部位,其颜色都是不相同的,也无法用技术手段检测其配比度,要想调配出合适的颜色,全靠修复工作者的感觉。有美术功底的修复人员,染纸的成功率更高。再比如古籍的函套制作,也有设计的心思在里面。

缺乏生物、物理、化学基础知识课程是目前高校中的古籍保护与修复课程设置上最大的结构性问题。古籍保护与修复要想走上科学化、规范化的道路,必须从科学的角度为古籍提供有力的保存环境,监测那些肉眼看不到的纸质媒介内部的变化,从而积累科学数据,使保护和修复方法更有效。目前,古籍保护和古籍修复是作为两个分开的流程操作的,古籍保护工作人员往往是理科出身,修复人员多是艺术或文科出身,修复人员对纸张的了解还不够深入,也基本不参与纸张的各类检测。科学仪器的操作、结果分析和新技术的应用,对跨学科的人来说确实有很大的难度,但面对一本需要修复的古籍,修复人员至少需要一定的理科知识来制定修复方案,理解纸张检测的结果。安排教学内容时,以古籍相关的基础科学知识为主,注重实际操作中涉及到的相关知识。除了课堂内容,最好还能安排学生到古籍保护实验室实习,学习操作自控式杀虫防霉机、厚度仪、进纸机、纸张抗张强度试验机、白度测定仪、耐折度仪、干燥箱、纸张水分仪、造纸纤维测量仪、酸度仪等仪器。

古籍数字化是保护和传承古文献最有效的形式,也是古籍整理工作的发展趋势,引入古籍数字化教学内容,完成对古籍再生性保护的知识储备是古籍保护工作的必然要求。

修复伦理可以说是指导修复原则、修复流程的总的思想,只有有了系统的修复伦理,在制定修复规则时才有了依据,修复人员才知道应该怎样修复,为什么选择这样的方案。修复伦理虽然在国内被提及过,但除了杜伟生老师,其他人还没有提出过系统的修复伦理。在国外,修复伦理的研究已经有很长一段时间了。高校还没有条件在短时间内开设修复伦理课程,但应该从现在开始吸收、消化西方的修复伦理,更重要的是如何把它和中国的古籍保护与修复的传统和未来发展结合起来。

修复课是古籍保护与修复专业最重要的一环,它基本上是一门纯实际操作课程。最合理的课程安排是先进行系统的修复技术学习,当然这也完全是动手操作的,再安排三个月以上的实习期。这门课程就要求高校方和合作单位共同办学。目前,中国社会科学院研究生院、天津师范大学、复旦大学、中山大学都已经和国家图书馆、上海图书馆等古籍收藏和保护单位签署了合作协议。此外,修复课的困难在于如何在传统的"师带徒"模式和高校自身的教育模式中找到一个适合这个传统行业、又适应新的发展现状的培养模式。像其他很多传统工艺一样,古籍修复很大程度上依靠的是修复人员长期累积下来的经验,这种"手感"很难量化,甚至很难通过语言清晰得表达出来,其中蕴含了大量的诀窍、感悟,比如浆糊的稠稀要视纸张的状况而定,有经验的专家可以依靠经验判断浓度是否合适,但新手就做不到。因此,师带徒的好处就是徒弟能知道师傅的每一个步骤背后的意义所在,在长时间的接触中,通过模仿逐步自己体会到其中的诀窍。但从目前的情况看来,有能力又有时间进行教学的专家相对于学生来说还是比较少的,做不到一对一、一对二的人员安排,学生由于仍在学校内,也无法拿出百分之百的精力和时间跟随老师做完一个个项目,老师的技艺诀窍本身领悟起来就很困难,这样造成的结果就是学生和老师没有一致的工作习惯,学生的模仿停留在形似而神不似的阶段上,纵然修复手艺不是完全教条的,但从一开始就没有跟随老师养成一个系统的、良好的工作习惯,这对日后的工作是有很大影响的。短时间内,抛弃班级教学模式是不太可能的,高校只能尽可能得延长实习时间,为学生搭建良好的平台,同时在修复课程的教学内容编写上要尽力做到系统而详细。

  上面提到要尽可能得延长实习时间,实际上,如果按照这样的课程设置,以现有的两年专业硕士时间来看远远不够,西方国家这样的系统教育为五年,而且是一个连贯的、不同层次的教育过程。"英国的书籍保护学历教育从基础课程(a Foundation Degree,FdA)到学士学位课程(BA)、研究生文凭课程(PGDip)、硕士学位课程(MA,MPhil 或 Msc)均有书籍修复专业(book conservation)。古籍保护从业人员必须获得相应学位方能从事该职业。"[①]如果国家的硕士学年不能依具体的学科改变的话,学生在

---

①向辉:《职业化之路:国外古籍保护专业教育之经验及其启示》,《图书馆学研究》2016年第1期,第7—12页。

进入古籍保护与修复岗位后,会持续边做边学的状态,转入在职人员培训阶段。当然,在职人员的培训也是古籍保护与修复人员教育的极其重要的一环。有学者认为,在职人员的培训更重要,更贴近传统的"师带徒"模式。但高校学生如何迈出职业的第一步,学校教育是对他这一步和未来发展有着至关重要的影响。

这些已经开设的和可能在未来开设的课程,除了典籍史、古典文献学、美学等传统科目,都是之前没有设立过的课程,还没有形成一套符合教育原则的教学体系,这是在所难免的。由于课程的特殊性,老师大部分是来自一线岗位的专家学者,如何既保留他们的技艺特殊性,又符合教育学的原则也是一个需要解决的问题。未来这些课程,也需要像其他任何一门高校课程一样,有系统而详细的课程规划、教育目标和学生考核,并在学校和合作单位双方的讨论、审核和监督下实施,以保证不浪费教学资源,高效的完成教学目标。

最后,硕士教育中也要兼顾学生的心态。虽然到了硕士教育阶段,学生的方向选择是出于自己的意愿,但还要注意保持学生最初的兴趣,提高对行业的热爱。现在媒体对古籍保护与修复行业的舆论导向是"耐得住寂寞,甘于清贫",任何一门学问要钻研下去都要耐得住寂寞,但这不代表从业人员在其中体会不到乐趣,实际上很多古籍修复者并不觉得自己的工作枯燥。学校教育不能从侧面像学生传达这门技艺的乐趣和丰富性的话,学生很有可能最终选择离开这个岗位。

硕士教育在古籍保护人才培养上还有很长的路要走,还要不断探索专业定位、学科建设和课程体系,注重理论和实践结合、经验和科学结合,为古籍保护事业的未来发展储备人才。

参考文献:

[1] 向辉.职业化之路:国外古籍保护专业教育之经验及其启示[J].图书馆学研究,2016(01):7-12.

[2] 周蓉.古籍保护工作人才培养的现状及思考[J].新世纪图书馆,2014(02):64-67.

[3] 李青枝.古籍保护人才的培养及其相关问题[J].高校图书馆工作,2011(01):28-30.

[4] 杜伟生.古籍修复队伍的建设及发展机遇[J].文物保护与考古科学,2008(S1):100-103.

[5] 陈红彦.古籍修复与人才培养[J].国家图书馆学刊,2008(03):69-71.

[6] 陈红彦.国外古籍修复人才的科学培养对我们的启示[J].国家图书馆学刊,2009(04):75-80.

The Course Organization of Ancient Books Conservation in Master Education

Zhao Chenhao

Abstract: There are many shortcomings in the education of ancient books conservation. The specialty positioning is inappropriate. The structure of the courses is unbalanced. The academic years are inadequate. In future course organization, colleges and universities should arrange the ancient books conservation specialty under the heritage conservation. Besides, adding course types, extending the time of practice and establishing course arrangement under the supervise of colleges and cooperative unit are necessary.

Keywords: master education; protection of ancient books; course organization

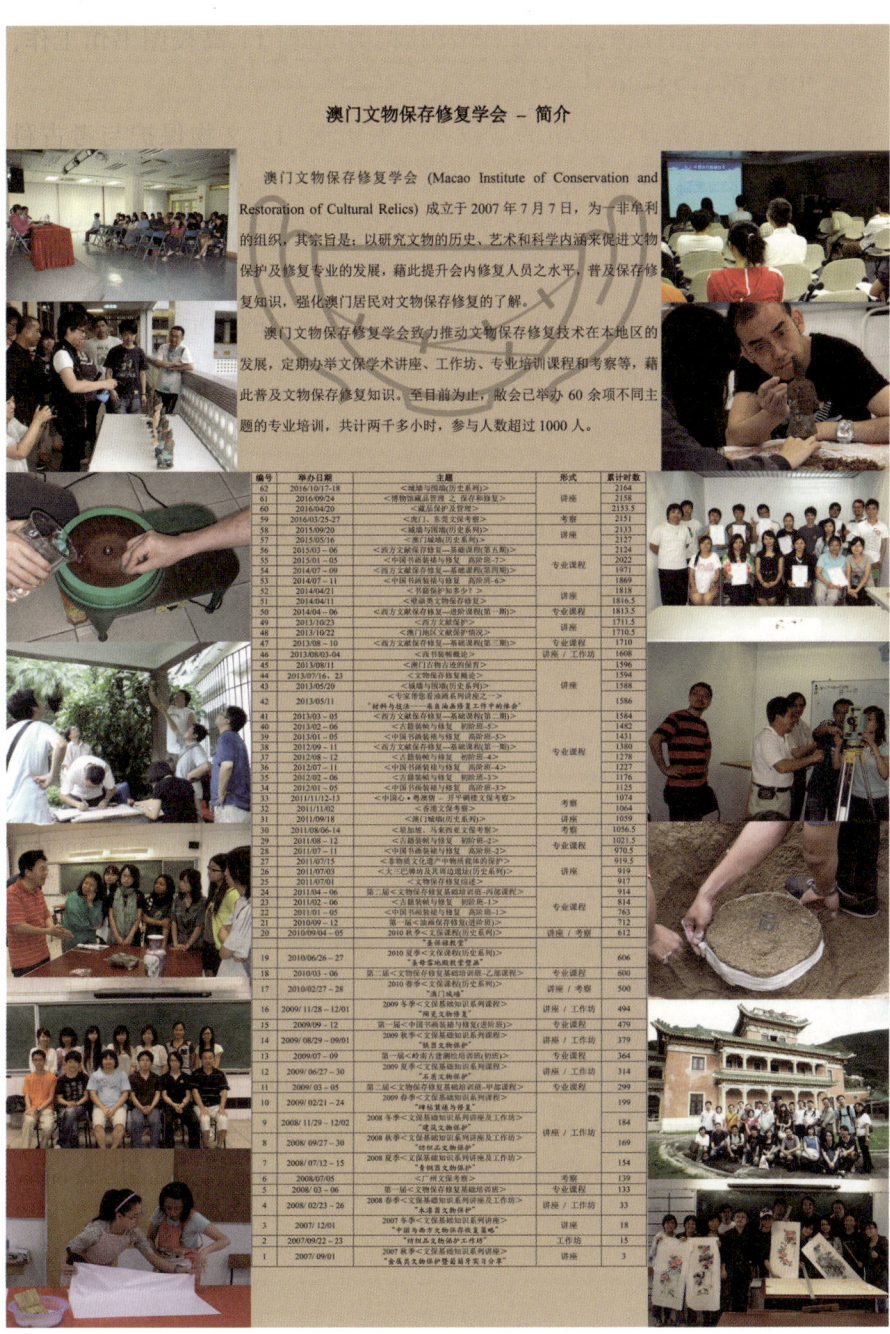

澳门文物保存修复学会简介

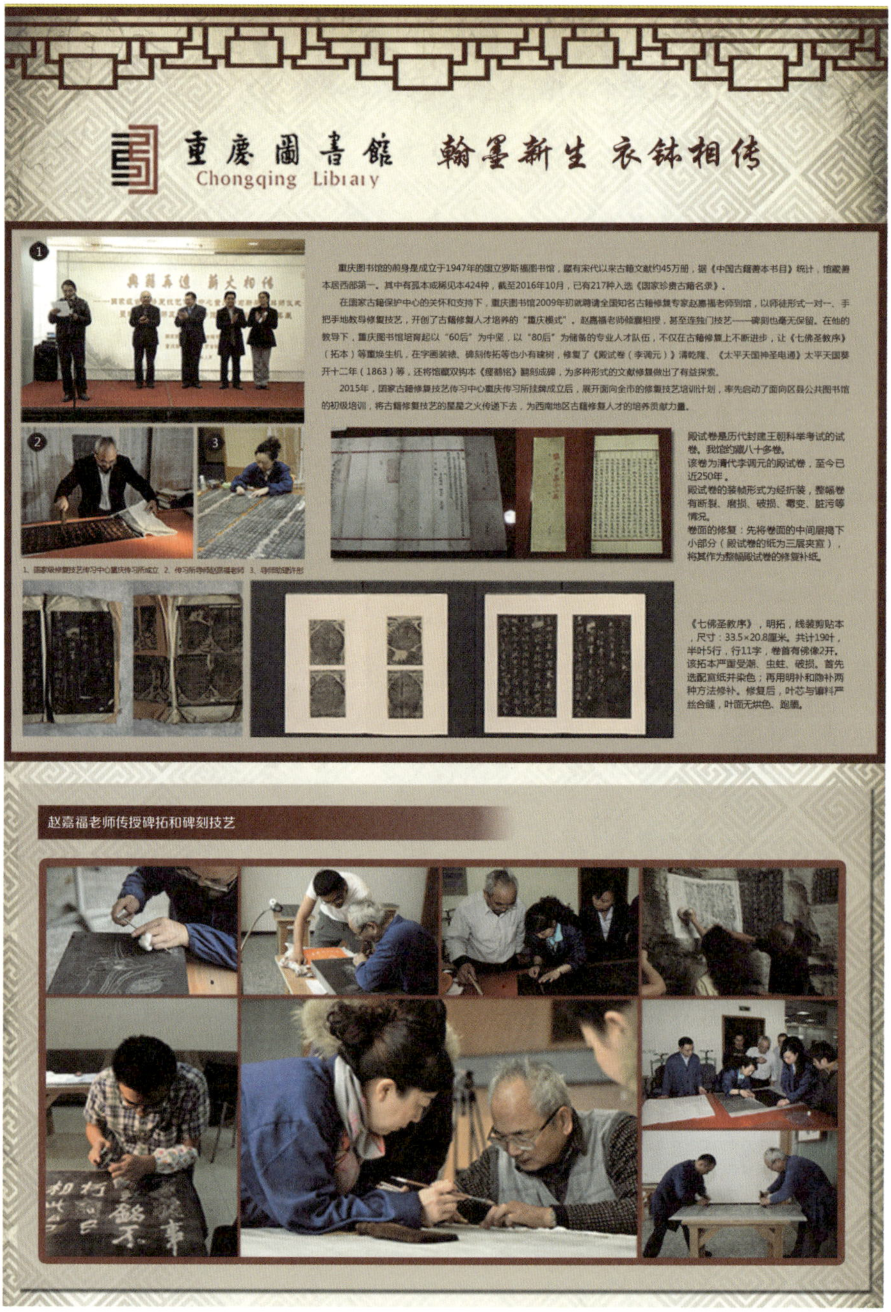
重慶圖書館
Chongqing Library
翰墨新生 衣钵相传
典籍再造 薪火相传
重庆图书馆的前身是成立于1947年的国立罗斯福图书馆，藏有宋代以来古籍文献约45万册，据《中国古籍善本书目》统计，馆藏善本居西部第一。其中有孤本或稀见本424种，截至2016年10月，已有217种入选《国家珍贵古籍名录》。
在国家古籍保护中心的关怀和支持下，重庆图书馆2009年初就聘请全国知名古籍修复专家赵嘉福老师到馆，以师徒形式一对一、手把手地教导修复技艺，开创了古籍修复人才培养的“重庆模式”。赵嘉福老师倾囊相授，甚至连独门技艺——碑刻也毫无保留。在他的教导下，重庆图书馆培育起以“60后”为中坚，以“80后”为储备的专业人才队伍，不仅在古籍修复上不断进步，让《七佛圣教序》（拓本）等重焕生机，在字画装裱、碑刻传拓等也小有建树，修复了《殿试卷（李调元）》清乾隆、《太平天国神圣电通》太平天国癸开十二年（1863）等，还将馆藏双钩本《瘗鹤铭》翻刻成碑，为多种形式的文献修复做出了有益探索。
2015年，国家古籍修复技艺传习中心重庆传习所挂牌成立后，展开面向全市的修复技艺培训计划，率先启动了面向区县公共图书馆的初级培训，将古籍修复技艺的星星之火传递下去，为西南地区古籍修复人才的培养贡献力量。
1、国家级修复技艺传习中心重庆传习所成立
殿试卷是历代封建王朝科举考试的试卷。我馆约藏八十多卷。
该卷为清代李调元的殿试卷，至今已近250年。
殿试卷的装帧形式为经折装，整幅卷有断裂、磨损、破损、霉变、脏污等情况。
卷面的修复：先将卷面的中间层揭下小部分（殿试卷的纸为三层夹宣），将其作为整幅殿试卷的修复补纸。
《七佛圣教序》，明拓，线装剪贴本，尺寸：33.5×20.8厘米。共计19叶，半叶5行，行11字，卷首有佛像2开。该拓本严重受潮、虫蛀、破损。首先选配宣纸并染色；再用明补和隐补两种方法修补。修复后，叶芯与镶料严丝合缝，叶面无烘色、跑墨。
赵嘉福老师传授碑拓和碑刻技艺

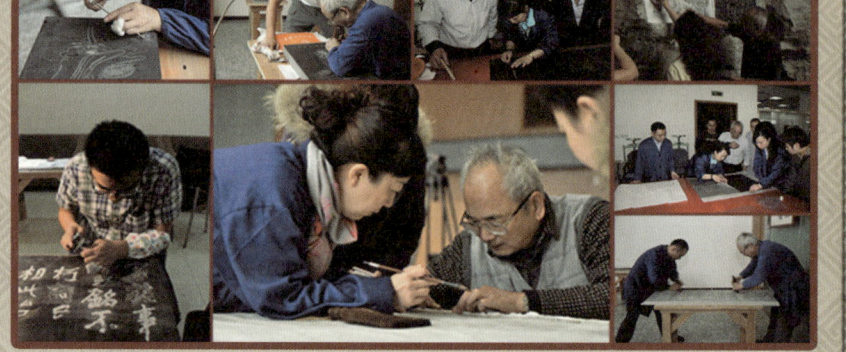

翰墨新生　衣钵相传

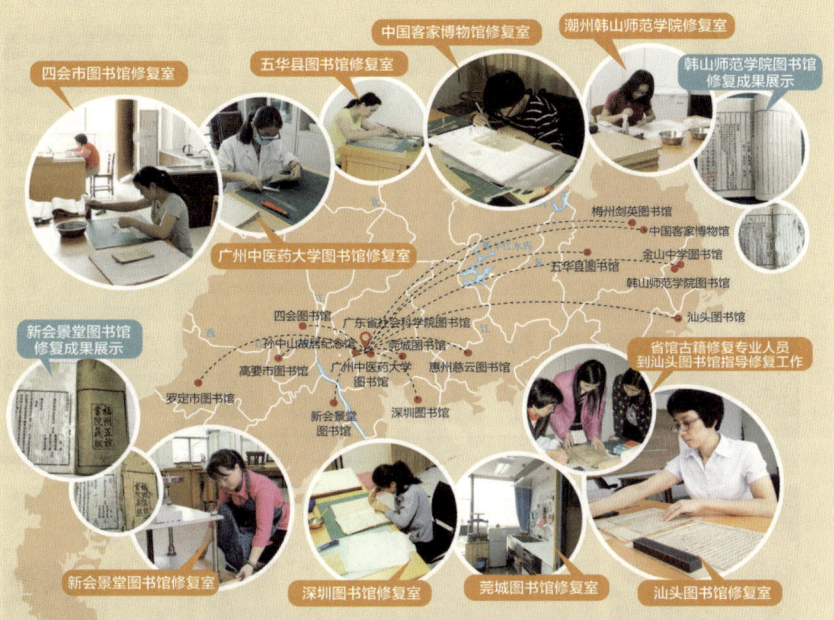

"广东省基层图书馆古籍修复能力提升计划"纪略

为进一步推进全省古籍保护工作科学、有序地开展,提高全省古籍修复的整体能力,2013年7月,广东省古籍保护中心特启动"广东省基层图书馆古籍修复能力提升计划",计划用4年时间,通过广东省古籍保护中心组织的专业培训和现场指导,建立一支以基层图书馆为主的古籍修复专业人才队伍,并在全省建立约20家专业修复室。自2014年至2016年,省中心每年均举办两期面向全省基层古籍收藏单位的古籍文献修复培训班,并选送基层优秀学员参加国家古籍保护中心举办的各种培训班,不定期组织省中心修复专业人员到基层进行现场指导和检查,培养基层古籍修复骨干力量。同时,按照基层单位申请,省中心专家现场考察审核的方式,对拥有一定古籍藏量和专门修复工作人员,能提供10平米以上的工作空间的单位,由省中心资助建立专门的古籍文献修复室,除配备压书机、冷冻杀虫机、古籍修复工作台、修复板墙、测厚仪、测酸仪、电解水生成器、压书板、修复工具和修复用纸等专业设备、工具和材料外,还指导制定古籍修复档案、规章制度和工作计划,并利用qq群、微信等,建立专门的群体沟通平台,实现全天候的业务联系和指导。

截止2016年11月,省古籍保护中心已先后在汕头图书馆、韩山师范学院图书馆、深圳图书馆、新会景堂图书馆、四会图书馆、惠州慈云图书馆、广州中医药大学图书馆、中国客家博物馆、梅州剑英图书馆、高要市图书馆、金山中学图书馆、莞城图书馆、罗定市图书馆、五华县图书馆、广东省社会科学院图书馆、孙中山故居纪念馆建立了16家基层古籍修复室,初步形成以省馆为中心,覆盖全省的古籍修复网络,有效地提升全省基层图书馆古籍修复的整体水平。

"广东省基层图书馆古籍修复能力提升计划"纪略

"书香古韵——中华古籍之魅力"宣传推广活动

广西壮族自治区古籍保护中心

广西壮族自治区古籍保护中心于2008年11月5日由自治区机构编制委员会正式批准成立，位于南宁市民族大道61号广西壮族自治区图书馆内。作为自治区古籍保护中心所在地，广西壮族自治区图书馆共收藏古籍117,022册，其中善本5,818册，4百余种，内容涉及理学、音韵学、史学等，有着极高的研究价值。

"中华古籍保护计划"实施以来，广西壮族自治区古籍保护中心在古籍普查与修复、人才队伍建设、整理研究等方面取得了一系列阶段性成果。目前广西已有4家古籍收藏单位入选"全国古籍重点保护单位"，73部古籍入选"国家珍贵古籍名录"（其中24部是少数民族古籍）。广西还评选了自治区级古籍修复中心4个、珍贵古籍372部，初步建立了古籍分级分类保护和科学修复的体系。

近年来，广西壮族自治区古籍保护中心加强了对古籍保护方面的经费投入，添置了新的古籍装具，购置了德国赛数非接触式扫描仪、多功能档案杀虫机、造纸纤维测量仪、纸张厚度测定仪、纸张白度测定仪、电脑拉力仪等现代化设备，为完善古籍保护工作保驾护航。

另外，广西壮族自治区古籍保护中心也加大了古籍保护专业人才队伍的建设，现拥古籍工作专职人员13人，其中60%以上为高级专业技术职称。通过人才引进、选派学习等方式，已初步建立了一支覆盖古典文献学、历史学、民族学等多学科、复合型的专业队伍。

广西壮族自治区古籍保护中心

国家图书馆古籍修复工作简介

国家图书馆古籍修复工作可以追溯到1909年建馆初期。历史上，先后完成了包括"赵城金藏"、"永乐大典"、"西夏文献"、"敦煌遗书"在内的大量国宝文献的修复工作。

目前，国图共有文献修复人员20人，其中研究员一名，副研究员两名，硕士9人，8人修复经验在30年以上。2014年，文献修复组被中央组织部授予"第五届全国专业技术人才先进集体"荣誉称号。

国图文献修复室面积1000余平方米，设施先进、功能齐全，可以开展古籍、字画、拓片、舆图、档案、名家手稿、西文善本等多种类型纸质文献修复工作，并兼具了试验检测、培训教学、宣传展示等功能。

2015—2016年重点或典型藏品修复：

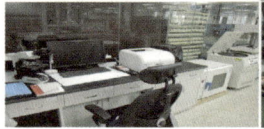

国内已知有纪年的最早雕版印刷品，五代后唐天成二年（927）刻本《佛说观弥勒菩萨上生兜率天经一卷》

"天禄琳琅"藏品《明版丹渊集》

明拓本《颜鲁公争座位帖》

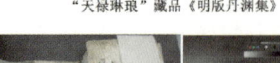

宋庆龄基金会藏书法作品

国家图书馆古籍修复工作简介

金陵科技学院古籍保护专业成长与发展

纸浆补书机:日本刻本相遇在景堂

神功妙手医古籍

修复前

修复后

《救劫宝训》修复前纸张严重脆化发黄，书背絮化，有水渍。因书背絮化严重，故采取湿补法，先补缺损处，局部絮化严重的地方采用薄皮纸托裱法来加固破损部位。

   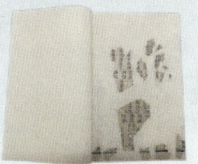

《越谚滕语》为四眼线装竹纸书籍。纸张脆化，絮化。此书除基本修复外，还需用薄皮纸托裱以此加固纸张。有部分书页破损严重呈碎片状，在修复这几页时，根据前面完整书页的版框、栏线距离，测量出空留缺损的部分，按照测量的距离拼凑完整。

《资治新书》一套三册，天头有虫蛀、地脚和书背絮化严重，纸质老化，书口断裂，修复难度较大。修复后保持其原貌，整旧如旧。在书壳外面重新加了一个新壳起到更好的保护作用。

神功妙手医古籍

南京艺术学院文物鉴赏与修复专业介绍

文献修复工作坊

厦门大学图书馆"文献修复工作坊"是由文献保护与修复工作室发起的品牌活动，前期主要面向全馆同事。以讲解、示范和实操结合的方式，介绍中西文图书装帧形制，宣传科学的文献保护理念，示范行业认可的修复方法，吸引有兴趣的同事和其他志愿者参与文献修复和保护工作。

修复工作坊从2016年3月以来已经举办了3期，内容涉及图书结构的介绍、精装与平装图书的修复方法、中西文古籍的装帧形式和修复方法及装具制作、图书分级分类修复及民国书修复等。

在操作台上边讲边演示并随即动手实践的形式，对参与者有很好的吸引力，并在一定程度上提升了大家的文献保护意识。参加过修复工作坊后，许多同事表示了对文献修复工作的兴趣，并已有同事转换到修复工作岗位上来。

未来，修复工作坊的参加对象准备扩展到馆外读者，吸引有兴趣的读者共同参与，以更好地提高读者的文献保护意识。

工作坊活动

第1期
介绍图书结构，示范精平装书籍的修复方法，减少流通口的不当修复。最后让参与者动手做简单修复。

第2期
介绍中文古籍装帧形式，示范敬纸线，装订古籍线装书，介绍中西文装具，制作拓片保护夹。

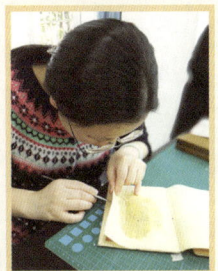

第3期
交流探讨文献价值，根据价值采取相应的修复方式。

修复展示

上海图书馆——修复人才培训基地

传习所导师邢跃华在第二期全国传拓技术高级培训班上为学员授课

传习所导师张品芳在第二期全国传拓技术高级培训班上为学员授课

上海图书馆作为国家古籍保护中心属下的重点单位,在古籍保藏与修复方面有着悠久的历史。2008年,上海图书馆成立上海市古籍保护中心,2010年入选全国首批家级古籍修复中心,2014年入选国家古籍保护人才培训基地。2015年5月,上海图书馆又承担起国家级古籍修复技艺传习中心传习所的重任。

上海图书馆古籍保护中心为拓宽古籍修复技艺传习人才培养渠道、建立健全覆盖全国的古籍修复技艺传承体系,先后承办多期面向全国的古籍修复、碑帖拓片修复培训班,以及针对进阶技能的高级研修班。上海图书馆自2015年起,组织年轻一代修复人员向古籍修复技艺代表性传承人拜师,沿袭传统的"师徒相承、口手相授"形式培养古籍修复人才。

此外,上海图书馆的著名修复专家赵嘉福先生及传承人张品芳、邢跃华担任全国其它省馆修复导师,每年专程赴各地授课。

上海图书馆在拓宽古籍修复技艺传习人才培养渠道、建立古籍修复人才的长效培养长效机制,健全覆盖全国的古籍修复技艺传承体系方面,做出了踏实而卓有成效的努力。我们的工作必将有助于推动古籍修复与保护工作的持续稳健发展,推动全国古籍保护向更高层次、更大规模发展。

古籍修复、书画拓片修复教程、碑刻拓片专家赵嘉福先生为学员授课。

第二期全国碑帖修复技术培训班学员在专家指导下制作糨糊。

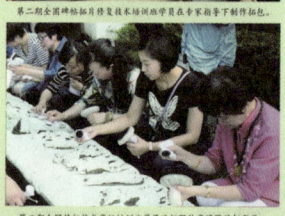

第二期全国传拓技术高级培训班学员进行野外高浮雕传拓实践。

上海图书馆——修复人才培训基地

武汉图书馆古籍修复

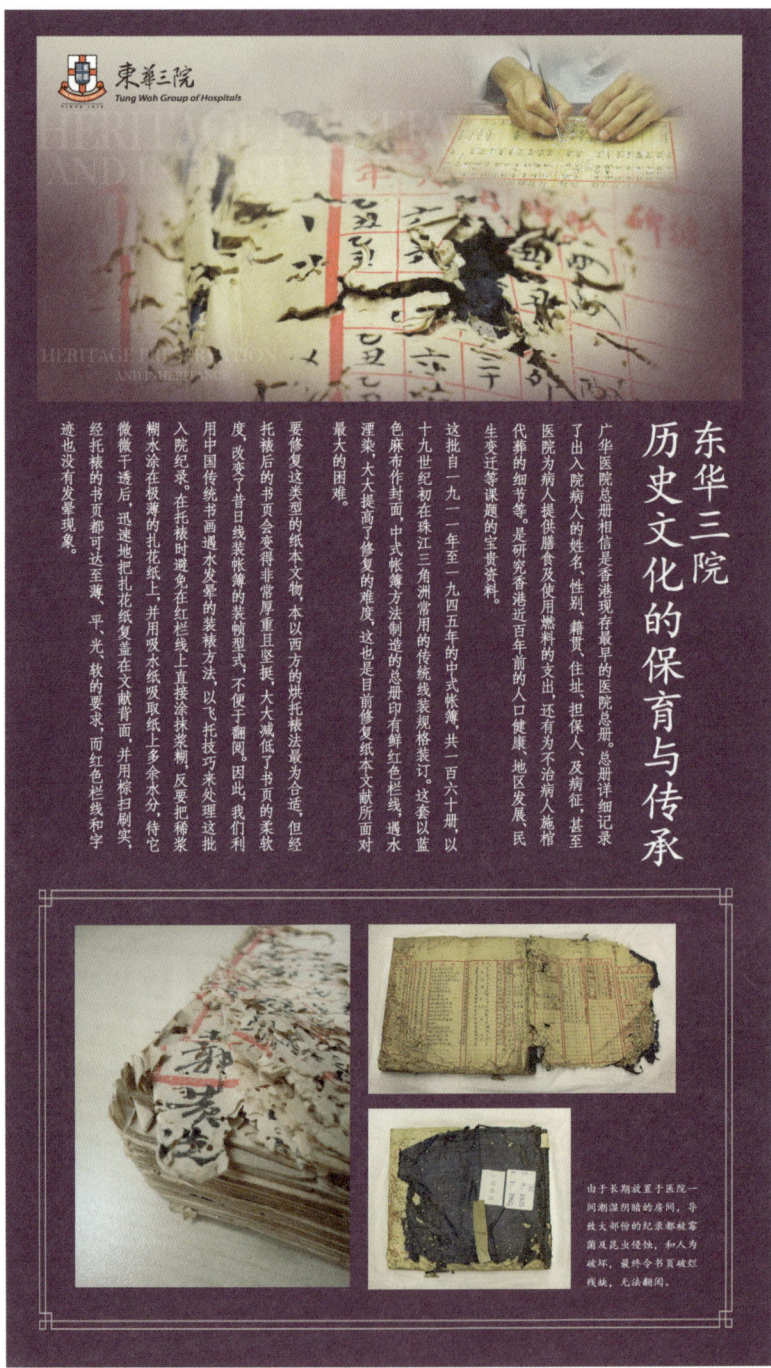

东华三院历史文化的保育与传承

云南传习所

云南省图书馆

2014年10月，国家古籍保护中心向云南省图书馆授予"国家级古籍修复技艺传习中心云南传习所"，并聘请修复专家杨利群为传习导师。云南传习所的成立为古籍修复技艺的传承和弘扬搭建了更高更大的平台。云南省图书馆古籍修复中心借此平台充分发挥传习所的作用，让古籍修复这一古老的技艺得以传承和光大。

云南传习所从挂牌后，通过以师带徒的模式集中云南省图书馆的修复人员和地县级图书馆的修复骨干，传授线装古籍、经折装经卷、拓片的修复技艺，通过以干带训的方式培养出一批会修复，懂技法的古籍修复人才。

云南是一个多民族的省份，少数民族古籍文献资源丰富，如：彝文、藏文、东巴经、贝叶经等。近年来，云南省图书馆古籍修复中心在杨利群导师的带领下，针对云南少数民族古籍文献资源丰富这一优势，重点研究少数民族古籍的修复技法。彝文古籍、藏文古籍的修复工作，在国内开创了先河。通过师带徒、集中培训的模式，修复彝文古籍共250册（14000余页）、藏文古籍近1200片，奠定了云南省彝文、藏文古籍修复在全国的地位。

人工纸浆修复

纳格拉洞藏经修复：云南省迪庆州图书馆于2010年在香格里拉县格咱乡纳格拉藏经洞内发现一批破损极其严重的藏经。2014年云南省古籍修复中心工作人员前往迪庆州图书馆，对这批藏文古籍的破损情况，纸质特性进行了深入的分析研究，同时邀请了国图古籍修复专家杜伟生及西藏自治区图书馆古籍保护中心藏文专家前来共商修复方案。在修复的过程中采用挖衬、夹接、人工纸浆修补等方法进行修复。在国家古籍保护中心的支持下，利用狼毒草根肉熬制的汁与纸浆混合后对藏文古籍试验了人工纸浆补书法，得到了国家古籍保护中心考察组的一致认可。人工纸浆修补法的提出，对今后少数民族古籍的修复具有重要的意义。

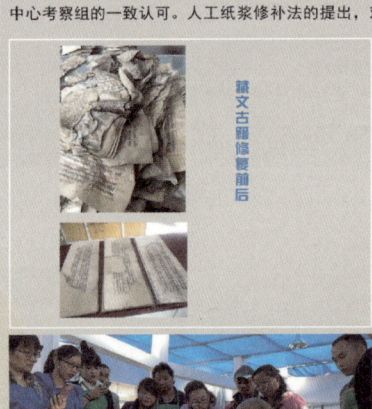
藏文古籍修复前后

彝文古籍修复前后

杨利群导师向学员传授古籍修复技艺

云南省图书馆云南传习所

中国社会科学院研究生院文物与博物馆硕士教育中心

中西理路兼容——文献保护与修复专业介绍

欧洲传统书口镶金工艺

传统书口镶金工艺Edge Gilding，是一种在欧洲手工豪华精装书中使用的书籍装饰工艺。指书口三面切光后，在天头一面切口或三面切口上，经过刮平、打磨、涂基底料、涂胶料、贴金箔、抛光、晾干等工序，使书口呈现金色镜面效果。

作为一种奢侈的书籍装帧工艺，手工书口镶金技术，在欧洲传统精装书制作工艺中虽然被保留了下来，但由于工艺复杂，对人员的技术素质和经验要求较高，又加之制作周期长及市场需求等原因，其早已远离了公众的视野。而今，多只能在博物馆、图书馆珍藏的西方善本古籍上看到。目前掌握此项工艺的机构已经很少，只在欧美大型图书馆古籍修复机构及私人精装书制作机构还掌握着此项技术。

随着社会各界对于古籍保护、修复工作的重视以及各项投入的加大，近年来，国内古籍保护、修复工作取得了显著的成绩。在此带动下，国内多家大型图书馆、博物馆的西文古籍修复工作陆续展开 西文古籍修复所涉及的一批工艺技术获得突破。如国家图书馆、中山大学图书馆已初步掌握了西文古籍的常用修复、装帧技术，并开展了实际修复及教学培训工作。

在书口镶金技术方面，笔者在经过文献查询、翻译、专家咨询，并在实际修复工作中琢磨体会后，积累了点滴经验，现将目前掌握的精装书口镶金工艺介绍如下，以求与各界古籍保护修复专家共同推动国内西文古籍修复工作的开展。

主要工艺流程介绍：

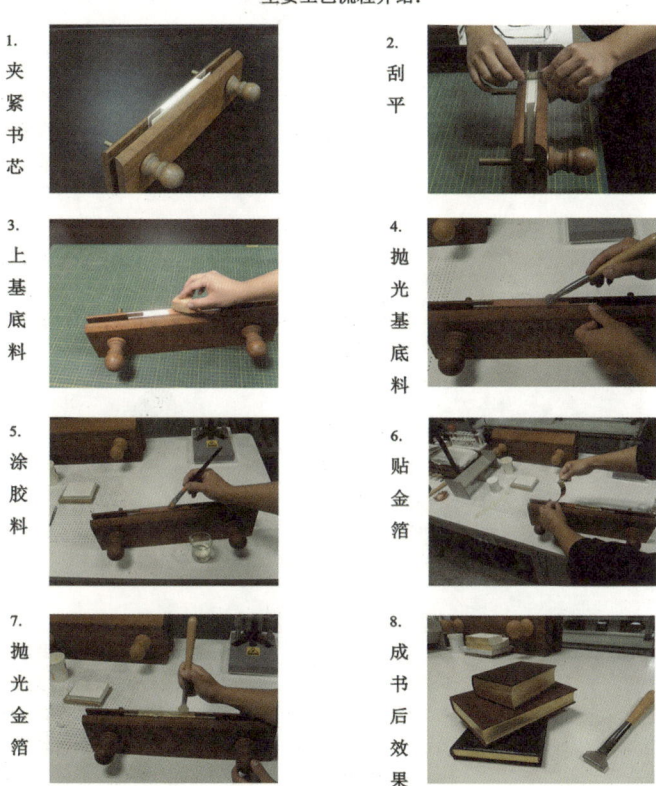

1. 夹紧书芯
2. 刮平
3. 上基底料
4. 抛光基底料
5. 涂胶料
6. 贴金箔
7. 抛光金箔
8. 成书后效果

欧洲传统书口镶金工艺

古籍修复中的书页干燥清洁及其使用工具
Dry Cleaning of Pages and Its Tools in Ancient Books Repairing

(中山大学资讯管理学院 林佳萍)

清除书页的各种污染是古籍修复中首要的一步。笔者通过翻阅国内古籍修复领域的著作发现,所涉及的书页去污方法主要有 3 种:溶液去污、氧化去污和机械去污。其中机械去污即借助手术刀、毛刷等工具,依靠机械的力量将污斑除去,是 3 种方法中唯一一种没有使用水溶液的干燥清洁方法,但使用范围有限,仅适用于纸张强度较好、污斑较厚且易除的书页。国外古籍修复的表面清洁(surface cleaning)同时也称为干燥清洁(dry cleaning),可以作为一种独立的清洁技术,或是水溶液清洗的前期准备工作,由修复人员通过乙烯基、(硫化)油膏和橡胶等材料制成的各种形态的橡皮擦进行,此外还有淀粉和有机硅的橡皮擦。据了解,目前国内的修复机构在实践中有使用淀粉团的案例,但由于淀粉团极易残留不利于修复后的长期保存,笔者并未在相关著作中发现这一方法的记述。论文将对国外各类橡皮擦进行以下几个方面的介绍:组成成分、化学作用、残留情况、对书页的老化影响、对书页的磨损程度和评价,以期鼓励国内古籍修复机构引进新工具,改善过多依赖水溶液清洁书页的现象。

图为用毛刷清洁书页　　　　　　　图为清洁海绵使用前后

图为将块状橡皮擦制成粉末状橡皮擦的过程

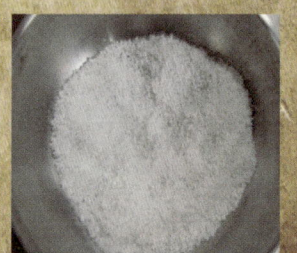

古籍修复中的书页干燥清洁及其使用工具

中西方纸浆修复技术比较

一、引言

纸浆修复技术是根据传统手工造纸的"浇浆法"原理,利用湿纸浆的纤维氢键结合力、纤维交织力及配成份的胶黏力,使纸浆成纸后与被修补的纸张粘合在一起,干燥后形成稳定且牢固的纸填补在纸张破损处。纸浆补书技术从上世纪50年代在苏联、捷克、保加利亚等国开始发展,经过一系列的改进升级,目前已经在世界各地得到广泛应用。我国于1994年开始研制纸浆补书机,现在已经是第三代产品,在国家古籍保护技术的推动下,也已经得到推广应用。纸浆补书技术较之传统修复具有效率高、耐老化、抗虫霉能力强等特点,虽然在使用中还存在一些问题,但是只要在实践中不断总结经验,必将能使其在纸质文献修复工作中起到巨大的作用。

二、西方纸浆修复技术

• 手工纸浆修复技术

西方手工纸浆补书技术多用于修复单张纸质文献,例如手稿或报纸等。在制作纸浆的方法与修补破损的方法都与国内手工滴补方式有所不同。

制作纸浆

称量成品纸浆

用颜料进行染色

放入搅拌机中搅拌

不同的手工纸浆修复方式

方式一:在抽气台上放置带有滤网的框架,将破损纸张放置在滤网上,在框内倒入调好的纸浆,试将修补张完全浸泡在纸浆中。利用抽气台调节纸浆通过滤网的速度,以此来控制纸张的厚薄。

方式二:将破损纸张放置在底部安装有滤网的框架中,将该框架完全浸入盛有水的容器中,在该框架中倒入准备好的纸浆,待纸浆在水中均匀后,将框架向上提起离开盛有水的容器。

方式三:在抽气台上放置一张聚酯薄膜,将破损纸张放在聚酯薄膜上,在破损处放上纸浆,利用抽气台使纸浆中的水分。

• 纸浆补书机

西方人在上世纪五六十年代开始研制纸浆补书机,并尝试使用补书机进行修补破损的纸张。经过不断改造升级,目前西方的纸浆补书机已经能够通过电脑根据待修补的纸张破损情况以及厚度计算出需要投放的纸浆的多少,并且根据纸浆的颜色精确配比合适的纸浆。这种新一代的纸浆补书机在提高了修复效率的同时也大大提高了修复的质量。

该补书机是由美国修复专家J·富兰克林·默维于1984年研制成功的新一代补书机。它能够利用电脑精确计算损纸张破损的部位,从而提高了纸浆修复的精确性。

使用纸浆补书机修复《Roster from the Alamo》的前后对比图

三、我国纸浆修复技术

• 手工纸浆修复技术

我国手工纸浆修复技术首创于1992年,它是在传统古籍修补方法的基础上发展出来的一种修补方式,它利用成纸"还魂",经复配制成纸浆,使用简单的工具,使其均匀地分布在破损处。手工纸浆修复技术最大的特点是它利用点滴的次数和纸浆的浓稠度来控制所补的纸张的厚薄。它所需材料、工具易得,修复费用低,符合我国国情,并且社会效益与潜在的经济效益巨大。

手工纸浆滴补《岳忠武王全集》

将待修书叶正面向下放在竹帘上,用水浸湿后,让书叶完全平贴在竹帘上

用滴管将纸浆滴补在破损处

滴补完成后用无纺布覆盖在书叶背面,压实后揭下竹帘

将揭下的书叶吸水压平

手工纸浆滴补民国文献《中国外交史》

用滴管滴补纸浆

滴补完成后

手工纸浆滴补民国报纸

用滴管滴补纸浆

滴补完成后

我们对第一批全国古籍重点保护单位进行纸浆修复技术应用情况调查,共收到31家单位的回复,其中8家单位使用补书机,3家单位使用手工方式,2家单位同时使用补书机与手工方式,18家单位未使用任何纸浆修复方式。

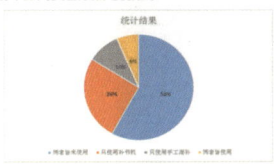
统计结果

不同纸张干热老化性能研究

田周玲 / 国家图书馆古籍保护科技文化部重点实验室

Research on the dry heat aging resistant properties of different paper

Tian Zhouling / National Library of China, Key Laboratory of Ancient Book Preservation and Conservation, Ministry of Culture

摘要： 为了研究不同纸张的预期寿命及其耐老化性能的差异性，对竹纸、宣纸、新闻纸、字典纸和构皮纸等五种不同纸张进行了模拟干热老化实验。并对老化过程中纸张的白度和机械强度（抗张强度、撕裂度、耐折度）进行了分析检测，通过检测纸张的化学性能（黏度、铜价、pH 值）分析了纸张老化的内在原因。结果表明，不同纸张白度和机械强度的大小及老化稳定性不同；初始机械强度对纸张的耐用性影响很大；纤维素的水解/氧化与纸张机械强度下降关系密切；竹纸 pH 值稳定性较差，长期保存时需防止其酸化加速文献老化。

Abstract: In order to study the life-expectancy and difference on the aging resistant properties of different paper, experiments on dryheat aging were conducted for different paper samples (Bamboo paper, Xuan paper, Newspaper, Dictionary paper and Broussometiapapyrifera paper). The brightness and mechanical strength (tensile strength, tearing resistance and folding resistance) of different paper during aging process wereanalyzed. Furthermore, the chemical properties (viscosity, copper number and pH) of paper were tested to search the immanent cause of paper ageing. Results indicated that the value and stability of brightness and mechanical strength was different paper to paper. The durability of paper greatly depends on initial mechanical strength. The decreaseof mechanical strength was closely related to the hydrolysis / oxidation of cellulose. The pH of Bamboo paper was instable, acidification needed to be avoided to prevent acceleration of paper aging.

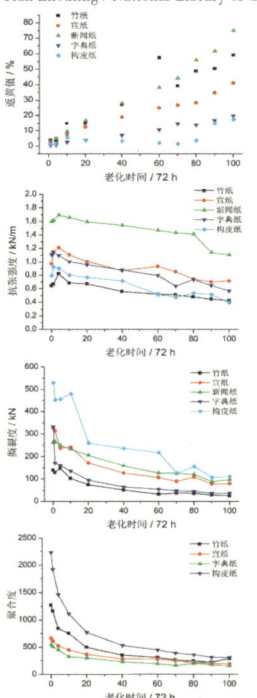

实验方法概述

根据《GB/T 464-2008 纸和纸板的干热加速老化》，在温度为 105±2℃ 的环境中连续老化。老化时间以 72h 为一个单元，纸样老化时间分别为 1、4、10、20、40、60、70、80、90、100 个老化单元。

检测方法：纸样的白度、抗张强度、撕裂度、耐折度、冷抽提 pH 值、黏度和铜价分别依据国标 GB/T 7974-2013、GB/T 12914-2008、GB/T 455-2002、GB/T 457-2008、GB/T 1545-2008、GB/T 1548-2004 和 GB/T 5400-1998 进行。

古籍保护科技文化部重点实验室介绍

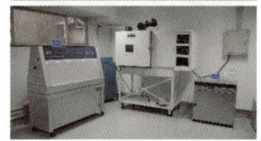

古籍保护科技文化部重点实验室（Key Laboratory of Preservation and Conservation Science & Technology for Ancient Books, Ministry of Culture）于 2014 年 11 月由文化部批准成立。前身是始建于 2007 年的国家图书馆古籍保护实验室，为全国首个从事古籍保护科技研究的专业型实验室，下设物理实验室、化学实验室、生物实验室、耐久性研究实验室、精密仪器室和脱酸实验室等。

实验室依托国家图书馆（国家古籍保护中心）建设，在学术委员会指导下，以现代科技为手段，以保存保护中华民族宝贵历史文化遗产、延长古籍文献保存寿命为目标，开展文献载体损毁机理研究、保护技术研究、保护用品与设备研发、保护标准和规范研究。重点研究古籍载体和字迹、保护设备和材料、保存环境及有害生物防治、纸张加固和脱酸等关键理论和技术问题，为古籍保护科技创新与技术进步服务。实验室现有工作人员 20 人，其中正高级职称 5 人，副高级职称 3 人，硕士及以上学历 13 人。其中 45 岁以下人员占 75%，平均年龄 36 岁。

2015 年承担国家文化科技提升计划项目一项：《文献用纸保存寿命评估体系研究》，已于 2016 年 9 月结项。2015 年承担了《民国时期文献脱酸研究于脱酸设备研制》，目前已取得重大阶段性成果，脱酸设备已基本研制成功，自主研发了脱酸溶液，现已进入中试和示范推广阶段。

不同纸张干热老化性能研究

选料中相似性原则的把握——材料选择最重要的是相似性原则。对于修复材料的取舍,不必拘泥于材质是否完全相同,不必纠结于原料是否完全一致,科学而辩证的考量是从书叶的整体性着眼,从纸张细腻程度、帘纹宽度、纸张密度、表面结构等入手,选取真正能达到与之和谐匹配的补纸进行修复。不同破损部位使用不同的补纸,根据实际情况做出适当、适宜、适度的灵活选择,创新用纸,摆脱机械、单纯追求一成不变的僵化思维。

染色中宁浅勿深原则的把握——植物染料易挥发变色,染色不但要考虑使用时的"当下"之色,而且要未雨绸缪,为补纸将来可能出现的颜色变数预留足够的融合空间。在修复过程中,利用细微的色差,使补纸适用于不同的书叶,又以各种与书叶颜色相近的同类色、同性色组成统一的基调,使其产生整体和谐的效果,以"浅一色"去解释修复后的可辨识度,用整体协调性去阐述圆融之修复艺术性,笔者拟将其称之为"未雨绸缪的和谐预期"。

少干预原则的把握——当为则为,当止则止,以"度"衡之,辩证施"治",使修复效果内外一致,和谐有序。

修复书叶破损边缘中随形原则把握——在修复过程中,使补纸边缘与书叶边缘齐平。如果部分书叶边缘处原本就属弧形,补纸相应也需随边缘形状而走。修复后,书叶边缘不会出现刀口新茬,修出来的书叶边缘也就会呈现出修复的部位与原书叶浑然一体的理想效果。

水栏污渍清除中"度"的把握——仅对书叶表面进行喷潮,然后快速用吸水纸按压抚平撒潮,通过吸水纸将书叶表面的黄色污渍与污染物去除部分。虽然效果无法与清洗法、划洗法相比,但也是根据书叶的实际情况做出的最合理、合"度"的方案选择。

捶书环节中"度"的把握——捶书需要心平气和,不能过度纠结其平整度,以保护书叶纤维强度为首要。

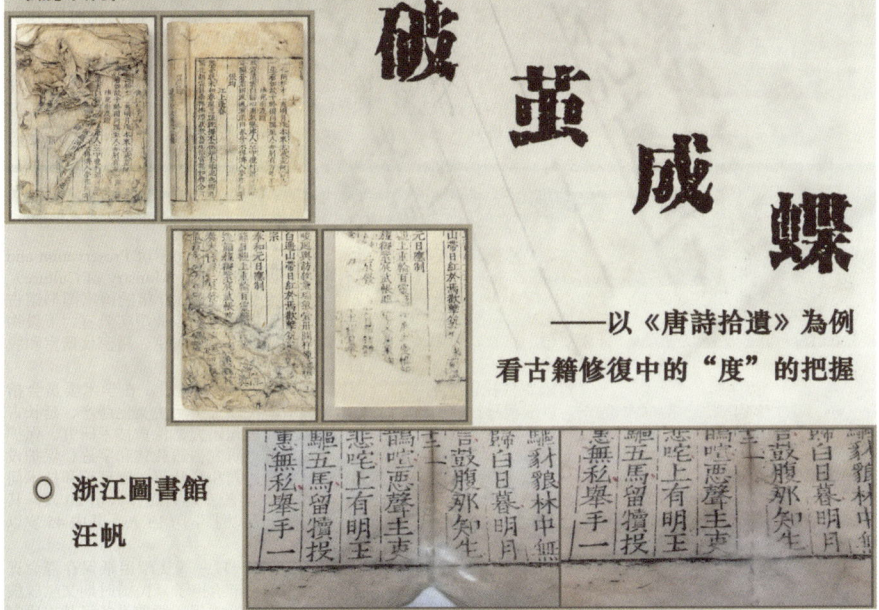

破茧成蝶
——以《唐詩拾遺》为例
看古籍修復中的"度"的把握

○ 浙江圖書館
汪帆

破茧成蝶——以《唐诗拾遗》为例看估计修复中"度"的把握

西方传统大理石纹纸与修复

中山大学图书馆 杨利丽 陈斯洁

石头大理石纹纸
Stone Marbleized Paper

西方古籍装帧所用大理石纹纸染纸技术来源于湿拓画Ebru技术,这种古老的绘画技法在突厥时代就已出现,最早被用做《古兰经》封面的纹理布面。十四世纪经丝绸之路穿越伊朗带到安纳托利亚,流传到了土耳其。十五世纪时传至欧洲,制作大理石纹纸的工艺在欧洲经历了持续且深入的发展,在十九世纪末的新艺术风潮中达到顶点。当时多种大理石纹纸从荷兰、法国和德国出口到其他地区。

大理石纹纸是西方书籍装帧中最重要的材料之一,常用于制作精装书的封面和环衬(Endpaper)。蘸花口(Mabled Edge)是大理石纹纸环衬的延伸,用于装饰三边书口。在使用和保存过程中,造成以下几种常见破损:封面颜色磨损、环衬断裂、缺失。因此,我们用不同的技法对各种纹饰的传统大理石纹纸进行了仿制,以备修复之用:

幻想大理石纹 Fantasy Marbleized Paper

漩状大理石纹
Snail Pattern Marbleized Paper

仿制传统大理石纹纸需要大锅、盛放染纸底液的托盘、木棍、滴刷和移液器、大理石纹画梳、明矾、纸、矿石类颜料、胆汁、天然藻类胶粉及各种化学品等材料。

准备好基底液以及所需颜料后即可开始仿制大理石纹纸。以梳状大理石纹为例:首先,将所需颜色一滴一滴对称施加到基底液上,形成层叠的同心圆。接着用小木棍纵横方向将颜料拉长,最后用画梳过整个液面。形成理想的图案后把纸轻缓放在基底液表面即可转印图案。

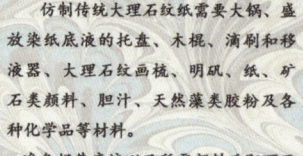

梳状大理石纹 Comb Marbleized Paper

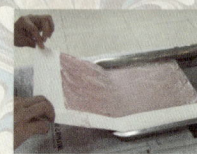

仿制几种常见大理石纹纸

西方传统大理石纹纸与修复

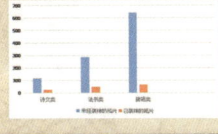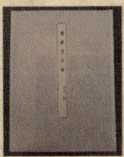

从拓片修复实践兼谈文献保护理念

2016古籍保护与修复国际学术研讨会 广州 中山大学

纸浆修复

内页展示图
采用手工纸浆滴补方法进行修复。上图为修完后的《启隽近体》卷十八第三页。

修复前后对比图
上图为《启隽近体》卷十八封面和内页修复前后对比图。为了更好的保护盖有"四川存古学堂所藏今石图书之印"卷首页，修后的此书特意加了与之颜色相近的封皮。

纸浆修复与传统修复耗时比较

手工纸浆修复实践

21天（约60小时）

传统手工修复预估

揭书叶（约60小时）
传统修复时间 > 手工纸浆滴补

《启隽近体》卷十八原书每页都有修复痕迹且为整页托裱，因此采用传统修复方法进行修复前，将会有大量的时间耗在揭书叶上，且存在损坏书叶的风险。

作者单位：
四川大学古籍特藏中心
email地址：
lily_lib@scu.edu.cn

采用纸浆修复必备的工具：烧杯、量杯、纸浆、滴管、毛笔、棕刷、竹帘、压条、直尺、压板、托盘、宣纸压板、打浆机、吸水纸、鹿皮布、无纺布……

纸浆修复应用实践   撰稿人：张黎俐

修复流程及耗时记录：

➢ 4.14领书出库，出库登记，撰写修复档案，拍摄修复前书影。

➢ 5.11学习纸浆修复技术并用该方法修复此书。修复步骤：拆书——浸湿——滴浆——揭下书叶——压平，晾干（大约10分钟）——折页

纸浆准备步骤：配纸——配浆——按比例

➢ 准备MC（羟甲基纤维素钠）——浸泡（大约10分钟）

➢ 5.11-5.17采用纸浆滴补的方法对该书进行修复，刚开始还不能熟练掌握滴补时的力度、速度以及程序，不知何从下手。而平均每天（4-5小时）修复1-1.5页。期间完成该书的前14页修复。

➢ 5.30回成都后开始第5页修复工作，耗时小时。至全书修完，基本可以保证

.5-2小时页的修复速度。

关于纸浆修复的一点心得和思考

《启隽近体》卷十八为四川大学图书馆馆藏图书，全书共31页，封皮和卷端上盖有"四川存古学堂所藏今石图书之印"，封皮为竹纸，有密集型虫洞，虫洞书页达到整册书页的80%以上；书页粘连，粘连面积达到40%以上；书叶、书脊、书口、书脑各部位严重缺损，且有修复痕迹，破损定级一级。这也是本人从事古籍修复工作以来第一次修复该破损级别的古籍。

该书因为有修复过的痕迹，且全书整页托裱，倘若采用传统方法进行修复，于我这不长，修复经验欠佳的人来说非常惶恐，不知何从下手。而纸浆修复的出现，恰好弥补了传统修复效率低，对有修复痕迹的书叶存在二次破坏风险的不足，用纸浆滴补方法修复的古籍，修复效果如南京大学图书馆邱小刚老师所说，"越烂效果越明显"。事实上，也如邱老师所说，整书如果采用传统修复方法，半学期也未必能修好全书。采用纸浆修复方法，真正修复的时间还不足一个月。但每种方法都有其利弊，也不是每种破损的古籍都适宜于该方法，我们很难断言哪一种方法一定最好，针对不同的破损情况采用最适合的方法才最适宜。

曾经纸浆修补的最佳配比度和选择最适合滴补的工具是纸浆修复课题研究的重点和难点，但事实上，面对不同破损情况的古籍，当你决定采用手工纸浆滴补的方法进行修复时，问题才会逐一浮现。由于本书的特点，在纸浆滴补过程中最大的问题出现在把破损严重，碎片过多的书叶平铺在竹帘上对齐后过渡到另一张竹帘。因为这个过程没有喷湿，竹帘对书叶毫无附着力，因此碎片很容易发生移位现象，而一旦改变了位置，当书叶翻转过来后根本无法还原回其先前的位置。如果铺好对齐的书叶过渡时铺有无纺布的竹帘上（增加摩擦力），移位的情况有所改善，但滴补后又失去了帘纹。如何解决破损严重，碎片过多书叶的过度问题，有待我们共同探讨。

纸浆修复应用实践

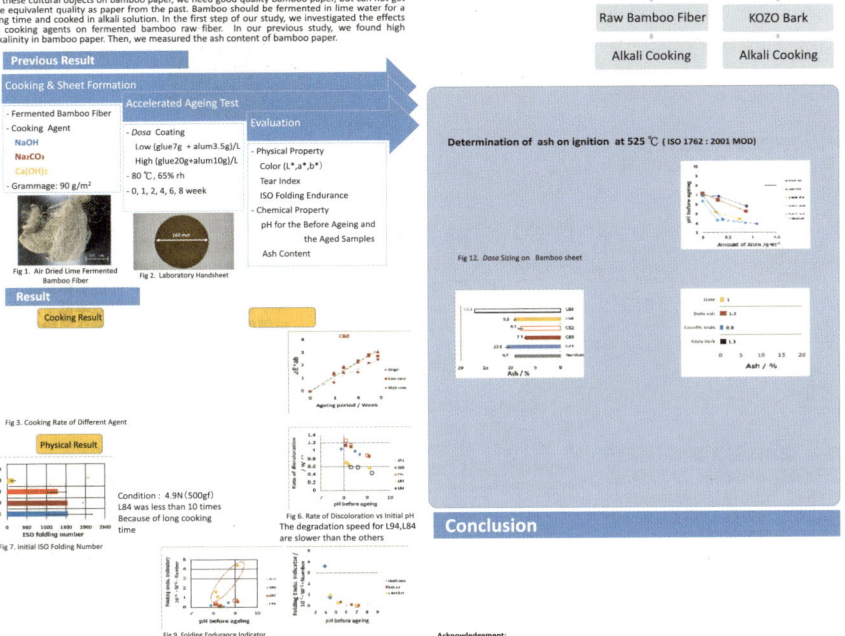